Handbuch
zur deutschen
Grammatik

FOURTH EDITION

Handbuch zur deutschen Grammatik

WIEDERHOLEN UND ANWENDEN

Jamie Rankin
Princeton University

Larry D. Wells
Late of Binghamton University

HOUGHTON MIFFLIN COMPANY Boston New York

Publisher: Rolando Hernández
Sponsoring Editor: Van Strength
Development Manager: Sharla Zwirek
Associate Editor: Judith Bach
Project Editor: Harriet C. Dishman/Stacy Drew
Senior Production/Design Coordinator: Carol Merrigan
Senior Manufacturing Coordinator: Priscilla J. Bailey
Senior Marketing Manager: Tina Crowley Desprez
Associate Marketing Manager: Claudia Martínez

Cover art: *Emerging Order* by Hannah Hoch, © Christie's Images/CORBIS

Copyright acknowledgments can be found on page 491, which is hereby considered an extension of this copyright page.

Printed in the U.S.A.

Library of Congress Control Number: 2002117263

ISBN: 0-618-33812-8

123456789-MV-07 06 05 04 03

Table of Contents

An Overview of Your Textbook's Main Features

Handbuch zur deutschen Grammatik consists of thirty chapters. It presents explanations of all major grammar topics and provides meaningful, communicative practice of those topics.

Cases and Declensions 4

zum Beispiel

lolarennt

43

Chapter Opener

Representative photos or literary excerpts introduce the theme on which grammar examples are based.

One-third of the chapters open with a new cultural focus that serves as a basis for discussion of the chapter's grammar points.

4.2	REGULAR NOUN DECLENSIONS

1. A noun listed in all four cases with either its definite or indefinite article is called a declension. Most nouns[1] decline as follows:

	Masc.	**Fem.**	**Neut.**	**Pl.**
Nom.	der Mann	die Frau	das Geld	die Probleme
Acc.	den Mann	die Frau	das Geld	die Probleme
Dat.	dem Mann	der Frau	dem Geld	den Problemen
Gen.	des Mannes	der Frau	des Geld(e)s	der Probleme
	man	*woman*	*money*	*problems*

4.5	DATIVE CASE

A. Indirect objects

1. The noun or pronoun used to indicate the person (less often, the thing) *to* or *for whom* an activity is done is called the *indirect object*. An indirect object is in the dative case; it normally requires an accusative object or subordinate clause to complete its meaning.

DAT. OBJ. ACC. OBJ.
Manni gibt **dem Obdachlosen seine Pistole.**   *Manni gives the homeless man his pistol.*

DAT. OBJ. SUB. CLAUSE
Manni erklärt **ihr, warum er Angst hat.**   *Manni explains to her why he's scared.*

2. Dative objects often precede accusative nouns (see 1.1.C).

Lola bringt **ihrem Freund** das Geld.   *Lola brings her boyfriend the money.*
Lola bringt **ihm** das Geld.   *Lola brings him the money.*

Grammatik

● **Clear and thorough treatment of grammar topics.**
This section starts with a general introduction to the topic at hand; goes into detail as the section progresses and, where applicable, supports the explanation of grammar points through the use of grammar charts. The outline format of the explanations allows for easier navigation by both instructors and students.

● **Theme-based grammar examples engage your attention.**
Grammar examples in 10 chapters are based on cultural sources (introduced in the *zum Beispiel* section of the chapter opener) such as song lyrics, literature, commercial movies, opera libretto, etc. This new feature promotes discussion of grammar in a cultural context.

Wortschatz

● **Expand and improve your vocabulary.**
This section promotes vocabulary expansion by way of related groups of words and ideas with detailed explanations of meaning and use. Students are introduced to synonyms, idioms, linguistic refinements, and words that are generally problematic for learners at the intermediate level.

Wortschatz

Mach doch!

machen

1. **Machen** can mean *to do*, synonymous with **tun.**

Was **machst** du aber, wenn du das Geld nicht kriegst?   *What will you do if you don't get the money?*

2. **Machen** can mean *to make*, in the sense of *to produce, create,* or *build.*

Lola **macht** manchmal ganz schön viel Lärm.   *Lola makes a whole lot of noise sometimes.*

Wie auf Englisch:
eine Ausnahme machen   to make an exception
eine Aussage machen   to make a statement
einen Fehler machen   to make a mistake
Fortschritte machen   to make progress
jemandem *(dative)* **eine große Freude machen**   to make someone (very) happy

Nicht wie auf Englisch:
einen Ausflug machen   to go on an outing
ein Foto machen   to take a picture
Mach doch!   Hurry up! / Get on with it!
eine Pause machen   to take a break
eine Reise machen   to take a trip
einen Schritt machen   to take a step
Schulden machen   to incur debts

Übungen

● **Exercises in this section foster your communicative proficiency in the grammar and vocabulary sections of the chapter.**

These exercises range from controlled fill-in-the-blank items to open tasks that call for creativity and spontaneous interaction.

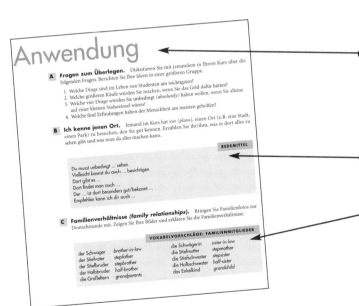

Übungen

A Berlin: Kulisse (backdrop) zum Film. Lesen Sie den Text und markieren Sie die Fälle (cases) aller Substantive.

C Das habe ich gemacht. Machen Sie mit jedem Verb und einem passenden (appropriate) Objekt – Akkusativ oder Dativ – eine Aussage darüber, was Sie heute oder gestern gemacht (oder auch nicht gemacht) haben.

BEISPIEL Ich habe **einen Freund** in der Mensa getroffen.

bekommen essen lernen widersprechen treffen kaufen schreiben begegnen schmeicheln trinken

D In der Stadt. Wer macht was? Verwenden Sie Nominativ, Akkusativ und Dativ mit Vokabeln von der Liste und aus dem Wortschatzkasten. Erzählen Sie dabei eine Geschichte.

BEISPIEL Sie lesen: Der Kellner bringt .
Sie nehmen *Mutter* und *Eis* und schreiben: *Der Kellner bringt der Mutter ein Eis.*

Mutter Vater Sohn Tochter Tante Onkel Familie Großeltern

Bier Rathaus Wein Cola Eis Dom Kaufhaus Stadtplan (m.) Pizza (f.) Leute Touristen (pl.)

1. Zuerst zeigt der Vater ____.
2. Auf dem Markt kauft ____.
3. Dann bringt ____.

E Durch Pronomen ersetzen. Ersetzen Sie in den Sätzen von Übung D zuerst alle Dativobjekte durch Pronomen, dann alle Akkusativobjekte durch Pronomen und zum Schluss beide Objekte durch Pronomen.

BEISPIEL Der Kellner bringt der Mutter ein Eis.
Der Kellner bringt **ihr** ein Eis.
Der Kellner bringt **es** der Mutter.
Der Kellner bringt **es ihr.**

Anwendung

Anwendung

A Fragen zum Überlegen. Diskutieren Sie mit jemandem in Ihrem Kurs über die folgenden Fragen. Berichten Sie Ihre Ideen in einer größeren Gruppe.

1. Welche Dinge sind im Leben von Studenten am wichtigsten?
2. Welche größeren Käufe würden Sie machen, wenn Sie das Geld dafür hätten?
3. Welche vier Dinge würden Sie unbedingt (*absolutely*) haben wollen, wenn Sie alleine auf einer kleinen Südseeinsel wären?
4. Welche fünf Erfindungen haben der Menschheit am meisten geholfen?

B Ich kenne jenen Ort. Jemand im Kurs hat vor (*plans*), einen Ort (z.B. eine Stadt, einen Park) zu besuchen, den Sie gut kennen. Erzählen Sie ihr/ihm, was es dort alles zu sehen gibt und was man da alles machen kann.

REDEMITTEL

Du musst unbedingt ... sehen.
Vielleicht kannst du auch ... besichtigen.
Dort gibt es ...
Dort findet man auch ...
Der ... ist dort besonders gut/bekannt ...
Empfehlen kann ich dir auch ...

C Familienverhältnisse (family relationships). Bringen Sie Familienfotos zur Deutschstunde mit. Zeigen Sie Ihre Bilder und erklären Sie die Familienverhältnisse.

VOKABELVORSCHLÄGE: FAMILIENMITGLIEDER

der Schwager brother-in-law
der Stiefvater stepfather
der Stiefbruder stepbrother
der Halbbruder half-brother
die Großeltern grandparents

die Schwägerin sister-in-law
die Stiefmutter stepmother
die Stiefschwester stepsister
die Halbschwester half-sister
das Enkelkind grandchild

● **Develop your personal expression through interactive practice.**

This section includes tasks designed specifically for interactive use and involves pair work or other group activities. Many tasks are based on "real-world" topics.

● Functional expressions and conversational gambits provided in the *Redemittel* section help you develop expressive competency.

● Possible vocabulary suggestions and conversation topics are included in *Vokabelvorschläge* or *Themenvorschläge*.

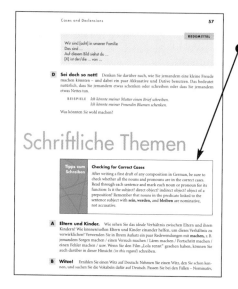

Schriftliche Themen

Develop your writing skills through this process-oriented approach.
Tipps zum Schreiben encourage writing competence by suggesting ways of incorporating the grammatical and lexical items in the chapter into short written assignments. The *Tipps* provide process-oriented writing strategies, as well as specific suggestions for using grammar structures.

Zusammenfassung

Rules to Remember
Each chapter ends with a list of *Rules to Remember* that reviews the most salient points of the chapter.

At a Glance
In addition, the *Zusammenfassung* section includes an *At a Glance* presentation of the most important grammatical points covered, in graphic form. Pages are screened in color for easy reference.

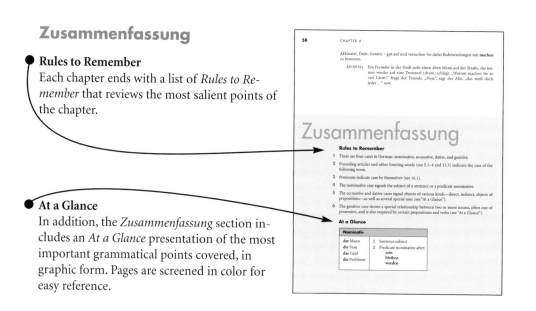

Introduction

Handbuch zur deutschen Grammatik, Fourth Edition, is a reference and review grammar for second- and third-year German students who are familiar with the basics of German vocabulary and grammar. It can be used either as a primary text or as a reference manual in conjunction with other materials, such as literature readers. Its goal is two-fold: (1) to present explanations of all major grammar topics, and (2) to provide meaningful, communicative practice of those topics. There is abundant oral group and pair work, as well as generous attention to writing strategies in each chapter. Depending upon instructor preference and student ability, the material can be used in course sequences lasting anywhere from one to four semesters (one to six quarters).

Features of the Fourth Edition

- **Zum Beispiel.** A new feature in this edition is the expansion and integration of an idea that appeared in one chapter of the previous edition, namely, the use of a narrative source as the basis for grammatical examples throughout the chapter. This edition features a similar approach in ten chapters throughout the book, drawing on cultural texts from pop music to high-brow literature, commercial movies to an opera libretto, in order to focus students' attention on the structures and vocabulary at hand as a means to discussing the examples given.

- **Additional grammatical vocabulary explanations.** From its first appearance, *Handbuch* has been valued by students and teachers alike for its clear and thorough treatment of grammer topics; the Fourth Edition continues this tradition. Based on feedback from users, additional explanations have been provided for vocabulary usage (such as the distinctions between *ganz* and *all-*) and higher-level grammatical features, such as passive and perfect infinitives.

- **Updated language use.** Throughout the text, care has been taken to provide examples of authentic, current language practice, including idiomatic expressions, colloquialisms in a wide range of sociolinguistic registers, and "techno-speak" relating to cultural accoutrements such as instant messaging and cell phones.

Chapter Organization

The *Handbuch* is divided into thirty chapters, each a more or less independent module focusing on a grammatical structure or sometimes a cluster of related structures, along with useful vocabulary. Each chapter comprises a section on *Grammatik*, followed by the *Wortschatz*, then integrated exercises in the form of *Übungen, Anwendung,* and *Schriftliche Themen,* and finally a visually succinct *Zusammenfassung.*

- *Grammatik.* Grammar explanations (in English) are broken down into individual points, each accompanied by examples in German with English translations. The outline format makes it possible for instructors to direct students to clearly defined commentary relating to specific problems or questions. The Fourth Edition provides more cross-references than ever, so that instructors and students can use any chapter as a starting point leading to related topics.

- *Wortschatz.* This section promotes vocabulary expansion by way of related groups of words and ideas with detailed explanations of meaning and use. It introduces students to synonyms, idioms, linguistic points, and words that pose special problems for learners at the intermediate level.

- *Übungen.* The exercises in this section are designed to foster communicative proficiency in the grammar and vocabulary sections of the chapter. They range from controlled fill-in-the-blank items to open tasks that call for creativity and spontaneous interaction.

- *Anwendung.* These tasks are specifically designed for interactive use and involve pair work or other group activities. Many are based on "real-world" topics and help students develop their expressive competencies by providing functional expressions and conversational gambits (*Redemittel*). Possible conversation topics (*Themenvorschläge*) are often included.

- *Schriftliche Themen.* Beginning with *Tipps zum Schreiben,* this section encourages competence in written expression by suggesting ways of incorporating the grammatical and lexical items in the chapter into short written assignments. The *Tipps* provide process-oriented writing strategies as well as specific suggestions for using the grammatical structures at hand.

- *Zusammenfassung.* Each chapter concludes with a list of *Rules to Remember* that reviews the most salient points of the chapter in a few lines. Following that is a presentation in graphic form of the grammatical structure(s) covered, under the heading *At a Glance.* These graphics serve as a useful visual summary and provide a valuable cognitive tool for visually oriented learners.

Components

Handbuch zur deutschen Grammatik is accompanied by all the components necessary for a complete intermediate- or advanced-level course.

Arbeitsheft

The *Arbeitsheft* is divided into two sections: a workbook that focuses on writing, and a lab manual that develops listening comprehension. Each section corresponds to a chapter in the student text.

In the workbook section, there are *Aufgaben zur schriftlichen Kommunikation* that lead learners through process-writing steps, allowing them to develop their brainstorming, organizing, and creative writing skills as they gradually learn to incorporate the grammatical and lexical points of each chapter into open-ended, spontaneous writing. Following these are *Aufgaben zur Struktur,* a series of controlled exercises designed to reinforce the major grammar points in each chapter. For self-correction, answers to these exercises are available at the instructor's discretion.

The lab manual section of the *Arbeitsheft* accompanies the Audio Program, and provides *Aufgaben zum Hörverständnis* for a wide range of unique listening tasks based mainly on non-scripted, improvised scenarios created by native German speakers—including the usual variety of pauses, overlaps, accent variations, loops, and self-corrections that characterize real speech. The tasks focus on meaning, but also on listening for specific forms and words in order to get at precise meanings, as learners negotiate the discourse characteristics of advertising, arguing, talk shows, telephone conversations, and interviews.

Audio Program

The Audio Program offers students a chance to hear authentic German in a goal-oriented listening environment. Each chapter of the Audio Program provides listening comprehension activities that include spontaneous conversations, semi-scripted and improvised exchanges, along with some form-focused listening activities. Each of these is coordinated with assignment sheets in the *Arbeitsheft.* The Audio Program is available on CDs. A complete audioscript and answer key is available on the Instructor's Website.

Handbuch zur deutschen Grammatik Website

The text-specific *Handbuch zur deutschen Grammatik* website features passkey-protected self-testing ACE Plus quizzes for students to assess their learning. A passkey for access to the website is included with every copy of *Handbuch zur deutschen Grammatik,* Fourth Edition.

The Instructor's Website features all materials previously available through the printed Instructor's Resource Manual.

To the Instructor

Handbuch zur deutschen Grammatik can be used by instructors embracing a variety of methodologies, but its original conception and subsequent updates spring from a conviction that *form-focused learning in a communicative context* is the optimal route to second language acquisition. From this perspective, learners must understand that the goal of language is not rules and vocabulary lists, but rather communication of real ideas in a culturally appropriate idiom; and also that an essential aspect of effective communication is the correct use of words and grammatical structures. **Handbuch** seeks to promote these goals by providing clear, thorough explanations of the grammar; semantically related clusters of useful, functional vocabulary; and exercises that promote cognitive mastery of discrete forms as well as the challenge of spontaneous interaction. The following suggestions show how the various parts of the book can be used to these ends and to achieve other teaching goals as well.

Zum Beispiel

Communicative language teaching has long recognized the value of providing context for grammar. Thus textbooks and the teachers who use them are intent on demonstrating how particular grammatical structures are used in context to convey certain meanings, and how various tasks or texts make use of grammar to get their point across. One of the potential side effects of this approach, however, is an infelicitous reversal of priorities: Where a teacher wishes to show, for example, Brecht's elegant extension of a conjecture in *Wenn die Haifische Menschen wären,* students may remember simply "that story with all the subjunctives."

The impetus for the *zum Beispiel* feature in this edition of **Handbuch** is precisely to counteract that tendency. Rather than placing texts in the service of grammar, the examples here seek to use grammar on behalf of the texts, by showing how students can use various structures and vocabulary to express plot details or commentary with increasing complexity and nuance. Thus there are by design no *Haifische* lurking about in the chapter on subjunctives. Instead, comparative adjectives are enlisted to discuss the interior fantasies embedded in *Mittagspause* (Chapter 14), and conjunctions aid in the task of recounting the suspense of *Das Boot* (Chapter 11). In other words, the *zum Beispiel* sources were chosen not on the basis of some grammatical feature, but for their variety and narrative interest, and to show a range of cultural registers. Of course there are many other sources that could have been used; the author's hope is that those incorporated here will sustain students' interest and thus boost their acquisition by helping them attend to the written input, and draw them into the texts and other media if these are not already being used in class.

The author has tried to abide by a "no plundering for grammar" rule. Occasionally, however, it seemed worthwhile to make an exception: Several short lines from *Deutschland* (Chapter 1) are used to ease students into the subsequent patter on *Wetten, dass... ?* and *Die Prinzen;* the abundant participial modifiers in *Die Verwandlung* (Chapter 21) reappear in the chapter exercises for close reading, since this kind of analysis is useful for drawing students at this level into an understanding of Kafka's style; a reference in a subsequent chapter to *eines Morgens* (from the famous first line of Kafka's text) was already in the **Handbuch,** and seemed worth keeping; and in Chapter 27, it made sense to use direct quotations from Dürrenmatt's *Besuch der alten Dame* where the grammar focus is on indirect discourse.

Other appearances of textual details beyond their assigned chapters—usually as materials in the exercises—are intended merely as a slight amusement for students. There is no program here, with one exception: Since Lola is so adept at running, the author lets her run through the entire book, with at least one reference to the movie *Lola rennt* in every chapter. Instructors may, at their own discretion, reward obsessive students who wish to locate these.

Grammatik

One of the key issues that arose during the development of this text concerned the level and amount of grammar to be included. Research has shown that there exists considerable disparity in intermediate-level classes from one institution to another. Even within a single language department, the knowledge and skills level of intermediate students can vary widely. Therefore, the decision was made to cover the basics thoroughly enough that the book could be used by those with very limited previous exposure to German grammar, yet would provide enough detail on some of the finer points to benefit more advanced students as well. As a result, **Handbuch** can be used as either a review or a reference grammar. The grammar can be treated sequentially or in a modular fashion, since neither grammar nor vocabulary building is cumulative from one chapter to the next.

How the instructor chooses to test the material in each chapter is a matter of personal choice. We recommend, however, that as much as possible written testing of grammar should be learner-generated rather than instructor-imposed. For example, instead of doing fill-in activities, multiple-choice questions, etc., students should be asked to produce their own sentences, statements, or compositions using specific structures indicated by the instructor. Assessment items of various kinds are available on the Instructor's Website.

The following are suggestions for working with several task types that are included in **Handbuch.** They are certainly not exhaustive; we hope they will spark creative ideas for classroom application.

Wortschatz

The use of synonyms and words that translate identically into English but actually have different meanings poses considerable difficulty for many German learners. Students should be encouraged to write the words in the *Wortschatz* sections on cards and to develop their own list of synonyms of new words. The best way for students to learn these words is of course to use them, both in writing and speaking. Indeed, instructors might consider requiring that specific words from a *Wortschatz* section be included in a particular writing assignment.

Übungen

The *Übungen* range from structural manipulations to more open-ended activities. Many, while controlled, are nevertheless conducive to real communication and can be used to facilitate a genuine exchange of students' ideas, experiences, views, and knowledge. All of them can be done as homework, and many can be redone in class several times as pair or group activities, each time with a different partner.

Example I *(from Chapter 2, page 22):*

E **Wie lange schon?** Erzählen Sie, wie lange/seit wann Sie Folgendes tun.

    BEISPIEL Tennis spielen
         Ich spiele (schon) seit fünf Jahren Tennis.

1. Deutsch lernen
2. [eine Fremdsprache] können
3. Auto fahren
4. etwas besonders Interessantes tun
5. [noch eine Aktivität]

Here are five possible ways to work with this short, straightforward activity. You might choose to use any or all of these approaches.

1. ***Homework task.*** Students write or mentally prepare the exercise.

2. ***Pair work.*** Students do the exercise in class with a partner. Students monitor each other's output for grammatical accuracy.

3. ***Partner-based communicative task.*** Students ask various partners questions based upon the exercise. For example:

   Seit wann fährst du Auto?
   Kannst du andere Sprachen? Wie viele? Seit wann?
   usw.

4. ***Class or group activity.*** Working in groups or as a class, students generate additional questions to ask other students and the instructor.

5. *Task-based assignment.* Students research specific information about certain topics. They concentrate on discovering how long certain things have been going on (in their school, in their community, etc.). Students then share their information with the class. Some possible topic sentences might be:

Diese Uni gibt es seit ... Jahren.
Deutsch lernt man in dieser Schule seit [date].

Example II *(from Chapter 3, page 37):*

D **Große Menschen, große Leistungen (accomplishments).**   Erzählen Sie, wie diese Menschen berühmt geworden sind. Verwenden Sie die angegebenen Verben aus dem Wortschatzkasten.

BEISPIEL   Alfred Nobel (das Dynamit)
Er hat das Dynamit erfunden.

bauen	erhalten *(to receive)*	singen
begründen *(to establish)*	komponieren	übersetzen
entdecken *(to discover)*	schreiben	werden
erfinden *(to invent)*		

1. Friedrich Schiller (das Drama *Wilhelm Tell*)
2. Siegmund Freud (die Tiefenpsychologie)
3. Rudolf Diesel (Dieselmotor)
4. Marlene Dietrich (Lieder)
5. Gustav Mahler (*Das Lied von der Erde*)
6. Gottlieb Daimler (das erste Auto)
7. Maria Theresia (Kaiserin von Österreich)
8. Heinrich Schliemann (Troja)
9. Martin Luther (die Bibel)
10. Wilhelm Röntgen (der erste Nobelpreis für Physik)

Many of the *Übungen* are based on authentic situations and can be used as a springboard for broadening students' knowledge and cultural awareness. Here are five suggested ways for handling the above activity.

1. Students write five additional present perfect statements about one of the persons listed in the exercise.

2. Students prepare five to seven quiz questions in the present perfect about famous people and their accomplishments. The questions can be culturally specific. Students then quiz one another. Some possible questions might be:

   *Wer hat **Die Blechtrommel** geschrieben?* (Günter Grass)
   Welcher deutsche Autor hat 1972 den Nobelpreis erhalten? (Heinrich Böll)

3. Students write five present perfect statements about the accomplishments of the most famous person they have met personally.

4. Students write five present perfect statements about the person (living or dead) they most/least admire.

5. Students create their own exercise for generating present perfect statements without talking about themselves.

The *Übungen* also include exercises that ask students to provide personal opinions or information about themselves. Instructors can configure such tasks in a variety of ways, from teacher-directed gathering of information, to simple pair work, to classroom surveys (in which each student tries to find out one particular piece of information about all the other students), to small-group situations in which groups of students pool their information or opinions and pass them along to other students for comparison. Instructors will do well to bear in mind that natural language use translates in learners' minds to natural conversational patterns. They should avoid constructing overly artificial scenarios in which information is repeated, manipulated, or coerced in non-natural ways. And they can use these situations to address socio-pragmatic issues: How would Germans/Swiss/Austrians respond to these questions, or to the survey format?

Anwendung

When using these *Anwendung* activities, instructors should be flexible in allowing students to talk about what interests them. If an activity holds little interest for them, perhaps the students themselves can suggest a different topic to discuss using the same *Redemittel* and grammar structures. Instructors should view all the *Anwendungen* in the text as suggestions and as prompts for devising additional activities and tasks of their own. Following are some points to keep in mind when designing such activities:

1. Activities should be learner-based and learner-centered rather than instructor- or textbook-centered.

2. Activities should involve active speech production (output) based upon recall of meaningful input. Types of input include:

   ■ "real-world" input based upon the recall abilities, knowledge, experiences, and opinions of the students

   ■ listening/viewing input from CDs, videotapes, radio, television, movies, etc.

   ■ reading input from a wide variety of texts: websites, newspapers, letters, etc.

3. Grammar-based activities should be linked in a meaningful way to language skills (reading, listening, writing, speaking) and to cultural understanding.

4. Activities should involve genuine transfer and communication of information, knowledge, opinion, or reaction.

5. Activities should be interactive (involve more than one person, though the other person may be either a listener or a reader).

6. Activities should provide for primary monitoring of at least *one* structure for accuracy.

7. Activities should facilitate more than simple one-sentence utterances.

8. Activities should avoid requiring structures and vocabulary beyond the abilities of the learners.

9. Activities should encourage thinking in German rather than in one's native tongue.

10. Activities should be of interest to the learners.

Schriftliche Themen

Writing skills are frequently neglected in foreign language instruction, yet few activities better integrate the various facets of language learning. Writers have to combine content with vocabulary and structure, and form with (self-)expression. They also have to monitor carefully for grammatical accuracy. The writing activities in the *Schriftliche Themen* sections are designed as *Schreibproben* rather than as extensive compositions. In most instances, eight to twelve sentences per *Thema* should suffice. When doing the activities, students should concentrate on applying the major grammar points of the chapter. *Tipps zum Schreiben* offers suggestions on how to do this naturally and effectively. Instructors should modify the topics as they see fit. For example, in the case of the *Bildergeschichten*, students might tell the stories not only from their own perspective, but also from the point of view of various characters in the stories.

In using the *Schriftliche Themen*, instructors may find the following guidelines helpful:

1. Keep writing tasks short (in most cases eight to twelve sentences). It is better to assign more short writing tasks rather than a few long compositions.

2. Have students exchange ideas (brainstorm) in groups or as a class about particularly challenging writing assignments before they do them at home.

3. Emphasize development of a good writing style by reminding students to follow the suggestions in the *Tipps zum Schreiben* paragraph in each chapter's writing section.

4. Reward both personal creativity and grammatical accuracy in keeping with the goals of the class. Students must be aware of what the instructor expects and the criteria to be used for assigning points or grades. Teach students to edit their own drafts by looking at selected grammatical points.

5. Ask for at least two drafts, a rough draft for peer editing (in pairs or small groups) and a corrected final copy to be handed in for a grade.

6. Occasionally have students write a composition in pairs or small groups. This approach allows for considerable student interaction and peer correction.

7. Have students indicate at the top of every composition what reader(s) they "pictured" or had in mind when they wrote; writing to a specific audience will help students focus their thoughts and style.

8. Do not correct straightforward grammar errors on writing tasks; circle the most egregious ones and have students self-correct. Encourage students to use the index in the text for quickly locating grammar explanations to be reviewed.

9. Always write at least one comment or follow-up response to the *content* of every writing task. Students will be more willing to write if they think someone is interested in what they have to say.

10. Occasionally have students retell or explain orally what they have written, but only after they have handed in their compositions.

Instructors might consider saving copies of the best writing assignments for later publication in an *Aufsatzsammlung* to be distributed in that class or in other German classes. This approach may encourage students to put more effort into their compositions and be more rigorous in their self-correction.

Zusammenfassung

Instructors may wish to have students quickly preview the material in each chapter by first having them look at the *Rules to Remember* in the *Zusammenfassung* section to see which grammar points they already know. Come test time, they can use the *Rules* and *At a Glance* for quick review.

To the Student

If you have had one to two years of basic German instruction, either at the college or high-school level, and wish to refresh your knowledge of grammar, then this book is for you. For those of you who do well on grammar quizzes but have difficulty speaking the language, this book will also prove helpful. In language learning, understanding grammatical structures is not enough: it is also necessary to remember the structures and practice them in contexts that are meaningful for you. Only then will you be able to recall these structures quickly and use them correctly.

Handbuch zur deutschen Grammatik provides exactly that kind of practice. *Grammatik* covers the grammar in small, manageable units for quick and easy reference, followed by useful vocabulary items in the *Wortschatz*. In several chapters, the grammar examples and vocabulary revolve around a particular story, song, or film, which will familiarize you with that cultural resource. The exercises *(Übungen)* let you practice specific grammar structures in a somewhat controlled situation, while at the same time drawing on your own ideas, knowledge, and experiences. Next, the more general application activities *(Anwendung)* provide an opportunity to communicate on a range of issues, while utilizing the grammar structures you have just worked through. The writing sections *(Schriftliche Themen)* stress developing your writing skills in German in both content and form. The composition topics provide a variety of practical and creative writing tasks such as composing reports, letters, and short narratives. Finally, the *Zusammenfassung* sections contain a concise list of *Rules to Remember* and summary graphics, called *At a Glance,* that review the highlights of the chapter.

Learning Vocabulary

In doing the exercises and activities in this book, you will find that the level of sophistication and accuracy of your spoken and written German depends in part on the amount and type of vocabulary you already know or are willing to learn. Since many of the activities in this book are open-ended, it is not possible to predict what words you will wish to use. Suggested vocabulary *(Vokabelvorschläge),* themes *(Themenvorschläge),* and conversational gambits *(Redemittel)* accompany some of the activities; but you should also strive to expand your vocabulary base by looking up in a dictionary additional words and expressions that you need in order to express your thoughts and ideas. You might want to put clusters of vocabulary words for certain topics on 3″ × 5″ cards for quick and easy reference. Such clusters would consist mainly of nouns, verbs, adjectives, or adverbs. Since there are only a certain number of prepositions, conjunctions, and pronouns, you should learn these as soon as possible so that you can form more complex sentences and avoid redundancy when writing or speaking. All other words, expressions, and idioms can be learned as you need them.

Learning Grammar

Grammar should not be learned in isolation or for its own sake. If you wish to work on particular grammar structures, you should consciously use them when discussing or writing about things you have read, heard, or experienced—much like the examples found in the chapters with an introductory *zum Beispiel* text. You should also practice listening for particular structures when people speak or when you work with the Audio Program that accompanies the **Arbeitsheft.** These habits will help you reach what should be your goal: meaningful, accurate communication in German.

Acknowledgments

Once again, it is with a profound appreciation of Larry Wells' vision, teacherly insight, and sheer hard work that I add this acknowledgment of his achievement to the new Fourth Edition of *Handbuch.* I am certain that he would be pleased with the result, continuing as it does the project of learner-centered, communicatively oriented language teaching that was his life for so many years. Of course, he would be surprised at much of what you see here: when the book was first written, e-mail was a rarity, MP3's did not exist, the *Prinzen* had just formed a new pop group, Lola hadn't even thought about running—and *dass* was spelled with *ß*. Much has changed, indeed, yet the approach to language teaching that has informed *Handbuch* from the beginning has demonstrated its usefulness and validity over the years since the book's first appearance. This is the crux of the revision here: updating the cultural and socio-pragmatic aspects of the text, while continuing to stress communicative language teaching with a focus on form.

As he noted in the *Acknowledgments* to the Second Edition, it takes many people to produce a book. I am grateful to an array of students and colleagues at Princeton University for their continuing input, in particular to Prof. Robert Ebert for his comments on successive drafts of the chapters that were substantially rewritten for the Third Edition. I also want to thank the various editors, artists, designers, and assistants who were involved in this undertaking. In particular I want to acknowledge the help of the Development Editor, Judith Bach, with her creative flair and her fine ear for the nuances of spoken language; production editors Harriet C. Dishman and Stacy Drew of Elm Street Publications; copyeditor Karen Hohner; and proofreaders Linda Smith and Susanne van Eyl.

Once again, we appreciate the work done by the following people during the preparation of the Fourth Edition of *Handbuch zur deutschen Grammatik.* Their review comments and suggestions were invaluable during the book's development.

Elio Brancaforte, *Tulane University*

David Coury, *University of Wisconsin–Green Bay*

Ellen Crocker, *Massachusetts Institute of Technology*

Anthony Jung, *University of Nebraska at Omaha*

Andreas Lixl, *University of North Carolina at Greensboro*

Uwe Moeller, *Texas A&M University*

Matthew Pollard, *University of Victoria*

Ann Rider, *Indiana State University*

Wilhelm Seeger, *Grand Valley State University*

Jane Sokolosky, *Brown University*

—Jamie Rankin

Handbuch zur deutschen Grammatik

zum Beispiel

Deutschland

Natürlich hat ein Deutscher *Wetten, dass ... ?*[1] erfunden°   *invented*
Vielen Dank für die schönen Stunden
Wir sind die freundlichsten Kunden° auf dieser Welt   *customers*
Wir sind bescheiden° – wir haben Geld   *modest*
Die allerbesten in jedem Sport
Die Steuern° hier sind Weltrekord   *taxes*
Bereisen Sie Deutschland und bleiben Sie hier
Auf diese Art° von Besuchern warten wir   *kind, sort*
Es kann jeder hier wohnen, dem es gefällt
Wir sind das freundlichste Volk auf dieser Welt

Nur eine Kleinigkeit ist hier verkehrt°   *mixed up, not as it should be*
Und zwar°, dass Schumacher[2] keinen Mercedes fährt   *namely, . . .*

Das alles ist Deutschland – das alles sind wir
Das gibt es nirgendwo anders – nur hier, nur hier
Das alles ist Deutschland – das sind alles wir
Wir leben und wir sterben hier

[...]

Text: Steve van Velvet/Die Prinzen
©2001 Warner/Chappell/Boogie Songs
von der CD: *10 Jahre die Prinzen – das Album*

---

[1] *Wetten, dass ... ?* – a popular monthly TV show involving contestants who bet celebrities that the contestants can perform unusual feats, with the celebrities in turn performing a stunt chosen by the contestant if the bet is lost.
[2] Schumacher – Michael Schumacher, Germany's internationally known Formula 1 racing champion, who drives for Ferrari.

Grammatik

The most prominent feature of German word order is the position of the verb. Each of the three major clause types in German—main, question, and subordinate—requires the conjugated verb to occupy a different place within the clause, which can differ considerably from English:

Main clause:

Auf diese Art von Besuchern **warten** wir.

*This is the kind of visitor we're **waiting** (i.e., hoping) for.*

Question:

Sind wir die allerbesten in jedem Sport?

***Are** we the very best in every sport?*

Subordinate clause:

... und zwar, dass Schumacher keinen Mercedes **fährt.**

*. . . namely, that Schumacher doesn't **drive** a Mercedes.*

But although the verb position varies from clause to clause, it is consistent within each clause type. The conjugated verb and any associated verbal elements (such as infinitives or participles) form a stable framework into which the other elements can be placed in various ways. The important thing is to remember which kind of clause you are constructing and how that dictates the constraints and possible variations for word order within it.

1.1 ▸ WORD ORDER IN MAIN CLAUSES

A. First elements

1. The most common first element in a German sentence is the grammatical subject.

    Wir sind bescheiden.   *We're modest.*

    Schumacher fährt keinen Mercedes.   *Schumacher doesn't drive a Mercedes.*

2. Words modifying the subject are considered part of the first element.

    Die allerbesten in jedem Sport sind wir.   *We're the very best in every sport.*

    Die Steuern hier sind Weltrekord.   *The taxes here set a world record.*

3. German speakers often put adverbial expressions or prepositional verbal complements (see 30.1) in first position for the sake of style or to draw attention to this information as the actual "topic" of the statement. When this happens, the subject, which

would normally be in first position, moves to a position after the conjugated verb. NOTE: Adverbial first elements are not set off by a comma, as they may be in English.

Auf diese Art von Besuchern warten wir. *(prepositional verbal complement)*	*This is the kind of visitor we're waiting for.*
Natürlich hat ein Deutscher *Wetten, dass ... ?* erfunden. *(adverbial modifier)*	*Of course a German came up with the show* Wetten, dass ... ?
Vor einigen Jahren habe ich die Sendung zum ersten Mal gesehen. *(adverbial modifier)*	*A few years ago, I saw the show for the first time.*

4. Direct and indirect objects, infinitives, and participles can also occur in first position, but this is much less common. In such instances, they occur mainly (but not only) in response to specific questions asking for the information contained in these elements.

Wetten, dass ... ? hat ein Deutscher erfunden. *(direct object)*	*A German came up with* Wetten, dass ... ?
Mitmachen will fast jeder. *(infinitive)*	*Almost everyone wants to participate.*
Den meisten Deutschen ist diese Sendung bekannt. *(indirect object)*	*This show is familiar to most Germans.*
Angeschaut habe ich sie letztes Jahr nur einmal. *(past participle)*	*Last year I watched it only once.*

5. **Ja, nein,** and nouns of address are not considered first elements. They are set off by a comma, and the actual sentence begins after the comma.

Ja, Thomas Gottschalk ist immer noch der Moderator.	*Yes, Thomas Gottschalk is still the emcee.*
Nein, er erinnert mich überhaupt nicht an David Letterman.	*No, he doesn't remind me of David Letterman at all.*

B. Position of the conjugated verb

1. The second sentence element in a main clause is always the conjugated verb (V_1), regardless of which element occupies first position.

Nur eine Kleinigkeit **ist** hier verkehrt.	
Hier **ist** nur eine Kleinigkeit verkehrt.	*Only one little thing is wrong here.*
Verkehrt **ist** hier nur eine Kleinigkeit.	

2. Even if the first sentence element is a subordinate clause, the conjugated verb of the following main clause is still in second position within the overall sentence.

$\overbrace{\text{Obwohl Schumacher Deutscher ist,}}^{1}$ $\overbrace{\textbf{fährt}}^{2}$ er keinen Mercedes.

Although Schumacher is a German, he doesn't drive a Mercedes.

3. For purposes of word order, when two main clauses are connected by a coordinating conjunction (**aber, denn, oder, sondern,** and **und**) (see 11.1), the conjunction is not considered a first element of the second clause; thus the position of the conjugated verb in the second clause does not change.

Wir haben zwar Geld, *aber* unsere Steuern **sind** Weltrekord.	*We may have lots of money, but our taxes set a world record.*

C. Elements in the middle field

1. The conjugated verb (V_1) and verbal elements that appear later in the sentence (V_2; see D below) form a kind of bracket around the elements between them, which comprise what is often called the *middle field*. The middle field includes the subject if it is not in first position, as well as object nouns and pronouns (accusative and dative, including reflexive pronouns), adverbial modifiers, and verbal complements.

2. If the subject of the main clause is not the first element, it usually appears at (or near) the beginning of the middle field. Subject pronouns must stand directly after V_1. Subject nouns can be preceded by unstressed personal pronouns or, if the subject is to be emphasized, by other elements as well.

Dieses Lied habe **ich** neulich auf einer CD gehört.	*I heard this song recently on a CD.*
Davon hat mir **ein Freund** erzählt.	*A friend of mine told me about it.*

3. The order of dative and accusative objects in the middle field (see 4.4 and 4.5) is determined in general by the level of emphasis desired: *The farther to the right one of these objects appears in the middle field, the greater the emphasis it receives.* This means in practice that

   ■ a pronoun object appears *before* a noun object:

Ich spielte **es** einem anderen Freund vor.	*I played it for another friend of mine.*
Ich spielte **ihm** die ganze CD vor.	*I played the whole CD for him.*

   ■ with two noun objects, the one being emphasized appears second:

Ich spielte diesem Freund **die CD** vor.	(*what* was played is emphasized)
Dann spielte ich die CD **meinen Eltern** vor.	(*for whom* it was played is emphasized)

   Some grammars state that in such cases, the dative noun object should always precede the accusative noun object, but this oversimplifies the matter. If the accusative noun has already been mentioned (**CD** in the example above), and the speaker prefers to repeat it rather than use a pronoun, it should come first, thereby emphasizing the second noun, which is the dative indirect object (**Eltern**).

A: Was hast du mit der CD gemacht?	*What did you do with the CD?*
B: Ich habe die CD meinen Eltern vorgespielt.	*I played the CD for my parents.*

4. If both objects are personal pronouns, the accusative pronoun comes first, regardless of emphasis.

   A: Wann denn?   *When (did you do that)?*

   B: Ich spielte **es ihnen** gestern Abend vor.   *I played it for them last night.*

5. Adverbial modifiers generally follow the order of Time—Manner—Place (TMP rule), unless there is a need to emphasize a particular modifier, in which case the "emphasis to the right" rule prevails. Often, what one may think of as "place" indicators are not merely adverbial modifiers but verbal complements that specify direction in a way that "completes" certain verbs. Notice how the "time" and "manner" modifiers can be dropped in the following examples, but not the directional modifier, which is always positioned at the end of the middle field (see C.7 below).

   Schumi[3] fuhr nach Monaco. *(place)*
   Schumi fuhr am Samstag nach Monaco. *(time; place)*
   Schumi fuhr mit einem Ferrari nach Monaco. *(manner; place)*
   Schumi fuhr am Samstag mit einem Ferrari nach Monaco. *(time; manner; place)*
   Schumi drove to Monaco on Saturday in a Ferrari.

6. For rules concerning the position(s) of **nicht,** see 6.1.

7. Verbal complements
   As mentioned above, some verbs require information to "complete" their meaning in certain contexts. The element supplying this information is called the *verbal complement* and appears at the very end of the middle field. This means that it immediately precedes V_2 (see D.1) or stands as the final element in a main clause with no V_2. Here are the most common types of verbal complements:

   ■ Predicate nominatives (see 4.3):

   Die Prinzen sind **eine Pop-Gruppe.**   *The* Prinzen *are a pop music band.*

   ■ Directional modifiers:

   Für ihr erstes großes Konzert flogen   *For their first big concert they flew to*
      sie **nach Hamburg.**   *Hamburg.*

   ■ Separable prefixes (see 29.1):

   Sie fingen als Gruppe kurz nach der   *They started as a group soon after the*
      Wende **an.**   *"turnaround" (i.e., reunification).*

   ■ Prepositional phrases that complete the meaning of certain verbs (see 30.1, 30.2):

   Sie kamen ursprünglich **aus Leipzig.**   *Originally, they were from Leipzig.*
   Ihr erster Hit, „Gabi und Klaus",   *Their first hit, "Gabi und Klaus," is about*
      handelt **von einem unglücklichen**   *two unhappy lovers.*
      Liebespaar.

---

[3] **Schumi** is the nickname for Michael Schumacher often used in the popular press.

■ Object nouns, infinitives (see 18.3 and 29.1), and adverbs (see 24.1) that combine with verbs to create specific meanings:

Einige von ihnen spielen **Klavier.**	*Several of them play the piano (i.e., know how to play).*
Fast alle machten **Abitur** und studierten Musik.	*Almost all of them passed the state university entrance exam and studied music.*
Nach der ersten Aufnahme lernten sie Pop-Musiker im Westen **kennen.**	*After their first recording, they got to know pop musicians in former West Germany.*
Viele Fans lernen ihre Texte **auswendig.**	*Many fans learn their lyrics by heart.*

D. V₂ elements

1. The right-hand portion of the verbal bracket (V_2) is formed with infinitives or past participles, and encloses the elements of the middle field.

Für die erste Aufnahme **mussten** sie ein billiges, altes DDR-Gerät **benutzen.**	*For their first recording, they had to use a cheap, old GDR piece of equipment.*
Aber ihr erstes richtiges Album **haben** mehr als 1,2 Millionen Leute **gekauft.**	*But more than 1.2 million people purchased their first real album.*

2. Separable prefixes attach directly to the V_2 verb (see 29.1), forming either an infinitive or a past participle together with the root verb. Notice that past participles formed with **-ge-** insert this element between the prefix and the root verb.

Als Kinder **haben** vier von ihnen beim Thomanerchor **mitgesungen.**	*As children, four of them sang with the choir of St. Thomas [in the Leipzig church where J. S. Bach once worked].*
1991 **sind** sie aus verschiedenen Bands und Chören **zusammengekommen.**	*In 1991, they came together from various bands and choirs.*

E. Final elements

While the first element, the verbal bracket, and the middle field contain almost all information in a main clause, some elements can appear after V_2, most often in informal, spoken discourse. Here are some common examples:

■ Adverbial modifiers added as an afterthought:

„Du, die haben ganz was Neues gemacht **in letzter Zeit!**"	*"Hey, they've been doing some really different things recently!"*

■ Elements to be emphasized (again, usually in informal speech):

Ich habe mich riesig gefreut **auf die neueste CD.**	*I was totally looking forward to the latest CD.*

■ Comparative phrases beginning with **als** or **wie**:

Sebastian kann bessere Texte schreiben **als Tobias,** finde ich.	*In my opinion, Sebastian can write better lyrics than Tobias.*
Quatsch! Tobias hat genauso gute Lieder geschrieben **wie Sebastian.**	*That's rubbish! Tobias has written songs just as good as Sebastian (has).*

1.2   POSITIONS OF THE CONJUGATED VERB IN QUESTIONS

1. The conjugated verb takes first position in yes-no questions, followed by the middle field, including the subject.

Verstehst du dieses Lied?	*Do you understand this song?*

2. The conjugated verb follows an interrogative word or expression (see 15.2).

Was **hältst** du von diesen Klischees über Deutschland?	*What do you think of these clichés about Germany?*
Was für eine Rolle **spielt** dabei die Ironie?	*What kind of a role does sarcasm play here?*

3. In indirect questions, the question itself is a subordinate clause (see 1.3) and the verb stands in final position within this clause.

Kannst du erklären, was für eine Rolle die Ironie dabei **spielt?**	*Can you explain what kind of a role sarcasm plays here?*

1.3   POSITIONS OF THE CONJUGATED VERB IN DEPENDENT CLAUSES

A. Subordinate clauses

1. The conjugated verb occupies final position in subordinate clauses (see 11.3), even if the subordinate clause is the first element in the sentence.

COMPARE:

Main clause:

Er **hat** Geld.	*He has (lots of) money.*

Subordinate clause:

Er ist bescheiden, obwohl er Geld **hat.**	*He's modest, even though he has lots of money.*
Obwohl er Geld **hat,** ist er bescheiden.	*Even though he has lots of money, he's modest.*

2. The conjugated auxiliary verb (V_1) in a subordinate clause follows final position verbal elements (V_2).

Es ist ganz natürlich, dass ein Deutscher Wetten, dass ... ? erfunden **hat.**	*It's to be expected that a German came up with* Wetten, dass ... ?

3. The only exception to this rule involves a double infinitive construction (see 18.6). The V_1 in such cases immediately precedes the two infinitives.

Meinst du, dass ein Deutscher diese Meinungen im Ernst **hätte** äußern können?	*Do you think a German could have expressed these opinions seriously?*

4. As in English, the subordinating conjunction **dass** *(that)* may be omitted. When this happens, the second clause is considered a main clause and the verb stays in second position.

COMPARE:

Ich weiß nur, dass die Musik mir **gefällt,** OK?	*I just know that I like the music, OK?*
Ich weiß nur, die Musik **gefällt** mir, OK?	*I just know I like the music, OK?*

B. Relative clauses

A relative clause (see 26.1) is a subordinate clause; the conjugated verb (V_1) occupies final position within this clause.

Menschen, die alles so ernst **nehmen,** gehen mir echt auf die Nerven.	*People who take everything so seriously really get on my nerves.*

Wortschatz

Erzählen Sie mal!

The following words occur more than once in the direction lines for the exercises and activities in this text.

Verben

ändern   to change, modify
ausdrücken   to express, say
   zum Ausdruck bringen
      to express, say
sich äußern (zu)   to express one's views, comment on
austauschen   to exchange
beenden   to end, complete

berichten (über) + *accusative*
   to report (on), tell about
beschreiben   to describe
besprechen   to discuss
betonen   to emphasize, stress
bilden   to form *(sentences)*
einsetzen   to insert, supply
   (missing words)

ergänzen (durch)   to complete (with)
erklären   to explain
ersetzen   to replace, substitute
erzählen   to tell, narrate
gebrauchen   to use, make use of
mitteilen   to communicate
  or impart, tell

übersetzen   to translate
umformen   to transform, recast
unterstreichen   to underline
verbinden   to connect, combine
verwenden   to use, make use of
wiederholen   to repeat
zusammenfassen   to summarize

Substantive (Nouns)

der Ausdruck, ⁻e expression
die Aussage, -n   statement
der Gebrauch   use

der Inhalt, -e   content(s)
das Thema, -en   topic
der Vorschlag, ⁻e suggestion

Adjektive

fehlend   missing
fett gedruckt   printed in boldface
kursiv gedruckt   printed in italics

passend   suitable, proper
unterstrichen   underlined
verschieden   various

Übungen

A **Die schwere Prüfung.**   Schreiben Sie die Sätze um. Setzen Sie das kursiv gedruckte Element an erste Stelle.

BEISPIEL   Wir haben *gestern* eine schwere Prüfung geschrieben.
Gestern haben wir eine schwere Prüfung geschrieben.

1. Schwere Fragen waren *auf der Prüfung.*
2. Die Studenten konnten *die meisten dieser Fragen* nicht beantworten.
3. Die Professorin war *darüber* schwer enttäuscht.
4. Die Professorin hatte betont, *dass man das Material gut lernen sollte.*
5. Am Tag vor der Prüfung hatte die Professorin alles noch einmal *zusammengefasst.*
6. Ihre Studenten hatten allerdings *(to be sure)* etwas gelernt.
7. Sie hatten *aber* einige wichtige Punkte nicht verstanden.
8. Jetzt wusste die Professorin, *dass sie die Lektion würde wiederholen müssen.*

B **Antworten auf Fragen.**   Beantworten Sie die folgenden Fragen. Stellen Sie die erwünschte Information an den Anfang Ihrer Antwort.

BEISPIEL   Wie alt sind Sie jetzt?
Achtzehn Jahre alt bin ich jetzt.

1. Seit wann lernen Sie Deutsch?
2. Wo wohnen Sie jetzt?

3. An welchen Tagen haben Sie einen Deutschkurs?
4. Was für Musik hören Sie besonders gern oder ungern?
5. Was werden Sie heute Abend nach dem Essen tun? (z.B. lesen, fernsehen, ein wenig schlafen usw.)

C **Ein schöner Nachmittag.**   Stellen Sie das Akkusativobjekt an eine andere Stelle, aber nicht an den Anfang des Satzes.

> **BEISPIEL**   Am Vormittag machte Melanie einige Einkäufe in der Kaufhalle.
> *Am Vormittag machte Melanie in der Kaufhalle einige Einkäufe.*

1. Am Nachmittag traf Melanie eine Freundin in der Stadt.
2. Sie entschlossen sich *(decided)* einen Spaziergang in dem Park zu machen.
3. Nach einer Weile machte Melanie den Vorschlag, irgendwo Kaffee zu trinken.
4. Im Park fanden sie einen gemütlichen Gartenpavillon.
5. Dort bestellten sie Kaffee und verschiedene Kuchen.
6. Nach dem Kaffee hat Melanie einen Kurs an der Uni erwähnt *(mentioned)*.
7. Besonders diese Vorlesung wollte sie ihrer Freundin beschreiben.
8. Sie verließen den Park gegen Abend und fuhren nach Hause.

D **Fehlende Information.**   Ergänzen Sie die Sätze durch die Wörter und Wortverbindungen in Klammern.

> **BEISPIEL**   Wir fahren morgen nach Bern.   (mit dem Zug)
> *Wir fahren morgen mit dem Zug nach Bern.*

1. Ich habe viel Zeit.   (heute)
2. Sie gingen mit der Familie.   (gestern; einkaufen)
3. Sie spricht mit anderen Passagieren.   (während der Fahrt)
4. Ich treffe dich.   (in der Stadt; in zwanzig Minuten)
5. Wir haben heute Morgen gelesen.   (mit großem Interesse; die Zeitung)
6. Sie muss heute eine Postkarte schicken.   (ihren Eltern)
7. Er hat vom Live-Konzert in Leipzig erzählt.   (uns)
8. Hat er seiner Freundin den Brief geschrieben? —Ja, er hat geschrieben.   (ihr; ihn)

Anwendung

A **Partnergespräch.**   Erzählen Sie jemandem im Kurs Folgendes. Beginnen Sie Ihre Sätze mit der fett gedruckten Information.

was Sie **manchmal** denken
was Sie **in diesem Kurs** lernen möchten
was Sie **besonders gern** tun
was Sie gern tun, **wenn Sie Zeit haben**

was Sie **gestern ...**
was Sie **morgen ...**
usw.

B **Ein Bericht.** Berichten Sie im Kurs, was Sie in Anwendung A über Ihre Partnerin / Ihren Partner erfahren haben.

BEISPIEL Meine Partnerin heißt Oksana. Manchmal denkt sie, dass Deutsch schwer ist. In diesem Kurs möchte sie mehr sprechen. Besonders gern geht sie abends ins Kino.

Schriftliche Themen

Tipps zum Schreiben	**Beginning the Sentence**
	In German, using a variety of first-sentence elements is essential for effective writing. In addition to the sentence subject, adverbs, prepositional phrases, and subordinate clauses work particularly well. As a rule, try not to begin more than two or three sentences in a row with the sentence subject.

Leipzig: Geschichte einer Stadt. Ändern Sie den folgenden Text stilistisch, damit *(so that)* nicht jeder Satz mit dem Satzsubjekt beginnt.

Leipzig gilt° seit dem Herbst 1989 als die Stadt der friedlichen° Revolution, in der man den Zusammenbruch° des DDR-Sozialismus eingeleitet° hat. Die Stadt hat gleichzeitig° einen Ruf° als Messe°- und Buchstadt.

Die Grundlagen° für das moderne Leipzig sind am Ende des Mittelalters zu finden. Martin Luther predigte° im Jahre 1539 in der Leipziger Thomaskirche. Es kam im Drei-ßigjährigen Krieg (1618–1648) um Leipzig herum zweimal zu großen Schlachten°. Leipzig erlebte in der Folgezeit° seine erste große Blüte°. Man las hier schon 1650 die erste Tageszeitung der Welt. Es gibt seit 1678 eine Börse° und ein Opernhaus. Johann Sebastian Bach wirkte° 1723–1750 an der Thomaskirche als Organist und Kantor. Weitere große Musiker, die aus Leipzig kommen oder hier gewirkt haben, sind Richard Wagner, Felix Mendelssohn Bartoldy, Robert und Clara Schumann. Die Stadt war zu DDR-Zeiten° als Sitz der großen Karl-Marx-Universität bekannt. Die Uni besteht° noch heute unter einem anderen Namen. Die Stadt ist nach der friedlichen Revolution zu einem wichtigen kul-turellen und kommerziellen Zentrum für ganz Deutschland geworden.

---

is considered / peaceful / collapse / began / at the same time / reputation / convention / beginnings, foundations / preached / battles / ensuing years / blossoming / stock exchange / was engaged, active / in its GDR days / exists

Zusammenfassung

Rules to Remember

1 The conjugated verb comes first in yes-no questions or immediately after interrogative elements in information questions.

2 The conjugated verb (V_1) is the second element in main clauses.

3 The conjugated verb (V_1) occupies the final position in dependent clauses, except in double infinitive constructions.

4 In the middle field, pronoun subjects come immediately after the verb. Noun subjects can be preceded by unstressed object pronouns or, if the subject is to be emphasized, by other elements as well.

5 Adverbial modifiers in the middle field generally follow the sequence Time—Manner—Place (TMP).

6 For direct- and indirect-noun/pronoun objects in the middle field:

- pronouns precede nouns
- the more emphasized of two noun objects goes to the right of the less emphasized
- direct-object pronouns precede indirect-object pronouns

7 Verbal complements come at the very end of the middle field.

At a Glance

Word order

Main clause				
front field	V_1	*middle field*	V_2	*(final elements)*
subject		pronoun subject/object		
direct object		noun subject/object	modal infinitive	
indirect object		adverbial modifiers	past participle	
adverbial modifier		**nicht**		
participle		verbal complements		
modal infinitive				
subordinate clause				

Question				
(interrogative)	V_1	*middle field (including subject)*	V_2	*(final elements)?*

Subordinate clause				
	connector	*middle field (including subject)*	V_2	V_1
subordinating conjunction				
relative pronoun				
interrogative conjunction				
			V_1	double infinitive

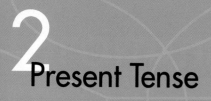

2 Present Tense

Grammatik

A. Regular verbs

1. Most German verbs form the present tense (**das Präsens**) by dropping the -**en** from the infinitive and adding personal endings to the remaining stem.

Singular	**kochen** *(to cook)*	**diskutieren** *(to discuss)*
1st pers.	ich koch **e**	ich diskutier **e**
2nd pers. (informal)	du koch **st**	du diskutier **st**
3rd pers.	er/sie/es koch **t**	er/sie/es diskutier **t**
Plural		
1st pers.	wir koch **en**	wir diskutier **en**
2nd pers. (informal)	ihr koch **t**	ihr diskutier **t**
3rd pers./ 2nd pers. sing. & pl. (formal)	sie/Sie koch **en**	sie/Sie diskutier **en**

2. Some verb stems require the insertion of an **-e-** between the stem and the personal endings **-t** and **-st** in order to facilitate pronunciation. This is the case with verbs whose stems end in

    ■ **-d** or **-t** (such as <u>**finden,**</u> *to find* or <u>**arbeiten,**</u> *to work*);

    ■ **-m** or **-n,** preceded by a consonant other than **-l-** or **-r-** (such as <u>**atmen,**</u> *to breathe* or <u>**öffnen,**</u> *to open*).

arbeiten *(to work)*		**öffnen** *(to open)*	
ich arbeit **e**	wir arbeit **en**	ich öffn **e**	wir öffn **en**
du arbeit **est**	ihr arbeit **et**	du öffn **est**	ihr öffn **et**
er/sie/es arbeit **et**	sie/Sie arbeit **en**	er/sie/es öffn **et**	sie/Sie öffn **en**

An exception to this rule is the third-person singular of **halten** (*to hold, stop*): er/sie/es **häl<u>t</u>** (see B.3).

3. A relatively small number of infinitives end with **-ern, -eln,** or **vowel** (other than **e**) + **-n.** The stem of these verbs is formed by dropping the final **-n.** They are conjugated by adding the usual personal endings to the stem, with the exception that the **-en** ending is reduced to **-n,** rendering the first- and third-person plural forms identical with the infinitive, as is the case with all verbs. With **-ern** and **-eln** verbs, the **-e-** preceding the first-person singular ending is optional.

<u>**ärgern**</u> *(to annoy)*	<u>**sammeln**</u> *(to collect)*	<u>**tun**</u> *(to do)*
ich ärg(e)**re**	ich samm(e)**le**	ich tue
du ärgerst	du sammelst	du tust
er/sie/es ärgert	er/sie/es sammelt	er/sie/es tut
wir ärgern	wir sammeln	wir tun
ihr ärgert	ihr sammelt	ihr tut
sie/Sie ärgern	sie/Sie sammeln	sie/Sie tun

4. If the verb stem ends in a sibilant (**-s, -ss, -ß, -tz, -z**), the **s** of the second-person singular **-st** ending is absorbed into the preceding sibilant.

rei<u>s</u>en *(to travel)* **grü<u>ß</u>en** *(to greet)* **si<u>tz</u>en** *(to sit)*
du reist du grüßt du sitzt

B. Verbs with stem-vowel shifts

1. Some strong verbs (see 3.1) change a stem vowel **e** to **i** in the second- and third-persons singular. (See Appendix 4 for a complete listing.)

brechen *(to break)*	
ich breche	wir brechen
du brichst	ihr brecht
er/sie/es bricht	sie/Sie brechen

Other common e → i verbs

essen *(to eat)* → du isst; er isst
geben *(to give)* → du gibst; sie gibt
helfen *(to help)* → du hilfst; er hilft
nehmen *(to take)* → du nimmst; sie nimmt[1]
sprechen *(to speak)* → du sprichst; er spricht
sterben *(to die)* → du stirbst; sie stirbt
treffen *(to meet)* → du triffst; er trifft
treten *(to step; to kick)* → du trittst; sie tritt[1]
vergessen *(to forget)* → du vergisst; er vergisst
werfen *(to throw)* → du wirfst; sie wirft

2. Some strong verbs change a stem vowel **e** to **ie** in the second- and third-persons singular.

sehen *(to see)*	
ich sehe	wir sehen
du siehst	ihr seht
er/sie/es sieht	sie/Sie sehen

Other common e → ie verbs

befehlen *(to command)* → du befiehlst; sie befiehlt
empfehlen *(to recommend)* → du empfiehlst; er empfiehlt
geschehen *(to happen)* → es geschieht
lesen *(to read)* → du liest; sie liest
stehlen *(to steal)* → du stiehlst; er stiehlt

3. Some strong verbs change a stem vowel **a** to **ä** in the second- and third-persons singular.

---

[1] Notice the additional consonant change.

fangen (to catch)	
ich fange	wir fangen
du fängst	ihr fangt
er/sie/es fängt	sie/Sie fangen

Other common *a* ⟶ *ä* verbs

anfangen *(to begin)* ⟶ du fängst an; er fängt an
einladen *(to invite)* ⟶ du lädst ein; sie lädt ein
fahren *(to go; to drive)* ⟶ du fährst; er fährt
fallen *(to fall)* ⟶ du fällst; sie fällt
gefallen *(to please)* ⟶ du gefällst; er gefällt
halten *(to hold)* ⟶ du hältst; sie hält
lassen *(to let; to leave)* ⟶ du lässt; er lässt
schlafen *(to sleep)* ⟶ du schläfst; sie schläft
schlagen *(to hit, beat)* ⟶ du schlägst; er schlägt
tragen *(to carry; to wear)* ⟶ du trägst; sie trägt
wachsen *(to grow)* ⟶ du wächst; er wächst
waschen *(to wash)* ⟶ du wäschst; sie wäscht

4. Several strong verbs change their stem vowels as follows:

laufen *(to run)* ⟶ du l**äu**fst; sie l**äu**ft
saufen *(to drink, guzzle)* ⟶ du s**äu**fst; er s**äu**ft
gebären *(to give birth)* ⟶ du geb**ier**st; sie geb**ier**t
stoßen *(to push, bump)* ⟶ du st**ö**ßt; er st**ö**ßt

C. Auxiliary verbs and *wissen*

The following frequently used verbs conjugate irregularly in the present tense:

sein (to be)	**haben** (to have)	**werden** (to become)	**wissen** (to know)
ich **bin**	habe	werde	**weiß**
du **bist**	**hast**	**wirst**	**weißt**
er/sie/es **ist**	**hat**	**wird**	**weiß**
wir **sind**	haben	werden	wissen
ihr **seid**	habt	werdet	wisst
sie/Sie **sind**	haben	werden	wissen

D. Modal verbs (See 9.1)

E. Prefix verbs

1. Verbs with the inseparable prefixes **be-, emp-, ent-, er-, ge-, miss-, ver-,** and **zer-** (see 29.2) conjugate in the present tense just like their root verbs.

   COMPARE:

Sie **schreibt** einen Brief.	*She writes a letter.*
Sie **beschreibt** das Bild.	*She describes the picture.*

2. Verbs with separable prefixes (**an-, aus-, fort-, mit-, weg-,** etc.) conjugate just like their root verbs, but in the present and simple past tenses the prefix separates from the verb and moves to the end of the middle field (see 1.1.C and 29.1.B).

Ich **stehe** schon den ganzen Abend hier und warte auf dich.	*I've been standing here all evening waiting for you.*
Ich **stehe** morgens um sechs Uhr **auf,** was manchmal ganz schön schwer ist.	*I get up at six in the morning, which is really hard sometimes.*

3. A separable prefix attaches to its root verb in a subordinate clause.

Aber samstags ist es oft so, dass ich erst um neun Uhr **aufstehe.**	*But Saturdays I often don't get up until nine.*

2.2   USES OF THE PRESENT TENSE

A. Present time

German has only one form to express the three nuances available in English for the present tense:

ich schreibe $\begin{cases} \textit{I write} \text{ (present)} \\ \textit{I am writing} \text{ (present progressive)} \\ \textit{I do write} \text{ (present emphatic)} \end{cases}$

B. Continuing past actions

In addition to expressing present actions, German uses the present tense followed by

- the adverb **schon** + a time expression in the accusative;

- the preposition **seit** + dative (see 10.2.I); or

- **schon seit** + dative

to express the idea of a past action continuing into the present. English expresses this with the form *have been* ____*ing* or *have* + past participle + *for* or *since*. (In German, using **haben** + the past participle denotes an action in the past that is no longer occurring; see 3.2.)

Sie **warten schon** eine Stunde.	*They have already been waiting (for) an hour.*
Stefan **arbeitet seit** einem Jahr bei Siemens.	*Stefan has been working (has worked) at Siemens for a year.*
Wir **wohnen schon seit** dem Sommer hier.	*We have been living (have lived) here since the summer.*

C. Narration

The present tense is used frequently when recounting jokes, episodes, and plots of films or books, even though the context is clearly past time.

Gestern habe ich einen Witz gehört, der geht so: Da sitzen zwei Männer in einer Kneipe, der eine aus Hamburg und der andere aus München. Der Hamburger fragt den Münchner: „Sagen Sie mal, tragen denn wirklich alle Bayern eine Lederhose?“ Da antwortet ihm der Bayer ganz stolz ...	*I heard a joke yesterday that goes like this: So there are these two guys sitting in a bar, one of them from Hamburg and the other from Munich. The guy from Hamburg asks the fellow from Munich, "Tell me, do all Bavarians really wear Lederhosen?" The Bavarian answers him proudly . . .*

D. Future time

The present tense can be used to indicate what someone *is doing* or *is going to do* in the future, provided that context or an adverb of time makes the future meaning clear (see 8.1.B).

Wir **gehen** morgen einkaufen.	*We're going / going to go shopping tomorrow.*

Wortschatz

Man kann ja schließlich nicht alles wissen!

wissen	lernen
kennen	studieren

A. *Wissen* versus *kennen*

1. The verb **wissen** means to *know* something *as a fact.* It can never be used in the sense of knowing persons.

Sie **weiß** die Antworten.	*She knows the answers.*
Wir **wissen** viel über Briefmarken.	*We know a lot about postage stamps.*

2. **Wissen** is always used with the objects **alles, etwas, nichts, viel,** and **wenig.**

Er denkt, dass er **alles** besser **weiß.**	*He thinks that he knows everything better.*

3. **Wissen** often prefaces clauses, particularly in questions.

Weißt du, wann die Gäste kommen?	*Do you know when the guests are coming?*

4. The verb **kennen** *(to know)* expresses familiarity with someone or something. It cannot have a clause as a direct object.

Wir **kennen** diesen Politiker nicht.	*We do not know this politician.*
Kennst du die Alpen?	*Are you familiar with the Alps?*

   COMPARE:

Sie **weiß** viele europäische Hauptstädte.	*She knows (the names of) many European capital cities.*
Sie **kennt** viele europäische Hauptstädte.	*She knows/is familiar with many European capital cities. (She has been there.)*

5. Neither **wissen** nor **kennen** can express the idea of *knowing* a language or knowing *how* to do something; the modal verb **können** must be used in these cases (see 9.2.B).

Ich **kann** Deutsch.	*I know German.*
Können Sie tanzen?	*Do you know how to dance?*

B. *Lernen* versus *studieren*

1. The verb **lernen** means *to learn* or *to acquire* specific subjects, skills, or information.

Was hast du in diesem Kurs **gelernt?**	*What did you learn in this course?*
Udo **lernt** seit zwei Jahren Spanisch.	*Udo has been studying Spanish for two years. (It is not his major.)*

2. The verb **studieren** means to study at a university-level institution; it cannot refer to learning that takes place in elementary or high schools. **Studieren** also means to study or major in a particular field or discipline. Both meanings are too broad to refer to learning that precedes a test, as in *I have to study for a quiz tomorrow.* For this meaning, use **lernen** or (more casually) **büffeln** or **pauken,** colloquialisms that denote cramming or intense preparatory study.

Barbara möchte in Heidelberg **studieren.**	*Barbara would like to study in Heidelberg.*
Ihr Bruder **studiert** Jura in Göttingen und muss im Sommer für seine Examen **lernen.**	*Her brother is studying law (as his major) in Göttingen and has to study this summer for his qualifying exams.*

Lerntipps **Learning Words in Context**

Studies show that we retain words better in context than as isolated vocabulary elements. Associate with each new verb you encounter or wish to learn two or three logical objects or verbal complements. For example,

ankommen *(to arrive):* am Bahnhof/mit Freunden/zu spät

OR:

schreiben *(to write):* einen Brief/einen Zettel/an Freunde

Übungen

A In der Familie. Wer tut was?

BEISPIEL   kochen   (Vater)
*Vater **kocht.***

1. Musik hören   (die Mutter)
2. in einem Büro arbeiten   (der Vater)
3. Sport treiben   (die Schwester)
4. basteln *(to do handicrafts)*   (ich; die Eltern)
5. Feste feiern   (alle in der Familie)
6. viel über Politik reden *(talk)*   (der Onkel)
7. telefonieren   (der Bruder)
8. Bierdeckel *(beer coasters)* sammeln   (ich; die Tante)
9. verrückte *(crazy)* Dinge tun   (die Großeltern)
10. alles über die Nachbarn wissen   (die Mutter)

B Immer zu viel oder zu wenig. Thomas kritisiert alle Leute, die er kennt. Was sagt er zu diesen Personen?

BEISPIELE   zu seinem Vater: Taschengeld geben
„*Vati, du gibst mir zu wenig Taschengeld.*"

zu seinen Eltern: arbeiten
„*Liebe Eltern, ihr arbeitet zu viel.*"

1. zu seiner Mutti: das Haus putzen
2. zu seinen Eltern: reisen
3. zu seinem Freund Manfred: arbeiten
4. zum Haushund: fressen
5. zu seiner Freundin: herumsitzen und nichts tun
6. zu seinen Mitspielern in der Fußballmannschaft: laufen und Tore schießen *(shoot goals)*

C   Einiges über andere.   Sie möchten einiges über andere Studenten erfahren. Stellen Sie Fragen mit den folgenden Verben. Berichten Sie dann über die Antworten.

> BEISPIELE   schlafen
> *Wie lange **schläfst** du gewöhnlich?*
>
> essen
> *Was **isst** du gern² zum Frühstück?*

1. schlafen	6. sprechen
2. essen	7. lesen
3. studieren	8. wissen (+ über)
4. waschen	9. laufen
5. tragen	10. kennen

D   Einiges über Sie.   Bilden Sie mit den folgenden Verben Aussagen über sich selbst und andere Mitglieder *(members)* Ihrer Familie. Passen Sie bei den Präfixverben besonders gut auf!

> BEISPIELE   ausgehen
> *Ich **gehe** am Wochenende oft mit Freunden **aus**.*
>
> verstehen
> *Meine Eltern **verstehen** mich oft nicht.*

1. ausgeben *(to spend money)*	5. anrufen
2. studieren	6. verbringen *(to spend time)*
3. fernsehen	7. fahren
4. helfen	8. lernen

E   Wie lange schon?   Erzählen Sie, wie lange/seit wann Sie Folgendes tun.

> BEISPIEL   Tennis spielen
> *Ich spiele (schon) seit fünf Jahren Tennis.*

1. Deutsch lernen
2. [eine Fremdsprache] können

---

² For the use of **gern**, see Chapter 9, **Wortschatz.**

   3. Auto fahren
   4. etwas besonders Interessantes tun
   5. [noch eine Aktivität]

F   **Welches Verb passt?**   Sagen Sie, ob Sie Folgendes **wissen, kennen** oder **können**.

    BEISPIELE   die Stadt Hamburg
                *Nein, die Stadt Hamburg **kenne** ich nicht.*

                 wann Goethe gelebt hat
                 *Ja, ich **weiß**, wann Goethe gelebt hat.*

   1. jemanden, der in Holland wohnt
   2. das Geburtsjahr Goethes
   3. wann der Zweite Weltkrieg geendet hat
   4. alle europäischen Länder, in denen man Deutsch spricht
   5. etwas Interessantes über die Schweiz
   6. den Namen des deutschen Bundeskanzlers
   7. die Frau des deutschen Bundeskanzlers
   8. eine andere Fremdsprache außer Deutsch

G   **Die Stadt, in der ich jetzt wohne.**   Was *wissen* Sie über die Stadt, in der Sie jetzt wohnen? Was *kennen* Sie in dieser Stadt besonders gut? Machen Sie ein paar Aussagen mit jedem Verb.

Anwendung

A   **Pläne für das Wochenende.**   Sprechen Sie mit jemandem im Kurs über Ihre Pläne für das kommende Wochenende. Verwenden Sie das Präsens.

Das weiß ich noch nicht so genau.
Wahrscheinlich stehe ich am Samstag ... auf.
Zu Mittag esse ich ...
Am Nachmittag muss ich ...
Ich gehe dann am Abend ...
Und was hast *du* fürs Wochenende vor *(have in mind)*?

B   **Sich vorstellen und andere kennen lernen.**   Erzählen Sie jemandem im Kurs von Ihren Hobbys, Interessen und Freizeitbeschäftigungen *(leisure time activities)*. Was tun

Sie gern? Was tun Sie nicht so gern? Was tun Sie mit anderen Menschen zusammen? Merken Sie sich *(take note)*, was Ihre Partnerin/Ihr Partner erzählt (siehe **schriftliches Thema A**).

THEMEN- UND VOKABELVORSCHLÄGE

viel Sport treiben (z.B. Tennis/Golf/Fußball spielen)
Rad fahren
angeln *(to fish)*
Jogging gehen
reiten
segeln *(to sail)*
Inlineskating gehen
sammeln (z.B. Briefmarken, Münzen, Sammelbilder von Sportlern)
fotografieren
Fitnesstraining machen
Fremdsprachen lernen
lesen (z.B. Bücher, Zeitungen, Zeitschriften)
mit Freunden zusammen etwas machen (z.B. spazieren gehen, ins Kino/ins Museum/
   tanzen gehen, Videofilme/MTV sehen, Karten/Schach *(chess)*/Scrabble spielen)

REDEMITTEL

Weißt du, was mir besonders viel Spaß macht?
Ich [lese] besonders gern ...
Am liebsten [gehe] ich ... *(Most of all I like to [go] . . .)*
In meiner [Briefmarken]sammlung habe ich ...
Abends gehe ich manchmal ...
Wenn ich viel Zeit habe, dann [fahre] ich ...

 C   **Wo ich mich gern aufhalte *(spend time)*.**   Erzählen Sie anderen Studenten von einem Ort *(place)*, der Ihnen besonders gefällt. Erklären Sie, warum Sie diesen Ort so gern besuchen. Was gibt es dort? Was tut man dort?

THEMENVORSCHLÄGE

ein Strand *(beach)*
ein Park
ein Feriendorf
ein Geschäft
das Haus von einem Freund

REDEMITTEL

Ich finde ... ganz fabelhaft.
Weißt du, was mir so daran gefällt?
Viele Leute kommen ...
Dort sieht man auch, wie ...
Manchmal gibt es ...
Da findet man ...
Besonders gut gefällt/gefallen mir ... (+ *nominative*)

Schriftliche Themen

Tipps zum Schreiben	**Using Familiar Verbs and Structures**
	Always plan your composition around verbs and structures you already know. Do not attempt to translate English ideas and structures into German. Jot down your ideas in German using familiar vocabulary, then look up any other necessary words in a dictionary. To avoid misuse, check the meaning of these words in German as well as in English. You should also avoid using **haben** and **sein,** if a specific verb will describe an activity more precisely. Try not to repeat verbs, unless you wish to emphasize a particular activity through repetition. A good variety of verbs will make your writing more interesting.

A **Darf ich vorstellen?** Stellen Sie jemanden im Kurs schriftlich vor. Geben Sie Alter und Wohnort an. Erzählen Sie unter anderem *(among other things)* von ihren/seinen Hobbys, Interessen und Freizeitbeschäftigungen.

BEISPIEL Christian ist 20 Jahre alt und kommt aus ... Im Sommer arbeitet er als Jugendberater *(youth counselor)* in einem Sportklub. Wenn er Zeit hat, segelt er gern mit seinen Freunden ... Abends gehen er und seine Freunde oft ... Er sammelt CDs und möchte später ... usw.

B **Ein Arbeitstag.**   Wie stellen Sie sich *(imagine)* einen Tag im Leben Ihrer Deutsch-professorin/Ihres Deutschprofessors vor? Erzählen Sie davon.

> BEISPIEL   Meine Deutschprofessorin arbeitet sehr schwer. Jeden Morgen fährt sie schon kurz nach acht Uhr zur Universität, wo sie drei Stunden unter-richtet. Danach macht sie Mittagspause und isst oft in der Mensa. Am Nachmittag hält sie Sprechstunden und manchmal nimmt sie an einer Arbeitssitzung mit Kollegen teil. Wenn sie abends nach Hause kommt, ... usw.

C **Alltägliche Menschen, alltägliches Leben.**   Schildern Sie *(portray)* kurz die Arbeit oder den Tag eines Menschen, der mit seiner Arbeit zu unserem alltäglichen Leben gehört (z.B. die Busfahrerin, der Briefträger, der Verkäufer/die Verkäuferin im Geschäft, wo Sie sich manchmal etwas Kleines zum Essen holen usw.).

> BEISPIEL   der Schülerlotse *(school crossing guard)*
> *Jeden Morgen sieht man ihn an der Ecke stehen. Wenn die Schüler kommen, hält er die Autos an und die Schüler gehen über die Straße. An kalten Win-tertagen hofft er, dass die letzten Schüler bald kommen. Er denkt oft (daran), dass er auch einmal klein war und ... Manchmal träumt er von ... usw.*

Zusammenfassung

Rules to Remember

1 Conjugated verbs agree with their grammatical subjects in person and in number.

2 German has only one set of present-tense forms to express present, present progressive, and present emphatic.

At a Glance

Present-tense verb endings	
ich ___e	wir ___en
du ___st	ihr ___t
er/sie/es ___t	sie/Sie ___en

Stem-vowel shifts
e → i
ich gebe —→ du gibst
e → ie
ich sehe —→ du siehst
a → ä
ich trage —→ du trägst
au → äu
ich laufe —→ du läufst

Auxiliary verbs and **wissen**			
sein	**haben**	**werden**	**wissen**
ich **bin**	**habe**	werde	**weiß**
du **bist**	**hast**	**wirst**	**weißt**
er/sie/es **ist**	**hat**	**wird**	**weiß**
wir **sind**	haben	werden	wissen
ihr **seid**	habt	werdet	wisst
sie/Sie **sind**	haben	werden	wissen

3

Present Perfect Tense

Grammatik

PRINCIPAL PARTS OF VERBS

As in English, every German verb has three basic forms (often referred to as the "principal parts" of the verb), which can combine and change in various ways to form all tenses, voices, and moods of the verb.

- Infinitive *do* tun
- Simple past *did* tat
- Past participle *done* getan

Verbs are classified as weak, strong, or irregular, depending on how they form their second and third part.

A. Weak verbs

1. A weak verb forms its past participle by adding an unstressed **ge-** prefix and the ending -**t** to the infinitive stem, and is therefore sometimes referred to as a *t-verb*.

Ihre eigene Webseite? Gesagt, getan!

Infinitive	Simple past[1]	Past participle
lernen *(to learn)*	lernte	**ge**lernt
tanzen *(to dance)*	tanzte	**ge**tanzt
reisen *(to travel)*	reiste	ist[2] **ge**reist

2. Some weak verbs require the insertion of an **-e-** between the stem and the simple past ending, and between the stem and the final **-t** of the past participle in order to facilitate pronunciation (see 2.1.A). This is the case for verbs whose stems end in

■ **-d** or **-t**

■ **-m** or **-n,** preceded by a consonant other than **-l-** or **-r-**

Infinitive	Simple past	Past participle
<u>arbeit</u>en *(to work)*	arbeitete	gearbeitet
<u>atm</u>en *(to breathe)*	atmete	geatmet
<u>öffn</u>en *(to open)*	öffnete	geöffnet

3. Verbs ending in **-ieren** are usually weak (EXCEPTION: frieren [*to freeze*]: fror, gefroren). If their infinitive has more than two syllables, they do not have a **ge-** prefix in the past participle.

Infinitive	Simple past	Past participle
diskutieren *(to discuss)*	diskutierte	**diskutiert**
faszinieren *(to fascinate)*	faszinierte	**fasziniert**
studieren *(to study)*	studierte	**studiert**
BUT:		
zieren *(to adorn, decorate)*	zierte	**geziert**

B. Strong verbs

1. Strong verb participles, like those of weak verbs, begin with an unstressed **ge-** prefix. But beyond that they differ from weak verb participles in that they end with **-n** rather than **-t** (hence their designation in some grammars as *n-verbs*); and they change the stem vowel in the simple past form, and often in the past participle as well. While strong verbs are not as numerous as weak verbs in German, they denote important basic activities (**essen, trinken, sprechen, gehen, schlafen**) and therefore occur frequently in both spoken and written language. Their principal parts should be memorized. (See Appendix 4 for a more comprehensive list of strong verbs.)

---

[1] Although this chapter focuses on past participles, it lists the simple past forms as well, since the principal parts of a verb are best learned together. Formation and use of the simple past tense is presented in Chapter 7.

[2] An **ist** before the past participle in this and similar lists (see Appendix 4) indicates that the present perfect tense is formed with the auxiliary verb **sein** instead of **haben** (see 3.2).

Infinitive	Simple past	Past participle
beißen *(to bite)*	biss *(bit)*	gebissen *(bitten)*
fliegen *(to fly)*	flog *(flew)*	ist geflogen *(flown)*
geben *(to give)*	gab *(gave)*	gegeben *(given)*
singen *(to sing)*	sang *(sang)*	gesungen *(sung)*

2. **Sein** and **werden** are strong verbs.

Infinitive	Simple past	Past participle
sein *(to be)*	war *(was)*	ist gewesen *(been)*
werden *(to become)*	wurde *(became)*	ist geworden *(become)*

3. Strong verbs may seem to change randomly in the second and third principal parts. However, many of these vowel shifts do follow set patterns. Note, for example, the patterns in the following verb groups.

Infinitive	Simple past	Past Participle
finden *(to find)*	fand *(found)*	gefunden *(found)*
springen *(to jump)*	sprang *(jumped)*	ist gesprungen *(jumped)*
trinken *(to drink)*	trank *(drank)*	getrunken *(drunk)*
zwingen *(to force)*	zwang *(forced)*	gezwungen *(forced)*
essen *(to eat)*	aß *(ate)*	ge**g**essen *(eaten)*
lesen *(to read)*	las *(read)*	gelesen *(read)*
messen *(to measure)*	maß *(measured)*	gemessen *(measured)*
sehen *(to see)*	sah *(saw)*	gesehen *(seen)*

C. Irregular verbs

1. **Haben** is irregular in its simple past form:

Infinitive	Simple past	Past participle
haben *(to have)*	**hatte**	gehabt

2. Weak verbs are characterized in the simple past and past participle by a **-t** (spielen: spiel**t**e, gespiel**t**), while strong verbs show a stem-vowel change (helfen: h**a**lf, geh**o**lfen). But some verbs show both features in the simple past and past participle, and are therefore often called *irregular weak* or *mixed* verbs.

Infinitive	Simple past	Past participle
brennen *(to burn)*	bran**nte**	gebran**nt**
kennen *(to know)*	kan**nte**	gekan**nt**
nennen *(to name)*	nan**nte**	genan**nt**
rennen *(to run)*	ran**nte**	ist geran**nt**
wissen *(to know)*	wu**sste**	gewu**sst**

3. Two weak verbs show consonant changes as well.

Infinitive	Simple past	Past participle
bringen *(to bring)*	bra**ch**te	gebra**ch**t
denken *(to think)*	da**ch**te	geda**ch**t

4. Two verbs have interchangeable regular and irregular forms.[3]

Infinitive	Simple past	Past participle
senden *(to send)*	sendete/sandte	gesendet/gesandt
wenden *(to turn)*	wendete/wandte	gewendet/gewandt

5. A few strong verbs are irregular in that they show consonant as well as vowel changes.

Infinitive	Simple past	Past participle
gehen *(to go)*	g**ing**	ist ge**gang**en
nehmen *(to take)*	n**ahm**	ge**nomm**en
stehen *(to stand)*	st**and**	ge**stand**en
tun *(to do)*	t**at**	get**an**

6. Modal verbs are also irregular in their past tense forms. They are discussed in Chapter 9.

D. Prefix Verbs

1. Verbs with *separable* prefixes (see 29.1) insert **-ge-** between the separable prefix and the root verb to form the past participle. Separable prefixes can occur with weak, irregular weak, or strong verbs.

Infinitive	Simple past	Past participle	
ausatmen *(to exhale)*	atmete aus	aus**ge**atmet	*(weak)*
abbrennen *(to burn down)*	brannte ab	ab**ge**brannt	*(irregular weak)*
mitnehmen *(to take along)*	nahm mit	mit**ge**nommen	*(strong)*

---

[3] Regular weak forms of **senden** must be used if one means *to broadcast on radio or TV*. The regular weak forms of **wenden** are used to mean *to turn over, inside out,* or *in the opposite direction.*

Übers Wochenende hat CNN Live-Bilder von der Katastrophe **gesendet.**	*Over the weekend CNN broadcast live pictures of the catastrophe.*
Zum Geburtstag hat sie mir eine nette Karte **gesandt/gesendet.**	*On my birthday she sent me a nice card.*
Ich habe das Blatt **gewendet** und schrieb dann weiter.	*I turned the page over and then continued writing.*
„Warum hast du dich nicht an uns **gewandt/gewendet?**" fragten die Eltern.	*"Why didn't you turn to us (for help)?" asked the parents.*

2. Verbs with the *inseparable* prefixes **be-, emp-, ent-, er-, ge-, miss-, ver-,** and **zer-** (see 29.2) do not add **ge-** to form the past participle since the participle already begins with an unstressed prefix. Inseparable prefixes can also occur with weak, irregular weak, or strong verbs.

Infinitive	**Simple past**	**Past participle**
besuchen *(to visit)*	besuchte	**besucht** *(weak)*
erkennen *(to recognize)*	erkannte	**erkannt** *(irregular weak)*
versprechen *(to promise)*	versprach	**versprochen** *(strong)*

3.2	**PRESENT PERFECT TENSE**

A. Formation

1. The German present perfect tense (**das Perfekt**) is formed with the conjugated auxiliary **haben** or **sein** + the past participle of the main verb.

haben + *past participle*	**sein** + *past participle*
ich **habe**	ich **bin**
du **hast**	du **bist**
er/sie/es **hat**	er/sie/es **ist**
} + **gesehen**	} + **gekommen**
wir **haben**	wir **sind**
ihr **habt**	ihr **seid**
sie/Sie **haben**	sie/Sie **sind**

2. Past participles function as V_2 and are placed at the end of main clauses. In dependent clauses, however, the conjugated auxiliary (V_1) moves to final position.

Sie **hat** eine interessante Nachricht **bekommen.** *(main clause)*

She has received some interesting news.

Wisst ihr, wer ihr diese Nachricht **geschickt hat?** *(dependent clause)*

Do you know who sent her this news?

B. *Haben* versus *sein*

1. The conjugated auxiliary **haben** is used to form the present perfect in most instances, including all contexts where the main verb has a direct object or is used reflexively.

Sie **haben** gut geschlafen.	*They slept well.*
Sie **hat** die Zeitung gelesen.	*She read the newspaper.*
Wir **haben** uns verspätet.	*We were late.*

2. A small but important set of verbs requires **sein** as an auxiliary to form the perfect tense. These verbs are all *intransitive*, that is, they have no direct object in the accusative case (including accusative reflexive pronouns). They can be grouped as follows:

   a. Verbs **sein** and **bleiben:**

Ich **bin** gestern Abend auf der Party **gewesen.**	*I was at the party last night.*
Wie lange **seid** ihr da **geblieben?**	*How long did you all stay there?*

   b. Verbs expressing motion from one location to another:

Um elf **bin** ich nach Hause **gegangen.**	*I went home at eleven.*
Dirk **ist** natürlich mit seinem neuen Porsche dorthin **gefahren.**	*Of course, Dirk drove there in his new Porsche.*

   c. Verbs expressing a change of state:

Wie **ist** er auf einmal so reich **geworden?**	*How did he get so rich all of a sudden?*
Ich **bin** vor Langeweile fast **gestorben.**	*I was practically dying of boredom.*
Ich glaube, Uli **ist** sogar **eingeschlafen.**	*I think Uli even fell asleep.*

   d. Verbs relating to happenings, failure, and success:

passieren:	Was **ist** dir gestern **passiert?**	*What happened to you yesterday?*
geschehen:	Wann **ist** das **geschehen?**	*When did that happen?*
erscheinen:	Um 12 **ist** Margit **erschienen.**	*Margit appeared at 12.*
begegnen:	Ich **bin** ihr zufällig **begegnet.**	*I met her by chance.*
misslingen:	Der Versuch **ist** völlig **misslungen.**	*The attempt failed completely.*
gelingen:	Das **ist** mir eigentlich nie **gelungen.**	*I've actually never succeeded at that.*

3. When such verbs take a direct object (as some of them can), they use **haben** as the auxiliary verb to form the present perfect tense.

   COMPARE:

Ich **bin** also allein nach Hause **gefahren.**	*So I drove home alone.*
Leider **habe** ich meinen Wagen gegen das Garagentor **gefahren.**	*Unfortunately, I drove my car into the garage door.*

C. Use

1. The present perfect is primarily a *conversational tense* used when referring to actions in the past. It corresponds in meaning to several English forms:

$$
\textbf{ich habe ... gehört}
\left\{
\begin{array}{l}
\textit{I heard} \\
\textit{I was hearing} \\
\textit{I did hear} \\
\textit{I have heard} \\
\textit{I would hear}
\end{array}
\right.
$$

2. In most cases, the present perfect tense (**ich habe ... gehört**) has the same meanings as the simple past tense (**ich hörte**). The present perfect, however, is used much more frequently in spoken German and in written conversational situations such as letters and diaries (see also 7.1.B).[4]

3. As main verbs, **haben** and **sein** occur more often in the simple past.

Wo **warst** du gestern Nachmittag?	*Where were you yesterday afternoon?*
—Ich **hatte** einen Termin beim Zahnarzt.	*—I had an appointment with the dentist.*

Wortschatz

Viele Wege führen nach Rom ...

German has a number of transitive weak verbs that evolved originally from strong verbs.[5] In each instance, the strong verb describes the basic activity and is usually intransitive (has no direct object). The weak verb expresses the idea of making this activity happen, takes the auxiliary **haben,** and can have a direct object.

1. **fahren, fuhr, ist/hat gefahren**   to go, travel; to drive
   führen, führte, hat geführt (= fahren machen)   to lead, conduct

Sie **sind** gestern nach Gera **gefahren.**	*They traveled to Gera yesterday.*
Gabi **hat** (den Wagen) **gefahren.**	*Gabi drove (the car).*

---

[4] The present perfect tense is particularly prevalent in southern Germany, Austria, and Switzerland, whereas in northern Germany the simple past tense is preferred for narration and sometimes even for conversation.

[5] Most of these weak-verb infinitives developed from an umlauted form of the second principal part of the strong verb:

liegen, lag $\longrightarrow$ **legen (lägen)**
fahren, fuhr $\longrightarrow$ **führen**

Diese Straße **führt** nach Garmisch. | *This road leads (goes) to Garmisch.*

Sie **führt** ein sonderbares Leben. | *She leads a strange life.*

2. **fallen, fiel, ist gefallen**   to fall
   fällen, fällte, hat gefällt (= fallen machen)   to fell

   Heute **ist** viel Schnee **gefallen.** | *Lots of snow has fallen today.*

   Paul **hat** viele Bäume **gefällt.** | *Paul has felled many trees.*

3. **hängen, hing, hat gehangen**[6]   to hang, be hanging
   hängen, hängte, hat gehängt (= hängen machen)   to hang (up)

   henken, henkte, hat gehenkt   to hang a person on the gallows

   Das Bild **hing** an *der* Wand. | *The picture was hanging on the wall.*

   Der Maler **hängte** Bilder an *die* Wand. | *The painter hung pictures on the wall.*

   Man **henkte** die Mörder um sieben Uhr morgens. | *They hanged the murderers at 7:00 in the morning.*

4. **liegen, lag, hat gelegen**   to lie, be situated
   legen, legte, hat gelegt (= liegen machen)   to lay, put in a lying position

   Sie **lag** in *der* Sonne. | *She lay in the sun.*

   Sie **legte** die Decke in *die* Sonne. | *She laid the blanket in the sun.*

5. **sinken, sank, ist gesunken**   to sink
   senken, senkte, hat gesenkt (= sinken machen)   to lower

   Die Sonne **sinkt** am Horizont. | *The sun is sinking on the horizon.*

   Der Fischer **senkte** seinen Angelhaken ins Wasser. | *The fisherman lowered his fishhook into the water.*

6. **sitzen, saß, hat gesessen**   to sit, be sitting
   setzen, setzte, hat gesetzt (= sitzen machen)   to set, put in a sitting position

   Er **hat** in *diesem* Sessel **gesessen.** | *He sat in this easy chair.*

   Sie **hat** das Kind in *diesen* Sessel **gesetzt.** | *She set the child in this easy chair.*

7. **springen, sprang, ist gesprungen**   to jump, leap
   sprengen, sprengte, hat gesprengt (= springen machen)   to blow up; to break open

   Der Hund **sprang** über die Mauer. | *The dog jumped over the wall.*

   Die Truppen **sprengten** die Mauer. | *The troops blew up the wall.*

---

[6] The strong verbs **hängen, liegen,** and **sitzen** describe stationary actions (**Wo?**) and require the dative case after two-way prepositions, whereas their weak-verb counterparts **hängen, legen,** and **setzen** describe directional actions (**Wohin?**) and require the accusative case after two-way prepositions (see 10.3).

Other such pairs include:

erschrecken, erschrak, ist erschrocken   to be frightened
erschrecken, erschreckte, hat erschreckt   to frighten

ertrinken, ertrank, ist ertrunken   to drown, die by drowning
ertränken, ertränkte, hat ertränkt   to drown, kill by drowning

verschwinden, verschwand, ist verschwunden   to disappear
verschwenden, verschwendete, hat verschwendet   to squander

Übungen

A   **Welches Verb passt?**   Ergänzen Sie die Sätze durch die richtigen Verben.

BEISPIEL   Wir müssen nach Hause ____.   (fahren / führen)
*Wir müssen nach Hause **fahren.***

1. Sie können das Buch auf den Tisch ____.   (liegen / legen)
2. Die Bücher ____ auf dem Boden.   (liegen / legen)
3. Jetzt ____ die Preise wieder.   (sinken / senken)
4. Das Kaufhaus ____ seine Preise jetzt.   (sinken / senken)
5. König Ludwig II von Bayern ist im Starnberger See südlich von München ____.
   (ertrinken / ertränken)
6. Manche Leute glauben, dass jemand den König ____ hat.   (ertrinken / ertränken)
7. Das Gericht *(court)* hat ein Todesurteil *(death sentence)* über den Mörder ____.
   (fallen / fällen)
8. „Jemand ____ mit meinem Moped weg!" schrie sie.   (fahren / führen)
9. Die Entscheidung *(decision)* ist kurz vor Mitternacht ____.   (fallen / fällen)
10. Mozart hat viel gefeiert und sein Geld gern ____.   (verschwinden / verschwenden)
11. Kein Wunder, dass sein Geld dann schnell ____ ist.   (verschwinden / verschwenden)

B   **Was ist geschehen?**   Erklären Sie, mit Verben aus dem **Wortschatz,** was geschehen ist.

BEISPIEL   Humpty Dumpty ist gestorben. Wie?
*Er **ist** von einer Mauer **gefallen.***

1. Das Kind schreit jetzt vor Angst. Warum?
2. Zwei Stunden in Las Vegas, und Onkel Freds Geld ist weg. Wieso?
3. Auf der ersten Fahrt der *Titanic* sind viele Menschen gestorben. Wie?
4. Zwei Drachenflieger *(hang gliders)* sind mit ihren Drachen auf die Jungfrau (Berg in
   der Schweiz) gestiegen. Und dann?
5. Stephanie hat einen furchtbaren Sonnenbrand bekommen. Wieso?

C **Fragen im Perfekt.** Theo war heute Morgen nicht in der Deutschstunde. Jetzt fragt er jemanden, was man gemacht hat. Welche Fragen stellt er?

BEISPIEL ihr / Test schreiben
Habt ihr einen Test geschrieben?

Schwache (weak) Verben

1. ihr / viel arbeiten
2. man / das Gedicht von Goethe interpretieren
3. alle Studenten / Hausarbeiten einreichen *(hand in)*
4. ich / etwas Wichtiges versäumen *(miss)*

Gemischte (mixed) Verben

5. die Professorin / denken, dass ich krank bin
6. du / wissen, wo ich war
7. Gabi / ihren Freund zur Stunde mitbringen

Starke (strong) Verben

8. du / die Aufgabe für morgen aufschreiben
9. jemand / beim Quiz durchfallen *(to fail)*
10. ihr / ein neues Kapitel anfangen
11. die Professorin / über die Prüfung sprechen

D **Große Menschen, große Leistungen (accomplishments).** Erzählen Sie, wie diese Menschen berühmt geworden sind. Verwenden Sie die angegebenen Verben aus dem Wortschatzkasten.

BEISPIEL Alfred Nobel (das Dynamit)
Er hat das Dynamit erfunden.

bauen	erhalten *(to receive)*	singen
begründen *(to establish)*	komponieren	übersetzen
entdecken *(to discover)*	schreiben	werden
erfinden *(to invent)*		

1. Friedrich Schiller (das Drama *Wilhelm Tell*)
2. Sigmund Freud (die Tiefenpsychologie)
3. Rudolf Diesel (Dieselmotor)
4. Marlene Dietrich (Lieder)
5. Gustav Mahler (*Das Lied von der Erde*)
6. Gottlieb Daimler (das erste Auto)
7. Maria Theresia (Kaiserin von Österreich)
8. Heinrich Schliemann (Troja)
9. Martin Luther (die Bibel)
10. Wilhelm Röntgen (der erste Nobelpreis für Physik)

E **Schlagzeilen *(headlines)* aus Boulevardzeitungen *(tabloids)*: haben oder *sein*?** Erklären Sie, was passiert ist.

> **BEISPIEL** Tauber Professor spricht mit Marsmenschen!
> *Ein tauber Professor **hat** mit Marsmenschen **gesprochen.***

1. Sechsjähriges Mädchen wird Mutter von Zwillingen!
2. Museum hängt *Mona Lisa* im Keller auf!
3. Hund läuft beim Marathonlauf mit – und läuft sich zu Tode!
4. Börse sinkt wegen neuer *Star Wars* Filme!
5. Junge mit zwei Nasen bekommt neues Gesicht!
6. Zweijähriges Kind fährt Mercedes 10 km!

F **Auf dem Oktoberfest.** Auf dem Oktoberfest ist Michaela Folgendes passiert. Erzählen Sie im Perfekt davon.

Michaela kommt in München an. Nachdem sie in einer Pension ein preiswertes Zimmer findet, trifft sie Freunde und sie gehen zusammen zum Oktoberfest. Dort bleiben sie einige Stunden und alle sind sehr lustig. Sogar auf den Tischen tanzt man. Dann passiert aber etwas Schreckliches *(terrible)*. Die Kellnerin bringt die Rechnung, aber Michaela findet ihre Handtasche nicht. O je, auch die Brieftasche ist weg. Die Freunde bezahlen für sie und den Verlust meldet sie *(reports)* bei der Polizei. Auf dem Heimweg verläuft sie sich *(gets lost)* dann auch noch. Als sie endlich in der Pension ankommt, siehe da! was erblickt *(sees)* sie auf dem Bett? Ihre Handtasche! Die Brieftasche ist auch dabei. Da freut sie sich, dass sie die Handtasche noch hat, und legt sich schlafen.

> **BEISPIEL** *Michaela ist in München angekommen ...*

G **Übung zu zweit: starke Verben.** Schreiben Sie zehn starke Verbinfinitive auf (siehe Appendix 4) und tauschen Sie *(exchange)* Ihre Liste mit jemandem aus. Bilden Sie mit den Verben dieser Person wahre Aussagen oder Fragen im Perfekt. Beginnen Sie einige Aussagen mit den Redemitteln **Ich glaube, dass ... , Ich hoffe, dass ...** und **Weißt du, ob *(whether)* ...**

> **BEISPIELE** finden
> *Weißt du, ob jemand meine Brille gefunden hat?*
>
> essen
> *Ich habe heute Morgen kein Frühstück gegessen.*

Anwendung

A **Vom Aufstehen bis zum Schlafengehen.** Erzählen Sie jemandem von Ihrem gestrigen Tag *(yesterday)*. Machen Sie eine Aussage für jede Stunde, die Sie gestern wach waren. Wiederholen Sie keine Partizipien.

B **Aus meinem Leben.** Berichten Sie in einer Gruppe kurz über ein paar wichtige Daten, Ereignisse *(events)* oder bisherige Leistungen *(achievements)* aus Ihrem Leben. Haben Sie vielleicht einmal etwas Ungewöhnliches gemacht? Erzählen Sie!

> Weißt du, was ich einmal gemacht habe?
> Ich glaube, ich habe dir nie erzählt, dass …
> Vor einigen Jahren ist mir etwas Unglaubliches passiert.
> Zu den wichtigsten Ereignissen meines Lebens gehört …
> Es hat sich nämlich so ereignet *(happened)*:

C **Ein berühmter Mensch.** Informieren Sie sich über einen berühmten Menschen. Schreiben Sie dann kurze Notizen, aber keine ganzen Sätze. (Wenn man Notizen macht, steht das Verb immer am Ende.) Berichten Sie mündlich und mit Hilfe Ihrer Notizen in ganzen Sätzen. Sagen Sie noch nicht, wer es war. Lassen Sie die anderen zuerst raten *(guess)*.

BEISPIEL **Notizen**
in Wien gelebt und dort Medizin studiert
1885–1886 in Paris studiert und gearbeitet
Psychiater geworden
die Lehre der Psychoanalyse mitbegründet *(co-founded)*
viele Werke zur Psychoanalyse verfasst *(wrote)*
1938 nach England geflohen
1939 in England gestorben

Wer war es?[7]

Mündlicher Bericht
„Er hat in Wien gelebt und dort Medizin studiert. 1885–1886 hat er in Paris studiert und dort gearbeitet. Er ist Psychiater geworden. Später hat er die Lehre der Psychoanalyse mitbegründet und viele Werke zur Psychoanalyse verfasst. 1938 ist er nach England geflohen und 1939 dort gestorben. Wer war es?“

D **Texte im Perfekt.** Finden Sie ein paar kurze Texte (z.B. Märchen,[8] Anekdoten oder Witze), die im Präsens oder Imperfekt *(simple past)* geschrieben sind. Lesen Sie die Texte vor und ersetzen Sie beim Vorlesen alle Verben mit Perfekt-Formen.

E **Zum ersten Mal.** Fragen Sie eine/einen oder mehrere Partnerinnen/Partner, ob sie/er zehn verschiedene Sachen zum ersten Mal gemacht hat/haben: „Wann hast du/bist du zum ersten Mal in deinem Leben _____?“

Tipps: Rad fahren   eine große Stadt besuchen   ins Ausland fahren   Auto fahren

---

[7] Sigmund Freud
[8] You can find a large assortment of literary texts, including **Märchen,** at www.gutenberg2000.de.

F **Das hat man (nicht) gemacht.**   Nehmen Sie einen Text, den Sie im Deutschunterricht gelesen haben oder gerade lesen, und diskutieren Sie (mit Verben im Perfekt), was ein paar von den Charakteren gemacht haben (oder auch nicht gemacht haben) – und warum (nicht).

Schriftliche Themen

Tipps zum Schreiben	**Using the Present Perfect Tense**
	The present perfect tense is primarily for conversational or informal writing. You can intersperse it with the simple past tense (see 7.1) in order to avoid repeated use of the auxiliary verbs **haben** and **sein** or when the context is clearly one of narration. When explaining *why* or *in which sequence* something happened, link your ideas logically with conjunctions (**als, denn, da, weil,** etc.; see 11.3) or adverbial conjunctions (see 24.5).

A **Ein Brief.**   Schreiben Sie jemandem auf Deutsch einen kurzen Brief, in dem Sie erzählen, was Sie in den letzten Tagen gemacht oder erlebt haben. (Zum Schreiben deutscher Briefe siehe Appendix 2, *Letter Writing.*)

BEISPIEL   Liebe Eltern!

Vielen Dank für euren lieben Brief und das kleine Paket. In den letzten zwei Wochen war ich sehr beschäftigt *(busy)*, denn ich hatte Prüfungen in drei Kursen. Ich habe sie aber alle mit *sehr gut* bestanden. Am letzten Wochenende haben mich ein paar Freunde von zu Hause besucht und mit ihnen bin ich abends essen gegangen. Als wir im Restaurant saßen, ... usw.

B **Danke.**   Sie waren am Wochenende bei Bekannten *(acquaintances)* eingeladen. Jetzt schreiben Sie eine E-Mail, in der Sie sich bei Ihren Gastgebern bedanken und ganz kurz erzählen, wie Ihnen der Abend gefallen hat.

BEISPIEL   Hallo!

Ich möchte mich für den schönen Abend bei euch bedanken. Alle Gäste waren ganz nett und ich habe mich fast eine Stunde mit eurem Papagei *(parrot)* über Politik unterhalten. Besonders gut hat mir die schöne Atmosphäre bei euch gefallen. Dass ich ein volles Glas Rotwein über euer neues Sofa gekippt *(tipped over)* habe, tut mir natürlich Leid. Hoffentlich gehen die Flecken *(spots)* weg. Die Brandlöcher im Orientteppich sind aber nicht von mir. Das war jemand anders. Ich hoffe, dass wir bald wieder Gelegenheit *(opportunity)* haben, ein paar nette Stunden zusammen zu verbringen. Nochmals vielen Dank!

Herzliche Grüße

Peter

Zusammenfassung

Rules to Remember

1 There are three types of past participles: weak, strong, and irregular.

2 Weak and irregular weak verb past participles end in **-t (gespielt/gewusst)**; strong verb past participles end in **-n (gefunden)**.

3 Verbs with an unstressed, inseparable prefix do not use **ge-** to form the past participle **(erfunden)**.

4 The present perfect tense is formed with the conjugated auxiliary verb (**haben** or **sein**) and a past participle.

5 The auxiliary **haben** is used with most verbs (**hat gefunden**).

6 The auxiliary **sein** is used with intransitive verbs in the following categories: (a) **sein** and **bleiben;** (b) verbs expressing motion from one location to another (**ist gegangen**); (c) verbs denoting a change of condition (**ist geworden**); (d) certain verbs expressing meeting, success, and failure, such as **begegnen** and **gelingen.**

7 In a main clause, the conjugated auxiliary verb (V_1) is in second position and the past participle functions as V_2 after the middle field. In subordinate clauses, the auxiliary verb comes after V_2.

8 The present perfect tense refers to the "completed" past, be it five seconds or five centuries ago.

At a Glance

A. *Sein* and *haben*

Infinitive	3rd p. present	Simple past	Present perfect
sein *(to be)*	ist	war	ist gewesen
haben *(to have)*	hat	hatte	hat gehabt

B. Past participles

weak		ge $\left[\dfrac{unchanged}{stem} \right]$ t
strong		ge $\left[\dfrac{changeable}{stem} \right]$ en
irregular	weak	ge $\left[\dfrac{changed}{stem} \right]$ t
	strong	ge $\left[\dfrac{changed}{stem} \right]$ en

kennen	→	gekannt
wissen	→	gewusst
bringen	→	gebracht
denken	→	gedacht
senden	→	gesandt (gesendet)
wenden	→	gewandt (gewendet)
nehmen	→	genommen
stehen	→	gestanden

No *ge-* in past participle	
1	Most verbs ending in **-ieren**
2	Inseparable prefixes: **be-** **ge-** **emp-** **miss-** **ent-** **ver-** **er-** **zer-**

C. *Sein* as present perfect auxiliary

1	bleiben, sein
2	gehen, fahren, reisen, …
3	aufstehen, sterben, werden, …
4	begegnen, gelingen, passieren, …

zum Beispiel

lolarennt

Grammatik

| 4.1 | CASES |

Every German noun has number (singular or plural), gender (masculine, feminine, or neuter; see 12.1), and case. The case of a noun indicates its function within a sentence. There are four cases in German, each taking on multiple grammatical functions:

Nominative   *Accusative*   *Dative*   *Genitive*

Case is usually indicated by an article (see Chapter 5) accompanying the noun.

| 4.2 | REGULAR NOUN DECLENSIONS |

1. A noun listed in all four cases with either its definite or indefinite article is called a declension. Most nouns[1] decline as follows:

	Masc.	**Fem.**	**Neut.**	**Pl.**
Nom.	der Mann	die Frau	das Geld	die Probleme
Acc.	den Mann	die Frau	das Geld	die Probleme
Dat.	dem Mann	der Frau	dem Geld	den Problemen
Gen.	des Mannes	der Frau	des Geld(e)s	der Probleme
	man	*woman*	*money*	*problems*

2. In the dative singular, monosyllabic masculine and neuter nouns have an optional **-e** ending that is usually omitted, except in a few set expressions such as **nach Hause; nach dem Tode.**

3. If a noun plural does not already end in **-n,** an **-n** must be added in the dative plural **(mit den Leuten).**

   EXCEPTION: Noun plurals ending in **-s (mit den Autos).**

4. Masculine and neuter nouns add either **-s** or **-es** in the genitive.

   ■ The **-s** is preferred when the noun has more than one syllable (**des Rades** BUT **des Fahrrads**), or ends in a vowel or silent **h** (**der Schrei** → **des Schreis; der Schuh** → **des Schuhs**).

---

[1] For the declension of weak nouns, see 12.3.

■ The -**es** is usually preferred when a noun is monosyllabic (**das Geld** → **des Geldes**), and is required when the noun ends in -**s, -sch, -ß, -x,** or -**z** (**der Schreibtisch** → **des Schreibtisches**). Nouns ending in -**nis** double the **s** before the -**es** (**das Missverständnis** → **des Missverständnisses**).

A. Subjects

1. A noun or pronoun used as the *sentence subject*—that is, as the word that generates the action of the verb—takes the nominative case. A singular subject requires a singular verb; a plural subject, a plural verb.

Singular:

Die Geschichte fängt mit einer großen Uhr an.	*The story begins with a large clock.*
Das Ticken der Uhr bestimmt den treibenden Rhythmus der Handlung.	*The ticking of the clock sets the driving rhythm of the plot.*

Plural:

Zwei Leute sprechen verzweifelt am Telefon.	*Two people talk desperately on the phone.*

2. In German, the subject does not necessarily precede the conjugated verb, as it usually does in English (see 1.1.C).

Leider <u>befindet</u> sich **der Mann** in großer Gefahr.	*Unfortunately, the man finds himself in terrible danger.*
Ganz aufgeregt <u>fragt</u> ihn **die Frau,** was los ist.	*The woman anxiously asks him what's wrong.*

B. Predicate nominatives

A noun used to complete the activity expressed by the linking verbs **sein, bleiben,** or **werden** is in the nominative case and is called the *predicate nominative*. A predicate nominative renames or describes the sentence subject.

Das Problem *ist* **das verlorene Geld.**	*The problem is the lost money.*
Und die Zeit *wird* **das größte Hindernis.**	*And time becomes the biggest hindrance.*

A. Direct objects

1. A noun or pronoun used to complete the activity of verbs other than linking verbs is called an object. A great many verbs take a *direct object,* also known as an *accusative object.*

Er vergaß **die Geldtasche** in der U-Bahn.	*He forgot the money bag in the subway.*
Dann rief er **seine Freundin** an.	*Then he called his girlfriend.*

2. Two accusative objects may be used after the verbs **fragen, kosten,** and **lehren.**[2]

Sie fragt **ihn** nur **das Notwendige.**	*She asks him only what is necessary.*
Sein Fehler wird **ihn das Leben** kosten, behauptet er.	*His mistake will cost him his life, he claims.*

B. Other uses of the accusative

1. The accusative is used with verbs of motion to express a distance covered.

Sie läuft schnell **die Treppe** herunter.	*She runs quickly down the stairs.*
Dann rennt sie **einige Kilometer** durch die Stadt.	*Then she races several kilometers through the city.*

2. The accusative is used when expressing a measurement or amount.

Die Glasplatte ist mindestens **vier Meter** lang und mehr als **ein(en) Meter**[3] breit.	*The piece of plate glass is at least four meters long and more than a meter wide.*

3. The accusative is used in many conventional greetings and wishes.

   Guten Morgen/Tag/Abend; **Gute** Nacht.
   Herzlichen Glückwunsch. *(Congratulations.)*
   Angenehme Reise. *(Have a nice trip.)*
   Vielen Dank. *(Many thanks.)*
   Gute Besserung. *(Get well soon.)*

---

[2] In colloquial German there is a strong tendency to put nouns of person after **kosten** and **lehren** in the dative case when another object is in the accusative. This practice is usually considered substandard.

Sie lehrt **ihn.**	*She teaches him.*

BUT:

Sie lehrt **ihn** (OR **ihm**) Vertrauen.	*She teaches him trust.*

[3] **Meter** can be either masculine or neuter, although masculine seems to be more common.

4. The accusative is used after the expression **es gibt** (see 19.3.B); after numerous prepositions (see 10.1 and 10.3); in some time expressions denoting a period of time or a point in time (see 23.1.C).

4.5 DATIVE CASE

A. Indirect objects

1. The noun or pronoun used to indicate the person (less often, the thing) *to* or *for whom* an activity is done is called the *indirect object*. An indirect object is in the dative case; it normally requires an accusative object or subordinate clause to complete its meaning.

   DAT. OBJ.   ACC. OBJ.

   | Manni gibt **dem Obdachlosen seine Pistole.** | *Manni gives the homeless man his pistol.* |

   DAT. OBJ.   SUB. CLAUSE

   Manni erklärt **ihr, warum er Angst hat.**   *Manni explains to her why he's scared.*

2. Dative objects often precede accusative nouns (see 1.1.C).

   Lola bringt **ihrem Freund** das Geld.   *Lola brings her boyfriend the money.*
   Lola bringt **ihm** das Geld.   *Lola brings him the money.*

3. Dative objects always follow accusative pronouns.

   Sie bringt **es ihrem Freund.**   *She brings it to her boyfriend.*
   Sie bringt **es ihm.**   *She brings it to him.*

4. Dative and accusative objects often occur together with the following types of verbs:

   Verbs of giving: **bringen, geben, leihen** *(to lend),* **reichen** *(to hand, pass),* **schenken, spendieren** *(to buy, pay for, treat)*
   Verbs of showing: **beibringen** *(to teach),* **beweisen** *(to prove),* **erklären, zeigen**
   Verbs of telling: **beschreiben** *(to describe),* **erzählen, mitteilen** *(to inform),* **sagen**
   Verbs of recommending: **empfehlen, vorschlagen** *(to suggest)*

   Niemand konnte **ihm so viel Geld** leihen.   *No one could loan him so much money.*
   Sie teilte **ihrem Vater das Problem** mit.   *She informed her father of the problem.*
   Manni beschreibt **ihr seine Gefühle,** aber er kann **sie ihr** nicht beweisen.   *Manni describes his feelings to her, but he can't prove them to her.*

5. Where English uses *to* as well as word order to indicate some indirect objects, German uses the dative case, rather than **zu** + an object, to express the idea of doing something *to* or *for* someone. **Zu** usually conveys a sense of motion or direction toward a person or a specific place.

COMPARE:

*The cashier gave **her** 100,000 marks.*
*The cashier gave 100,000 marks **to her**.* } Der Kassierer gab **ihr** 100.000 DM.

*She took it and ran as fast as possible **to** the meeting place.*

Sie nahm es und rannte so schnell wie möglich **zum** Treffpunkt.

B. Verbs with dative objects

1. A significant number of verbs in German take a dative object instead of an accusative object to complete the action of the verb. Common verbs of this type include:

ähneln *to resemble*	gratulieren *to congratulate*
antworten *to answer*	helfen *to help*
begegnen (*aux.* sein) *to encounter, meet*	imponieren *to impress*
danken *to thank*	nutzen/nützen *to be of use to*
einfallen (*aux.* sein) *to occur to, come to mind*	passen *to suit, fit*
	passieren (*aux.* sein) *to happen*
folgen (*aux.* sein) *to follow*	raten *to advise*
folgen *to obey*	schaden *to harm*
gehorchen *to obey*	schmecken *to taste, taste good*
gehören *to belong to*	schmeicheln *to flatter*
genügen *to suffice*	trauen *to trust*
geschehen (*aux.* sein) *to happen*	wehtun *to hurt, pain*
	widersprechen *to contradict*

Manni dankt **der** alten, blinden Frau für die Telefonkarte.

Manni thanks the old blind woman for her telephone card.

Dann begegnet er **dem** Mann mit seiner Tasche.

Then he encounters the man with his bag.

Er folgt **ihm** durch die Stadt.

He follows him through the city.

Der Mann gehorcht **ihm** erst, als er die Pistole sieht.

The man doesn't listen to him until he sees the gun.

„Die Tasche gehört **mir**", sagt Manni.

"The bag belongs to me," says Manni.

Hätten Sie **dem** Mann getraut und ihm die Pistole gegeben?

Would you have trusted the man and given him the gun?

2. The verb **glauben** takes a dative object with persons but an accusative object with things.

Der Vater glaubt **seiner Freundin,** aber **seiner Tochter** nicht.

The father believes his girlfriend, but not his daughter.

Zumindest glaubt er **den Grund** ihrer Bitte nicht.

At least, he doesn't believe the reason for her request.

3. With several common verbs, the dative object in German is expressed in English as the subject (see also impersonal expressions, 19.3.A).

fehlen	Das Geld fehlt **ihm.**
	He's missing the money.
gefallen	Es gefällt **mir** nicht, wie der Vater Lola behandelt.
	I don't like how the father treats Lola.
gelingen	Das Roulettspiel gelingt **ihr** zweimal.
	***She** succeeds twice at the roulette game.*
Leid tun	Herr Meyer tut **mir** besonders Leid.
	***I'm** especially sorry for Mr. Meyer.*
reichen	Um 11.59 denkt er: „Jetzt reicht's **mir** aber!"
	*At 11:59 he thinks, "**I've** had enough [of this]!"*

4. Verbs of motion with the prefixes **ent-** (inseparable) and **nach-** (separable) take dative objects. The most common combinations occur with **gehen, kommen,** and **laufen.**

entgehen	*to escape, elude, avoid*
entkommen	*to escape*
entlaufen	*to run away from*

nachgehen	*to pursue, investigate; to follow*
nachkommen	*to come or follow after*
nachlaufen	*to run after; to chase*

Manni ist überzeugt, dass er **dem Händler** nicht entgehen kann.	*Manni is convinced that he can't escape the dealer.*
Er läuft **dem Fahrrad** mit allen Kräften nach.	*He runs after the bicycle as fast as he can.*

5. Some common verbs with the separable prefixes **bei-** and **zu-** also take dative objects.

beistehen	*to help, aid*
beistimmen	*to agree, concur*
beitreten	*to join (a party, club, etc.)*
beiwohnen	*to attend (a meeting, lecture)*

zuhören	*to listen to*
zulächeln	*to smile at*
zureden	*to (try to) persuade, urge*
zusagen	*to be to one's liking; to accept (an invitation)*
zusehen	*to watch, witness*
zustimmen	*to agree with, concur with*

Sie weiß nicht wie, aber sie versucht alles, um **ihrem Freund** beizustehen.	*She doesn't know how, but she tries everything to help her boyfriend.*
Der Bankwächter lächelt **ihr** auf komische Weise zu.	*The bank security guard smiles at her in a strange way.*

C. Other uses of the dative

1. Just as the dative conveys the idea of *to whom* or *for whom* with specific "giving" verbs such as **geben** and **schenken,** it can also be used to denote *toward whom an action is directed* in a more general way with many other verbs as well, where English uses either a direct object or a prepositional phrase (see also 5.1.B).

Lola nimmt **dem Verletzten** die Hand.	*Lola takes the hand of the injured man.*
Der Wächter öffnet **der Frau** die Tür.	*The security guard opens the door for the woman.*
Das Ganze fing an, als jemand **ihr** das Moped klaute.	*It all began when someone stole the moped from her.*

2. The dative occurs after several prepositions (see 10.2 and 10.3), in time expressions with certain prepositions (see 23.1.B), and with some adjectives (see 13.4.A).

4.6   GENITIVE CASE

A. General use

1. The genitive case in German indicates a relationship between two nouns, in which one noun is part of, or connected to, or belongs to, the other. In English, such a relationship can be expressed with an *of*-phrase (with the genitive noun second) or with the possessive —'s (with the genitive noun first). German favors the first method, with the genitive article and any attendant noun endings following the first noun, and only allows the second method in a few special cases, which are discussed below. The usual form is thus:

the father's office	das Büro **des Vaters**
the girlfriend's secret	das Geheimnis **der Freundin**
the streets of the city	die Straßen **der Stadt**
the color of her hair	die Farbe **ihrer Haare** *(pl.)*

2. With proper names and family-member terms used as names, German adds an **-s** (*without* an apostrophe) and positions the genitive noun before its related noun, as in English.

Mannis Entscheidung	*Manni's decision*
Lolas Entschlossenheit	*Lola's determination*
Mutters Telefongespräch	*mother's telephone call*
Vaters Geld	*father's money*

The addition of a determiner before a family-member term, as in *the father's computer* or *my father's computer,* changes the term from a name to a noun, for which the "genitive second" structure is required. Compare the sentences on the next page.

COMPARE:

„**Vaters** Geld kann Manni vielleicht noch retten", denkt Lola.

"Father's money might still be able to save Manni," Lola thinks.

Aber das Geld **ihres Vaters** kommt nicht in Frage.

But her father's money is out of the question.

3. If the name ends in an **s** sound (**-s, -ß, -z, -tz**), no **-s** is added. In writing, the omission of this **-s** is indicated by an apostrophe. When speaking, a construction with **von** + dative is often used instead of the genitive (see Section B below).

Boris' schwarzer Mercedes *or* der schwarze Mercedes **von Boris**

4. The genitive is *not used* after units of measurement, as it is in English.

Auf der Straße trifft Lola eine Gruppe **Nonnen.**

*On the street, Lola meets a group **of** nuns.*

Es geht um das Geld für eine Packung **Diamanten.**

*It all has to do with the money for a package **of** diamonds.*

B. *Von* as a substitute for the genitive case

1. The word **von** + dative is often used as a genitive substitute.

der Name **des Kassierers**
der Name **vom Kassierer** } *the name of cashier / the cashier's name*

2. **Von** is always used if there is no article or adjective before the noun to indicate case.

eine ganze Reihe **von** Polizisten

a whole row of policemen

C. Other uses of the genitive

1. At one time, quite a number of German verbs took genitive objects, similar to English *to have need **of** something* or *to make use **of** something.* In recent years, most of these have come to be replaced with other verbs and prepositional phrases. Genitive verbs that are still in use tend to convey an elevated style.

einer Sache bedürfen   *to need something*
sich einer Sache bedienen   *to use something*
sich einer Sache bemächtigen   *to take control of something*
sich einer Sache erwehren   *to resist (doing) something*
sich einer Sache erfreuen   *to enjoy, be the beneficiary of something*

Als der Film „Lola rennt" im Kino erschien, erfreute er sich **großer Beliebtheit.**

When the film "Run Lola Run" appeared in theaters, it enjoyed tremendous popularity.

Der Regisseur bedient sich **einer Filmtechnik,** die die Geschichte umso spannender macht.

The director makes use of a film technique that renders the story all the more exciting.

2. The genitive case is used with certain adjectives and adverbs (see 13.4.B), after some prepositions (see 10.4), and in some time expressions (see 23.1.D).

Wortschatz
Mach doch!

---

machen

---

1. **Machen** can mean *to do,* synonymous with **tun.**

   Was **machst** du aber, wenn du das Geld nicht kriegst?

   What will you do if you don't get the money?

2. **Machen** can mean *to make,* in the sense of *to produce, create,* or *build.*

   Lola **macht** manchmal ganz schön viel Lärm.

   Lola makes a whole lot of noise sometimes.

3. **Machen** can mean *to make,* as in *to cause to be.*

   Mannis Ungeduld **macht** alles viel schwerer.

   Manni's impatience makes everything more difficult.

   Die Situation **macht** den jungen Polizisten sehr nervös.

   The situation makes the young policeman very nervous.

4. **Machen** occurs in many different contexts and with a variety of direct-object complements. Some of these mirror English usage (**eine Ausnahme machen** = *to **make** an exception*), but others express ideas for which English uses a different verb (**Schulden machen** = *to **incur** debts*). Pay close attention to this second group as you learn these expressions.

Wie auf Englisch:

eine Ausnahme machen   to make an exception

eine Aussage machen   to make a statement

einen Fehler machen   to make a mistake

Fortschritte machen   to make progress

jemandem *(dative)* **eine große Freude machen**   to make someone (very) happy

Lärm machen   to make noise

Musik machen   to make music

jemandem *(dative)* **Platz machen**   to make room for someone

einen Unterschied machen   to make a difference, to draw a distinction, to discriminate

ein Vermögen machen   to make a fortune

einen Versuch machen   to make an attempt, to conduct an experiment

Nicht wie auf Englisch:

einen Ausflug machen   to go on an outing

ein Foto machen   to take a picture

Mach doch!   Hurry up! / Get on with it!

eine Pause machen   to take a break

eine Reise machen   to take a trip

einen Schritt machen   to take a step

Schulden machen   to incur debts

jemandem *(dative)* **Sorgen machen** to cause someone to worry

einen Spaziergang machen   to go for a walk

Unsinn machen   to do something stupid

All of these expressions are negated with **kein-.**

Boris wird **keine** Ausnahme machen.

Mach doch **keinen** Unsinn!

Boris won't make an exception.

Don't do something foolish!

Übungen

A   **Berlin: Kulisse *(backdrop)* zum Film.**   Lesen Sie den Text und markieren Sie die Fälle *(cases)* aller Substantive.

Die Stadt, durch die Lola immer wieder rennt, ist Berlin. Heute ist Berlin wieder die Hauptstadt von Deutschland; von 1871 bis 1945 war sie die Hauptstadt des Deutschen Reiches. Vor dem Zweiten Weltkrieg gehörte die Stadt mit mehr als 4,5 Millionen Einwohnern zu den wichtigsten Metropolen Europas. Nach dem Krieg aber lag die Stadt in Trümmern *(rubble)*. Die alliierten Mächte *(powers)* teilten *(divided)* die Stadt nach ihrem Sieg *(victory)* in vier Besatzungszonen *(occupation zones)*. Während der Berliner Blockade von 1948–49 wurde die Ostzone der Stadt Teil der Deutschen Demokratischen Republik (DDR). Dreizehn Jahre später baute man die Berliner Mauer *(wall)*, um die Flucht *(flight)* von Bürgern aus dieser zu verhindern. Berlin blieb bis zum Fall der Mauer im November 1989 eine geteilte Stadt. Wenige Monate später wurden die DDR und Berlin Teil eines neuen vereinigten Deutschlands. Lola verbindet sozusagen die zwei Teile der Stadt, indem ihr Weg durch beide Teile führt.

B   **Anders machen.**   Drücken Sie die Sätze mit dem Verb **machen** anders aus.

1. Wir kommen mit der Arbeit schnell vorwärts.
2. Euer Besuch hat uns sehr gefreut.
3. Darf ich dich fotografieren?
4. Ohne schicke Kleidung darf man nicht ins Casino, aber die Kassiererin lässt Lola trotzdem hinein.
5. In ihrem Examen hat Brigitta alles richtig gehabt.
6. Ralf borgt Geld und kauft allerlei Dinge.
7. Lola schreit so laut, dass das Glas zerspringt *(shatters)*.
8. Christine hat vor Gericht *(court)* gegen den Angeklagten *(defendant)* gesprochen.
9. Im Laufe der Jahre wurde sie sehr reich.
10. Erika tut, was sie kann, um nach Europa zu kommen.

C   **Das habe ich gemacht.**   Machen Sie mit jedem Verb und einem passenden *(appropriate)* Objekt – Akkusativ oder Dativ – eine Aussage darüber, was Sie heute oder gestern gemacht (oder auch nicht gemacht) haben.

> BEISPIEL   *Ich habe **einen Freund** in der Mensa getroffen.*

bekommen   essen   lernen   widersprechen   treffen   kaufen   schreiben   begegnen   schmeicheln   trinken

D   **In der Stadt.**   Wer macht was? Verwenden Sie Nominativ, Akkusativ und Dativ mit Vokabeln von der Liste und aus dem Wortschatzkasten. Erzählen Sie dabei eine Geschichte.

> BEISPIEL   Sie lesen: *Der Kellner bringt _____.*
> Sie nehmen *Mutter* und *Eis* und schreiben: *Der Kellner bringt der Mutter ein Eis.*

Mutter   Vater   Sohn   Tochter   Tante   Onkel   Familie   Großeltern

Bier   Rathaus   Wein   Cola   Eis   Dom   Kaufhaus   Stadtplan *(m.)*   Pizza *(f.)* Leute   Touristen *(pl.)*

1. Zuerst zeigt der Vater _____.
2. Auf dem Markt kauft _____.
3. Dann bringt _____.
4. Beim Mittagessen bestellt _____.
5. Danach begegnet _____.
6. Der Vater macht _____ eine große Freude, weil er _____.

   7. Beim Kaffeetrinken um vier Uhr empfiehlt ＿＿＿.

   8. Zum Abendessen bringt der Kellner ＿＿＿.

   9. Die Tochter macht ＿＿＿ Sorgen, weil sie ＿＿＿.

10. Zum Schluss empfiehlt die Mutter ＿＿＿, dass ＿＿＿ kaufen soll.

E   **Durch Pronomen ersetzen.**   Ersetzen Sie in den Sätzen von Übung D zuerst alle Dativobjekte durch Pronomen, dann alle Akkusativobjekte durch Pronomen und zum Schluss beide Objekte durch Pronomen.

> BEISPIEL   Der Kellner bringt der Mutter ein Eis.
> *Der Kellner bringt **ihr** ein Eis.*
> *Der Kellner bringt **es** der Mutter.*
> *Der Kellner bringt **es ihr**.*

F   **Der hilfreiche Hans.**   Hans ist immer hilfsbereit. Erzählen Sie, was er heute alles gemacht hat. Drücken Sie die Sätze mit einem Dativ anders aus.

> BEISPIEL   Hans macht ein Frühstück für seine Frau.
> *Hans macht **seiner Frau** ein Frühstück.*

1. Er hat einen Brief an seine Eltern geschrieben.
2. Er hat Blumen für seine Frau mitgebracht.
3. Er hat den Computer für seinen Chef repariert.
4. Er hat ein Märchen für seine Kinder erzählt.
5. Er hat den Wagen für seinen Freund Andreas gewaschen.

G   **Anders ausdrücken.**   Verwenden Sie die folgenden Verben aus dem Wortschatzkasten mit Dativobjekten.

> BEISPIEL   Das ist mein Buch.
> *Das Buch gehört **mir**.*

ähneln danken gehören gehorchen schmeicheln widersprechen

1. Lola sieht nicht wie ihr Vater aus.
2. Du sollst tun, was ich dir sage.
3. Das ist der Wagen von meinem Lehrer.
4. Wenn der Professor *ja* sagt, soll man nicht zu schnell *nein* sagen.
5. Tobias sagt allen Leuten immer das, was sie gern über sich hören.
6. Ich möchte ihm meinen Dank für die neue Prinzen-CD aussprechen.

H   **Worterklärungen.**   Erklären Sie die Wörter. Verwenden Sie den Genitiv.

> BEISPIELE   der Familienvater
> *Das ist **der Vater der Familie**.*
>
> die Hosentaschen
> *Das sind **die Taschen einer Hose**.*

1. die Bleistiftspitze
2. der Berggipfel
3. der Hausbesitzer
4. der Bankeingang

5. der Arbeiterstreik
6. die Krankenwagenfahrer
7. die Lehrbuchpreise
8. der Schlossgarten

Anwendung

A **Fragen zum Überlegen.**   Diskutieren Sie mit jemandem in Ihrem Kurs über die folgenden Fragen. Berichten Sie Ihre Ideen in einer größeren Gruppe.

1. Welche Dinge sind im Leben von Studenten am wichtigsten?
2. Welche größeren Käufe würden Sie machen, wenn Sie das Geld dafür hätten?
3. Welche vier Dinge würden Sie unbedingt (*absolutely*) haben wollen, wenn Sie alleine auf einer kleinen Südseeinsel wären?
4. Welche fünf Erfindungen haben der Menschheit am meisten geholfen?

B **Ich kenne jenen Ort.**   Jemand im Kurs hat vor (*plans*), einen Ort (z.B. eine Stadt, einen Park) zu besuchen, den Sie gut kennen. Erzählen Sie ihr/ihm, was es dort alles zu sehen gibt und was man da alles machen kann.

> **REDEMITTEL**
>
> Du musst unbedingt … sehen.
> Vielleicht kannst du auch … besichtigen.
> Dort gibt es …
> Dort findet man auch …
> Der … ist dort besonders gut/bekannt …
> Empfehlen kann ich dir auch …

C **Familienverhältnisse (*family relationships*).**   Bringen Sie Familienfotos zur Deutschstunde mit. Zeigen Sie Ihre Bilder und erklären Sie die Familienverhältnisse.

> **VOKABELVORSCHLÄGE: FAMILIENMITGLIEDER**
>
> | | | | |
> |---|---|---|---|
> | der Schwager | *brother-in-law* | die Schwägerin | *sister-in-law* |
> | der Stiefvater | *stepfather* | die Stiefmutter | *stepmother* |
> | der Stiefbruder | *stepbrother* | die Stiefschwester | *stepsister* |
> | der Halbbruder | *half-brother* | die Halbschwester | *half-sister* |
> | die Großeltern | *grandparents* | das Enkelkind | *grandchild* |

Wir sind [acht] in unserer Familie
Das sind ...
Auf diesem Bild siehst du ...
[X] ist der/die ... von ...

D **Sei doch so nett!** Denken Sie darüber nach, wie Sie jemandem eine kleine Freude machen könnten – und dabei ein paar Akkusative und Dative benutzen. Das bedeutet natürlich, dass Sie jemandem etwas schenken oder schreiben oder dass Sie jemandem etwas Nettes tun.

BEISPIELE *Ich könnte meiner Mutter einen Brief schreiben.*
Ich könnte meiner Freundin Blumen schenken.

Was könnten *Sie* wohl machen?

Schriftliche Themen

Tipps zum Schreiben

Checking for Correct Cases

After writing a first draft of any composition in German, be sure to check whether all the nouns and pronouns are in the correct cases. Read through each sentence and mark each noun or pronoun for its function: Is it the subject? direct object? indirect object? object of a preposition? Remember that nouns in the predicate linked to the sentence subject with **sein, werden,** and **bleiben** are nominative, not accusative.

A **Eltern und Kinder.** Wie sehen Sie das ideale Verhältnis zwischen Eltern und ihren Kindern? Wie können/sollen Eltern und Kinder einander helfen, um dieses Verhältnis zu verwirklichen? Verwenden Sie in Ihrem Aufsatz ein paar Redewendungen mit **machen,** z. B. jemandem Sorgen machen / einen Versuch machen / Lärm machen / Fortschritt machen / einen Fehler machen / usw. Wenn Sie den Film „Lola rennt" gesehen haben, können Sie auch darüber in dieser Hinsicht *(in this regard)* schreiben.

B **Witze!** Erzählen Sie einen Witz auf Deutsch: Nehmen Sie einen Witz, den Sie schon kennen, und suchen Sie die Vokabeln dafür auf Deutsch. Passen Sie bei den Fällen – Nominativ,

Akkusativ, Dativ, Genitiv – gut auf und versuchen Sie dabei Redewendungen mit **machen** zu benutzen.

BEISPIEL   Ein Fremder in der Stadt sieht einen alten Mann auf der Straße, der immer wieder auf eine Trommel *(drum)* schlägt. „Warum machen Sie so viel Lärm?" fragt der Fremde. „Naja", sagt der Alte, „das weiß doch jeder … " usw.

Zusammenfassung

Rules to Remember

1 There are four cases in German: nominative, accusative, dative, and genitive.

2 Preceding articles and other limiting words (see 5.1–4 and 13.3) indicate the case of the following noun.

3 Pronouns indicate case by themselves (see 16.1).

4 The nominative case signals the subject of a sentence or a predicate nominative.

5 The accusative and dative cases signal objects of various kinds—direct, indirect, objects of prepositions—as well as several special uses (see "At a Glance").

6 The genitive case shows a special relationship between two or more nouns, often one of possession, and is also required by certain prepositions and verbs (see "At a Glance").

At a Glance

Nominativ		
der Mann	1	Sentence subject
die Frau	2	Predicate nominative after:
das Geld		**sein**
die Probleme		**bleiben**
		werden

Akkusativ

den Mann	1	Direct object
die Frau	2	Accusative prepositions (10.1)
das Geld	3	Two-way prepositions: motion (10.3)
die Probleme	4	Measured distances and amounts
	5	Time expressions (23.1.C)
	6	**es gibt** _____

Dativ

dem Mann(e)	1	Indirect object
der Frau	2	Verbs with dative objects
dem Geld(e)	3	Dative prepositions (10.2)
den Problem**en**	4	Two-way prepositions: position (10.3)
	5	Actions directed toward someone
	6	Time expressions (23.1)
	7	With adjectives (13.4.A)

Genitiv

des Mannes	1	Relationship of possession
der Frau	2	Genitive object of verbs
des Geld(**e**)s	3	Genitive prepositions (10.4)
der Probleme	4	With adjectives and adverbs (13.4.B)
	5	Time expressions (23.1.D)

5

Articles and Possessive Adjectives ▪ Articles Used as Pronouns

Grammatik

A. Declension

The definite article (**der bestimmte Artikel**)—English *the*—has masculine, feminine, neuter, and plural forms. It declines with the noun it modifies (see 4.2).

	Masc.	**Fem.**	**Neut.**	**Pl.**
Nom.	**der** Tisch	**die** Vase	**das** Buch	**die** Tische
Acc.	**den** Tisch	**die** Vase	**das** Buch	**die** Tische
Dat.	**dem** Tisch(e)	**der** Vase	**dem** Buch(e)	**den** Tischen
Gen.	**des** Tisch(e)s	**der** Vase	**des** Buch(e)s	**der** Tische

B. Use

1. German includes the definite article in reference to a specific noun. This usage parallels English.

   Kennst du **den** Mann von nebenan?　　　*Do you know the man from next door?*

2. The definite article is used in the following instances where it is usually omitted in English:

60

a. With names of days, months, seasons, and meals in certain contexts (see 23.1).

Sie kommen **am** (= **an dem**) Mittwoch **zum** (= **zu dem**) Abendessen.	*They are coming for dinner on Wednesday.*
Der Frühling beginnt **im** (= **in dem**) März.	*Spring begins in March.*

b. With means of transportation.

Er fährt mit **dem** Zug, nicht mit **dem** Auto.	*He is traveling by train, not by car.*

c. With proper names of streets, intersections, squares, churches, schools, universities, etc., even when they are in English. Also with names of lakes, canyons, mountains, and rivers.

Der Stephansdom in Wien steht **am** (= **an dem**) Stephansplatz am Ende **der** Kärntnerstraße.	*St. Stephan's Cathedral in Vienna stands in Stephan's Square at the end of Kärntner Street.*
Freunde von uns wohnen **am** Eriesee.	*Friends of ours live on Lake Erie.*

Speakers of German are apt to use English words for places in English-speaking countries, but with the same genders as their German equivalents: **in der Third Avenue** (= **in der Straße**); **am Washington Square** (= **am** [**an dem**] **Platz**).

d. With certain countries whose names carry masculine or feminine gender, or are plural: **der Jemen, der Kongo, der Sudan,** sometimes **der Iran** and **der Irak; die Schweiz, die Slowakei, die Tschechische Republik, die Türkei, die Vereinigten Staaten** (*pl.*).

Zürich ist die größte Stadt in **der** Schweiz.	*Zurich is the largest city in Switzerland.*

e. With geographical and proper names modified by preceding adjectives.

das alte Deutschland	*old Germany*
die junge Frau Scherling	*young Mrs. Scherling*

f. With nouns that denote concepts, abstractions, and beliefs.

Lenin war ein bedeutender Kämpfer für **den** Kommunismus.	*Lenin was an important fighter for communism.*
Das Christentum hat im ersten Jahrhundert begonnen.	*Christianity began in the first century.*

g. With a number of words such as **Arbeit, Kirche, Schule,** and **Stadt,** particularly after prepositions.

Nach **der** Arbeit muss ich in **die** Stadt.	*After work I have to go into town.*
Vor **der** Schule gehen sie **zur** Kirche.	*Before school they go to church.*

h. With verbs used as nouns, which sometimes matches English usage.

Schon als Kind hat er mit **dem Lügen** angefangen.	*He began lying already as a child.*
Das Meckern in dieser Firma muss sofort aufhören!	*The complaining in this company must stop at once!*

i. With proper names of mutual acquaintances. In colloquial German the definite article is sometimes used before first and last names (e.g., **der** Klaus, **die** Frau Messner) to indicate that both speaker and listener are acquainted with the person referred to.

Hast du **den** Klaus heute gesehen?	*Have you seen Klaus today (the one we both know)?*
Das Buch habe ich bei **der** Frau Messner geholt.	*I picked up the book at Mrs. Messner's house (the Mrs. Messner we both know).*

3. German favors the use of the definite article in several situations where English speakers would expect possessive adjectives:

a. when parts of the body are used as direct objects or objects of prepositions;

b. when parts of the body are the subject of the verb **wehtun;** and

c. when articles of clothing are used as direct objects or objects of prepositions.

A dative reflexive pronoun (see 17.1) can be used to clarify or emphasize personal reference.

Ich muss (mir) **die** Hände waschen.	*I have to wash **my** hands.*
Sie schüttelte **den** Kopf heftig.	*She shook **her** head vehemently.*
Beim Laufen tun (mir) **die** Knie weh.	***My** knees hurt when I run.*
Sie zog sofort **den** Mantel aus.	*She took off **her** coat immediately.*

Otherwise, when parts of the body or articles of clothing are the sentence subject, or when the context requires clarification, German does use possesive pronouns.

„Ach, **deine** Augen sind so blau", sagte sie und legte **ihre** Hand auf **seine.**	*"Oh, **your** eyes are so blue," she said and laid **her** hand on **his.***

4. In a series of nouns with different genders, the definite article (or any other gender-specific determiner, for that matter) must be repeated to indicate gender distinctions. Since plural nouns of any gender take the same article, no such repetition is necessary.

Siehst du **das** Haus und **den** Garten da drüben?
*Do you see **the** house and garden over there?* (neuter and masculine singular)

Die Jungen und Mädchen, die dort spielen, sind mit meiner Tochter befreundet.
***The** boys and girls playing there are friends of my daughter.* (masculine and feminine plural)

C. Omission of the definite article

1. German generally omits the definite article before nouns that are used in conjunction with verbs to denote certain activities in general, rather than specific occurrences. In such cases, the noun functions as a verbal complement rather than a direct object (see 1.1.C and 29.1.B).

Ich spiele gern **Klavier.**	*I like to play **the** piano.*
Meine Schwester spielt lieber **Geige.**	*My sister prefers to play **the** violin.*
Abends lesen meine Eltern oft **Zeitung.**	*In the evening, my parents often read **the** newspaper.*

When these nouns take on a function other than that of the verbal complement, however, they normally require an article:

Sind das deine Noten auf **dem** Klavier?	*Is that your music on the piano?*
Die Geige, die sie spielt, hat erstaunlich viel gekostet.	*The violin that she plays cost an amazing amount of money.*

2. German normally omits the definite article with personal names, even in those instances in the plural where English includes an article.

Höflechners haben uns zum Abendessen eingeladen.	*The Höflechners have invited us to dinner.*

5.2 ▸ INDEFINITE ARTICLES

A. Declension

The endings of the indefinite article (**der unbestimmte Artikel**)—English *a(n)*—are very similar to those of the definite article. They differ only in the masculine nominative singular and the neuter nominative and accusative singulars, which have no endings.

	Masc.	Fem.	Neut.	Pl.
Nom.	ein ☐ Vater	ein **e** Mutter	ein ☐ Kind	kein **e**[1] Väter
Acc.	ein **en** Vater	ein **e** Mutter	ein ☐ Kind	kein **e** Väter
Dat.	ein **em** Vater	ein **er** Mutter	ein **em** Kind(e)	kein **en** Vätern
Gen.	ein **es** Vaters	ein **er** Mutter	ein **es** Kindes	kein **er** Väter

---

[1] Since **ein** has no plural form, **kein** is used here as the plural article.

B. Use

Indefinite articles generally refer to nonspecific nouns, that is, *a* book as opposed to *the* book, just as in English. A nonspecific noun normally has no article in the plural.

Wir suchen **eine Blume.**	*We are looking for a flower.*
Gibt es **Blumen** in deinem Garten?	*Are there flowers in your garden?*

C. Omission of the indefinite article

German does *not* use the indefinite article before nouns of *occupation, nationality,* or *general class of person* (religious denomination, military rank, marital status, etc.) when they are used as predicate nominatives or after **als** *(as).*

Max Planck war **Deutscher** und **Physiker.**	*Max Planck was **a** German and **a** physicist.*
Eva-Marie arbeitet als **Steuerberaterin.**	*Eva-Marie works as **a** tax advisor.*

5.3   DER-WORDS

A. Forms

1. The following article modifiers (**Artikelwörter**) take the same endings as the definite article. For this reason they are called **der**-words.

all-   *all* (s. and pl.)   **manch-**   *many a* (s.); *some* (pl.)
dies-   *this* (s.); *these* (pl.)   **solch-**   *such [a]* (s.); *such* (pl.)
jed-   *each, every* (s.)   **welch-**   *which* (s. and pl.)
jen-   *that* (s.); *those* (pl.)

2. **Der**-words decline as follows:

	Masc.	Fem.	Neut.	Pl.
Nom.	dies **er** (der)	dies **e** (die)	dies **es** (das)	dies **e** (die)
Acc.	dies **en** (den)	dies **e** (die)	dies **es** (das)	dies **e** (die)
Dat.	dies **em** (dem)	dies **er** (der)	dies **em** (dem)	dies **en** (den)
Gen.	dies **es** (des)	dies **er** (der)	dies **es** (des)	dies **er** (der)

B. Use of *der*-words

1. **All-** by itself occurs mainly before plural nouns (see also 13.3.D, E); its use in the singular is somewhat less common.[2]

---

[2] For uses of **all-** *(sing.)* in phrases such as **alles Gute,** see 21.1.B.

Alle Geschäfte sind jetzt geschlossen. | *All stores are now closed.*

BUT:

Wir haben **alle Hoffnung** aufgegeben. | *We have given up all hope.*

2. To express the idea of *all* or *all the* in the singular, German often uses a definite article plus the adjective **ganz-.**

Er hat **die ganze** Arbeit selbst gemacht. | *He did all the work himself.*

3. When followed by a **der-** or **ein**-word, **all-** has no ending in the singular and an optional ending in the plural.

Was hat die Firma mit **all** *dem Geld* gemacht? | *What did the firm do with all the money?*

Sie hat **all(e)** *ihre Verwandten* in Luxemburg besucht. | *She visited all her relatives in Luxemburg.*

4. **Jed-** occurs only in the singular.

Jedes Kind kann das verstehen. | *Every child can understand that.*

5. **Jen-** is fairly uncommon as a noun modifier and used mainly in contrast to **dies-.**

Willst du **dieses** Getränk oder **jenes** (Getränk)? | *Do you want this drink or that one?*

6. **Manch-** is common in the plural, but much less frequent in the singular. When the singular does occur, it is often used in conjunction with **ein-.** In such instances, **manch-** is not declined and **ein-** takes indefinite article endings.

Manche Leute lernen nie von ihren Fehlern. | *Some people never learn from their mistakes.*

Ich habe **manch eine** Person/**manche** Person getroffen, die einfach nicht gern reist. | *I have met many a person who simply does not like to travel.*

7. **Solch-** is common in the plural, but less so in the singular, where speakers of German prefer **so ein-/solch ein-** *(such a or a [. . .] like that).*

Solche Leute wie Philip brauchen wir. Kennst du **so einen** Menschen/**solch einen** Menschen? | *We need people like Philip. Do you know such a person/a person like him?*

Jedes Kind möchte **so ein** Fahrrad/**solch ein** Fahrrad haben. | *Every child would like to have such a bicycle/a bicycle like that.*

8. **Welch-** is most commonly used as an interrogative article (see 15.2.C), but the forms **welch ein-** or **was für ein-** occur often in exclamations.

Welch ein/was für ein herrliches Wetter! | *What glorious weather!*

5.4   **POSSESSIVE ADJECTIVES**

A. Forms

1. Every pronoun (see 16.1) and noun has a corresponding possessive adjective (**das Possessivpronomen**[3]).

Pronoun	Noun	Possessive adjective	
ich		**mein**	*(my)*
du		**dein**	*(your)*
er →	**der**-*noun*	**sein**	*(his; its)*
sie →	**die**-*noun*	**ihr**	*(her; its)*
es →	**das**-*noun*	**sein**	*(his; its)*
man		**sein**	*(his; their)*
wir		**unser**	*(our)*
ihr		**euer**	*(your)*
sie →	*plural noun*	**ihr**	*(their)*
Sie		**Ihr**	*(your)*

2. Possessive adjectives have the same endings as the indefinite article (see 5.2). For this reason they are called **ein**-words.

	Masc.	Fem.	Neut.	Pl.
Nom.	mein ☐	mein **e**	mein ☐	mein **e**
Acc.	mein **en**	mein **e**	mein ☐	mein **e**
Dat.	mein **em**	mein **er**	mein **em**	mein **en**
Gen.	mein **es**	mein **er**	mein **es**	mein **er**
Nom.	unser ☐	uns(e)r **e**	unser ☐	uns(e)r **e**
Acc.	uns(e)r **en**	uns(e)r **e**	unser ☐	uns(e)r **e**
Dat.	uns(e)r **em**	uns(e)r **er**	uns(e)r **em**	uns(e)r **en**
Gen.	uns(e)r **es**	uns(e)r **er**	uns(e)r **es**	uns(e)r **er**

---

[3] German grammarians classify possessive adjectives as possessive pronouns, hence the term **Possessivpronomen**. A possessive adjective used as a pronoun (see 5.5.B) is a **substantiviertes Possessivpronomen**.

3. Note that the **-er** of **unser** and **euer** is part of the adjective, not an ending. When these words have endings, the interior unstressed **-e-** is often dropped.

B. Use

1. The choice of possessive adjective is determined by the noun or pronoun to which it refers; the *ending* depends on the case, number, and gender of the noun it modifies.

Wir haben **unser-en** Wagen gefunden.	*We have found our car.*
Monika schreibt **ihr-em** Vater.	*Monika writes to her father.*
Heinz besucht **sein-e** Mutter.	*Heinz visits his mother.*

2. Since **er, sie,** and **es** can refer to things as well as persons, the possessive forms **sein-** and **ihr-** can both mean *its* in English.

Der Ahorn verliert **seine** Blätter im Herbst.	*The maple tree loses **its** leaves in the fall.*
Die Tanne verliert **ihre** Nadeln nicht.	*The fir does not lose **its** needles.*

5.5   *DER-* **AND** *EIN-***WORDS USED AS PRONOUNS**

A. *Der*-word pronouns

1. When a noun is understood from context and thus not repeated, the accompanying definite article or **der**-word can function as a pronoun.

Ich nehme diese Lampe. **Welche** willst du?	*I'll take this lamp. Which one do you want?*
—Ich möchte **die** da.	*—I'd like that one there.*
Manche mögen es heiß.	*Some (people) like it hot.*
Diese CD habe ich schon und **jene** werde ich mir bald kaufen.	*This CD I already have, and that one I will buy soon.*

2. The pronouns **dies-** and **jen-** often express the idea of the *latter* and the *former*, respectively.

Der Kommunismus und der Sozialismus sind in Osteuropa verschwunden. Über **jenen** haben wir schon gesprochen und mit **diesem** werden wir morgen anfangen.	*Communism and socialism have disappeared in Eastern Europe. We have already talked about the former, and we will begin with the latter tomorrow.*

3. **Dies-** and **jen-** also appear as pronouns in the phrase **dieses und jenes.**

    Wir haben über **dieses und jenes**
        gesprochen.

    We spoke about this and that.

4. The pronoun forms **dies** *(this, these)* and **das** *(that, those)* are commonly used as subject forms with the verb **sein** when pointing out objects. The verb will be either singular or plural, depending upon whether one or more items are being pointed out.

    Dies ist mein Auto, **das** ist seins.

    This is my car, that is his.

    Dies / Das sind unsere Bücher.

    These/Those are our books.

B. *Ein*-word pronouns

Ein-words, including **so ein-, manch ein-,** and **was für ein-,** can also function as pronouns as long as they retain their endings. In the three instances where the article **ein-** has no ending, a **der**-word ending must be added to indicate number, gender, and case, as highlighted in the following chart. The genitive forms occur infrequently.

Ein-word pronoun declensions			
	Masc.	**Fem.**	**Neut.**	**Pl.**
Nom.	meiner	meine	mein(e)s	meine
Acc.	meinen	meine	mein(e)s	meine
Dat.	meinem	meiner	meinem	meinen
Gen.	meines	meiner	meines	meiner

Hier ist mein Buch. Wo ist **dein(e)s?**

*Here is my book. Where is **yours?***

Ich brauche einen Bleistift.
—Hier liegt **einer.**

I need a pencil.
*—Here's **one.***

Sie will Briefmarken kaufen, aber
    sie findet **keine.**

She wants to buy stamps, but she can't
    *find **any.***

Wir haben ein Zwei-Mann-Zelt. In
    was für **einem**[4] schlaft ihr?

We have a two-person tent. What kind
    *(of **one**) are you sleeping in?*

---

[4] The use of **was für** does not influence the case, which in this instance depends upon the preposition **in** (see 15.2.D).

Wortschatz
Platz da!

---

der Raum	der Ort
der Platz	die Stelle

---

1. The noun **der Raum, ̈e** means *space* or *room* as a general area or volume. It often occurs as a compound noun: **der Lebensraum** *(living space)*, **der Weltraum** *(outer space)*, **das Weltraumschiff, die Raumfahrt** *(space travel)*. **Der Raum** can also mean *a room*, though **das Zimmer** is much more common.

Die Stadt braucht mehr **Raum** zum Bauen.	*The city needs more room for building.*
Wir müssen diesen kleinen **Raum** noch möblieren.	*We still have to furnish this small room.*

2. The noun **der Platz, ̈e** also means *space* or *room,* but in a more specific sense than **der Raum.** It often denotes a definite *space* or *place* that someone or something occupies or where an activity takes place. In this context it occurs frequently as a compound noun: **der Arbeitsplatz** *(place of work, work station)*, **der Marktplatz** *(marketplace)*, **der Parkplatz** *(parking lot)*, **der Spielplatz** *(playground)*, **der Tennisplatz** *(tennis court)*. **Der Platz** can also refer to a *seat* (**Ist dieser Platz noch frei?**) or a *square* in a town (**der Mozartplatz**).

Ich brauche einen besseren **Platz** zum Arbeiten.	*I need a better place to work.*
Kannst du mich später am **Sportplatz** abholen?	*Can you pick me up later at the sports field?*
Dieser **Platz** ist besetzt.	*This seat is taken.*

3. The noun **der Ort, -e** can mean a *place, spot,* or *site* but does not denote an exact point. It can also refer to a city, town, village, or hamlet.

Wir suchen einen **Ort,** wo wir allein sein können.	*We are looking for a spot where we can be alone.*
Hier ist nicht **der Ort,** über solche Dinge zu sprechen.	*Here is not the place to talk about such things.*
Sein **Geburtsort** ist Salzburg.	*His birthplace is Salzburg.*

4. The noun **die Stelle, -n** refers to a precise *spot, place,* or *location,* usually on or within a larger entity, such as the human body. It can occasionally occur interchangeably with

der Ort, but always refers to a more defined *spot.* **Die Stelle** can also mean *stead* (that is, in someone's place). Finally, **die Stelle** can denote a *passage* in a book, or a *job* or *position.*

An dieser **Stelle** im Wald wachsen besonders große Pilze.	*Particularly large mushrooms grow in this spot in the woods.*
An dieser **Stelle** (an meinem Arm) tut es weh.	*This spot (on my arm) hurts.*
An deiner **Stelle** würde ich anders handeln.	*In your position I would act differently.*
Lesen Sie diese **Stelle** im Buch noch einmal.	*Read this passage in the book once more.*
Sie sucht eine bessere **Stelle.**	*She is looking for a better position.*

5. The uses of **Ort, Stelle,** and **Platz** often overlap, but with subtle differences in meaning.

An dieser **Stelle** ist der Mann gestorben. *(the specific spot)*

An diesem **Ort** ist der Mann gestorben. *(the general location)*

ALSO:

In diesem **Ort** ist der Mann gestorben. *(village or town)*

Auf diesem **Platz** ist der Mann gestorben. *(the place/seat where he was sitting)*

Übungen

A **Welches Wort passt?**   Ergänzen Sie durch passende Substantive. (Ab und zu passt mehr als ein Wort hinein, aber dann hat der Satz auch eine etwas andere Bedeutung.)

Raum   Ort   Platz   Stelle

1. Der Kommissar fuhr zu d-_____ _____ des Mordes.
2. Wer Golf spielen will, braucht ein-_____ _____ zum Spielen.
3. Sie erzählt gern von d-_____ _____, wo sie aufgewachsen ist.
4. In vielen deutschen Städten gibt es kaum noch _____ zum Bauen.
5. An Ihr-_____ _____ hätte ich das nicht gesagt.
6. An dies-_____ _____ ist der Unfall passiert.
7. Hier ist d-_____ richtige _____ für einen Garten.
8. Wir brauchen mehr _____.

B **Von großer Bedeutung.**   Nennen Sie jeweils zwei **Orte** und zwei **Plätze,** die für Sie große Bedeutung haben oder hatten.

BEISPIEL   *Seattle bedeutet mir viel, denn in diesem **Ort** bin ich geboren und aufgewachsen.*

C **Die Hansestadt[5] Hamburg.** Ergänzen Sie die Sätze durch passende Formen von **der** oder **ein.**

1. Im 9. Jahrhundert wurde „Hammaburg" an _____ Elbe (*f.*) gegründet.
2. Im Mittelalter entwickelte sich _____ Ort zu _____ wichtigen Handelsmetropole (*f.*).
3. Mit _____ Aufkommen _____ Dampfschifffahrt (*steamboat travel*) wurde Hamburg _____ wichtiger Hafen für Seefahrer aus _____ ganzen Welt.
4. Trotz seines Alters ist Hamburg _____ moderne Stadt.
5. _____ Bombenangriffe (*bombing raids*) von 1943–45 zerstörten _____ Stadtzentrum. Fast 55.000 Menschen kamen ums Leben (*perished*).
6. Heute umfasst (*encompasses*) _____ Hafen _____ Gebiet (*n.*) von 16 km Länge.
7. In _____ Stadtteil Stellingen gibt es _____ sehenswerten Tierpark.
8. Im Westen _____ Stadt liegt _____ Hafenviertel St. Pauli mit _____ vielbesuchten *Reeperbahn*[6] (*f.*).
9. Mit mehr als 1,6 Millionen Einwohnern gehört Hamburg zu _____ Weltstädten Europas.

D **Gewohnheiten.** Was machen Sie in der Regel **vor, während** und/oder **nach** den folgenden Aktivitäten?

> **BEISPIEL** die Deutschstunde
> *Vor der Deutschstunde lerne ich gewöhnlich neue Vokabeln.*

1. das Frühstück
2. die Schule
3. die Deutschstunde
4. die Arbeit
5. das Abendessen

Fragen Sie andere Studenten, was sie vor, während oder nach diesen Aktivitäten machen.

E **Beruf und Nationalität.** Ergänzen Sie die Sätze.

> **BEISPIEL** Mein Großvater war _____ und _____.
> *Mein Großvater war **Deutscher** und **Klavierbauer**.*

1. Von Beruf ist mein Onkel/meine Tante _____.
2. Meine Mutter ist _____. Früher war sie _____.
3. Ich bin jetzt _____.
4. Mein Vater arbeitet jetzt als _____. Früher war er _____.
5. Meine Vorfahren waren _____.
6. Beruflich möchte ich _____ werden.

---

[5] During the Middle Ages, Hamburg was a member of the Hanseatic League, a powerful alliance of key port cities along the North and Baltic Seas. It is still often referred to as **die Hansestadt Hamburg** (HH).

[6] The **Reeperbahn** is a street known for its bars, nightclubs, arcades, and other forms of adult entertainment.

F **Modefragen.**   Lesen Sie die Sätze und dann ergänzen Sie sie mit den passenden Artikelwörtern aus dem Wortschatzkasten (und mit passenden Endungen, natürlich!). Verwenden Sie dabei jedes Artikelwort.

> BEISPIEL   Kauf dir doch ——— Pullover.
> *Kauf dir doch **diesen** Pullover.*

> all-   dies-   jed-   so ein-   solch-   welch-

1. Soll ich mir ——— Hemd kaufen oder nicht?
2. Und wenn ja, dann in ——— Farbe?
3. Eigentlich habe ich ——— Hemd ja schon, aber ich könnte doch noch eins gebrauchen, oder?
4. ——— Freund von mir hat drei oder vier davon.
5. Hmm ... warum tragen eigentlich ——— meine Freunde die gleiche Kleidung?
6. An ——— Fragen sollte man im Kleidungsgeschäft lieber nicht denken.

G **Jeder für sich.**   Bilden Sie mit jedem der folgenden Pronomen oder Substantive einen Satz, der auch ein Possessivpronomen enthält. Wiederholen Sie dabei kein Verb.

> BEISPIELE   sie
> *Sie schreibt **ihrem** Freund.*
>
> der Vogel
> *Der Vogel baut **sein** Nest in einem Baum.*

1. ich
2. du
3. die Katze
4. der Mensch
5. das Mädchen

6. wir
7. ihr
8. die Arbeiter
9. Sie
10. man

Anwendung

A **Bei uns zu Hause.**   Erzählen Sie einer Partnerin/einem Partner über das Leben bei Ihnen zu Hause. Berichten Sie dann jemand anders, was Sie erfahren haben.

> **REDEMITTEL**
>
> Bei uns zu Hause muss jeder sein-/ihr- (eigenes) ...
> Vater hat sein- ...
> Mutter hat ihr- ...
> Von unserem ... muss ich auch erzählen.
> Und wie ist es bei euch?
> Habt ihr auch eur- ... ?

B **Sein? Ihr?** Vergleichen Sie zwei Bekannte – eine Frau und einen Mann. Schreiben Sie mindestens fünf Sätze darüber, was bei den beiden alles unterschiedlich *(different)* ist: Eigenschaften *(personality traits)*, Gewohnheiten *(habits)*, Familien, Interessen, Hobbys usw. Verwenden Sie dabei **sein-** und **ihr-** mit passenden Endungen.

> BEISPIEL   *Ihre Eltern wohnen in New York, **seine** Eltern in Cleveland.*
> *Ihr Zimmer im Studentenheim sieht immer ordentlich aus, **sein** Zimmer ist eine wahre Katastrophe.*

C **Charaktere.** Schreiben Sie eine Liste mit Charakteren aus ein paar Texten auf, die Sie in Ihrem Deutschunterricht gelesen haben. Machen Sie dann mit einer Partnerin/einem Partner ein paar Aussagen über jeden Charakter mit Vokabeln wie **sein-, ihr-, jed-, dies-, so ein-** usw.

Schriftliche Themen

Tipps zum Schreiben	**Editing Your Writing**
	When preparing an introduction to or a description of a person or place, read aloud what you have written. Do the sentences provide essential information in a manner that is easy for your listeners to comprehend? Have you managed to avoid beginning every sentence with the name of the person or place or with the subject pronouns **er** and **sie**? When you use the possessive adjectives **sein** and **ihr,** do they match the nouns to which they refer in number and gender?

A **Wir stellen vor.** Kennen Sie jemanden aus einem anderen Land, der jetzt in Ihrer Heimat studiert oder arbeitet? Stellen Sie diese Person in einem kurzen Bericht vor. Erwähnen *(mention)* Sie Nationalität, Beruf, Wohnort, Adresse (in welcher Straße, bei wem), Beruf der Eltern, besondere Interessen und Leistungen *(accomplishments)* usw.

> BEISPIEL   Ich möchte meine Freundin Natsu Nemoto vorstellen. Sie ist Japanerin und Studentin. Abends arbeitet sie als Kassiererin in einem Studentencafé am University Square. Ihr Vater ist Ingenieur in Tokio, ihre Mutter Übersetzerin. Sie wohnt jetzt bei Familie Gretter in der Grand Avenue. Nach ihrem Studium möchte sie Journalistin werden und ... usw.

B **Ortskundig.** Beschreiben Sie einen Ort, den Sie gut kennen. Geben Sie Informationen über die Sehenswürdigkeiten *(places of interest)* und die Geschichte und alles, was diesen Ort sonst noch interessant macht. Benutzen Sie dabei Vokabeln aus dem ganzen

Kapitel, wie **so ein, jed-, all-, dies-, mein, dein, unser** und auch **Ort, Platz, Stelle** und **Raum.**

BEISPIEL In dem Dorf, wo mein Vater aufwuchs, gibt es eigentlich recht viel zu sehen. Der interessanteste Platz ist sicher die Festung *(fort)*, die während eines Krieges noch vor der Amerikanischen Revolution gebaut wurde. So eine Festung hat nicht jeder Ort in den USA! Hinter dieser Festung steht ein kleines Museum, wo mein Vater ... usw.

Zusammenfassung

Rules to Remember

1 There are two types of articles, **der**-words and **ein**-words.

2 Articles mark the case, number, and gender of nouns.

3 The **der**-words are **all-, dies-, jed-, jen-, manch-, solch-,** and **welch-.**

4 The **ein**-words are the possessive adjectives **mein, dein, sein, ihr, unser, euer,** and **Ihr** plus **kein.**

5 **Der**-words and **ein**-words can be used as pronouns.

At a Glance

Definite articles				
	Masc.	**Fem.**	**Neut.**	**Pl.**
Nom.	der	die	das	die
Acc.	den	die	das	die
Dat.	dem	der	dem	den
Gen.	des	der	des	der

Indefinite articles				
	Masc.	**Fem.**	**Neut.**	**Pl.**
Nom.	ein	eine	ein	(keine)
Acc.	einen	eine	ein	(keine)
Dat.	einem	einer	einem	(keinen)
Gen.	eines	einer	eines	(keiner)

Der-words

all-	all *(s. and pl.)*
dies-	this *(s.)*; these *(pl.)*
jed-	each, every *(s.)*
jen-	that *(s.)*; those *(pl.)*
manch-	many a *(s.)*; some *(pl.)*
solch-	such [a] *(s.)*; such *(pl.)*
welch-	which *(s. and pl.)*

Ein-word pronouns

	Masc.	Fem.	Neut.	Pl.
Nom.	meiner	meine	mein(e)s	meine
Acc.	meinen	meine	mein(e)s	meine
Dat.	meinem	meiner	meinem	meinen
Gen.	meines	meiner	meines	meiner

so ein-

manch ein-

was für ein-

Possessive adjectives

Singular

ich	$\longrightarrow$ **mein**
du	$\longrightarrow$ **dein**
er/es/man	$\longrightarrow$ **sein**
sie *(s.)*	$\longrightarrow$ **ihr**

Plural

wir	$\longrightarrow$ **unser**
ihr	$\longrightarrow$ **euer**
sie *(pl.)*	$\longrightarrow$ **ihr**
Sie	$\longrightarrow$ **Ihr**

6 Negation · Imperatives

Grammatik

A. *Kein-*

1. **Kein-** *(no, not a, not any)* is the negative form of the indefinite article **ein-** and takes the same endings (see 5.2). It is used only to negate nouns preceded either by **ein-** or by no article at all, although they may be preceded by adjectives.

   Hat sie **einen** Computer?   *Does she have a computer?*
   —Nein, sie hat **keinen** Computer.   *—No, she does not have a computer.*

   Gibt es hier in der Nähe gute Geschäfte?   *Are there any good stores around here?*
   —Nein, hier gibt es **keine** guten   *—No, there are no/not any good stores*
     Geschäfte.   *here.*

2. **Kein-** cannot be used to negate a noun preceded by a definite article or a possessive adjective. **Nicht** must be used instead.

   COMPARE:

   Sie findet **keinen** Computer.   *She finds **no** computer.*

   Sie findet den/meinen Computer **nicht**.   *She does **not** find the/my computer.*

B. *Nicht (nie, niemals)*

1. **Nicht** *(not)* and **nie/niemals** *(never)* are used to negate all elements of a sentence other than nouns preceded by **ein-** or by no article at all.

2. The position of **nicht** in a clause depends on what is being negated, that is, whether the **nicht** relates to the clause in general, or focuses on a particular piece of information within it. In *clause-level negation*, the position of **nicht** is determined by the grammatical context as follows:

a. **Nicht** *follows* conjugated verbs, dative and accusative objects, and specific time expressions.

Sie kauft <u>das Kleid</u> **nicht.** (*accusative object*)	*She isn't buying the dress.*
Er schreibt <u>seinen Eltern</u> **nicht.** (*dative object*)	*He isn't writing his parents.*
Wir sehen den Film <u>heute</u> **nicht.** (*specific time expression*)	*We're not going to see that film today.*

b. **Nicht** *precedes* adverbs and prepositional phrases that are not specific time expressions, verbal complements, and V₂ structures (see 1.1.C).

Er kann **nicht** <u>schnell</u> rechnen. (*adverb*)	*He cannot calculate quickly.*
Wir gehen **nicht** <u>mit ihnen</u> tanzen. (*prepositional phrase*)	*We're not going dancing with them.*
Der Lärm hört **nicht** <u>auf</u>. (*separable prefix*)	*The noise does not stop.*
Sie ist **nicht** <u>die richtige Frau</u> für ihn. (*predicate nominative*)	*She is not the right woman for him.*
Das Wetter wird **nicht** <u>besser</u>. (*predicate adjective*)	*The weather is not getting any better.*
Du kannst diesen Kurs **nicht** <u>belegen</u>. (*infinitive*)	*You cannot take this course.*
Sie haben die Gefahr **nicht** <u>erkannt</u>. (*past participle*)	*They didn't recognize the danger.*

3. In *element-level negation*, however, where one specific element is highlighted for negation, **nicht** precedes this element directly. Contrasting information following the negated element is usually introduced by **sondern**.

Clause-level negation:

Sie kennt meinen Bruder. ⟶ Sie kennt meinen Bruder **nicht.**

Element-level negation:

Sie kennt meinen Bruder. ⟶ Sie kennt doch **nicht** meinen Bruder, oder?
(*with emphasis on* **meinen** *or* **Bruder**)

With contrasting information:

Sie kennt **nicht** meinen *Bruder*, **sondern** meinen *Vetter*.
Sie kennt **nicht** *meinen* Bruder, **sondern** *seinen* Bruder.

A. Formation

1. The imperative (**der Imperativ**) has four forms in German.

    du-form   *(familiar, singular)*
    ihr-form   *(familiar, plural)*
    Sie-form   *(formal, singular or plural)*
    wir-form   *(first person plural: Let's . . .)*

2. Imperatives are generated from the present tense. The **du**-imperative consists of the present-tense stem + an optional **-e** that is usually omitted, particularly in colloquial German.

    Schreib(e) bald!   *Write soon!*

    Bring(e) deine Freunde **mit!**   *Bring your friends along!*

    The final **-e** is *not* omitted if the infinitive stem ends in **-d, -t, -ig,** or in **-m** or **-n** preceded by a consonant other than **l** or **r.**

    Antworte! Entschuldige! Atme!   *Answer! Pardon (me)! Breathe!*

3. Verbs with the present-tense vowel shifts **e** ⟶ **i** or **e** ⟶ **ie** also shift in the **du**-imperative, but they do not add an **-e.**

    Du sprichst ⟶ **Sprich!**   *Speak!*

    Du liest ⟶ **Lies** bitte schneller!   *Please read more quickly!*

    EXCEPTION: **werden:** du wirst ⟶ Stirb   *Die and become!*
    und **werde!** (Goethe)[1]

    However, verbs with the stem changes **a** ⟶ **ä, au** ⟶ **äu,** or **o** ⟶ **ö** do *not* have vowel shifts in the **du**-imperative and may take the optional **-e.**

    Du trägst ⟶ **Trag(e)** es!   *Carry it!*

    Du läufst ⟶ **Lauf(e)!**   *Run!*

4. The **ihr**-form imperative is the same as the **ihr**-form of the present tense, but the pronoun is omitted.

    Gabi und Heidi, **kommt** bald **wieder!**   *Gabi and Heidi, come again soon!*

    Sprecht deutlicher, ihr zwei!   *Speak more clearly, you two!*

5. German occasionally includes the pronouns **du** and **ihr** with the familiar imperative for emphasis or clarification.

    Ich habe dreimal aufgeräumt. **Mach**   *I have cleaned up three times. You do it*
    du es mal! (**Macht ihr** es mal!)   *for a change!*

---

[1] From Goethe's poem "Selige Sehnsucht" in *Westöstlicher Divan.*

6. The **Sie**-form imperative is the same as the **Sie**-form of the present tense, but the verb is always followed by the pronoun **Sie.**

Meine Damen und Herren, **treten Sie** bitte näher!	*Ladies and gentlemen, please step closer!*
Herr Ober, **bringen Sie** uns bitte eine Speisekarte.	*Waiter, please bring us a menu.*

7. The **wir**-form imperative is the same as the **wir**-form of the present tense, but the verb is always followed by the pronoun **wir.**

Gehen wir heute einkaufen!	*Let's go shopping today!*
Nehmen wir nun **an,** dass niemand die Antwort weiß.	*Let's assume now that no one knows the answer.*

8. The imperatives for the verb **sein** are irregular.

Sei	
Seid ⎫ vorsichtig!	*Be careful!*
Seien Sie ⎭	
Seien wir vorsichtig!	*Let's be careful!*

B. Use

1. The imperative is used to express not only commands, but also requests, instructions, suggestions, or warnings. Normally an imperative ends with an exclamation point, although a period is permissible if no emphasis is implied.

Passen Sie auf! *(command/warning)*	*Watch out!/Pay attention!*
Übersetzen Sie die Sätze. *(instruction)*	*Translate the sentences.*
Essen wir jetzt. *(suggestion)*	*Let's eat now.*

2. In some social contexts, an imperative (such as **Gib mir die Butter!**) is perceived as inappropriately direct. Inserting **bitte** into the command softens the authoritarian tone somewhat, but German speakers often make use of alternatives such as modal verbs (see 9.1.B) and subjunctive forms (see 20.3.D) to convey such desires:

Kannst du mir die Butter geben?	*Can you give me the butter?*
Würden Sie mir bitte die Butter geben?	*Would you please give me the butter?*

In colloquial usage, one often hears such desires expressed as questions with rising intonation:

Gibst du mir die Butter?	*Could you give me the butter?*

3. Directives for the general public (such as signs, announcements, and instructions) are often expressed with an infinitive and no pronoun, which conveys a very impersonal tone. The infinitive is placed at the end of the command.

Bitte nicht **hinauslehnen!**	*No leaning out!*
Den Rasen nicht **betreten!**	*No walking on the grass!*

C. *Bitte* and flavoring particles with the imperative

1. **Bitte** or any one of several flavoring particles (see 25.2) can accompany the imperative. **Bitte** makes a command more polite. When it begins a sentence, it is set off by a comma only when stressed. It also occurs in other positions, but it cannot immediately precede pronouns.

Bitte tun Sie das!	*Please do that!*
Bitte vergessen Sie die Nummer nicht!	*Please don't forget the number!*
Zeigen Sie es ihnen **bitte** nicht!	*Please don't show it to them!*

2. **Doch** adds a sense of impatience or exasperation to imperatives.

Hilf mir **doch!**	*Come on, help me!*
Mach's **doch** einfach!	*Would you just do it!*

3. **Mal** adds a sense of mild impatience best expressed by the English word *just*.

Hört **mal** zu!	*Just listen!*
Seien Sie **mal** ruhig!	*Just be quiet!*

4. **Nur** often adds a stipulative tone to imperatives, implying that consequences—either good or bad—will result.

Versuchen Sie es **nur!**	*Just try it (and see)!*

5. Several flavoring particles may accompany an imperative.

Hören Sie **doch bitte mal** zu!	*Come on, just listen, please!*

Wortschatz

Nichts geht mehr ...

The most common expressions of negation include the following words and phrases.

kein-   no, not any
kein- ... mehr   no more . . .
nicht   not
nicht mehr   no more, no longer
nichts   nothing, not anything
nie/niemals   never
niemand   no one, not anyone
nirgends/nirgendwo   nowhere, not anywhere
nicht einmal   not even, not once
nicht nur (sondern auch)   not only (but also) (see 11.2)
noch nicht   not yet

noch kein-   not any ... yet
noch nie   not ever (yet)
ich nicht   not me/not I
ich auch nicht   me neither, nor (do) I
gar nicht/überhaupt nicht   not at all
gar nichts/überhaupt nichts   nothing at all
gar kein-/überhaupt kein-   not any ... at all
lieber nicht   (preferably) not, (would) rather not
weder ... noch   neither ... nor (see 11.2)
durchaus nicht/keinesfalls   by no means, not at all
auf keinen Fall   by no means

Übungen

 A **Alles falsch.**   Berichtigen Sie die Aussagen. Verwenden Sie **kein-, nicht** oder **nie,** und wenn Sie können, geben Sie die richtige Information mit **sondern** an *(provide).*

> BEISPIEL   Mein Nachbar ist ein Idiot.
> *Mein Nachbar ist **kein** Idiot, sondern ein Genie!*
> OR:
> ***Nicht** mein Nachbar, sondern mein Zimmerkollege ist ein Idiot.*

1. Fische haben lange Beine.
2. Vancouver ist die Hauptstadt von Kanada.
3. Immanuel Kant hat an einer Universität in Japan studiert.
4. Schumacher fährt einen Mercedes.
5. Es schneit oft in Honolulu.
6. Hasen *(rabbits)* fressen gern Mäuse.
7. Lola hat fünfzehn Minuten, bevor es für Manni zu spät ist.
8. Frankfurt liegt im Norden von Deutschland.
9. Deutsch ist das langweiligste Fach *(subject).*
10. *Alle* Studentinnen und Studenten in diesem Deutschkurs werden gute Noten bekommen.

B **Der ewige Neinsager.**   Markus sieht alles negativ. Wie wird er wohl auf diese Fragen antworten?

> BEISPIELE   Markus, macht dir dein Studium Spaß?
> *Nein, mein Studium macht mir **keinen** Spaß.*
>
> Markus, liest du gern?
> *Nein, ich lese **nicht** gern.*

1. Bekommst du Post?
2. Hast du deine CD gefunden?
3. Verstehst du meine Fragen?

4. Möchtest du Sportler werden?
5. Kannst du deine Hausaufgaben morgen abgeben?
6. Bekommst du in Deutsch gute Noten?
7. Gehst du morgen mit uns schwimmen?
8. Ist dein Vater Chef einer Bank?
9. Interessierst du dich für Musik?
10. Spielst du Fußball?

C **Das mache ich nicht.**   Gibt es Dinge, die Sie nicht haben, nicht oder nie tun oder nicht gern tun? Machen Sie sieben Aussagen.

BEISPIELE   *Ich spiele kein Musikinstrument.*
Ich tanze nicht gern.

D **Überhaupt nicht. Völlig falsch.**   Machen Sie Aussagen über sich *(yourself)* mit den folgenden Ausdrücken.

BEISPIELE   *Ich habe weder ein Handy* **noch** *einen Pager.*
Ich war **noch nie** *in Europa.*

1. noch nie
2. noch nicht
3. gar kein- / überhaupt kein-
4. nie / niemals

5. durchaus nicht
6. weder ... noch
7. keinesfalls
8. überhaupt nicht

E **Nicht immer so höflich.**   Drücken Sie diese Wünsche und Bitten durch den Imperativ der kursiv gedruckten Verben stärker aus.

BEISPIELE   Du sollst lauter *sprechen.*
Sprich *lauter!*

Würdet ihr uns bitte *helfen?*
Helft *uns bitte!*

1. Herr Kollege, könnten Sie bitte den Projektor *holen?*
2. Leute, bitte etwas lauter *reden!*
3. Du kannst mich heute Abend zu Hause *anrufen.*
4. Marco, könntest du bitte die Tür *öffnen?*
5. Herr Moritz, darf ich Sie bitten mir zu *helfen?*
6. Kinder, *seid* ihr bitte ruhig?
7. Claudia, ich hoffe, du *wirst* nicht böse.
8. Rainer, du sollst dich doch *beruhigen!*
9. Es wäre *(would be)* für uns gut, etwas fleißiger zu *sein.*

F **Situationen.**   Was sagen Sie in der Situation? Verwenden Sie dabei passende Partikeln.

BEISPIEL   Ein Freund von Ihnen will Eintrittskarten für ein Rockkonzert kaufen und fragt Sie, ob er Ihnen auch welche kaufen soll.
Ja, kauf(e) mir bitte auch eine Karte!

1. Studenten plaudern *(chat)* neben Ihnen in der Bibliothek, während Sie zu lesen versuchen.
2. Sie haben die Frage Ihrer Deutschprofessorin entweder nicht gehört oder nicht verstanden.
3. Sie wollen mit jemandem irgendwo gemütlich zusammensitzen und plaudern.
4. Sie wollen, dass Sie jetzt niemand in Ihrem Zimmer stört, und hängen einen kleinen Zettel *(note)* an die Tür.
5. Sie haben eine schwierige Hausaufgabe und möchten, dass ein paar Freunde Ihnen dabei helfen.
6. Sie haben Ihre Mutter beim Sprechen unterbrochen und wollen sich entschuldigen.
7. Ihr Schäferhund bellt schon wieder und das wollen Sie sich nicht mehr anhören.
8. Ihre kleine Schwester kommt mit ganz schmutzigen Händen zum Essen.

G **Bitten!** Was für Bitten haben Sie an die folgenden Personen?

> **BEISPIEL** an Ihren Vater
> *„Vati, schick mir bitte mehr Geld!"*

1. an Ihre Eltern
2. an Ihre Geschwister (Schwester/Bruder)
3. an eine Freundin/einen Freund
4. an Ihre Deutschprofessorin/Ihren Deutschprofessor
5. an eine berühmte Person Ihrer Wahl *(of your choice)*

Anwendung

A **Faule Menschen.** Wer kann den faulsten Menschen beschreiben? Erzählen Sie von einem wirklichen oder erfundenen *(imaginary)* Menschen, der gar nichts hat und gar nichts tut.

> **REDEMITTEL**
>
> Mensch, kenne ich aber eine faule Person!
> Sie/Er ist so faul, dass sie/er …
> Weil sie/er nie … [tut], hat sie/er auch kein- …
> Natürlich [tut] sie/er auch kein- …
> Meistens [tut] sie/er … und [tut] gar nicht(s).
> Sie/Er will nicht einmal *(not even)* …

B **Ratschläge (pieces of advice).** In diesem Rollenspiel übernimmt eine Partnerin/ein Partner die Rolle einer erfahrenen Studentin oder eines erfahrenen Studenten, und die/der andere die Rolle einer Person, die nächstes Jahr zur Uni kommt. Die erfahrene Studentin/Der erfahrene Student gibt dieser Person Ratschläge in Form von Imperativen (**du**-Form) und verwendet dabei verschiedene Formen von **nicht** und andere Negationswörter aus dem **Wortschatz.** Die Partnerin/Der Partner kann fragen, was hinter diesen Ratschlägen steckt.

BEISPIELE   Belege keine Kurse vor dem Mittagessen! *(Don't sign up for any classes before lunch!)*

Iss auf keinen Fall in der Mensa, wenn es Fisch gibt! *(Whatever happens, don't eat in the cafeteria when they're serving fish!)*

C   **Wer nicht hören will, muss fühlen.**   Das folgende Gedicht enthält Befehle *(commands)*, die manche Kinder sicher schon öfter gehört haben. Welche davon (**du**-Imperative) mussten *Sie* sich als Kind anhören? Welche Befehle werden Ihre Kinder später wohl von Ihnen zu hören bekommen? Wie deuten Sie die Zeilen: „Wer nicht hören will, muss fühlen"? Diskutieren Sie mit anderen Studenten darüber.

Erziehung

laß[2] das
komm sofort her
bring das hin
kannst du nicht hören
hol das sofort her
kannst du nicht verstehen
sei ruhig
faß das nicht an
sitz ruhig
nimm das nicht in den Mund
schrei nicht
stell das sofort wieder weg
paß auf
nimm die Finger weg
sitz ruhig
mach dich nicht schmutzig
bring das sofort wieder zurück
schmier dich nicht voll
sei ruhig
laß das

wer nicht hören will
muß fühlen

—Uwe Timm

---

[2] This poem retains its original spelling, rather than the spelling of the recent **Rechtschreibreform** (see Appendix 1 for more details).

Schriftliche Themen

Tipps zum Schreiben	**Writing First Drafts and Checking for Common Errors**
	Always jot down a few ideas in German before beginning a composition. Then write a first draft. Read through this draft to see whether you have used a variety of verbs. Now is also a good time to check for common errors such as misspellings, uncapitalized nouns, verbs not in second position, and the use of **nicht ein-** instead of **kein-** (see 6.1). Have you also kept your sentences concise and to the point, or do they tend to ramble on and on and on? When writing a second or final draft, be sure to vary your style by starting some sentences with elements other than the sentence subject.

A **Selbstanalyse.** Schreiben Sie eine Selbstanalyse mit dem folgenden Titel: „Was ich nicht bin, nicht habe, nicht tue und nicht will." (Siehe auch **Wortschatz.**)

BEISPIEL Ich bin kein fauler Mensch, aber ich will nicht immer arbeiten. Ich will auch nicht ... Natürlich habe ich auch keine Lust ... usw.

B **Reicher Mensch, armer Mensch.** Man kann sich leicht das Leben eines reichen Menschen vorstellen *(imagine)*. Wie sieht es aber bei einem armen Menschen aus, der wenig oder nichts hat? Erzählen Sie davon mit Elementen aus dem **Wortschatz:**

Auf der Straße achtet *niemand* auf ihn ...
Zum Frühstück hat er manchmal *nicht einmal* ...
Heime *(homes)* für Obdachlose *(homeless people)* gibt es schon, aber er möchte *lieber nicht* ...

C **Diese Stadt!** Gibt es Dinge, die Ihnen an der Stadt, in der Sie jetzt wohnen, nicht gefallen? Erzählen Sie aus einer etwas negativen Sicht davon. Verwenden Sie einige der Ausdrücke aus dem **Wortschatz.**

BEISPIEL Diese Stadt gefällt mir nicht so sehr. Es gibt keine netten Studentenlokale und nirgendwo kann man sich abends im Stadtzentrum gemütlich treffen. Aber ich gehe abends sowieso lieber nicht in die Stadt, denn es fahren nach zehn Uhr keine Busse zur Universität zurück. Außerdem gibt es nicht einmal ... usw.

das darf doch nicht wahr sein!

Zusammenfassung

Rules to Remember

1 **Kein-** negates nouns preceded by **ein-** or no article at all.

2 **Nicht** negates nouns preceded by definite articles, other **der**-words, possessive adjectives (see 5.3–4), as well as verbs and modifiers.

3 In element-level negation, **nicht** *precedes* the element to be negated.

4 In clause-level negation, **nicht** appears in the middle field *after* direct or indirect objects and specific time expressions.

5 In most cases, no pronoun is used after **du-** and **ihr**-imperatives (**Komm; Kommt**).

6 Pronouns are always used after **wir-** and **Sie**-imperatives (**Gehen wir; Gehen Sie**).

At a Glance

Nicht: Element-level negation
nicht   x   (...)   sondern   y

Nicht: Clause-level negation
first elements V₁ objects specific time adverbs nicht other adverbials verbal complements V₂

Imperative forms					
	gehen	**mitsingen**	**antworten**	**sprechen (e → i)**	**tragen (a → ä)**
du	Geh(e)	Sing(e) ... mit	Antworte	Sprich	Trag(e)
ihr	Geht	Singt ... mit	Antwortet	Sprecht	Tragt
Sie	Gehen Sie	Singen Sie ... mit	Antworten Sie	Sprechen Sie	Tragen Sie
wir	Gehen wir	Singen wir ... mit	Antworten wir	Sprechen wir	Tragen wir

Simple Past Tense · Past Perfect Tense

zum Beispiel

Die Zauberflöte

Scene 1

*Tamino kommt im Jagdkleide
von einem Felsen herunter mit einem
Bogen, aber ohne Pfeil. Eine Schlange verfolgt ihn.*

Tamino:
Zu Hilfe! Zu Hilfe! Sonst bin ich verloren,
Der listigen Schlange zum Opfer erkoren.
Barmherzige Götter! Schon nahet sie sich!
Ach, rettet mich! Ach, schützet mich!

*(Er fällt in Ohnmacht. Drei Damen verschleiert,
mit silbernen Wurfspießen.)*

Drei Damen:
Stirb, Ungeheu'r, durch unsre Macht!
(Sie stoßen die Schlange entzwei.)
Triumph! Triumph! Sie ist vollbracht,
Die Heldentat! Er ist befreit
Durch unsres Armes Tapferkeit.

Erste Dame:
Ein holder Jüngling, sanft und schön.

Zweite Dame:
So schön, als ich noch nie gesehn!

*Tamino, in hunter's clothing, comes down
from a cliff, with a bow but no arrows.
A serpent pursues him.*

Tamino:
Help! Help! Otherwise I'm lost,
doomed to be the victim of the cunning snake.
Merciful gods! It's coming closer!
Oh, save me! Oh, protect me!

*(He falls down unconscious. Three women,
veiled, with silver javelins.)*

Three women:
Die, monster, by our power!
(They spear the serpent in two.)
Victory! Victory! The heroic deed
is accomplished! He is rescued
by our bravery.

First woman:
A fair youth, gentle and handsome.

Second woman:
More handsome than I've ever seen!

Dritte Dame:
Ja, ja, gewiss zum Malen schön!

Drei Damen:
Würd' ich mein Herz der Liebe weihn,
So müsst es dieser Jüngling sein.
Lasst uns zu uns'rer Fürstin eilen,
Ihr diese Nachricht zu erteilen.
Vielleicht dass dieser schöne Mann
Die vor'ge Ruh' ihr geben kann.

Erste Dame:
So geht und sagt es ihr,
Ich bleib indessen hier.

Zweite Dame:
Nein, nein, geht ihr nur hin,
Ich wache hier für ihn!

Dritte Dame:
Nein, nein, das kann nicht sein!
Ich schütze ihn allein.

...

Third woman:
Yes, yes, indeed as pretty as a picture!

Three women:
If ever I would devote my heart to love,
It would have to be [for] this youth.
Let us hurry back to our queen,
and bring her this news.
Perhaps this handsome man can
restore her former peace of mind.

First woman:
You two go and tell her,
I'll stay here in the meantime.

Second woman:
No, no, you two just go,
I'll keep watch over him here!

Third woman:
No, no, that won't work at all!
I'll protect him myself.

. . .

Die Zauberflöte, K. 620
Musik: Wolfgang Amadeus Mozart
Text: Emanuel Schikaneder und Carl Ludwig Giesecke

Grammatik

7.1   **SIMPLE PAST TENSE**

A. Formation

1. The simple past tense (**das Präteritum**) is the second principal part of the verb (see 3.1). The simple past tense of *weak verbs* is formed by adding a **-t** plus a set of personal endings to the infinitive stem.

   If the infinitive stem ends in **-d, -t,** or in a single **-m** or **-n** preceded by a consonant other than **l** or **r,** then an **e** is added before the **-t** to facilitate pronunciation.

	sagen	**re<u>tt</u>en**	**<u>at</u>men** *(to breathe)*
ich	sag**t e**	rett<u>et</u> **e**	atm<u>et</u> **e**
du	sag**t est**	rett<u>et</u> **est**	atm<u>et</u> **est**
er/sie/es	sag**t e**	rett<u>et</u> **e**	atm<u>et</u> **e**
wir	sag**t en**	rett<u>et</u> **en**	atm<u>et</u> **en**
ihr	sag**t et**	rett<u>et</u> **et**	atm<u>et</u> **et**
sie/Sie	sag**t en**	rett<u>et</u> **en**	atm<u>et</u> **en**

2. *Strong verbs* (see also 3.1.B) form the past-tense stem by changing the vowel and sometimes also the consonant of the infinitive stem; they *do not* add a **-t** to this stem, as do the weak verbs. There are no endings in the first- and third-persons singular of strong verbs.

	liegen	**gehen**	**sitzen**
ich	lag □	ging □	saß □
du	lag **st**	ging **st**	saß **est**[1]
er/sie/es	lag □	ging □	saß □
wir	lag **en**	ging **en**	saß **en**
ihr	lag **t**	ging **t**	saß **t**
sie/Sie	lag **en**	ging **en**	saß **en**

   For a listing of strong and irregular verbs, see Appendix 4.

---

[1] Past-tense stems ending in **-s, -ss,** and **-ß** require an **e** before the **-st** in the second-person singular. This **e** often occurs with many other strong verbs as well, particularly in poetry: **du fand(e)st; du hielt(e)st; du schnitt(e)st;** BUT **du kamst; du lagst; du warst.**

3. *Irregular verbs* (see also 3.1.C) form the simple past tense like weak verbs, but they also change their stem vowel. The verbs **bringen** and **denken** have consonant changes as well. (The modal verbs are also irregular; their tense formation is discussed in Chapter 9.)

wissen	
ich wuss<u>t</u> **e**	wir wuss<u>t</u> **en**
du wuss<u>t</u> **est**	ihr wuss<u>t</u> **et**
er/sie/es wuss<u>t</u> **e**	sie/Sie wuss<u>t</u> **en**

also: brennen ⟶ brannte	nennen ⟶ nannte
bringen ⟶ bra**ch**te	rennen ⟶ rannte
denken ⟶ da**ch**te	senden ⟶ sandte / sendete[2]
kennen ⟶ kannte	wenden ⟶ wandte / wendete[2]

4. The auxiliaries **sein** and **werden** are strong verbs; **haben** is an irregular weak verb.

sein	werden	haben
ich **war** ☐	**wurde**	**hatte**
du **warst**	**wurdest**	**hattest**
er/sie/es **war** ☐	**wurde**	**hatte**
wir **waren**	**wurden**	**hatten**
ihr **wart**	**wurdet**	**hattet**
sie/Sie **waren**	**wurden**	**hatten**

5. In the past tense, all verbs with separable prefixes function as they do in the present tense (see 2.1.E); the prefix goes to the end of the middle field, but reconnects to the root verb in subordinate clauses, or when the verb appears as an infinitive.

Als er die Schlange erblickte, **fiel** er gleich **um.**	*When he caught sight of the snake, he immediately collapsed.*
Zum Glück eilten die Damen herbei, als er **umfiel.**	*Fortunately, the women hurried over when he collapsed.*

B. Use

1. The German simple past tense is sometimes called the *narrative past;* it has several English equivalents.

---

[2] For the use of these verb forms, see 3.1.C, footnote 3.

Er ging durch den Wald.

> *He went through the forest.*
> *He was going . . .*
> *He did go . . .*
> *He used to go . . .*
> *He would (often) go . . .*

2. In German, both the simple past and present perfect tense refer to actions and events that have taken place in the past. In general, the *present perfect* is used in conversational renditions of past events (hence its designation by some as the *conversational past*), while the *simple past* is more common in certain kinds of writing (and therefore often referred to as the *narrative past*). Sometimes they are interchangeable: speakers in northern Germany use the simple past in some situations to express the same information that speakers from southern Germany convey with the present perfect tense. The following comparison, however, points out their differing perspectives.

Present perfect tense:

- Refers to events just prior to the moment of speaking:

  Ich **habe** eine riesige Schlange **gesehen!**   *I (just) saw an enormous snake!*

- Refers to past events that are linked (often by consequence) to the present:

Ich **habe** meine Pfeile **vergessen.**	*I've forgotten my arrows (which is now a problem).*
Ich habe mich hier im Wald **verlaufen.**	*I've gotten lost here in the forest (and now I need to . . .).*
Der Tag **hat** also nicht besonders gut **angefangen,** nicht wahr?	*The day hasn't really started out particularly well, has it?*

Simple past tense:

- Lends a sense of sequence and connection, if used consistently;

- Suggests moving through narrative time, rather than standing in the present looking back:

Er **schrie** aus lauter Panik.	*He screamed in sheer panic (and then he . . .).*
Drei Damen **fanden** ihn dort.	*Three women found him there (which then led to . . .).*

3. The simple past tense of **haben, sein,** and the modal verbs (see 9.1) is preferred over the present perfect tense, even in conversation (see 3.2.C).

Er **hatte** aber Glück, dass die drei Damen gerade in dem Moment in der Nähe **waren.**	*He was really lucky that the three women were nearby right at that moment.*
Sie **waren** ganz begeistert, dem jungen Mann zu helfen.	*They were quite enthusiastic about helping the young man.*

4. In actual practice, spoken German is usually a mixture of the two tenses—past and present perfect—dictated by a sense of rhythm and style.

Liebes Tagebuch *(diary):*

Heute **war** aber ein anstrengender *(stressful)* Tag. Erstens **musste** ich früh aufstehen, was wegen dem Fest gestern Abend gar nicht so einfach **war.** Ach ja, das Fest. Papa **ließ** den Wein so richtig in Strömen fließen *(flow freely),* und das eine Mädchen **hat** mich so süß **angelächelt** *(flirted).* Und ich, Idiot, **habe** nicht nach ihrer Adresse **gefragt!** Aber zurück zu heute. Nach dem Mittagessen **ging** ich im Wald **spazieren,** wie immer. Aber wie **konnte** ich so dumm sein, dass ich meinen Bogen **mitbrachte** aber meine Pfeile **vergaß?** Und ausgerechnet heute *(today of all days),* wo diese Schlange wieder auf mich **gewartet hat.** Ich **schrie** natürlich aus Leibeskräften *(with all my might),* weil das letztes Mal **gewirkt hat.** Aber heute nicht. Da **spielte** ich den Ohnmächtigen *(unconscious),* damit die Schlange mich ignorieren würde. Aber was **passierte** dann? Drei Frauen **kamen vorbei** (von wo? möchte ich gerne wissen) und **wollten** mir „helfen". Peinlich, peinlich *(embarrassing)!* Die **waren** vielleicht komisch *(Boy, were they weird)* ...

5. With the exception of **haben, sein,** and the modal verbs, the second-person singular and plural forms (**du, ihr**) seldom occur in the simple past.

7.2 ▸ PAST PERFECT TENSE

A. Formation

The *past perfect* tense (**das Plusquamperfekt**) is a compound tense; it is formed with the *simple past* of either **haben** or **sein** + the past participle. The choice of **haben** or **sein** follows the same rules as in the present perfect (see 3.2.B). The participle is placed at the end of the clause, as V_2 (see 1.3.A).

haben + *past participle*		sein + *past participle*	
ich **hatte**		war	
du **hattest**		warst	
er/sie/es **hatte**		war	
	+ gelesen		+ gelaufen
wir **hatten**		waren	
ihr **hattet**		wart	
sie/Sie **hatten**		waren	

B. Use

1. The German past perfect tense corresponds to the English past perfect; it expresses that an action has taken place *prior* to some other past-time event. The past perfect tense

does not occur by itself; there is always some other past-time context, whether expressed or implied.

Als die Frauen ankamen, **war** er schon in Ohnmacht **gefallen.**	*When the women arrived, he **had** already **fainted.***
Er hatte Angst, weil er so ein Ungeheuer noch nie **gesehen hatte.**	*He was scared because he **had** never **seen** such a monster before.*

2. The past perfect tense is *not* used when describing a sequence of events, even though some actions occurred prior to others.

Die Frauen **erschienen, töteten** die Schlange und **sahen** sich den ohnmächtigen Jungen genau **an.**	*The women **appeared, killed** the snake, and **took a** good **look** at the unconscious youth.*

3. The past perfect is very common, however, in dependent clauses introduced by **nachdem.**

Nachdem die Frauen ihn **gesehen hatten,** wollte jede ihn für sich haben.	*After the women **had seen** him, each one wanted to have him for herself.*

Wortschatz

Komm, wir laufen um die Wette!

1. The following strong verbs express various basic types of *going;* they require the auxiliary **sein. Fahren** and **fliegen** take the auxiliary **haben** when used with direct objects (see 3.2.B).

gehen	to go	**kommen**	to come
fahren	to go *(by vehicle);* to drive	**laufen**	to run
fallen	to fall	**schwimmen**	to swim
fliegen	to fly	**steigen**	to climb

2. A number of additional verbs denote precisely *how* a person or thing moves. Because they describe motion, these verbs also require the auxiliary **sein.** Strong verbs are marked with an asterisk; **rennen** is irregular (see 7.1.A).

eilen	to hurry, hasten	**schlendern**	to saunter, stroll
humpeln	to hobble, limp	**schreiten***	to stride
klettern	to climb *(a steep surface),* scramble	**springen***	to jump, leap, bound
kriechen*	to creep, crawl	**stolpern**	to stumble
rennen**	to run, race, dash	**stürzen**	to fall; to plunge, rush
rutschen	to slip, slide	**treiben***	to drift, float
sausen	to rush, whiz	**treten***	to step, walk
schleichen*	to creep, slink, sneak	**waten**	to wade
		watscheln	to waddle

Die Kinder **rutschten** auf dem Eis hin und her.	*The children slid back and forth on the ice.*
Eine große Ente *(duck)* **watschelte** über den Hof.	*A large duck waddled through the yard.*
Der Herr **trat** vor den Spiegel.	*The gentleman stepped in front of the mirror.*

Übungen

A Zu ihrer Zeit.   Oma erzählt von ihrer Jugend. Damals machte man natürlich alles besser. Was sagt sie?

> **BEISPIEL**   meine Mutter / uns jeden Morgen das Frühstück machen
> *Meine Mutter **machte** uns jeden Morgen das Frühstück.*

1. junge Leute / nicht so viel rauchen
2. wir / mehr im Freien spielen
3. Studenten / nicht immer gegen alles demonstrieren
4. ich / mehr in der Schule aufpassen
5. Schüler / mehr Hausaufgaben machen
6. Teenager / nicht denken / dass / mehr wissen als die Eltern
7. wir / öfter Museen und Theater besuchen
8. Leute / fleißiger arbeiten
9. Kinder / ihren Eltern besser zuhören

Was werden Sie Ihren Kindern (falls Sie später welche haben) von Ihrer Jugend erzählen? Machen Sie bitte fünf Aussagen.

> **BEISPIEL**   *Als ich ein Kind war, war alles nicht so teuer wie heute.*

B Amadeus.   Ergänzen Sie die Sätze durch die folgenden Verben im Präteritum.

arbeiten	hören	machen	spielen
bringen	kennen lernen	reisen	sterben
geben	kommen	schreiben	werden
heiraten	komponieren	sein	ziehen *(to move)*

1. Mozart _____ 1756 in der Stadt Salzburg zur Welt.   2. Schon mit drei Jahren _____ er Klavier.   3. Wenig später _____ Wolfgang sein erstes Musikstück.

4. Sein musikalisches Talent ____ ihn berühmt. 5. Als Wunderkind ____ er mit seiner Schwester durch Europa. 6. In vielen aristokratischen Häusern ____ man ihn spielen. 7. Im Jahre 1780 ____ er nach Wien. 8. Dort ____ er als Musiklehrer und ____ private Konzerte. 9. Er ____ Konstanze Weber im Jahre 1782. 10. Bald danach ____ er Haydn ____ und sie ____ gute Freunde. 11. Zwischen 1782 und 1791 ____ er Sinfonien und Opern, wie z.B. *Die Zauberflöte*. 12. Diese Werke ____ ihm Ruhm *(fame)*. 13. Als er 1791 ____, ____ er erst 35 Jahre alt.

C **Eine tolle Party.** Erzählen Sie mit Verben im Imperfekt *(simple past tense)* über eine (fiktive?) Party auf Ihrem Campus und verwenden Sie dabei mindestens zehn Verben der Fortbewegung aus dem **Wortschatz.** Seien Sie kreativ!

BEISPIEL Als die Party **begann, wusste** ich, dass der Abend interessant werden würde. Ben **schlenderte** ganz stolz durch die Tür zu meinem Zimmer mit zwei Frauen, die ich nicht **kannte.** George **kletterte** durch das Fenster, statt die Treppe hoch zu laufen ...

D **Plusquamperfekt: Und wie war es vorher?** Setzen Sie die Sätze in die Vergangenheit.

BEISPIEL Barbara spielt CDs, die sie in Europa gekauft hat.
Barbara *spielte* CDs, *die sie in Europa* **gekauft hatte.**

1. Jemand, der noch nichts gesagt hat, hebt *(raises)* seine Hand.
2. Anke sitzt im Garten und ruht sich aus *(relaxes)*. Sie ist den ganzen Tag Rad gefahren.
3. Herr und Frau Kuhnert können ins Konzert gehen, weil sie Karten bekommen haben.
4. Herr Meyer fährt gegen ein Auto, nachdem die junge Frau mit roten Haaren vorbeirannte.
5. Nachdem du Tennis gespielt hast, gehst du wohl nach Hause.
6. Elke beginnt ihr Referat. Sie hat drei Bücher zum Thema gelesen.

E **Von Märchen, Sagen und Heldentaten.** Was war schon vorher geschehen? Ergänzen Sie die Sätze.

BEISPIEL Dornröschen schlief ein, nachdem ... (Finger stechen)
Dornröschen schlief ein, nachdem sie sich in den Finger gestochen hatte.

1. Als Rotkäppchen das Haus der Großmutter erreichte, ... (der Wolf / Großmutter fressen)
2. Die Nibelungen machten Siegfried zu ihrem König, weil ... (er / den Drachen Fafnir erschlagen)
3. Dornröschen wachte erst auf, nachdem ... (hundert Jahre vergehen)
4. Die böse Hexe *(witch)* verbrannte, nachdem ... (Gretel / sie in den Backofen stoßen)
5. Der Rattenfänger bekam die tausend Taler nicht, die *(which)* ... (der Stadtrat *[city council]* von Hameln / ihm versprechen)

F **Genauer beschreiben.** Ersetzen Sie die fett gedruckten Teile der Sätze durch Verben, die die Art der Fortbewegung genauer oder stärker zum Ausdruck bringen.

> BEISPIEL   Autos **fuhren** schnell an uns vorbei.
> *Autos **sausten** an uns vorbei.*

1. Ein Boot **fuhr** ruderlos den Strom hinunter.
2. Beim Laufen **traf** das Kind **einen Stein** und **fiel zu Boden.**
3. Einige Wanderer **gingen bis zu den Knien im Wasser** durch den Bach *(stream).*
4. Tamino **stieg** die steilen Felsen *(steep cliffs)* herab.
5. Als sie von dem Unfall erfuhr *(found out)*, **ging** die Ärztin **schnell** ins Krankenhaus.
6. Feierlich *(ceremoniously)* **ging** die Königin durch die Halle.

G **Das passende Verb.** Bilden Sie Sätze mit den folgenden Subjekten und mit Verben, die die Art der Fortbewegung genau beschreiben.

> BEISPIEL   eine Katze
> *Eine Katze schlich in das Haus.*

1. Parkbesucher
2. einige Radfahrer in Eile
3. Autos auf dem Glatteis *(glare ice)*
4. die Preise *(prices)* während einer Depression
5. ein Hund mit einer verletzten *(injured)* Pfote *(paw)*
6. die Schüler nach der letzten Unterrichtsstunde des Jahres

Anwendung

Tipps zum mündlichen Erzählen	**Telling Stories**
	Telling stories has nearly become a lost art. This is too bad, as it provides excellent language practice. Prepare for oral narratives by making only the most necessary chronological notes in telegram style, with verb infinitives last. For now, tell your story in many short, simple sentences, and avoid complex structures such as subordinating conjunctions or relative pronouns. The oral topics of activities A, B, and C can also be written as compositions.

A **Aus meinem Leben.** Erzählen Sie anderen Leuten von einem besonderen Ereignis aus Ihrem Leben oder aus dem Leben eines anderen Menschen, den Sie kennen.

> **THEMENVORSCHLÄGE**
>
> eine unvergessliche Begegnung *(encounter)*
> das Schlimmste, was mir je passierte
> eine große Dummheit von mir
> ein unglaubliches Erlebnis *(experience)*
> der schönste Tag meines Lebens
> eine große Überraschung *(surprise)*

> **REDEMITTEL**
>
> Einmal / einst war(en) ...
> Früher [wohnte] ich ...
> Eines Tages / eines Morgens / eines Abends / eines Nachts ...
> Schon vorher waren wir ... [gegangen].
> Ich hatte auch vorher ... [getan].
> Und plötzlich ...
> Na ja, wie gesagt, ich ...
> Später ...
> Zu meinem Entsetzen *(horror)* / zu meiner Überraschung ...
> Kurz danach ...
> Zum Schluss ...

B **Es war einmal.** Erzählen Sie im Kurs ein bekanntes Märchen oder eine von Ihnen erfundene Geschichte.

C **Erzählen Sie mal!** Nehmen Sie ein Blatt Papier und schreiben Sie darauf sechs Verben (nehmen Sie ein paar aus dem **Wortschatz!**) und sechs andere Wörter (Adjektive, Adverbien usw.). Dann geben Sie einer Partnerin/einem Partner das Papier und sie/er muss sich eine Erzählung mit diesen Vokabeln im Imperfekt *(simple past tense)* ausdenken!

D **Nacherzählung.** Die Beispiele in diesem Kapitel entstammen *(come from)* Mozarts berühmter *Zauberflöte*, einer Geschichte, die Sie vielleicht noch nicht so gut kennen. Aber Sie kennen bestimmt andere Geschichten – aus Filmen, z. B. oder Theaterstücken, Büchern und anderen Opern. Erzählen Sie die Handlung *(plot)* von einer dieser Geschichten aus der Perspektive einer der handelnden Personen *(plot characters)*. Benutzen Sie auch hier einige spezifische Verben der Fortbewegung!

Schriftliche Themen

Choosing Precise Verbs

Verbs are the key! Avoid general verbs such as **haben, sein,** and **machen** in favor of verbs that precisely convey the actions or events you are describing. For example, **gehen** denotes activity but does not describe it. Consider how many different ways there are to *go* in English: *walk, run, stumble, hobble, limp, race,* etc. just as there are in German (see **Wortschatz,** page 93). If you want to express a precise English verb, look up its German equivalent. Then cross-check this verb as a German entry, to see whether it really means what you think it does. Have in mind a person (not necessarily your instructor) for whom you are writing, and continually ask yourself how you can make your narrative more interesting to this reader.

A   **Eine Bildgeschichte: Der Verdacht**   Erzählen Sie die Bildgeschichte auf Seite 99 im Präteritum. Benutzen Sie die Erzählskizze dabei.

bei Nacht • tragen • das Paket • die Brücke • ins Wasser werfen • Polizist sehen • glauben • stehlen • verhaften *(arrest)* • andere Polizisten • kommen • festhalten • telefonieren • das Baggerschiff • herausfischen • heraufholen • aufschneiden • eine Bowle • kitschig aussehen • erzählen • schenken • um Entschuldigung bitten • wieder ins Wasser werfen

B   **Lebenslauf.**   Schreiben Sie einen Lebenslauf von *sich* oder von einem bekannten *(well-known)* Menschen. Der Lebenslauf muss nicht lang sein, aber er soll die wichtigsten Informationen enthalten.

BEISPIEL   **Helga Schütz** wurde 1937 im schlesischen Falkenhain geboren und wuchs dann in Dresden auf. Nach einer Gärtnerlehre machte sie an der Potsdamer Arbeiter-und-Bauern-Fakultät ihr Abitur und studierte Dramaturgie an der Deutschen Hochschule für Filmkunst in Potsdam-Babelsberg. Für die Defa[3] schrieb sie Dokumentar- und Spielfilme – zum Beispiel „Die Leiden des jungen Werthers".

1970 erschien ihr erster Prosaband: „Vorgeschichten oder Schöne Gegend Probstein", eine Chronik von kleinen Leuten in der niederschlesischen Provinz. Im Westen erschienen im Luchterhand-Verlag ihre Erzählung „Festbeleuchtung" und die Romane „In Annas Namen" und „Julia oder Erziehung zum Chorgesang".

Helga Schütz wurde mit dem Heinrich-Greif-Preis, dem Heinrich-Mann-Preis und dem Theodor-Fontane-Preis ausgezeichnet.

---

[3] **Defa: Deutsche Film-Aktiengesellschaft.** The official film company of the former German Democratic Republic.

Drawing by Gardner Rea; © 1932, 1960, The New Yorker Magazine, Inc.

Zusammenfassung

Rules to Remember

1   The simple past is primarily a narrative tense; it is used to tell stories, recite anecdotes, etc.

2   Weak and irregular verbs add **-t** + personal endings to their respective stems to form the simple past (**ich lernte, ich rannte;** *pl.* **wir lernten, wir rannten**).

3   Strong verbs form the simple past by changing the stem vowel and in some cases a consonant and adding endings (**ich ging; sah; wir gingen, sahen**). However, the first- and third-persons singular have no ending (**ich/er/sie/es ging**).

4   The second-person simple past tense forms of most verbs **du lerntest (ranntest, gingst); ihr lerntet (ranntet, gingt)** are seldom used.

5   The past perfect tense is never used by itself, but rather only within the context of some other past time event, which it precedes chronologically.

At a Glance

Simple past: Auxiliaries			
	haben	**sein**	**werden**
ich	hatte	war ☐	wurde
du	hattest	warst	wurdest
er/sie/es	hatte	war ☐	wurde
wir	hatten	waren	wurden
ihr	hattet	wart	wurdet
sie/Sie	hatten	waren	wurden

Simple past: Weak verbs		
	lernen	**arbeiten**
ich	lernte	arbeitete
du	lerntest	arbeitetest
er/sie/es	lernte	arbeitete
wir	lernten	arbeiteten
ihr	lerntet	arbeitetet
sie/Sie	lernten	arbeiteten

Simple past: Strong verbs

	liegen	gehen	sitzen
ich	lag □	ging □	saß □
du	lagst	gingst	saßest
er/sie/es	lag □	ging □	saß □
wir	lagen	gingen	saßen
ihr	lagt	gingt	saßt
sie/Sie	lagen	gingen	saßen

Simple past: Irregular verbs

	wissen	denken	kennen
ich	wusste	dachte	kannte
du	wusstest	dachtest	kanntest
er/sie/es	wusste	dachte	kannte
wir	wussten	dachten	kannten
ihr	wusstet	dachtet	kanntet
sie/Sie	wussten	dachten	kannten

Pluperfect: Forms

hatte + *participle*		war + *participle*	
ich	hatte ... gelernt	ich	war ... gegangen
du	hattest ... gelernt	du	warst ... gegangen
er/sie/es	hatte ... gelernt	er/sie/es	war ... gegangen
wir	hatten ... gelernt	wir	waren ... gegangen
ihr	hattet ... gelernt	ihr	wart ... gegangen
sie/Sie	hatten ... gelernt	sie/Sie	waren ... gegangen

8
Future Tense · Future Perfect Tense

Grammatik

A. Formation

1. The future tense (**das Futur**) is formed with the conjugated present tense of the auxiliary **werden** *(will)* + a verb infinitive.

werden + *main verb infinitive*		
ich **werde**	*I*	
du **wirst**	*you*	
er/sie/es **wird**	*he/she/it*	
+ **gehen**		*will go*
wir **werden**	*we*	
ihr **werdet**	*you*	
sie/Sie **werden**	*they/you*	

2. In the future tense the infinitive is at the end of the sentence or main clause (V_2).

Hoffentlich **werde** ich diese Prüfung **bestehen**.   *I hope I'll pass this test.*

102

3. In dependent clauses, the conjugated auxiliary **werden** moves to final position. However, if the dependent clause contains a double infinitive, as is the case with the future tense of modal verbs (9.4; see also 18.6), the auxiliary **werden** directly precedes the double infinitive.

Meinst du, dass du diese Prüfung **bestehen wirst?**	*Do you think you'll pass this test?*

BUT:

Leider glaube ich nicht, dass ich die Prüfung **werde bestehen können.**	*Unfortunately, I don't believe I'll be able to pass the test.*

B. Use

1. Like the present and present perfect tenses (see 2.2.A and 3.2.C), the future tense in German makes use of one form to convey multiple nuances in English:

Wir werden darüber sprechen.
{ *We are going to talk about it.*
{ *We will talk about it.*

2. German uses the future tense more sparingly than English. Both English and German use the present tense to convey future meaning when adverbial modifiers or other contextual clues make that meaning clear:

Sie kommen morgen an.	*They are arriving tomorrow.*

But German much prefers the present tense in such cases, even where English may require a future tense form.

COMPARE:

Ich mach's später.	*I'm going to do it later. / I'll do it later.*

3. There are, however, several situations in which German favors the future tense:

    a. To emphasize intentions or assumptions.

    Was **wirst** du jetzt **tun?**
    { *What are you going to do now?*
    { *What do you intend to do now?*

Das **wird** bestimmt nicht **klappen.**	*That's definitely not going to work.*

    b. To refer to states or actions in a relatively distant future.

    COMPARE:

Was **macht** Georg heute Abend?	*What is Georg doing tonight?*
Was **wird** er wohl in zehn Jahren **machen?**	*What will he be doing in ten years?*

    c. To distinguish future states or actions from present states or actions.

Ich **glaube** dir jetzt nicht und ich **werde** dir nie **glauben!**	*I don't believe you now and I never will believe you!*

4. The German future tense is also used with the particles **wohl** or **schon** to express *present probability.*

Das **wird** schon richtig **sein.**   *That's probably right.*

Die Polizei **wird** wohl etwas von dem   *The police probably know something*
    Unfall **wissen.**   *about the accident.*

| **8.2** | **FUTURE PERFECT TENSE** |

A. Formation

The future perfect tense (**Futur II**) is formed like the future tense, that is, with **werden** (V_1) joined to an infinitive (V_2)—except that in the future perfect, the infinitive in question is a *perfect infinitive* rather than the more commonly used present infinitive. The perfect infinitive consists of the past participle and the appropriate auxiliary in present infinitive form. Compare:

Present infinitive		**Perfect infinitive**
tun	→	getan haben *(to have done)*
sagen	→	gesagt haben *(to have said)*
fahren	→	gefahren sein *(to have driven)*
bleiben	→	geblieben sein *(to have stayed)*

Notice how the sense of completion conveyed by the perfect tense characterizes the future perfect tense as well:

| *Perfect:* | Sie **hat** die Arbeit **getan.** | *She did the work.* |
| *Future perfect:* | Sie **wird** die Arbeit **getan haben.** | *She will have done the work.* |

B. Use

1. The future perfect tense can express the idea that something *will have happened* by a specified point in the future, often with an adverbial modifier using **bis.**

Bis heute Abend **wird** er unser Auto   *He will have repaired our car by this*
    repariert haben.   *evening.*

Sie **werden** bis zum Wochenende nach   *They will have taken off for Bremen*
    Bremen **abgeflogen sein.**   *by the weekend.*

2. The future perfect can also be used to express probability concerning something that *has already happened,* often in conjunction with the particles **wohl** or **schon.**

Adina **wird** ihr Auto wohl schon   *Adina has probably already sold*
    verkauft haben.   *her car.*

Der Baum **wird** wohl während eines   *The tree probably fell over during*
    Sturms **umgestürzt sein.**   *a storm.*

Wortschatz
Weiter so!

---

weiter[machen] fortfahren fortsetzen

---

1. The most common way of expressing *to continue an activity*, especially in conversational settings, is to use the separable prefix **weiter:**

Mach (nur) **weiter!**	*(Just) keep on going! / Keep on doing it!*
Danach sind wir **weitergefahren.**	*After that we continued driving.*
Geh doch weg! Ich will **weiterschlafen.**	*Go away! I want to sleep some more.*

    In this sense, **weiter** is often used without a verb to convey *encouragement to continue:*

Weiter so!	*You're doing great! / Keep on going!*

2. **Weiter** also functions as a comparative adverb, with the meaning of *further* (see 29.1):

Ich kann **weiter** laufen als du.	*I can run further than you (can).*

3. *To continue* + a noun (as in "She's continuing her research project") can be expressed with **weitermachen** + **mit:**

Sie will nächstes Semester **mit** ihrem Forschungsprojekt **weitermachen.**	*She wants to continue her research project next semester.*

4. In more formal settings (such as a meeting or lecture), the separable-prefix verb **fortfahren** can be used to express a similar meaning. It is intransitive, taking no direct object, but is normally complemented by a clause or phrase.

Wir **fahren fort,** wo wir gestern aufgehört haben.	*We'll continue where we left off yesterday.*
Fahren Sie bitte **fort** mit Ihrem Bericht.	*Please continue with your report.*

5. **Fortsetzen** also means *to continue something,* and is similarly formal, but is transitive, requiring a direct object.

Nach langer Pause hat man die Arbeit am Gebäude **fortgesetzt.**	*After a long break, they continued the work on the building / working on the building.*

Übungen

A **Lottogewinner!** In einem Fernsehinterview erzählen Herr und Frau Lindemann, was sie mit ihrem Lottogewinn machen werden. Sie sprechen im Präsens. Erzählen Sie *im Futur* von den Plänen der Familie.

HERR UND FRAU LINDEMANN:

Mit unserem Lottogewinn von 500.000 Euro machen wir erst mal eine Reise nach Amerika. Unsere Tochter reist mit. In Boston kaufen wir uns einen Mercedes, denn dort kostet er weniger als bei uns, und wir fahren dann quer durch Amerika nach San Francisco. Wir fliegen nach Deutschland zurück, und wir schenken Michael Schumacher unseren neuen Mercedes. Dann fährt er endlich einen!

B **Morgen.** Was werden Sie morgen tun? Was haben Sie vor zu machen? Ergänzen Sie die Sätze mit Verben im Futur und mit Beispielen von **weiter[machen].**

BEISPIELE Am Nachmittag ...
Am Nachmittag werde ich an einem Aufsatz weiterarbeiten.

Um acht Uhr ...
Um acht Uhr werde ich aufstehen.

Um zehn Uhr ...
Um zehn Uhr wird meine Deutschstunde beginnen.

1. Um acht Uhr ...
2. Um halb zehn ...
3. Zu Mittag ...
4. Nach der Mittagspause ...
5. Am späteren Nachmittag ...
6. Am Abend ...

Und jetzt drei weitere Aussagen im Futur. *Sie* sollen einen Zeitpunkt wählen.

7. Ich denke, dass ...
8. Es ist möglich, dass ...
9. Ich weiß noch nicht, ob ...

C **Im Deutschkurs: Was wird wohl geschehen sein?** Erklären Sie, warum die Leute sich wohl so benehmen *(behave).*

BEISPIEL Georg hat heute Morgen einen schweren Kopf.
*Er **wird wohl** gestern Abend zu viel **gelernt haben.***

1. Jessica ist ganz böse auf den Lehrer.
2. Stella ist heute bedrückt (*depressed*). Sie weint leise während des Unterrichts.
3. Kelly döst (*dozes*) in der letzten Reihe (*row*), während der Lehrer spricht.
4. Jon sitzt ganz still auf seinem Platz. Er hat ein blaues Auge.
5. Ben kommt immer pünktlich zur Deutschstunde. Heute ist er aber nicht da.

D **Futur II: Bis dahin.**   Was wird bis dahin schon geschehen sein?

> **BEISPIEL**   Vor dem Ende dieses Jahres ...
> *werde ich mir ein Auto **gekauft haben.***
> *wird die Uni einen neuen Präsidenten **gefunden haben.***
> *werden Freunde von mir nach Europa **gereist sein.***

1. Bis (*by*) zum nächsten Freitag ...
2. Vor dem Ende des Semesters ...
3. Bevor ich 30 werde, ...
4. Vor dem Jahre 2020 ...
5. Bis man Krebs (*cancer*) besiegt haben wird, ...

E **Weitermachen.**   Beenden Sie die Sätze. Verwenden Sie die folgenden Verben.

> fortfahren   fortsetzen   weiter[machen]

1. Es tut mir Leid, dass ich Sie beim Lesen stören musste. Sie können jetzt ...
2. Lola ist noch nicht am Ziel. Sie muss ...
3. Wir werden diese Diskussion morgen ...
4. Wenn Sie zu der Brücke kommen, dann haben Sie den Campingplatz noch nicht erreicht. Sie müssen noch ein paar Kilometer ...
5. Bei der 20. Meile des Marathons konnte ich ...

Anwendung

A **Was andere machen werden.**   Fragen Sie jemanden im Kurs nach ihren/seinen Plänen und berichten Sie darüber.

THEMENVORSCHLÄGE	
nächsten Sommer	im späteren Leben
nach dem Studium	wenn alles nach Plan geht

Weißt du schon, was du machen wirst, wenn ... ?
Hast du dir überlegt *(thought about)*, was ... ?
Was hast du für ... vor *(have in mind)?*
Wenn alles nach Plan geht, dann werde ich ...
Vielleicht wird es mir gelingen *(succeed)* ... zu [tun].
Ich werde wohl ...

B   **Prognosen für die Zukunft.**   Diskutieren Sie mit anderen Studenten, wie die Welt Ihrer Meinung nach in 2, 5, 10, 20 oder 30 Jahren aussehen wird. Was wird wohl anders sein als heute? Was wird es (nicht mehr) geben?

Umwelt (Stadt, Landschaft, Meer)
Medien (Fernsehen, Presse, Internet)
Technik und Informatik
Auto und Verkehr
Film und Theater
Sport und Freizeit
Schule und Universität
Politik und Gesellschaft *(society)*
Übervölkerung *(overpopulation)*
Medizin und Gesundheitsfragen

In ... Jahren wird ...
Höchstwahrscheinlich *(most likely)* werden wir (nicht) ...
Ich denke, es wird wohl so sein: ...
Es ist leicht möglich, dass ...
Vielleicht werden die Menschen auch ...
Es würde mich (nicht) überraschen, wenn ...
Es kann sein, dass wir in (der) Zukunft ...
Es wird wahrscheinlich (keine) ... (mehr) geben.

C   **Voraussagungen *(predictions).***   Schreiben Sie eine Liste mit zehn bekannten Menschen auf. Dann lesen Sie die Liste einer Partnerin/einem Partner vor, die/der für jeden Namen eine (fiktive) Voraussage fürs Jahr 2015 macht.

BEISPIEL   George Lucas
Im Jahr 2015 wird Lucas die nächste Weltall-Trilogie beginnen, mit dem Titel Krieg der digitalen Effekte.

Schriftliche Themen

Tipps zum Schreiben	**Qualifying Statements About the Future**
	There is a saying in English: "Man proposes, God disposes." (German: **Der Mensch denkt, Gott lenkt.**) In other words, things may not always turn out as planned. Thus, when conjecturing about the future or when telling of your own plans, you may want to qualify some of your statements with adverbial expressions such as:

eventuell *(possibly, perhaps)*
hoffentlich, unter Umständen *(under certain circumstances)*
unter keinen Umständen *(under no circumstances)*
vielleicht, wohl (schon) *(probably)*
(höchst)wahrscheinlich *([most] likely)*

You can even stress the tentative nature of your future statements by beginning sentences with these qualifiers. Time expressions also work well in first position; they supply the reader with an immediate future context for what is to follow. Remember to use a mixture of present and future tense for the sake of stylistic variety, and be sure to vary your verbs.

A **Meine Zukunftspläne.**   Erzählen Sie in zehn Sätzen von Ihren Zukunftsplänen.

BEISPIEL   Ich bin jetzt im zweiten Studienjahr. In zwei Jahren werde ich mein Studium als *undergraduate* abschließen. Was danach kommt, weiß ich noch nicht so genau. Vielleicht werde ich weiterstudieren. Es kann aber auch sein, dass ich zuerst ein paar Jahre arbeite oder einen Beruf erlerne. Auf jeden Fall werde ich ... usw.

B **Die Zukunft.**   Wie sehen Sie die Zukunft Ihres Landes? Schreiben Sie entweder aus positiver oder negativer Sicht.

Zusammenfassung

Rules to Remember

1 The future tense *(das Futur)* is formed with **werden** + infinitive, using the same word order as modal verbs with infinitives.

2 The future perfect tense *(Futur II)* is formed with **werden** + perfect infinitive. Perfect infinitive = past participle + **haben** or **sein**.

3 German favors the present tense in many cases where English uses the future tense. The future tense is used in German in contexts where the present tense would be misleading, to emphasize intentions or assumptions, or to refer to the distant future.

4 The future perfect tense is used to relate what will have been done by some point in the future, or to speculate (often using **wohl** or **schon**) that something has probably happened or been done in the past.

At a Glance

Future I/Future II: Main clause word order				
	front field	V_1	*middle field*	V_2
Future:		werden		infinitive
Future (with modal):		werden		infinitive + modal
Future perfect:		werden		participle + sein / haben

Reminder: Conjugation of *werden*	
ich	**werde**
du	**wirst**
er/sie/es	**wird**
wir	**werden**
ihr	**werdet**
sie/Sie	**werden**

gehen

Modal Verbs 9

Grammatik

9.1 PRESENT AND PAST TENSES OF MODAL VERBS

A. Forms

1. Present-tense modal verbs conjugate irregularly in the singular, showing similarities to strong verbs in the simple past tense (see 7.1.A). Plural forms, however, are regular.

Present tense of modal verbs						
	dürfen	**können**	**mögen**	**müssen**	**sollen**	**wollen**
ich	**darf**☐	**kann**☐	**mag**☐	**muss**☐	**soll**☐	**will**☐
du	**darfst**	**kannst**	**magst**	**musst**	**sollst**	**willst**
er/sie/es	**darf**☐	**kann**☐	**mag**☐	**muss**☐	**soll**☐	**will**☐
wir	dürfen	können	mögen	müssen	sollen	wollen
ihr	dürft	könnt	mögt	müsst	sollt	wollt
sie/Sie	dürfen	können	mögen	müssen	sollen	wollen

2. Modal verbs form the simple past tense like weak verbs (see 7.1.A), except that there are no umlauts carried over from infinitive stems, and **mögen** undergoes a consonant change.

Simple past tense of modal verbs						
	dürfen	**können**	**mögen**	**müssen**	**sollen**	**wollen**
ich	durfte	konnte	mochte	musste	sollte	wollte
du	durftest	konntest	mochtest	musstest	solltest	wolltest
er/sie/es	durfte	konnte	mochte	musste	sollte	wollte
wir	durften	konnten	mochten	mussten	sollten	wollten
ihr	durftet	konntet	mochtet	musstet	solltet	wolltet
sie/Sie	durften	konnten	mochten	mussten	sollten	wollten

B. Use

A modal verb combines with another verb, often called the *dependent infinitive,* to indicate the speaker's stance toward the action or state expressed by the latter. A speaker may say, for example:

Ich schreibe einen Aufsatz.   *I'm writing an essay.*

Modal verbs add to this objective statement of action various subjective nuances of attitude:

Ich **muss** einen Aufsatz schreiben.   *I have to write an essay.*

Ich weiß, ich **soll** einen Aufsatz schreiben.   *I know I'm supposed to write an essay.*

Ich **will** aber keinen Aufsatz schreiben.   *But I don't want to write an essay.*

The main differences between German and English modal usage involve word order, allowable deletions, and the meanings that modal verbs can take on in specific contexts.

1. Modal verb constructions in main clauses make use of the same "bracket" structure as does the present perfect tense (see 1.1 and 3.2). The modal verb functions as V_1 (like the auxiliary) and the dependent infinitive is V_2, which follows the middle field (like the past participle).

Ich **muss** unbedingt meine Sachen   *I've just got to wash my clothes.*
    waschen.

2. In dependent clauses, the conjugated verb (V_1) moves to final position.

Aber ich weiß nicht, ob ich genug   *But I don't know if I can find enough*
    Kleingeld **finden kann.**   *small change.*

3. If a modal verb and a dependent infinitive occur in an infinitive **zu**-phrase (see 18.1, 2), they appear at the end of the phrase in this order: dependent infinitive + **zu** + modal verb (in infinitive form).

Du, Georg, kannst du wechseln?   *Hey, Georg, can you give me change [for*
    Ich brauch' Kleingeld, um meine   *this bill]? I need coins in order to be*
    Klamotten **waschen zu können.**   *able to wash my clothes.*

4. Like English, German allows the dependent infinitive to be deleted, or replaced by **das** or **es,** if the meaning is obvious from the immediate context.

Christina, kannst *du* wechseln?	*Christina, can you give me change?*
—Tut mir Leid, ich **kann** (es) nicht.	*—Sorry, I can't.*

5. If a sentence contains adverbial modifiers or separable prefixes that express motion in a direction, German (unlike English) allows dependent infinitives such as **gehen, fahren, fliegen,** and **laufen** to be deleted. **Machen** and **tun** can sometimes be deleted as well, if the context clearly points to those verbs.

Was **soll** ich denn jetzt?	*What am I supposed to do now?*
Naja, ich **muss** sowieso in drei Wochen nach Hause.	*Oh well, I have to go home in three weeks anyway.*

6. In all of the preceding examples, the dependent infinitive refers to the same time as the modal verb, i.e., in a sentence such as **Du kannst hereinkommen,** both **kannst** and **hereinkommen** refer to present time; and in **Ich konnte ihm nicht helfen,** both **konnte** and **helfen** refer to ability and action in the past. In some contexts, however, a speaker wants to distinguish between a modal verb that refers to the present, and an action or state that is already completed. To express this distinction, German uses a present-tense modal verb and a *perfect infinitive*. Perfect infinitives (introduced in 8.2) are formed by the past participle of a verb plus the infinitive of the appropriate auxiliary:

gegessen haben	*to have eaten*
ausgeflippt sein	*to have flipped out*
geblieben sein	*to have stayed*
weggelaufen sein	*to have run away*

Modals with perfect infinitives express a present-tense modality regarding a completed action or state:

Ich **muss** das zu Hause **gelassen haben.**	*I must have left that at home.*
Das **kann** er nicht **gesagt haben!**	*He can't have said that!*

Compare these with modals in the simple past tense, signifying that the modality as well as the action or state refer to the past:

Ich **musste** das zu Hause **lassen.**	*I had to leave that at home.*
Er **konnte** das nicht **sagen.**	*He wasn't able to say that. / He couldn't say that.*

9.2 MEANINGS OF MODAL VERBS

A. *Dürfen* (Permission)

1. **Dürfen** means *to be allowed, to have permission,* or *may* (relating to permission). It is commonly used in polite requests.

Mit einem amerikanischen Führerschein **darf** man als Tourist in Europa fahren.	*With an American driver's license, you're allowed to drive in Europe as a tourist.*
Darf ich Ihnen helfen?	*May I help you?*

2. English speakers sometimes confuse **dürfen** with verbs of conferring permission, such as **erlauben** *(to allow)* or **lassen** *(to let; see 18.4)*. **Dürfen,** by contrast, is used when permission is (or is not) being granted *to* the sentence subject, rather than coming *from* the subject.

COMPARE:

Darf ich heute Abend dein Auto haben?	*May I borrow your car tonight?*
Lässt du mich dein Auto fahren?	*Will you let me drive your car?*

3. In the negative (with **nicht** or **kein-**), **dürfen** means *must not* or *may not*. (Compare with **müssen nicht** in Section C.)

In vielen Ländern **darf** man **nicht** ohne Führerschein Auto fahren.	*In many countries one must not / is not permitted to drive a car without a license.*
Du **darfst keinem** Menschen sagen, wie alt ich bin.	*You may not tell anybody how old I am.*

4. Besides expressing permission, English *may* can denote possibility *(She may be waiting for us)*. To convey this meaning in German, one should use adverbs such as **vielleicht** *(maybe)* or **möglicherweise** *(possibly)* in conjunction with the verb, rather than **dürfen**.

Vielleicht steht sie draußen vor dem Geschäft.	*She **may** be standing outside in front of the store.*

B. *Können* (Ability; possibility)

1. **Können** means *can* or *to be able to* and expresses the idea of ability.

Könnt ihr uns verstehen?	*Are you able to/Can you understand us?*
Wir **konnten** das Rätsel nicht lösen.	*We were not able to/We couldn't solve the riddle.*

2. **Können** can also express possibility.

So etwas **kann** passieren.	*Such a thing can happen.*

3. **Können** also has a special meaning of *to know* a language or *to know how to do* something.

Sie **kann** Deutsch.	*She knows German. (She can speak German.)*[1]
Er **kann** schwimmen.	*He knows how to swim.*

---

[1] Like the verbs of motion (see 9.1.B), the verb **sprechen** is understood and therefore usually omitted in this context.

4. **Können** is sometimes used interchangeably with **dürfen,** just as *can* and *may* are often confused in English. Strict grammarians of German (and English) still regard this usage as substandard.

Wo **kann/darf** ich hier parken?   *Where can/may I park here?*

C. *Müssen* (Necessity; probability)

1. **Müssen** is the equivalent of English *must* or *have to* and expresses the idea of necessity.

Die Schüler **müssen** jetzt schreiben.   *The pupils must/have to write now.*

Gestern **mussten** die Geschäfte um   *Yesterday the stores had to close at*
    halb sieben schließen.   *six-thirty.*

2. **Müssen** can express probability, the idea that something must be or probably is true.

Neuseeland **muss** sehr schön sein.   *New Zealand must be very beautiful.*

3. **Müssen** can also be used for English *need to,* but particular care is in order when dealing with the three-way correspondence involving English *need,* German **müssen,** and the other German word for *need,* **brauchen.** First, one must distinguish between *need* as a transitive verb with an object *(I need that)* and as a modal verb with a dependent infinitive *(I need to leave),* and then between positive and negative uses of the modal usage *(I need to leave; I don't need to leave).*

■ For *need* as a transitive verb, positive or negative, only **brauchen** is appropriate:

Ich **brauche** deine Hilfe.   *I need your help.*

Ich **brauche** sie doch nicht.   *I don't need it after all.*

■ For *need* as a modal verb in negative usage, both **brauchen nicht** (+ **zu**)[2] and **müssen nicht** can be used:

Das **brauchst** du wirklich **nicht**
    (**zu**) machen.   ⎫
                                        ⎬ *You really don't need to do that.*
Das **musst** du wirklich **nicht** machen. ⎭

■ But for *need* as a modal in the positive sense, only **müssen** is correct:

Ich **muss** dir die Wahrheit sagen.   *I need to tell you the truth.*

4. The meaning of **müssen nicht** is restricted to *don't need to/don't have to.* To express the more forceful *must not,* use **dürfen nicht** (see Section A).

COMPARE:

Sie **müssen** es nicht **essen,** wenn's   *You don't have to eat it, if you*
    Ihnen nicht schmeckt.   *don't like it.*

Diese Pilze **darf** man nicht **essen.**   *You must not eat these mushrooms.*

---

[2] The use of **brauchen nicht** without **zu** was originally considered colloquial but is now acceptable.

5. **Müssen** + perfect infinitive suggests the strong sense of probability assumed by the speaker or writer regarding an action or state that has already happened.

Er **muss** doch **gewusst haben,** dass wir nicht kommen konnten.	*He must have known that we couldn't come.*
Die Diebe **müssen** durch die Hintertür **hereingeschlichen sein.**	*The thieves must have sneaked in through the back door.*

D. *Sollen* (Obligation)

1. **Sollen** means *supposed to* or *is to.* It implies a rather strong order or obligation.[3]

Du **sollst** auf die Kinder aufpassen.	*You are to watch the children.*
Was **sollten** wir tun?	*What were we supposed to do?*

2. **Sollen** can also mean *to be said to,* indicating that the statement is hearsay and thus may or may not be true. In this sense it is used with *present infinitives* to refer to hearsay about present actions or states, and with *perfect infinitives* to refer to hearsay about past actions or states.

Die Familie Krupp **soll** sehr reich sein.	*The Krupp family is said to be very rich.*
Lee Harvey Oswald **soll** als Sowjetagent gearbeitet haben.	*Lee Harvey Oswald is said to have worked as a Soviet agent.*

E. *Wollen* (Desire; wanting; intention)

1. **Wollen** means *to want to* or *to intend to.* In some contexts its meaning is very close to the future tense (see 8.1), but it always emphasizes intention over prediction.

Diese Firma **will** nach Hamburg übersiedeln.	*This firm wants to/intends to move to Hamburg.*
Niemand **wollte** das Risiko eingehen.	*No one wanted to take the risk.*
Das **will** ich morgen machen.	*I intend to (and will) do that tomorrow.*

2. **Wollen** can also mean *to claim to.* Like other modal verbs with speculative or figurative meanings, **wollen** with *present infinitives* refers to a claim about present actions or states, while with *perfect infinitives* it refers to a claim about past actions or states.

Hans **will** alles besser wissen.	*Hans claims he knows everything better (than we do).*
Hertha **will** die Vase nicht zerbrochen haben.	*Hertha claims not to have broken the vase.*

---

[3] The subjunctive II form **sollte(n)** *(should)* is normally used instead of the indicative to express suggestion or recommendation (what one *ought to do*), as opposed to obligation (what one *is supposed to do*).

Du **sollst** hier bleiben. *(obligation)*	*You are to stay here.*
Du **solltest** hier bleiben. *(recommendation)*	*You ought to stay here.*

3. **Wollen** is often used as a main verb with a direct object.

   Alle **wollen** den Frieden. *Everyone wants peace.*

4. **Wollen** is sometimes used in the first-person plural to introduce a polite question.

   Wollen wir jetzt gehen? *Shall we go now?*

5. In an English sentence such as *She wants him to play golf,* the word *him* is not so much the direct object of *wants* as it is the subject of the subsequent idea that "he should play golf"—which is what she wants, after all. German deals with this ambiguity by turning the pseudo-object in this structure into the subject of a subordinate clause beginning with **dass.** In such cases, **wollen** can take either the present or simple past tense, depending on when the desiring occurred, but the verb in the **dass**-clause remains in the present.

   Sie will, dass **er** Golf spielt. *She wants **him** to play golf.*

   Ich will, dass **du** mir zuhörst. *I want **you** to listen to me.*

   Er wollte, dass **wir** länger bleiben. *He wanted **us** to stay longer.*

F. *Mögen* (Liking)

1. The verb **mögen** is used mainly in its subjunctive II form **möchte(n)** *(would like)* (see 20.2.E) to express a wish or request.

   Er **möchte** im Sommer nach Italien fahren. *He would like to travel to Italy in the summer.*

   Herr Ober, ich **möchte** ein Glas Saft bitte. *Waiter, I would like a glass of juice please.*

2. **Mögen** can mean *to like,* but only in certain contexts:

   ■ When *like* functions as a transitive verb and is therefore the sole verb in the clause. Here it is commonly used to express emotional attachment (or lack thereof):

   Ich **mag** dich. *I like you.*

   Sie **mag** ihn nicht mehr. *She doesn't like him any more.*

   ■ When *like* is used as a modal verb in a negative context, where it means *not want to* or *not like to:*

   Ich **mag** nicht tanzen. { *I don't want to dance (now).*
   I don't like to dance.

   This latter sense (i.e., general dislike of an activity) is more accurately conveyed with verb + **nicht gern** (see this chapter's **Wortschatz** for examples).

   ■ Verb + **gern** is the best way to express *to like* doing an activity, i.e., conveying a positive regard for it:

   Ich **tanze gern.** *I like to dance.*

3. Like other modal verbs, **mögen** can take on a speculative, conjectural sense. With *present infinitives,* it is used to attach the idea of *may* or *might* to present actions or states:

Das **mag** schon sein.	*That may very well be.*
Das **mag** schon stimmen, aber ...	*That might be true, but . . .*

With *past infinitives,* the speculation refers to events or states in the past:

Ich **mag** das vielleicht einmal **gedacht haben,** aber ...	*I may perhaps have thought that once, but . . .*
Sie **mag** das schon früher **gesagt haben.**	*She may have already said that earlier.*

4. As is the case with **wollen,** if the subject of a sentence would like someone else to do something, then a **dass**-clause must be used.

Ich möchte dir helfen.	*I would like to help you.*
Ich möchte, **dass du mir hilfst.**	*I would like you to help me.*

9.3 PERFECT TENSES OF MODAL VERBS

A. Formation

1. The present perfect and past perfect of modal verbs are formed like those of other verbs.

haben + *past participle (no infinitive)*		
	gedurft.	*He has/had been permitted to do it.*
	gekonnt.	*He has/had been able to do it.*
Er hat/hatte es	**gemocht.**	*He has/had liked it.*
	gemusst.	*He has/had had to do it.*
	gesollt.	*He was/had been supposed to do it.*
	gewollt.	*He has/had wanted to do it.*

2. In practice, however, a modal verb is rarely the only verb in a clause, which means that the present perfect and past perfect tenses of a modal verb must deal not only with the modal but also its dependent infinitive. One might expect to see the auxiliary as V_1, with the dependent infinitive and the past participle of the modal verb functioning together as V_2. But in this case, German prefers to have both V_2 verbs—

the dependent infinitive as well as the modal—in infinitive form, creating a *double infinitive* construction. The auxiliary in the case of modal double infinitives is always **haben,**[4] regardless of the dependent infinitive, since the auxiliary here applies only to the modal verb.

haben + *double infinitive*[5]		
Sie hat/hatte es	tun dürfen.	*She has/had been permitted to do it.*
	tun können.	*She has/had been able to do it.*
	tun müssen.	*She has/had had to do it.*
	tun sollen.	*She was/had been supposed to do it.*
	tun wollen.	*She has/had wanted to do it.*

3. In dependent clauses, the conjugated auxiliary **haben** precedes the two infinitives.

Wer weiß, ob sie den Artikel **haben lesen können?**

Who knows whether they have been able to read the article?

B. Use

1. In the present perfect tense, modals can occur without accompanying infinitives when these can be inferred from the context.

Hat sie gestern in die Stadt **gemusst?**

Did she have to go into town yesterday?

Kannst du Französisch?
—Ja, aber ich habe es früher besser **gekonnt.**

Do you know French?
—Yes, but I knew it better before.

2. There is virtually no difference in meaning between the simple past tense and the present perfect tense of modals. The simple past tense is much more common.

Ich **habe** den Aufsatz noch nicht **schreiben können.**

*I **have** not yet **been able** to write the composition.*

MORE COMMON:

Ich **konnte** den Aufsatz noch nicht **schreiben.**

*I **was** not yet **able** to write the composition.*

---

[4] Some speakers use an infinitive structure (**ich habe es dürfen/können,** etc.) *without* an accompanying main verb infinitive; such usage is considered regional.

[5] **Mögen** is excluded here and in 9.4, since it is extremely rare in a double infinitive construction.

9.4 FUTURE TENSE OF MODAL VERBS

1. The future tense with modals is formed using the conjugated auxiliary **werden;** the modal becomes an infinitive and moves to V$_2$ position, resulting in a double infinitive construction (see 18.6).

werden + *double infinitive*		
Er/Sie wird es {	tun dürfen.	be permitted to do it.
	tun können.	be able to do it.
	tun müssen. *He/She will* {	have to do it.
	tun sollen.	be supposed to do it.
	tun wollen.	want to do it.

COMPARE:

Er **muss** bald **abfahren.** *(modal statement)*

He must depart soon.

Er **wird** bald **abfahren müssen.** *(future modal statement)*

He will have to depart soon.

2. In dependent clauses, the conjugated future auxiliary is placed directly before the double infinitive.

Ute schreibt, dass sie uns im März **wird besuchen können.**

Ute writes that she will be able to visit us in March.

Wortschatz

Lust aufs Leben!

Liking	Inclination
gern haben	möchten
mögen	hätte(n) gern
gefallen	würde(n) gern tun
gern tun	Lust haben auf/zu

1. The expressions **gern haben** and **mögen** mean *to like* in the sense of affection or approval. They express the emotions of someone toward the thing liked.

Sie **hat** dich **gern.**
Sie **mag** dich. } *She likes you.*

Ich **habe** es nicht **gern,** wenn du so sprichst. } *I don't like it when you talk like that.*
Ich **mag** es nicht, wenn du so sprichst.

2. **Gefallen** *(to please; to be pleasing)* can also express *liking*, but with an important grammatical distinction. Whereas **gern haben** and **mögen** express the liking of the subject for the direct object (**Ich habe das gern / Ich mag das**), it is the (dative) *object* of **gefallen** that does the liking, while the subject represents what is liked: **Das gefällt mir** *(That is pleasing to me = I like that)*. English speakers must keep in mind that **gefallen** is singular or plural depending on the subject (the thing liked), regardless of whether the "liker" (which would be the subject in English) is singular or plural.

Dieser Film **gefällt** mir.	*I like this film. (It pleases me.)*
Diese Filme **gefallen** mir.	*I like these films. (They please me.)*
Dieser Film **gefällt** vielen Leuten.	*Many people like this film. (It pleases many people.)*
Diese Filme **gefallen** vielen Leuten.	*Many people like these films. (They please many people.)*

3. The adverb **gern** used with a verb other than **haben** means *to like to do* the activity expressed by the verb, i.e., in general.

Wir **wandern gern.**	*We like to hike.*
Sie **wohnt** nicht **gern** allein.	*She doesn't like to live alone.*

4. The subjunctive forms **möchte(n) (tun)**, **hätte(n) gern,** and **würde(n) gern tun** (see 20.2) are polite ways of expressing inclination or asking what someone *would like (to do)*, i.e., at the moment.

Ich **möchte** einen Kaffee.
Ich **hätte gern** einen Kaffee. } *I would like a (cup of) coffee.*

Möchten Sie mitfahren?
Würden Sie **gern** mitfahren? } *Would you like to come along?*

5. The expression **Lust auf/zu etwas haben** is commonly used to express what someone *feels like having or doing*. It is close in meaning to **möchte(n)** and can be made more polite by using the subjunctive form **hätte(n)** instead of **haben** (see 20.2). When the goal in question is an object, the preposition **auf** (+ accusative) is used:

Hast du **Lust auf** einen Apfelsaft?	*Do you feel like (having) an apple juice?*
Hättest du **Lust auf** einen Apfelsaft?	*Would you like to have an apple juice?*

When the goal is an activity, an infinitive phrase with **zu** is used (see 18.1):

Wir **haben** keine **Lust zu** tanzen.

We do not feel like dancing. / We have no desire to dance.

Wir **haben** keine **Lust,** diesen Film noch einmal **zu** sehen.

We don't feel like seeing this film again. / We have no desire to see this film again.

Übungen

A **Ratschläge *(advice)* mit Modalverben.**   Wie viele Ratschläge können Sie in den folgenden Situationen geben? Wer hat die besten Ratschläge?

> BEISPIELE   Günther Dünnleib ist etwas zu dick geworden.   (Er ...)
> *Er **soll/sollte** ein paar Kilo abnehmen.*
> *Er **muss** viel laufen und Sport treiben.*
>
> Ihre Freundin Monika sucht eine Arbeitsstelle.   (Du ...)
> *Du **kannst** zum Arbeitsamt gehen.*
> *Du **sollst/solltest** die Annoncen in der Zeitung lesen.*

1. Ich habe hohes Fieber und fühle mich nicht wohl.   (Du ...)
2. Eine Bekannte/Ein Bekannter von Ihnen sucht ohne Erfolg eine neue Wohnung. (Sie/Er ...)
3. Freunde wollen im Restaurant essen, aber sie haben ihr Geld zu Hause vergessen. (Ihr *[you]* ...)
4. Wir (du und ich) haben morgen eine schwere Prüfung in Deutsch.   (Wir ...)
5. Eine Bekannte/Ein Bekannter von uns hat einen schrecklichen Minderwertigkeitskomplex *(inferiority complex)*. Es wird jeden Tag schlimmer mit ihr/ihm.   (Sie/Er ...)
6. Die Eltern von einer/einem Bekannten fliegen nächste Woche zum ersten Mal nach Europa.   (Sie *[they]* ...)

B **Gefällt's Ihnen?**   Was meinen Sie zu den folgenden Themen? Verwenden Sie Ausdrücke aus dem **Wortschatz,** um Ihre Meinung auszudrücken.

> BEISPIEL   tanzen / heute Abend tanzen
> *Ich tanze **gern**. Ich **habe** aber **keine Lust** heute Abend zu tanzen.*

1. die Universität, an der Sie jetzt studieren
2. Fremdsprachen lernen
3. fernsehen
4. Rechtsanwältin/Rechtsanwalt *(lawyer)* werden
5. wenn jemand Ihnen Ratschläge *(advice)* gibt
6. einen Roman lesen
7. zu einem Heavy-Metal-Konzert gehen

8. ein Studiensemester im Ausland verbringen
9. der letzte Film, den Sie gesehen haben
10. die politische Stimmung im Lande/an Ihrer Uni

C **Mit Modalverben geht's auch.** Drücken Sie den Inhalt dieser Sätze mit Modalverben aus.

> BEISPIEL   Hier ist Parkverbot.
> *Hier darf man nicht parken.*

1. Dusan spricht und versteht Serbokroatisch.
2. Die Studenten fanden die Leseaufgabe unmöglich.
3. Man sagt, dass zu viel Sonne ungesund ist.
4. Den Rasen bitte nicht betreten!
5. Machen Sie das lieber nicht!
6. Tamino findet es nicht schön, einer Schlange im Wald zu begegnen.
7. Christoph behauptet immer, dass er alles besser weiß.
8. Erlauben Sie, dass ich eine Frage stelle?
9. Während des Fluges war das Rauchen verboten.
10. Es ist ganz nötig, dass du mir sofort *(right away)* 100.000 gibst!

D **So bin ich.** Erzählen Sie von sich und Ihren Meinungen mit Modalverben und Ausdrücken aus dem **Wortschatz.**

1. Was Sie überhaupt nicht gern haben
2. Was Sie besonders gut machen können
3. Wozu Sie im Moment Lust haben
4. Was/Wen Sie mögen
5. Was jede Studentin/jeder Student machen soll/wissen sollte
6. Was Sie heute Abend machen möchten
7. Was Ihnen an Ihrer Uni (nicht) gefällt
8. Was Sie am Wochenende machen müssen/sollen/wollen

E **Forderungen! *(Demands)*** Jeder will etwas von mir! Was wollen oder möchten Leute von Ihnen? Machen Sie bitte vier Aussagen.

> BEISPIELE   *Meine Mutter **will, dass** ich gute Noten bekomme.*
> *Mein Freund **möchte, dass** ich ihn oft anrufe.*

Und was müssen Sie zum Glück *nicht* machen? Machen Sie drei Aussagen.

> BEISPIELE   *Ich **muss nicht** auf meine kleine Schwester aufpassen.*
> *Ich **brauche nicht** beim Kochen (**zu**) helfen.*

F **Alles nur vom Hörensagen.** Ist es wahr, was andere vom Hörensagen berichten? Machen Sie vier Aussagen. Lesen Sie Ihre Aussagen im Unterricht vor.

> BEISPIELE   *Elvis Presley soll noch am Leben sein.*
> *Unser Lehrer soll gestern in einer Disko getanzt haben.*

Das stimmt gewiss.
Das mag sein.
Sehr unwahrscheinlich!
Unsinn!

G   **Damals.**   Drücken Sie die Sätze im Perfekt aus.

> **BEISPIEL**   Als Kind wollte ich oft meinen Eltern helfen.
> *Als Kind **habe** ich oft meinen Eltern **helfen wollen.***

1. Früher musste ich meinen Eltern oft helfen.
2. Manchmal durfte ich nicht ausgehen, wenn ich ihnen nicht geholfen hatte.
3. Es stimmte aber nicht, dass ich ihnen nicht helfen wollte.
4. Aber manchmal konnte ich es nicht, weil ich etwas anderes machen musste.
5. Das konnten meine Eltern nicht immer verstehen.

H   **Eine schöne Zukunft?**   Erzählen Sie davon.

> **BEISPIEL**   Heute muss ich noch (nicht) ... , aber in zwei Jahren ...
> *Heute **muss** ich noch **studieren,** aber in zwei Jahren **werde** ich nicht mehr studieren müssen.*

1. Heute muss ich (nicht) ... , aber in vier Jahren ...
2. Heute kann ich (nicht) ... , aber ich weiß, dass ich in acht Jahren ...
3. Heute will ich (nicht) ... , aber in zwölf Jahren ...
4. Heute darf ich (nicht) ... , aber ich hoffe, dass ich in zwanzig Jahren ...
5. Heute soll ich (nicht) ... , aber in 30 Jahren ...

Anwendung

A   **Rollenspiel: Machen Sie mit?**   Sie wollen etwas tun, aber Sie wollen es nicht allein tun. Versuchen Sie, jemanden dazu zu überreden *(persuade)*. Diese andere Person will nicht und hat viele Ausreden *(excuses)*.

Heute Abend zum Essen oder zu einer Party gehen
Am Wochenende einen Ausflug *(excursion)* machen
Mit Ihnen zusammen die Hausaufgabe machen
An einer Protestaktion teilnehmen

REDEMITTEL

für

Du, ich habe eine tolle Idee!
Wir können/sollen ...
Wir müssen nicht ...

gegen

O, das klingt interessant, aber ...
Leider kann ich nicht, denn ...
Ach weißt du, ich möchte schon, aber ...

B **Gebote *(commands)* und Verbote.** Als Kind gab es sicher manches, was Sie (nicht) tun *durften, konnten, mussten* oder *sollten,* aber doch (nicht) tun *wollten.* Erzählen Sie in einer Gruppe davon. Fragen Sie auch Ihre Professorin/Ihren Professor, wie es in ihrer/seiner Kindheit war. Machen Sie einige Aussagen im Präteritum (**ich musste tun**) und einige Aussagen im Perfekt (**ich habe tun müssen**).

THEMENVORSCHLÄGE

beim Essen
in der Schule
im Haushalt
auf Reisen
mit Freunden

Schriftliche Themen

Tipps zum Schreiben

Providing Explanation

Modal verbs do not describe; they help provide reasons and motivations. Thus in explanations you can repeat them more frequently than you should other verbs. To link ideas by explaining *why* something happens, consider using adverbial conjunctions such as **daher, darum, deshalb,** and **deswegen** *(therefore, for that reason)* (see 24.5). These conjunctions are really adverbs and can either begin a clause or occur elsewhere in it.

Ich habe keine Zeit, (und) **daher** kann ich nicht kommen.
Ich habe keine Zeit und ich kann **daher** nicht kommen.
I don't have any time, and thus I can't come.

A Bildgeschichte.

A Bildgeschichte.   Erzählen Sie die folgende Bildgeschichte im Präteritum. Verwenden Sie mehrere Modalverben und benutzen Sie die Erzählskizze dabei.

> der Drachen • in den Baum fliegen • hängen bleiben • das Tor • der Pförtner (*gateman*) • nicht hineingehen • nach Hause • Vater bitten • holen • sich fein anziehen • denken, dass • auf den Baum klettern • der Junge wird in Zukunft ... (*Modalverb im Futur*)

B Sich entschuldigen.   Schreiben Sie einen Brief, in dem Sie sich bei jemandem dafür entschuldigen, dass Sie etwas *nicht tun können* oder *nicht getan haben* (z.B. nicht geschrieben; nicht angerufen; nicht zur Geburtstagsfeier gekommen). Nennen Sie die Gründe dafür. (Siehe *Appendix 2*, "*Letter Writing*".)

> BEISPIEL   Es tut mir Leid, dass ich gestern nicht auf Ihrer Geburtstagsfeier dabei sein konnte. Ich wollte kommen, aber ich war schon anderswo eingeladen worden und musste deshalb ... usw.

C Die zehn Gebote (commandments).   Schreiben Sie eine Liste mit zehn Geboten für eine der folgenden Personen: eine Politikerin/einen Politiker; eine Studentin/einen Studenten; einen Gebrauchtwagenhändler (*used car salesman*); ein Fotomodell; eine Zimmerkollegin/einen Zimmerkollegen. Benutzen Sie dabei das Modalverb **sollen!**

> BEISPIEL   (für einen Professor)
> *1. Sie sollen uns übers Wochenende keine langen Hausaufgaben aufgeben.*
> *2. Sie sollen bei der Benotung der Prüfungen etwas Gnade* (mercy) *zeigen.*
> usw.

Zusammenfassung

Rules to Remember

1 Modal verbs conjugate irregularly in the present-tense singular, but they conjugate like other verbs in the present-tense plural.

2 *Must not* is **dürfen nicht; müssen nicht** means *not to have to*.

3 **Ich will/möchte gehen** means *I want/would like to go*. **Ich will/möchte, dass *sie* geht** means *I want/would like* her *to go*.

4 Modal verbs conjugate like weak verbs in the past tense, but without any infinitive stem umlauts (**wollen/wollte; müssen/musste**).

5 German speakers normally use the simple past tense of modals rather than the present perfect.

6 The perfect tenses of modals require a double infinitive construction if there is also a main verb (**Sie hat gewollt,** BUT **Sie hat *gehen wollen***).

At a Glance

A. Conjugation of modal verbs

Present tense						
	dürfen	**können**	**mögen**	**müssen**	**sollen**	**wollen**
ich	darf☐	kann☐	mag☐	muss☐	soll☐	will☐
du	darfst	kannst	magst	musst	sollst	willst
er/sie/es	darf☐	kann☐	mag☐	muss☐	soll☐	will☐
wir	dürfen	können	mögen	müssen	sollen	wollen
ihr	dürft	könnt	mögt	müsst	sollt	wollt
sie/Sie	dürfen	können	mögen	müssen	sollen	wollen

Simple past						
	dürfen	**können**	**mögen**	**müssen**	**sollen**	**wollen**
ich	durfte	konnte	mochte	musste	sollte	wollte
du	durftest	konntest	mochtest	musstest	solltest	wolltest
er/sie/es	durfte	konnte	mochte	musste	sollte	wollte
wir	durften	konnten	mochten	mussten	sollten	wollten
ihr	durftet	konntet	mochtet	musstet	solltet	wolltet
sie/Sie	durften	konnten	mochten	mussten	sollten	wollten

B. Sentence structure

Present/Simple past
Main clause
_____	kann / konnte	_____	machen
Dependent clause
(main), _____	machen	kann / konnte

Present perfect
Main clause
_____	habe	_____	machen	können
Dependent clause
(main), _____	habe	machen	können

Future
Main clause
_____	werde	_____	machen	können
Dependent clause
(main), _____	werde	machen	können

C. Expressing *to need*

	Positive	**Negative**
Transitive verb	brauchen	brauchen < kein- / nicht
Modal verb	müssen	brauchen nicht (+ zu)
		müssen nicht

Grammatik

A preposition with its object and any related modifiers is called a *prepositional phrase.* Some prepositional phrases function adverbially by telling *how* (**ohne deine Hilfe**), *when* (**nach dem Seminar**), or *where* (**auf der Straße**) something occurs. These follow the word order rules of the middle field, such as Time–Manner–Place (see 1.1.C). Prepositional phrases can also describe persons and things (**die Kellnerin mit den müden Augen**), provide explanation (**wegen des Wetters**), or take on other functions.

All German prepositions require a specific case for their noun or pronoun objects, depending on the preposition and its use. When a preposition (or adjective: see 13.4) is said to "govern" a case, it means that the preposition dictates the case of the associated noun and its modifiers. The prepositions listed below are grouped according to the case(s) they govern for their objects.

10.1 ACCUSATIVE PREPOSITIONS

A. Forms

1. The accusative prepositions (**die Präposition, -en**) are as follows:

bis	*until, to, as far as, by*	ohne	*without*
durch	*through*	um	*around; at*
für	*for*	wider	*against*[1]
gegen	*against; toward*		

---

[1] **Wider** is infrequent and used mainly in a few idiomatic phrases: **wider Erwarten** (*against all expectation*).

2. The following contractions are quite common:

durchs (durch das)   **fürs** (für das)   **ums** (um das)

B. Use

An accusative preposition is followed by an object noun or pronoun in the accusative case.

C. *Bis*

1. **Bis** means *until, as far as, up to,* or *by a certain point or time.*

Ich fahre nur **bis** Frankfurt.	*I am driving only as far as Frankfurt.*
Lesen Sie **bis** morgen **bis** Seite 50.	*Read up to page 50 by tomorrow.*
Ich bleibe **bis** nächsten Montag.	*I am staying until next Monday.*

2. **Bis** is frequently used in combination with other prepositions. In such constructions the case of the following objects is determined by the second preposition, not by **bis.**

Die jungen Leute tanzten **bis** spät **in die** Nacht (hinein).	*The young people danced until late into the night.*
Wir fanden alle Fehler **bis auf** einen.	*We found all the mistakes except for one.*
Die Spieler waren **bis vor** wenigen Tagen im Ausland.	*The players were abroad up until a few days ago.*
Die Arbeiter blieben **bis zur** letzten Stunde.	*The workers stayed until the last hour.*
Wir laufen **bis zum** Wald.	*We'll run as far as the forest.*

D. *Durch*

Durch means *through.*

Diese Straße führt **durch** die Stadt.	*This road leads through the city.*
Einstein wurde **durch** seine Relativitätstheorie berühmt.	*Einstein became famous through his theory of relativity.*

E. *Für*

1. **Für** means *for.*

Ich kaufe etwas **für** meine Mutter.	*I'm buying something for my mother.*
Dieses Handy habe ich **für** ganz wenig Geld gekauft.	*I bought this cell phone for very little money.*

2. **Für** can be used to indicate duration, as in English *for a week,* but only when the time element is unrelated to the main verb. This is the case, for example, in the following sentence:

Er fuhr **für eine Woche** nach Wien.   *He traveled to Vienna **for a week.***

Für eine Woche tells us not how long it took to get there (**fuhr**), but rather how long he stayed or intended to stay.

3. When the duration does in fact apply to the verb, **für** is *not* used, but rather a time expression without any preposition (see 23.1.C), as in the following example:

Er blieb aber nur **drei Tage** dort.   *But he only stayed there **(for) three days.***

4. When a prepositional phrase is used to indicate how long an activity has been going on, German uses **seit** (+ dative) or **schon** rather than **für,** in conjunction with the present tense (see 2.2.B).

Er ist **seit zwei Tagen** in Wien.   *He's been in Vienna **for two days.***

F. *Gegen*

1. **Gegen** means *against* or *into.*

Sie warf den Ball **gegen** den Zaun.   *She threw the ball against the fence.*

Der LKW fuhr **gegen** einen Baum.   *The truck drove into a tree.*

Wir protestierten **gegen** den Bau des Atomkraftwerks.   *We protested against the construction of the nuclear plant.*

2. **Gegen** means *toward* in time expressions (see 23.2.A).

Gegen Abend hörte der Regen auf.   *Toward evening the rain stopped.*

G. *Ohne*

Ohne means *without.*

Mach es **ohne** mich!   *Do it without me!*

H. *Um*

1. **Um** means *around* and is often used with an optional **herum.**

Sie gingen **um** die Ecke.   *They went around the corner.*

Diese Straßenbahn fährt **um** die Wiener Altstadt **(herum).**   *This streetcar travels around the old part of Vienna.*

2. For the use of **um** in time expressions, see 23.2.A.

10.2   DATIVE PREPOSITIONS

A. Forms

1. The dative prepositions are as follows:

aus	*out of, (made) of, from*	mit	*with, by*
außer	*except for, besides; out of*	nach	*to, toward; after; according to*
bei	*by, near, at; with, in case of,*	seit	*since, for*
	during; upon, when, while doing	von	*from, of; by; about*
gegenüber	*across from, opposite*	zu	*to; at*

2. The following contractions are quite common:

beim (bei dem)   **zum** (zu dem)
vom (von dem)   **zur** (zu der)

B. Use

Dative prepositions are followed by objects in the dative case.

C. *Aus*

Aus means *out of, (made) of,* or *from the point of origin.*

Herr Bühler fuhr den Ferrari **aus der** Garage.	*Mr. Bühler drove the Ferrari out of the garage.*
Wein wird **aus** Trauben gemacht.	*Wine is made from grapes.*
Diese Familie kommt **aus** Stuttgart.	*This family comes from Stuttgart. (i.e., it is their hometown)*

D. *Außer*

1. **Außer** usually means *except for, besides,* or *in addition to.*

Alle sind verrückt **außer** dir und mir.	*Everyone is crazy except for you and me.*
Außer seiner Frau waren noch andere Leute im Zimmer.	*Besides (in addition to) his wife there were other people in the room.*

2. In a few idiomatic expressions **außer** means *out of.*

Ich bin jetzt **außer Atem.**	*I am now out of breath.*
Der Lift ist **außer Betrieb.**	*The elevator is out of order.*

E. *Bei*

1. **Bei** means *at,* *by,* or *near.*

Bei Aldi gibt es immer tolle Preise.	*There are always great prices at Aldi (discount food store).*
In Böblingen **bei** Stuttgart arbeiten viele Leute **bei** (der Firma) IBM.	*In Böblingen near Stuttgart, many people work at IBM.*

2. **Bei** is used to indicate location at a person's place.

Wir essen heute Abend **bei** Sigrid.	*We are eating at Sigrid's place this evening.*

BUT:

Wir gehen **zu** Sigrid.	*We are going to Sigrid's. (see **zu,** 10.2.K)*

3. **Bei** can express the idea of *in case of,* *during,* or *with.*

Bei schlechtem Wetter geht man lieber nicht spazieren.	*In the case of/During bad weather one prefers not to take a walk.*
Bei deiner Erkältung würde ich lieber zu Hause bleiben.	*With your cold I would rather stay home.*

4. **Bei** can also be used in conjunction with a verb to give the meaning *in the course of* or *while doing an activity.* In this usage, the verb is used as a noun and the definite article (see 5.1.B) contracts with the preposition to form **beim.**

Gestern Abend schlief ich **beim Lesen** ein.	*Last night I fell asleep while reading.*
Beim Erwachen hörte sie Stimmen im Zimmer.	*As she awoke, she heard voices in the room.*

F. *Gegenüber*

1. **Gegenüber** means *across from* or *opposite.* Pronoun objects usually precede this preposition.

Sie saß **ihm** gegenüber.	*She sat across from him.*

Noun objects can either precede or follow **gegenüber.**

Er saß **seiner Frau** gegenüber.	*He sat across from his wife.*
Er saß gegenüber **seiner Frau.**	

2. **Gegenüber** is often joined with **von,** in which case the object—noun or pronoun—follows **von.**

Gegenüber **von mir** saß niemand, weil alle gegenüber **von Ken** sitzen wollten.	*Nobody sat across from me because everyone wanted to sit across from Ken.*

G. *Mit*

1. **Mit** means *with.*

   Er spricht **mit** Freunden.   *He is talking with friends.*

2. **Mit** also indicates the instrument or means with which an activity is performed (see also 28.1.C).

   Sag mal, warum hast du deine Bewer-bung **mit** einem Bleistift geschrieben?   *Tell me, why did you write your application with a pencil?*

3. When describing means of transportation, **mit** means *by* and is normally used with a definite article (see 5.1.B).

   In Deutschland reist man manchmal schneller **mit** der Bahn als **mit** dem Auto.   *In Germany one sometimes travels faster by rail than by car.*

H. *Nach*

1. **Nach** means *(going) to* and is used with proper names of geographical locations such as towns, cities, countries, and continents. It is also used with directions and points of the compass.

   Dieser Flug geht **nach** Genf.   *This flight is going to Geneva.*

   Die Straße führt zuerst **nach** rechts und dann **nach** Süden.   *The street goes to the right first and then to the south.*

2. In literary usage, **nach** can also indicate motion *toward* a place or object.

   Die Kinder liefen **nach** dem Brunnen.   *The children ran **toward** the fountain. (in that general direction)*

3. **Nach** can mean *after* in either a temporal or a spatial sense.

   Sie gingen **nach** dem Film in ein Restaurant.   *They went to a restaurant after the movie.*

   Nach dem Feld kommt wieder Wald.   *After the field there are woods again.*

4. **Nach** sometimes means *according to* or *judging by,* in which case it usually follows its object.

   Dem Wetterbericht **nach** soll es morgen in den Alpen schneien.   *According to the weather report it is supposed to snow in the Alps tomorrow.*

   Ihrer Kleidung **nach** scheint sie sehr reich zu sein.   *Judging by her clothing, she appears to be very wealthy.*

5. **Nach** occurs in a number of idiomatic expressions.

   nach Bedarf *as needed*
   nach Belieben *at one's discretion*
   nach dem Gehör *by ear (as in playing the piano by ear)*

nach Hause   *(to go) home*
nach Wunsch   *as you wish, as desired*
(nur) dem Namen nach kennen   *to know by name (only)*
nach und nach   *little by little, gradually*
nach wie vor   *now as ever, the same as before*

I. *Seit*

1. **Seit** indicates *for how long* or *since when* an action that started in the past *has* or *had been going on.* German uses **seit** with the present tense, where English requires the present perfect (see 2.2), and **seit** with the simple past tense where English uses the past perfect. **Seit** often occurs with the adverb **schon.**

Es regnet **seit** gestern.	*It has been raining since yesterday.*
Wir wohnten (**schon**) **seit** zwei Monaten da, bevor wir unsere Nachbarn kennen lernten.	*We had (already) been living there for two months before we got to know our neighbors.*

2. **Seit** also functions colloquially as a shortened form of **seitdem** (see 11.3), a subordinating conjunction that introduces a dependent clause. Thus one must be careful to discern the function of **seit** in a sentence. As a preposition, it requires the dative case for nouns associated with it; as a conjunction, it has no effect on the case of following nouns.

   COMPARE:

Seit **der** Hochzeit sehen wir ihn kaum.	*Since the wedding we've hardly seen him.*
Seit **die** Hochzeit stattfand, sehen wir ihn kaum.	*Since the wedding took place, we've hardly seen him.*

J. *Von*

1. **Von** means *from* a source, but not *out of* a point of origin (see **aus,** p. 132).

In Deutschland bekommen viele Studenten ein Stipendium **vom** Staat.	*In Germany, many students receive a stipend from the government.*
Frau Salamun fährt oft **von** Wien nach Graz.	*Ms. Salamun often travels from Vienna to Graz.*
BUT:	
Sie kommt **aus** Wien.	*She's from Vienna. (i.e., Vienna is her hometown)*

2. **Von** means *of* when it expresses a relationship of belonging between two nouns. It is often a substitute for the genitive case (see 4.6.B).

Sie ist die Tante **von** meiner Freundin und eine Einwohnerin **von** Hameln.	*She is the aunt of my girlfriend and an inhabitant of Hameln.*

3. **Von** can also mean *by* (authorship) or *about* (topic of discussion).

Faust ist ein Drama **von** Goethe.   ***Faust** is a drama by Goethe.*

Er spricht nicht gern **von** seinen Fehlern.   *He doesn't like to talk about his mistakes.*

4. **Von** in combination with **aus** indicates a vantage point or motion away from a particular location.

Vom Fenster **aus** sieht man den Parkplatz nicht.   *From the window one doesn't see the parking lot.*

Von Freiburg **aus** ist man in einer halben Stunde am Titisee.   *From Freiburg one is at the Titisee in half an hour.*

5. **Von** in combination with **an** indicates a point from which an activity starts and continues.

Von jetzt **an** keine Fehler mehr!   *From now on no more mistakes!*

K. *Zu*

1. **Zu** means *to* and is used with persons, objects, locales, and events.

Ein kranker Mensch sollte **zum** Arzt gehen.   *An ill person ought to go to the doctor.*

Wir gehen **zur** Sporthalle.   *We are going to the gym.*

Laufen wir **zum** Schillerplatz!   *Let's run to Schiller Square!*

2. The contracted form **zum** commonly occurs with infinitives used as nouns (see 5.1.B).

Wir haben nichts **zum** Essen.   *We have nothing to eat.*

Ich brauche etwas **zum** Schreiben.   *I need something for writing. (i.e., to write with)*

3. **Zu** occurs in a number of idiomatic expressions.

zu dritt/zu viert usw.   *in threes, in fours, etc.*
zu Ende   *over, at an end*
zu Fuß   *on foot*
zu Hause   *at home (compare with* nach Hause*)*
zu Ihnen/dir   *(to go) to your place*
zu Eva   *(to go) to Eva's place*
zu Mittag   *at noon*
zu Weihnachten, zu Ostern   *for/at Christmas, for/at Easter*
zum Beispiel   *for example*
zum Essen/Schreiben usw.   *for eating/writing, etc.*
zum Frühstück/zum Mittagessen   *for/at breakfast/the noonday meal*
zum Geburtstag   *for one's birthday*
zum Kaffee (nehmen)   *(to take) with one's coffee*
zum Schluss   *in conclusion*
zum Wohl!   *(Here's) to your health!*

4. **Zu** is sometimes used in the names of eating establishments.

(Gasthaus) zum Roten Bären   *the Red Bear Inn*

5. **Zu** *should not be used* with **geben** and other verbs of giving. Such verbs require an indirect object (see 4.5.B).

Sie gibt es **ihrem** Freund.   *She gives it to her friend.*

10.3 TWO-WAY PREPOSITIONS

A. Forms

1. The following prepositions are called two-way prepositions (**Wechselpräpositionen**).

an	*at, on, to*	über	*over, across; above; about*
auf	*on, upon, at*	unter	*under, beneath, below; among*
hinter	*behind*	vor	*before, in front of; ago*
in	*in, into, inside*	zwischen	*between*
neben	*beside, next to*		
entlang	*along*		

2. The following contractions are very common and often preferred to the separated forms:

ans (an das)   **am** (an dem)
aufs (auf das)
ins (in das)   **im** (in dem)

3. The following contractions are considered colloquial:

hinters (hinter das)   **hinterm** (hinter dem)
übers (über das)   **überm** (über dem)
vors (vor das)   **vorm** (vor dem)

B. Use

1. Two-way prepositions take the *dative case* when the context indicates *location*.

Wo steht sie?   *Where is she standing?*
—**Im** Garten.   —*In the garden.*

2. Two-way prepositions take the *accusative case* when the context indicates direction or motion toward an object or place.

Wohin geht er?   *Where is he going?*
—**In den** Garten.   —*Into the garden.*

3. Motion itself does not necessarily mean that the object must be in the accusative. The motion can be taking place within the area of the object, in which case the object is in the dative, since there is no change of position with respect to this location.

Wo laufen die Kinder?	*Where are the children running (around)?*
—**Im** Garten.	*—In the garden.*

4. Two-way prepositions are widely used in a variety of idiomatic expressions which themselves determine whether the object of the preposition will be in the accusative or dative case. In a sentence such as **Ich habe Angst vor dieser Schlange** *(I'm scared of this snake),* for example, the dative is necessary not because of location, but because the phrase **Angst haben** + **vor** *(to be scared of)* stipulates a dative object for the preposition **vor.** Such phrases must be learned with the appropriate case assignments for their prepositions (see 13.5, 17.2, and Chapter 30).

C. An

An can mean *to* with the accusative and *at* with the dative when used with some verbs; or *on* with reference to vertical surfaces.

Sie gingen **an die** Tafel. *(direction)*	*They went to the board.*
Sie standen **an der** Tafel. *(location)*	*They stood at the board.*
Das Bild von Gregor hing **an der** Wand. *(location)*	*The picture of Gregor hung on the wall.*

D. Auf

1. **Auf** means *on (top of)* with the dative and *onto* with the accusative.

Sie sitzen **auf dem** Sofa. *(location)*	*They are sitting on the sofa.*
Sie setzten sich **auf das** Sofa. *(direction)*	*They sat down on the sofa.*

2. **Auf** is often used idiomatically to express being *at/in* or going *to* the countryside, public institutions, parties, weddings, and other festivities.

Sie arbeitet **auf dem** Land.	*She works in the country(side).*
Wir waren gestern **auf einer** Hochzeit.	*We were at a wedding yesterday.*
Ich gehe heute **auf die** Post.	*I am going to the post office today.*

3. With verbs of going, **zu** is frequently used instead of **an** and **auf.**

Wir gehen **ans/zum** Fenster.	*We go to the window.*
Sie fährt **auf die/zur** Bank.	*She drives to the bank.*

4. In some cases, the distinction between **auf** and **an** is blurred.

Ich war gerade **am** (or **auf dem**) Bahnhof.	*I was just at the train station.*
Er lag **am** (or **auf dem**) Boden.	*He was lying on the ground.*

5. Where English uses *in* with pictures, signs, or posters, German uses **auf:**

    Wer ist das neben dir **auf** dem Bild?   *Who's that next to you in the picture?*

E. *Hinter*

Hinter means *behind.*

Sie spielt **hinter dem** Haus. *(location)*   *She plays behind the house.*

Sie läuft **hinter das** Haus. *(direction)*   *She runs behind the house.*

F. *In*

1. **In** means *in* with the dative and *into* with the accusative. It is also used in certain contexts where English uses *at* or *to.*

    Sie sind **in der** Schule. *(location)*   *They are at/in school.*

    Die Familie fährt morgen **in die** Berge.   *The family is traveling to/into the*
        (direction)   *mountains tomorrow.*

2. In many instances **in** (accusative) and **zu** (dative) can be used interchangeably.

    Er geht **in ein/zu einem** Konzert.   *He goes to a concert.*

3. In other instances, the meanings may differ slightly.

    Sie geht **ins** Gebäude.   *She goes into the building.*

    Sie geht **zum** Gebäude.   *She goes to (but not necessarily into) the*
                                     building.

4. **In** (accusative) is used instead of **nach** to indicate direction to countries whose German names include definite articles.

    Sie fliegt **in die** Türkei.   *She flies to Turkey.*

    Viele Ausländer kommen jetzt **in die**   *Many foreigners are now coming to the*
        USA.   *USA.*

5. **In** is used with media where English uses *on:*

    im Radio   *on the radio*

    im Fernsehen   *on TV*

    im Netz / **im** Internet   *on the Web / on the Internet*

    BUT: **am** Telefon   *on the telephone*

G. *Neben*

Neben means *beside* or *next to.*

Der Spieler stand **neben dem** Tor. *(location)*   *The player stood next to the goal.*

Der Ball fiel **neben das** Tor. *(direction)*   *The ball fell beside the goal.*

H. *Über*

1. **Über** means *over, above, across,* or *about.*

    Über der Stadt steht ein Schloss. *(location)*   *A castle stands above the city.*

    Eine Brücke führt **über den**   *A bridge leads across the moat.*
    Wassergraben. *(direction)*

2. **Über** appears in many idiomatic expressions that include a preposition (see 17.2 for several examples), and usually means *about.* In such cases it always takes the accusative case.

    Er sprach unaufhörlich **über seine** Reise.   *He spoke incessantly about his trip.*

I. *Unter*

1. **Unter** means *under, beneath,* or *below.*

    Der Hund schläft gerade **unter** dem   *The dog is sleeping under the table at the*
    Tisch. *(location)*   *moment.*

    Er kroch **unter** den Tisch, als wir   *He crept under the table while we were*
    aßen. *(direction)*   *eating.*

2. **Unter** can also mean *among.*

    Keine Sorge! Sie sind hier **unter**   *Don't worry! You're among friends here.*
    Freunden.

J. *Vor*

1. **Vor** means *in front of* or *ahead of.*

    Wir treffen uns **vor dem** Museum.   *We are meeting in front of the museum.*
    (location)

    Sie fährt **vor das** Museum. *(direction)*   *She drives up in front of the museum.*

2. In a temporal sense, **vor** means *before* and takes the dative.

    Du musst **vor** acht Uhr aufstehen.   *You have to get up before eight o'clock.*
    Sie aßen **vor** uns.   *They ate before us.*

3. With units of time (years, weeks, days, etc.) **vor** means *ago* and takes the dative case. Notice that it *precedes* rather than follows the time unit.

    Sie rief **vor** einer Stunde an.   *She telephoned an hour ago.*

K. *Zwischen*

Zwischen means *between.*

Er sitzt **zwischen ihnen.** *(location)*   *He sits between them.*
Er setzt sich **zwischen sie.** *(direction)*   *He sits down between them.*

L. *Entlang*

Entlang means *along*. It normally precedes a noun in the dative case when indicating *position* along an object, but it follows a noun in the accusative case when indicating *direction* along an object.

Prächtige Bäume standen **entlang dem** Fluss. *(location)*	*Magnificent trees stood along the river.*
Die Straße führte **einen** Fluss **entlang.** *(direction)*	*The road led along a river.*

10.4   GENITIVE PREPOSITIONS

Frequent

(an)statt	*instead of*	während	*during*
trotz	*in spite of*	wegen	*because of, on account of*

Less frequent

außerhalb	*outside of*	unterhalb	*beneath*
innerhalb	*inside of*	diesseits	*on this side of*
oberhalb	*above*	jenseits	*on the other side of*

There are also some fifty more genitive prepositions generally restricted to official or legal language: **angesichts** *(in light of)*, **mangels** *(in the absence of)*, etc.

A. *(An)statt, trotz, während, wegen*

1. **(An)statt, trotz, während,** and **wegen** are normally followed by objects in the genitive case, though in colloquial German the dative is also quite common.

Ich nehme das rote Hemd **(an)statt des** blauen/**dem** blauen.	*I'll take the red shirt instead of the blue one.*
Wir tun es **trotz des** Widerstands/**dem** Widerstand.	*We are doing it in spite of the resistance.*

2. When genitive prepositions are followed by masculine or neuter nouns without articles, the genitive **-s** is dropped.

Wir brauchen mehr Zeit **(an)statt Geld.**	*We need more time instead of money.*

3. Genitive prepositions are used infrequently with pronouns. The one exception is **wegen,** which either takes dative pronouns or combines with special pronoun forms: **wegen mir/meinetwegen; wegen dir/deinetwegen; wegen uns/unseretwegen,** etc.

Ich tue es **seinetwegen.**	*I am doing it on his account/on account of him.*

4. The form **meinetwegen** is used idiomatically to mean *for all I care* or *it's okay by me*. It often occurs all by itself in response to a question.

Soll ich bleiben?
—**Meinetwegen.**

Should I stay?
—*It's okay by me.*

Meinetwegen kannst du bleiben, wenn du willst.

For all I care, you can stay if you want to.

B. *Außerhalb, innerhalb, oberhalb, unterhalb; diesseits, jenseits*

1. **Diesseits, jenseits,** and the prepositions with **-halb** can be followed by either the genitive or **von** + the dative.

Jenseits der/von der Grenze wohnen auch Menschen.

There are also people living on the other side of the border.

Wir können die Brücke **innerhalb weniger/innerhalb von wenigen** Stunden erreichen.

We can reach the bridge within a few hours.

2. In the plural, however, **von** + the dative must be used if there is no article to indicate case.

Die Polizei war **innerhalb von** Minuten am Tatort.

The police were at the scene of the crime within minutes.

Wortschatz
Hol' mir doch bitte die Zeitung.

bekommen	erhalten
holen	kriegen

1. **Bekommen** means *to get* or *receive*. It does not mean *to become*.

Sie **bekommt** ein neues Kleid zum Geburtstag.

She is getting a new dress for her birthday.

Er hat einen Orden **bekommen.**

He received a medal.

2. **Erhalten** is close in meaning to **bekommen** but somewhat more formal.

Wir haben Ihren Brief **erhalten.**

We have received your letter.

Er **erhielt** drei Jahre Gefängnis.

He received three years in prison.

3. **Kriegen** is synonymous with **bekommen,** but very colloquial. It is avoided in formal writing.

Was hast du von deiner Tante zum Geburtstag **gekriegt?**

What did you get from your aunt for your birthday?

4. **Holen** means *to (go and) get* or *fetch* and is often used with the dative indicating *for whom.*

Hol (mir) bitte einen Stuhl.

Please (go and) get (me) a chair.

Er **holte** (sich) ein Hemd aus der Kommode.

He (went and) got (himself) a shirt from the dresser.

Übungen

A **Anders ausdrücken.** Drücken Sie die Sätze anders aus. Verwenden Sie die Vokabeln aus dem Wortschatzkasten.

> **BEISPIEL** Er warf den Ball und ein Fenster ging kaputt.
> *Er warf den Ball durch/gegen das Fenster.*

bekommen   bis   durch   erhalten   für   gegen   holen   kriegen   ohne   um

1. Er ging in die Bank, aber er hatte keinen Ausweis dabei.
2. Hat deine Familie dir etwas zum Geburtstag geschenkt?
3. Wir begannen um 9 Uhr zu arbeiten und waren um 11 Uhr fertig.
4. Ich möchte etwas zu trinken; ich gehe in die Küche und suche mir etwas.
5. Hemingway schrieb seine Romane *(novels)* und wurde berühmt.
6. Thomas Mann hat auch Romane geschrieben; man gab ihm den Nobelpreis dafür.
7. Der Politiker mochte das Projekt nicht und er sagte es.
8. Auf allen Seiten des Parks steht eine Mauer.

B **Aussagen.** Machen Sie wahre Aussagen mit fünf der Präpositionen in Übung A.

> **BEISPIEL** *Ich habe **für** meine Kurse viel zu tun.*

C **Welche Präposition passt?** Ergänzen Sie die Sätze durch passende Dativpräpositionen und Endungen.

> **BEISPIEL** *Sie arbeitet **bei** Siemens.*

aus   gegenüber   seit   außer   mit   von   bei   nach   zu

1. Bist du _____ dein-_____ Wohnung zufrieden?
2. Ich habe ein Paket _____ Deutschland bekommen.
3. Das Postamt befindet sich _____ d-_____ Hauptbahnhof.

4. Wir essen heute Abend _____ unser-_____ Freund Andreas.
5. Du kriegst so viele E-Mails _____ dein-_____ Freundin!
6. Sie bauen ihr Haus _____ Holz.
7. Wir warten _____ ein-_____ Monat auf eine Antwort.
8. Die Kinder kommen heute sehr früh _____ d-_____ Schule _____ Hause.
9. Ich hole dir etwas _____ d-_____ Kühlschrank.
10. Sagt es niemandem _____ eur-_____ Eltern!

D **Fragen zu Ihrer Person.** Beantworten Sie die Fragen mit den folgenden Präpositionen. Verwenden Sie jede Präposition mindestens einmal. Stellen Sie diese Fragen an andere Personen im Kurs. Berichten Sie die Antworten.

| aus | bei | mit | nach | seit | von | zu |

1. Woher kommen Ihre Vorfahren (z. B. Ihre Großeltern) väterlicher- und mütterlicherseits?
2. Wie lange verdienen Sie schon Ihr eigenes Taschengeld?
3. Wohin würden Sie im Winter besonders gern in Urlaub fahren?
4. Wo arbeiten Ihre Eltern?
5. Wohin gehen Sie gern, wenn Sie abends ausgehen?
6. Wie kommen Sie jeden Tag zur Schule oder zur Uni?
7. Bei welchen Aktivitäten müssen Sie viel, wenig oder überhaupt nicht denken?

E *Aus, von, nach oder zu?* Wie können die Sätze weitergehen?

1. Violinen baut man ...
2. Wenn man Löwen und Elefanten sehen will, dann muss man ...
3. Die Astronauten Aldrin und Armstrong fuhren ...
4. Die besten/teuersten Autos der Welt kommen ...
5. Die Frau mit den roten Haaren lief so schnell sie konnte ...
6. Wenn du eine wunderschöne Stadt sehen willst, dann musst du ...
7. Nach meinen Vorlesungen gehe ich manchmal ...

F **Wechselpräpositionen.** Bilden Sie kurze Beispielsätze mit den folgenden präpositionalen Ausdrücken.

BEISPIELE   ins Stadtzentrum
             Wir fahren ins Stadtzentrum.

             neben dem Haus
             Die Kinder spielen neben dem Haus.

1. hinter dem Supermarkt
2. in die Stadt
3. über dem Tisch
4. aufs Land
5. vor einem Computer
6. unter den Zeitungen
7. neben die Teller
8. den Rhein entlang
9. ans Meer
10. zwischen die Schiffe

G **Welches Verb passt?** Ergänzen Sie die Sätze mit dem passenden Verb.

> bekommen   erhalten   holen   kriegen

1. Euren netten Brief haben wir gestern ____.
2. Wo kann ich Karten für den Vortrag *(lecture)* ____?
3. ____ dir etwas zu essen und setz dich hin.
4. Linda ____ jetzt immer bessere Noten in Deutsch.
5. Ich ____ eine Wut *(rage),* wenn ich so was seh'.

H **Dativ oder Akkusativ?** Ergänzen Sie die Sätze mit passenden präpositionalen Ausdrücken. Ziehen Sie die Wechselpräpositionen und Artikel zusammen, wenn es geht.

1. Der Hund legt sich unter ...
2. Ein Stein fiel in ...
3. Stellen Sie die Bücher neben ...
4. Unser Professor spricht morgen über ...
5. Anita holt Briefmarken auf ...
6. Oma spaziert jeden Tag eine halbe Stunde in ...

I **Was macht Onkel Helmut?** Gehen Sie rechts um den Kreis herum. Bilden Sie einen Satz mit einer der Wechselpräpositionen. Wenn Sie zur nächsten Präposition kommen, bilden Sie einen weiteren Satz. Wenn Sie aber den ersten Satz mit einer Präposition *im Dativ* gebildet haben, dann sollen Sie mit der zweiten Präposition *den Akkusativ* verwenden, und umgekehrt *(vice versa).* Und so geht es zwischen Dativ und Akkusativ weiter, bis Sie einmal um den ganzen Kreis gegangen sind. Bei dieser Übung sollen Sie auch kein Verb wiederholen!

> **BEISPIELE** *Onkel Helmut steht **am** Fenster.*
> *Er schaut **auf den** Garten hinunter.*

Gehen Sie noch einmal um den Kreis herum! Wo Sie vorhin den Dativ hatten, verwenden Sie jetzt den Akkusativ, und umgekehrt.

J **Anders ausdrücken.** Drücken Sie die Sätze mit den folgenden Genitivpräpositionen anders aus.

> BEISPIEL   Die Arbeit war gefährlich, aber er machte sie.
> ***Trotz der Gefahr*** *machte er die Arbeit.*

> (an)statt   innerhalb   während   außerhalb   trotz   wegen/[-et]wegen

1. Barbara blieb, weil ihre Familie es wollte.
2. Die Arbeit war in weniger als zehn Tagen fertig.
3. Wir können im Sommer reisen.
4. Das Wetter ist schlecht, aber wir gehen wandern.
5. Ich habe nichts dagegen, wenn du mitkommst.
6. Seine Firma ist nicht direkt in der Stadt.
7. Sie sollte Französisch lernen, aber sie lernte Deutsch.

K **Einiges über Sie.** Machen Sie Aussagen über sich mit vier der Präpositionen in Übung J.

> BEISPIELE   *Ich werde* ***während*** *des Sommers arbeiten.*
> ***Innerhalb*** *der nächsten Woche muss ich vier Aufsätze schreiben.*

L *An, auf, in, nach oder zu?* Wenn die Semesterferien endlich da sind, möchte jeder an einen schönen Urlaubsort fahren. Wohin möchten die Leute fahren?

> BEISPIELE   Monika ⟶ Afrika
> *Monika möchte* ***nach*** *Afrika.*
>
> Ulrich ⟶ der Strand
> *Ulrich möchte* ***an*** *den Strand.*

1. Jörg ⟶ Haus
2. Elisabeth ⟶ ihre Großeltern
3. Heidi ⟶ die Schweiz
4. Uwe ⟶ eine Südseeinsel
5. René ⟶ Skandinavien
6. Ed und Angelika ⟶ der Bodensee
7. Klaus ⟶ ein Ferienort in den Alpen
8. Bärbl ⟶ die Ostsee

M **Wohin?** Wohin gehen Sie, wenn Sie während des Semesters Folgendes tun wollen?

> BEISPIELE   billig essen
> *Ich gehe zu Wendys.*
>
> schwimmen
> *Ich gehe zum Hallenbad an der Universität.*

1. im Internet surfen
2. wandern
3. Fitnesstraining machen

   4. tanzen
   5. mit Freunden ausgehen
   6. Hausaufgaben machen
   7. Zeit vertreiben *(pass)*
   8. Briefmarken kaufen
   9. Geld holen
  10. allein sein

N **Otto fuhr und fuhr und fuhr.**   Mit wie vielen verschiedenen Präpositionen können Sie diesen Satz zu Ende schreiben? Schreiben Sie mindestens zwölf Sätze. Vergessen Sie auch den Genitiv nicht!

BEISPIELE   *Otto fuhr **in** den Park.*
*Otto fuhr **nach** Hamburg.*
*Otto fuhr **mit** seinen Freunden.*
usw.

Anwendung

A **Wie kommt man dorthin?**   Jemand im Kurs möchte Sie in den Ferien besuchen. Erklären Sie ihr/ihm, wie man zu Ihnen hinkommt.

REDEMITTEL

Wie komme ich (am besten) zu dir hin?
Wie fährt/kommt man von hier zum/zur/nach/in … ?
Nimm die [dritte] Straße rechts/links.
Fahre …
   etwa eine halbe Stunde
   geradeaus
   nach links/nach rechts
   rechts/links in die [–]straße
   die Straße entlang
   noch zwei Straßen weiter
   bis zur ersten Verkehrsampel *(traffic light)*
   bis zur Kreuzung *(intersection)*
   an einem/einer … vorbei
Dort siehst du dann auf der linken/rechten Seite …

B **Rollenspiel: Auskunft geben.**   Sie arbeiten bei der Touristeninformation im Zentrum *Ihres* Heimatorts. Jemand im Kurs ist Touristin/Tourist und stellt Ihnen viele Fragen. Verwenden Sie Präpositionen in Ihren Antworten.

Wo kann ich hier [Blumen/Medikamente usw.] bekommen?
Wo finde ich hier [eine Kirche/eine Synagoge/eine Moschee]?
Können Sie hier in der Nähe [ein Restaurant/ein Kaufhaus usw.] empfehlen? Wie komme ich dorthin?
Wann schließen hier die Geschäfte?
Wo gibt es hier in der Nähe [eine Bank/eine Tankstelle usw.]?
Wir suchen [den Zoo/die Polizei usw.].
Kann man hier irgendwo [baden/einkaufen usw.]?
Wie komme ich am besten von hier [zur Bushaltestelle/zum Flughafen/zum Bahnhof usw.]? Ich bin ohne Auto unterwegs.
Wie lange arbeiten Sie schon hier?

C **Ausarbeitung eines Planes.**   Sie haben morgen frei und wollen mit drei oder vier anderen Personen im Kurs etwas unternehmen (z. B. einen Ausflug machen, an einem Projekt arbeiten, Sport treiben). Diskutieren Sie, wohin Sie gehen wollen, was Sie dort machen können und wann Sie es machen wollen. Teilen Sie anderen Gruppen im Kurs Ihren Plan mit. Verwenden Sie viele Präpositionen!

Ich schlage vor, dass wir ...
Wollen wir nicht ... ?
Wir können auch ...
Habt ihr nicht Lust, ... ?
Was haltet ihr davon, wenn ... ?

Variante: **Eine traumhafte Reise.**   Machen Sie einen Plan für eine tolle fünftägige Reise. Wohin wollen Sie fahren? Wie wollen Sie dorthin kommen? Was können Sie dort unternehmen?

Schriftliche Themen

Tipps zum Schreiben

Adding Information Through Prepositions

Prepositions are important linking words within sentences, and prepositional phrases can add both color and detail to your writing. For example, **Die Frau lachte ...** is not as descriptive and interesting as **Die Frau *in Rot* lachte *vor Vergnügen* (delight)**. When used at the beginning of a sentence, a prepositional phrase can provide a setting (a time and/or place) for the main action: **An einem kalten Schnee-tag in Berlin ging Herr Moritz mit seinem blauen Hut spazieren.** Just remember that in German, initial prepositional phrases are not followed by a comma, as they may be in English (see 1.1.A).

A **Beim Friseur.** Erzählen Sie die Bildgeschichte und verwenden Sie dabei so viele Präpositionen wie möglich. Wenn Sie wollen, können Sie auch erzählen, was zwischen den Bildern oder nach dem letzten Bild passiert. Verwenden Sie entweder das Präsens oder das Präteritum (siehe 7.1).

VOKABELVORSCHLÄGE

sitzen	gießen	die Biene, -n	rennen (wohin?)
der Friseur	sehr froh	fliegen/kreisen	nachfliegen
die Flasche	riechen	denken	stecken
das Haarwasser	gehen (wohin?)	Angst haben	das Waschbecken

B **Verlaufen.**   Haben Sie sich je verlaufen *(taken the wrong way)*, sodass Sie Ihr Ziel nur mit großen Schwierigkeiten oder gar nicht erreicht haben? Erzählen Sie davon! Beschreiben Sie auch, wie Sie sich dabei gefühlt haben. Verwenden Sie präpositionale Ausdrücke und auch Adjektive (siehe Kapitel 13), um alles noch genauer zu schildern *(depict)*.

Zusammenfassung

Rules to Remember

1 Prepositions govern cases.

2 The prepositions **bis, durch, für, gegen, ohne, um,** and **wider** take an accusative object.

3 The prepositions **aus, außer, bei, mit, nach, seit, von, zu,** and **gegenüber** take a dative object.

4 The two-way prepositions **an, auf, hinter, in, neben, über, unter, vor, zwischen,** and **entlang** take the accusative when they indicate *change of position* and the dative when they indicate *location*.

5 The prepositions **(an)statt, trotz, während, wegen,** and a number of other less common prepositions take a genitive object.

NOTE: Prepositions are discussed in this chapter in their most literal meanings. Many prepositions, particularly the two-way prepositions, have idiomatic meanings dependent upon the verbs they complement. These are discussed in Chapter 30.

At a Glance

Accusative prepositions	
bis	ohne
durch	um
für	(wider)
gegen	

durchs	fürs	ums

Dative prepositions

aus	nach
außer	seit
bei	von
gegenüber	zu
mit	

beim	zur	vom	zum

Two-way prepositions

an	entlang
auf	über
hinter	unter
in	vor
neben	zwischen

ans	aufs	ins	am	im

Genitive prepositions

Frequent	Less frequent
(an)statt	außerhalb
trotz	innerhalb
während	oberhalb
wegen	unterhalb
	diesseits
	jenseits

location → dat   "auf dem Tisch"
direction → akk   "wohin...?" · "an den Tisch"

11
Conjunctions

zum Beispiel

Grammatik

A. Forms

The coordinating conjunctions are as follows:

aber[1] *but, however*   sondern *but rather*
denn[1] *for, because*   und *and*
oder *or*

B. Use

1. A coordinating conjunction (**die koordinierende Konjunktion, -en**) links words, phrases, or independent clauses by adding information (**und**), or by showing a contrast (**aber, sondern**), a reason (**denn**), or an alternative (**oder**). As far as word order goes, a coordinating conjunction is not considered part of the clauses or phrases that it connects. This means that main clauses following the conjunction show regular word order, with V_1 in second position, i.e., the conjunction is followed by a first element, then the conjugated verb. Dependent clauses after a conjunction likewise follow their usual order, with V_1 in final position.

Im Café Royale gibt es eine große Fete, **aber** in ein paar Stunden ist das Feiern vorbei.
In the Café Royale there's a big party, but in a few hours the celebrating will be all over.

Trinken sie, weil sie sich freuen, **oder** weil sie Angst haben?
Are they drinking because they're happy or because they're scared?

2. A comma usually precedes clauses and phrases introduced by **aber, denn,** and **sondern.** No comma is necessary before **und** and **oder** when they join clauses, but in some cases a comma can help prevent a misreading.

Ein junger Seemann ist in eine Französin verliebt **und** beim Gespräch zeigt er dem Journalisten ein Bild von ihr. (*no comma needed*)

One young sailor is in love with a French girl and while talking he shows the journalist a picture of her.

---

[1]**Aber** and **denn** can occur as flavoring particles (see 25.1). In addition, **aber** can be used within a clause as an adverb meaning *however*.

Der Kapitän zweifelt am Sieg der Deutschen, der Erste Offizier ist **aber** anderer Meinung.

The captain has doubts about a German victory; the first officer has a different opinion, however.

BUT:

Sie sind heimlich verlobt und ängstlich erzählt der Seemann dem Journalisten von seinen Sorgen.	*They are secretly engaged(,) and nervously the sailor tells the journalist about his worries.*

BETTER:

Sie sind heimlich verlobt, **und** ängstlich erzählt der Seemann dem Journalisten von seinen Sorgen.	

3. **Aber** *(but)* links clauses or phrases by providing *contrasting additional* information. The first clause can be positive or negative.

Die meisten Offiziere wirken natürlich und freundlich, **aber** der Erste Offizier besteht auf Korrektheit und Disziplin.	*Most of the officers come across as natural and friendly, but the first officer insists on correctness and discipline.*

4. **Sondern** *(but rather)* links clauses and phrases by providing *contrasting corrective* information regarding what was said in the first clause or phrase. The information to be corrected must contain a negating word such as **nicht, nie,** or **kein** (see 6.1). The clause following **sondern** can be a full clause, with repetition of elements from the first clause, or it can be limited to only those elements that require correction.

Der Erste Offizier ist **nicht** unfreundlich, **sondern** er ist immer noch von der Nazi-Propaganda überzeugt.	*The first officer isn't unfriendly, but rather he is still convinced by the Nazi propaganda.*

OR:

Der Erste Offizier ist **nicht** unfreundlich, **sondern** immer noch von der Nazi-Propaganda überzeugt.	*The first officer isn't unfriendly, but rather still convinced by the Nazi propaganda.*

11.2   TWO-PART (CORRELATIVE) CONJUNCTIONS

1. The following two-part (correlative) conjunctions link words, phrases, or clauses in parallel fashion.

sowohl ... als/wie (auch)   *both . . . and, as well as*
nicht nur ... sondern auch   *not only . . . but also*
entweder ... oder   *either . . . or*
weder ... noch   *neither . . . nor*

Endlich trifft das U-Boot **sowohl** einige Tanker **als auch** einen begleitenden Zerstörer.	*Finally the submarine meets some tankers as well as an accompanying destroyer.*
Entweder müssen sie den Zerstörer angreifen **oder** tiefer sinken und verschwinden.	*Either they must attack the destroyer or sink deeper and disappear.*

Der Kapitän ist sich bewusst, dass
  sie sich **weder** verstecken **noch**
  außer Gefahr bewegen können.

*The captain is aware that they can
  neither hide nor move out of danger.*

2. When **entweder ... oder** is used to join two clauses, the position of **entweder** may vary, as well as the position of the finite verb in the first clause.

Entweder sie greifen den Zerstörer an **oder** sie werden angegriffen.
Entweder greifen sie den Zerstörer an **oder** sie werden angegriffen.
Sie greifen **entweder** den Zerstörer an **oder** sie werden angegriffen.
Either they attack the destroyer, or they'll be attacked.

3. Correlative conjunctions can be used to link together multiple sentence subjects as well as other elements. In cases where the two subjects differ in person or number, the V_1 is conjugated to agree with the subject closest to it.

Das **versteht** sowohl der Kapitän als
  auch seine Feinde.

Sowohl der Kapitän als auch **seine
  Feinde verstehen** das.

*Both the captain and his enemies
  understand that.*

Entweder er oder **sie müssen** den ersten
  Schritt machen.

*Either he or they must take the
  first step.*

Entweder sie oder **er muss** den ersten
  Schritt machen.

*Either they or he must take the
  first step.*

11.3   SUBORDINATING CONJUNCTIONS

A. Forms

The following subordinating conjunctions are used frequently:

als *when, as*	nachdem *after*
als ob *as if, as though*	ob *whether, if*
bevor/ehe *before*	obgleich/obschon/obwohl *although,*
bis *until, by*	*even though*
da *since, because*	seit(dem) *since (temporal)*
damit *so that (intent)*	sobald *as soon as*
dass *that*	solange *as long as*
anstatt dass *instead (of doing) (See*	sooft *as often as*
also anstatt zu; *18.2.)*	während *while*
ohne dass *without (doing) (See also*	weil *because*
ohne zu; *18.2.)*	wenn *when, if, whenever*
so dass/sodass *so that (result)*	wenn ... auch *even if, even though*
falls *in case, if*	wenn ... nicht/wenn ... kein- *unless*
indem *by (doing)*	

B. Use

1. A subordinating conjunction (**die subordinierende Konjunktion, -en**) connects a subordinate clause to a main clause. Subordinate clauses include noun clauses (beginning with **dass**), relative clauses (see 26.1), and adverbial clauses (24.4) that add information about when, how, why, or under what conditions the activity of the main clause occurs.

2. In a subordinate clause, the conjugated verb (V_1) is normally in final position (see 1.3). Notice that main and subordinate clauses in German are always separated by a comma.

Main clause: **Subordinate clause:**

Sie bleiben tief unter Wasser,

- **weil** *(because)* sie sich vor dem Zerstörer verstecken *(hide)* müssen.
- **bis** *(until)* alles wieder repariert ist.
- **falls** *(in case)* der Zerstörer sie noch einmal angreifen *(attack)* will.

The only exception to this rule occurs when a subordinate clause contains a V_2 consisting of a double infinitive (see 9.3.A and 18.6), in which case V_1 stands immediately before the double infinitive.

Das Boot ist tief unter Wasser geblieben, weil es sich vor dem Zerstörer *hat* **verstecken müssen.**

The boat remained deep underwater, because it had to hide from the destroyer.

3. A subordinate clause can occur either before or after the main clause. If the sentence begins with a subordinate clause, the following main clause must begin with the conjugated verb (V_1). In other words, within the overall sentence structure the subordinate clause is the first element and V_1 stands as usual in second position.

Subordinate clause: **Main clause:**

Weil sie sich vor dem Zerstörer verstecken müssen,

Bis alles wieder repariert ist,

Falls der Zerstörer sie noch einmal angreifen will,

bleiben sie tief unter Wasser.

4. Interrogative words (see 15.2) can also function as subordinating conjunctions, creating subordinate clauses that follow the word order rules discussed above.

Niemand weiß, **wie lange** sie dort noch warten müssen.

No one knows how long they have to wait there.

C. *Als, wenn, wann*

1. English uses *when* in a variety of contexts: one-time past events *(When he first arrived in town, . . .)*, repeated events *(When[ever] he ran into her in the park, . . .)*, future events *(When they get engaged, . . .)*, and for questions in all tenses *(When did they/When will they . . . ?)*. German distinguishes among these uses of *when* with different words, so that English speakers must be especially careful to match context and meaning correctly.

2. To refer to *one-time* events or situations in the past—including states that existed over a period of time—German uses **als.**

Als der Krieg gerade angefangen hatte, ...	*When the war had just begun . . .*
Als der Kapitän noch jünger war, ...	*When the captain was younger, . . .*
Als das Boot auf einmal tauchte, ...	*When the (U-)boat suddenly dove, . . .*

3. To refer to *recurring* events in the past or present (as in English *whenever*), German uses **wenn.**

Es ging immer chaotisch zu, **wenn** jemand Alarm meldete.	*Things always became chaotic when(ever) someone sounded the alarm.*

   COMPARE:

Es ging aber besonders chaotisch zu, **als** der Kapitän zum ersten Mal Alarm meldete.	*Things were especially chaotic, however, when the captain sounded the alarm for the first time.*

4. German likewise uses **wenn** for *occurrences that have yet to happen* (but are related in the present tense).

Wenn das Boot wieder auftaucht, wissen sie nicht, was sie oben erwartet.	*When the (U-)boat surfaces again, they don't know what will await them.*

5. **Wenn** also means *if (as a condition)*, regardless of tense.

Wenn sie es nicht schaffen, an Gilbraltar vorbeizukommen, werden sie aufgeben müssen.	*If they can't manage to get past Gilbraltar they'll have to give up.*
Was wäre passiert, **wenn** die Torpedos ihre Ziele verfehlt hätten?	*What would have happened if the torpedoes had missed their targets?*

6. To ask a *when*-question referring to a *specific time*—either as a direct or indirect question—German uses **wann.**

„**Wann** kommt endlich unsere Verstärkung?" fragt der Kapitän.	*"When are our reinforcements finally going to get here?" asks the captain.*
Niemand weiß, **wann** die Reparaturen fertig werden.	*No one knows when the repairs will be finished.*

D. *Als ob/als wenn*

1. **Als ob** (*less common:* **als wenn**) means *as if* and is used to express conjecture or a contrary-to-fact condition. Clauses beginning with **als ob/als wenn** are normally in the subjunctive mood (see 20.3.E), and they frequently follow phrases such as **Es ist/war, Er tut/tat, Es scheint/schien.**

Am Anfang tut der Journalist so, **als ob** er keine Angst hätte.	*At first, the journalist acts as if he weren't scared.*

2. The word **ob** (or **wenn**) can be omitted while still retaining the meaning *as if.* In this case, the word order resembles that of a main clause, with **als** functioning as the first element, followed immediately by V$_1$, then the middle field and, if present, V$_2$.

Er tut, **als hätte** er keine Angst.	*He acts as if he weren't scared.*

E. Bevor/ehe

English *before* can be used as a preposition *(before the meal)*, as an adverb *(I did that before, but now, . . .)*, and as a conjunction to introduce a clause *(before you go, . . .).* German, however, has different words for these various uses: the preposition **vor** (see 10.3), adverbs such as **vorher** and **früher** (see 24.2), and the conjunction **bevor** (which is interchangeable with **ehe,** though this word is more literary than colloquial).

COMPARE:

Vor der Ausfahrt redete Thomsen sarkastisch über Hitler.	*Before the launch, Thomsen spoke sarcastically about Hitler.*
Bevor sie ausfuhren, redete Thomsen sarkastisch über Hitler.	*Before they sailed, Thomsen spoke sarcastically about Hitler.*
Früher/Vorher hatte man an einen Sieg geglaubt, aber jetzt kamen bei der Marine Zweifel auf.	*Before (then) they had believed in a victory, but now doubts were arising in the navy.*

F. Bis

1. The conjunction **bis** *(until)* expresses the duration of an action *until* a certain time or place is reached. It also occurs as a preposition (see 10.1).

Der Ingenieur hört nicht auf, **bis** alles repariert ist.	*The engineer won't stop until everything is repaired.*

2. **Bis** is often used to indicate the time *by when* an action is completed.

Bis das Boot nach dem ersten Angriff wieder auftaucht, sind die englischen Schiffe schon weg.	*By the time the sub surfaces after the first attack, the English ships are already gone.*

G. Da/weil

1. **Da** *(since, as)* and **weil** *(because)* are often used interchangeably to explain *why* an action occurs. However, **da** normally explains the situation leading to an action, whereas the more emphatic **weil** often indicates the reason for doing something.

Da der Kapitän den Ersten Offizier provozieren will, lässt er ihn ein englisches Lied spielen.	*Since the captain wants to provoke the first officer, he has him play an English song.*
Der Ingenieur macht sich Sorgen, **weil** er weiß, dass seine Frau sehr krank ist und ihn braucht.	*The engineer is worried because he knows his wife is very ill and needs him.*

2. The conjunction **da** should not be confused with the adverb **da** (*then, there:* see 24.2, 24.3).

H. *Damit/so dass (sodass)*

1. **Damit** (*so that*) signifies a *purpose* for doing something.

Sie fahren nach Vigo, **damit** der Journalist und der Ingenieur das U-Boot verlassen können.	*They sail to Vigo so that the journalist and the engineer can leave the sub.*

2. If both clauses have the same subject, German frequently uses a construction with **um** + **zu** + infinitive instead of **damit** (see 18.2).

Sie fahren dorthin auch, **um** mehr Brennstoff, Proviant und Torpedos **zu** laden.	*They sail there also in order to load more fuel, provisions, and torpedoes.*

3. **So dass** indicates the *result* of an action (as distinct from **damit,** which indicates the *purpose* of an action); as in English, the elements of this phrase can be used together, or spread over two clauses. When used together, they can be written as one word: **sodass.**

Den einen Tanker haben sie getroffen, **so dass/sodass** er zu sinken beginnt.	*They hit the one tanker, so that it begins to sink.*
Aber er sinkt **so** langsam, **dass** er 12 Stunden später noch im Wasser treibt.	*But it sinks so slowly that it is still floating in the water 12 hours later.*

I. *Dass*

1. **Dass** is equivalent to English *that* as an introduction to noun clauses. As in English, it can be omitted, which changes the word order to that of a main clause.

COMPARE:

Der Kapitän ging davon aus, **dass** die Engländer alle Überlebenden auf dem Tanker schon gerettet *hatten.*	*The captain assumed that the English had already rescued all survivors on the tanker.*
Der Kapitän ging davon aus, die Engländer *hatten* alle Überlebenden auf dem Tanker schon gerettet.	

2. In English, it is permissible for one clause (*if they don't surface soon*) to be embedded within another (*that they will all suffocate*), with the two subordinating conjunctions positioned back to back:

He knows that if they don't surface soon, they will all suffocate.

But in German, the word order of such clauses makes this kind of embedding awkward. Instead, it is preferable to arrange the two clauses in linear succession:

Er weiß, **dass** sie alle ersticken werden, **wenn** sie nicht bald auftauchen.

J. *Falls*

Falls *(in case, if, providing)* is sometimes used instead of **wenn** to express possibility.

Sie haben ja Sauerstoffmasken, **falls** die Luftpumpe ausfällt.	*They have oxygen masks, of course, in case the air pump quits working.*

K. *Indem*

To express the English construction *by [_____]ing,* German uses a clause beginning with **indem** and repeats the subject from the first clause.

Der Kapitän will dem Journalisten und dem Ingenieur das Leben retten, **indem** er sie in Vigo absetzt.	*The captain wants to save the journalist's and the engineer's lives by dropping them off in Vigo.*

L. *Nachdem*

As in the case of *before,* German distinguishes among the grammatical contexts of *after* by using the preposition **nach,** the adverbs **nachher** and **danach,** and the conjunction **nachdem,** depending on the function of *after* in the sentence.

COMPARE:

Nach ihrer Ankunft in Vigo aber weiß er, dass sie alle wohl sterben werden.	*After their arrival in Vigo, however, he knows that they will all probably die.*
Nachdem sie aber in Vigo ankommen, weiß er, dass sie alle wohl sterben werden.	*After they arrive in Vigo, however, he knows that they will all probably die.*
Beim Festessen auf dem anderen deutschen Schiff geht alles lustig zu, aber **nachher** wird's gleich wieder ernst.	*At the banquet on the other German ship, there's laughter and fun, but after that things get serious again right away.*

M. *Ob*

1. **Ob** means *whether.*

Bis zum Schluss weiß man nicht, **ob** sie es schaffen werden oder nicht.	*One doesn't know until the end whether they're going to make it or not.*

2. **Ob** can also be translated as *if,* but only when *if* is synonymous with *whether.* In cases where *if* introduces a condition, **wenn** must be used.

COMPARE:

Wenn es so neblig bleibt, können sie vielleicht an den Zerstörern unbemerkt vorbeifahren.	*If it stays so foggy, perhaps they'll be able to steer unnoticed past the destroyers.*
Ob es so neblig bleibt, weiß natürlich keiner.	*Whether (if) it will stay so foggy—no one knows, of course.*

N. *Obgleich/obschon/obwohl*

Obgleich, obschon, and **obwohl** all mean *although*, but **obwohl** is most common.

Der junge Seemann schreibt seiner Verlobten fast jeden Tag, **obwohl** er die Briefe gar nicht abschicken kann.	*The young sailor writes to his fiancée almost every day, even though he can't send the letters.*

O. *Seit(dem)*

1. **Seitdem** (often abbreviated to **seit**) means *since* in a temporal sense. German uses the present tense with **seit(dem)** (see 2.2.B) to express an action that began in the past and continues into present time; English requires the present perfect.

2. If the action in the **seit(dem)** clause is not ongoing, then German uses the present perfect tense in that clause.

   COMPARE:

Es ist das erste Mal, dass Johann durchdreht, **seit(dem)** er bei der Marine *ist*.	*It's the first time that Johann has gone berserk since **he's been** in the navy.*
Es ist das erste Mal, dass Johann durchdreht, **seit(dem)** er bei der Marine *angefangen hat*.	*It's the first time that Johann has gone berserk since he **joined** the navy.*

3. In addition to the conjunction **seit(dem)**, there is the dative *preposition* **seit** *(since, for)* (see 10.2) as well as the *adverbs* **seitdem** and **seither** (see 24.2).

Seit dem Vorfall mit den Läusen *benimmt sich* der Erste Offizier etwas anders.	*Ever since the incident with the lice, the first officer **has been behaving** differently.*
Sie erreichten Gibraltar ohne Probleme, aber **seitdem** *ist* die Spannung kaum zu ertragen.	*They reached Gibraltar without a problem, but since then the tension **has been** almost unbearable.*

P. *Sobald/solange/sooft*

The conjunctions **sobald** *(as soon as)*, **solange** *(as long as)*, and **sooft** *(as often as)* are often used to indicate the condition for doing an action.

Sobald die Engländer sie sehen, ist es vorbei.	*As soon as the English see them, it will all be over.*
Solange der Nebel hält, haben sie eine Chance.	*As long as the fog holds, they have a chance.*
Sie vermeiden die anderen Schiffe **sooft** sie können.	*They avoid the other ships as often as they can.*

Q. *Während*

1. The conjunction **während** *(while)* indicates the simultaneous occurrence of two actions. This conjunction should not be confused with the *preposition* **während** *(during)* (see 10.4).

   COMPARE:

Während sie sinken, versuchen sie alles, um das Boot wieder in den Griff zu bekommen.	*While the boat sinks, they try everything to get it back under control.*
Während der folgenden Szenen sieht man eine andere Seite der Besatzung.	*During the following scenes, one sees a different side of the crewmembers.*

2. The conjunction **während** can also be used to contrast two actions.

Einige haben alle Hoffnung aufgegeben, **während** andere ums Überleben kämpfen.	*Some have lost all hope, while others fight to survive.*

R. *Wenn ... auch/auch wenn*

Wenn ... auch and **auch wenn** mean *even if* or *even though*. **Wenn** and **auch** are normally separated by one or more words or phrases when **wenn** precedes **auch**. They normally occur together when **auch** comes first.

Der Ingenieur arbeitet stundenlang, **wenn** er **auch** ohne Schlaf und fast ohne Luft weitermachen muss (*or:* **auch wenn** er ... muss).	*The engineer works for hours, even though/even if he has to continue without sleep and almost without air.*

S. *Wenn ... nicht/wenn ... kein-*

1. The phrases **wenn ... nicht** and **wenn ... kein-** approximate English *unless*.

Wenn das Boot **nicht** innerhalb von sechs Stunden repariert ist, haben sie keine Chance mehr.	*Unless the sub is repaired within six hours, they have no chance (of survival).*

2. The phrase **es sei denn** can also be used to express *unless*:

Sie haben keine Chance mehr, **es sei denn,** das Boot ist innerhalb von sechs Stunden repariert.	*They have no chance (of survival) unless the boat is repaired within six hours.*

Wortschatz
Denk daran!

denken	halten
glauben	nachdenken

To express the English word *think,* German uses a variety of words and structures, depending on which meaning of *think* is intended.

1. In simple form, *to think* (as in *to cogitate*) is rendered with **denken. Denken** can also mean *to have an opinion,* and is often followed by a clause in this meaning.

   Der Kapitän **denkt** viel. — *The captain thinks a lot.*

   Er **denkt,** die Befehle sind idiotisch. — *He thinks the orders are idiotic.*

2. **Glauben** *(believe)* can also mean *to think* in the sense of personal belief or opinion, but with the preposition **an** (+ accusative) it conveys the stronger meaning of *to believe in.*

   Der Ingenieur fängt an zu beten. Heißt das, er **glaubt** wirklich **an** Gott? — *The engineer begins to pray. Does that mean he really believes in God?*

3. To express the idea *to think of, to dwell on,* or *to remember* (in the sense of *to call to mind*), German uses **denken** + **an** *(acc.).*

   Der eine Seemann **denkt** oft **an** seine Verlobte. — *The one sailor often thinks of his fiancée.*

   Aber als Matrose muss er noch mehr **an** seine Befehle **denken.** — *But as a sailor, he has to think even more about (i.e., remember) his orders.*

4. To form the evaluative question *What do you think of . . . ?,* German uses either **halten** + **von** or **denken** + **von.**

   Was **denken** Sie **von** diesem Film? — *What do you think of this film?*

   Was **halten** Sie **von** seiner Schilderung des Krieges? — *What do you think of its depiction of war?*

5. If **halten** is used in response to such questions, it must take either the form **halten** + **von,** with the object of **halten** being **viel, wenig, etwas,** or **nichts** (or a close variation); or **halten** + **für,** which means *to think of someone (or something) as, to regard as, to consider to be,* followed by an adjective or a noun in the accusative.

   Thomsen **hält** wenig **von** Churchill. — *Thomsen doesn't think much of Churchill.*

Er **hält** aber auch nicht *viel* **von** Hitler.	*He doesn't think much of Hitler, either.*
Er **hält** *ihn* sogar **für** *unfähig,* aber er darf das nicht direkt sagen.	*In fact, he thinks he's incompetent, but he can't say that directly.*

6. To convey the idea of *to think about,* as in *to ponder* or *to consider,* German uses the separable-prefix verb **nachdenken** + **über** (see also 19.1–19.2).

Am Ende des Filmes muss der Zuschauer **darüber nachdenken,** was der Krieg alles mit sich bringt.	*At the end of the film, the viewer must consider what war really entails.*

Übungen

A   Aber und *sondern.* Ergänzen Sie die Sätze durch **aber** und **sondern.**

BEISPIEL   Ich kann Deutsch nicht schreiben ...
*Ich kann Deutsch nicht schreiben, **sondern** (ich kann) es nur sprechen.*
*Ich kann Deutsch nicht schreiben, **aber** ich verstehe es.*

1. Meine Nachbarin ist keine Ärztin, ...
2. Wir wollen keinen Krieg, ...
3. Frankfurt liegt nicht am Rhein, ...
4. Man soll nicht alles glauben, was in der Zeitung steht, ...
5. Ich halte dich nicht für dumm, ...

B   Verbindungen. Drücken Sie die Sätze durch gepaarte Konjunktionen anders aus.

BEISPIEL   Ich habe ein rotes Fahrrad und ein blaues Fahrrad.
*Ich habe **sowohl** ein rotes Fahrrad **als auch** ein blaues.*
OR: *Ich habe **nicht nur** ein rotes Fahrrad, **sondern auch** ein blaues.*

nicht nur ... sondern auch   entweder ... oder   sowohl ... als auch   weder ... noch

1. In dieser Stadt wohnen viele reiche Menschen, aber auch viele arme.
2. Ich möchte keinen Tee. Ich möchte keinen Kaffee.
3. Wir wollen nach Deutschland fahren. Wir wollen auch in die Schweiz fahren.
4. Sie denkt an Tamino. Sie denkt auch an sein Schloss.
5. Er hält viel von Tennis spielen und Rad fahren.

Machen Sie wahre Aussagen mit jeder der gepaarten Konjunktionen.

C **Anders ausdrücken.** Drücken Sie die Sätze anders aus, indem Sie die präpositionalen Ausdrücke durch subordinierte Nebensätze ersetzen.

BEISPIEL   Ich komme **nach dem Essen.**   (nachdem)
*Ich komme, **nachdem** ich gegessen habe.*

1. Beim Lesen schlafe ich manchmal ein.   (wenn)
2. Man kann durch viel Arbeit zum Erfolg *(success)* kommen.   (indem/wenn)
3. Sonia fährt wegen der Krankheit ihrer Mutter nach Hause.   (weil)
4. Trotz des Regens machen wir heute ein Picknick.   (obwohl)
5. Die Leute da sind trotz ihres Geldes bescheiden.   (obwohl)
6. Man soll den Tag nicht vor dem Abend loben *(praise).*   (bevor)
7. Seit Beginn des Semesters schlafe ich ganz wenig.   (seit[dem])
8. Während ihres Studienjahres in München hat Jessica eine Reise nach Frankreich gemacht.   (als)

D **Wie geht es weiter?** Beenden Sie die Aussagen mit den folgenden Konjunktionen. Beginnen Sie jeden zweiten Satz (2, 4, 6, 8) mit einem subordinierten Nebensatz.

BEISPIEL   Ich weiß, ...
Ich weiß, dass manche Menschen sehr intolerant sind.
OR:
Dass manche Menschen sehr intolerant sind, weiß ich.

| als ob | damit | nachdem | bevor/ehe | dass | ob | bis | indem | wenn |

1. Es gefällt mir überhaupt nicht, ...
2. Ich lerne Deutsch, ...
3. Man kann gute Noten bekommen, ...
4. Manchmal weiß ich nicht, ...
5. Am besten putzt man sich die Zähne, ...
6. Es wird sicher noch eine Weile dauern, ...
7. Manche Menschen können sich nicht konzentrieren, ...
8. Man muss lange studieren, ...
9. Manche Menschen tun so, ...

E **Logisch weiterdenken.** Mit wie vielen verschiedenen Nebensätzen (koordinierend oder subordinierend) können Sie die folgenden Sätze beenden?

BEISPIEL   Karla bleibt zu Hause, ...
***weil** sie krank ist.*
***denn** sie hat keine Lust zur Uni zu fahren.*
***obwohl** sie heute eine Prüfung hat.*
usw.

1. Man soll eine Fremdsprache lernen, ...
2. Mein Freund Matt lernte Deutsch, ...

3. Man lernt am besten segeln, …
4. Es steht in der Zeitung, …
5. Beau hält viel von Nietzsche, …

F *Denken, glauben, nachdenken* **oder** *halten?*   Welche Verben würden Sie verwenden?

> BEISPIEL   an den Teufel ＿＿＿
> *an den Teufel (nicht)* **glauben**

1. nichts von der Politik ＿＿＿
2. oft an seine Kindheit ＿＿＿
3. an die Güte im Menschen ＿＿＿
4. für gefährlich ＿＿＿
5. ＿＿＿, dass es einen Gott gibt
6. über etwas Wichtiges ＿＿＿

G *Als, wenn* **und** *wann.*   Machen Sie mit den Konjunktionen **als, wenn** und **wann** jeweils zwei Aussagen über sich oder über Ihr bisheriges Leben.

> BEISPIELE   *Als ich ein Kind war, habe ich mich immer gefreut,* **wenn** *wir Schnee hatten.*
> *Ich weiß noch nicht,* **wann** *ich mit meinem Studium fertig werde.*

H **Warum?**   Beantworten Sie die Fragen mit Hilfe der Konjunktionen **da, weil, denn** und **damit.**

> BEISPIEL   Warum rennt Lola?
> **Weil** *es im Drehbuch* (script) *steht.*

1. Warum sind Frauen/Männer so kompliziert?
2. Warum habe ich nie genug Zeit?
3. Warum bekomme ich immer das kleinste Stück vom Kuchen?
4. Warum müssen wir sterben?
5. Warum stellen wir immer solche Fragen?

Stellen Sie fünf weitere solche Fragen an andere Studenten. Wer hat die besten Antworten?

Anwendung

A **Taten und ihre Folgen.**   Haben Sie (oder jemand, den Sie kennen) einmal etwas besonders Großartiges/Wichtiges/Dummes gemacht? Erklären Sie jemandem, *wann das war, warum* es dazu kam und *was* die Folgen (consequences) davon waren.

REDEMITTEL

wann

Ja, das war damals, als …
Bevor ich …

warum

Vielleicht dachte ich, dass …
Ich habe es gemacht, damit/da/weil/denn …
Es war mir damals, als ob …

Folgen

Aber obwohl/sobald/indem ich …
Jedoch hatte ich nicht damit gerechnet *(figured)*, dass …
So kam es, dass …
Aber jetzt weiß ich, …

B **Wann … ?**   Schreiben Sie zehn Fragen auf, in denen Sie eine Partnerin/einen Partner fragen, wann sie/er bestimmte Dinge macht (oder zum ersten Mal gemacht hat) oder wann sie/er bestimmte Erfahrungen *(experiences)* gemacht hat. Ihre Partnerin/Ihr Partner beantwortet die Fragen mit **als** oder **wenn**.

> BEISPIELE   **Wann** bist du zum ersten Mal Rad gefahren?
> —**Als** ich sechs war.
>
> **Wann** fühlst du dich besonders wohl?
> —**Wenn** ich so lange schlafen kann, wie ich will!

C **Werbung!**   Als Hausaufgabe schreiben Sie eine Werbung *(advertisement)* für ein Produkt Ihrer Wahl. Verwenden Sie dabei so viele Konjunktionen wie möglich! Bringen Sie dann das Produkt (oder ein Bild davon) zum Deutschunterricht mit und versuchen Sie die anderen in der Gruppe davon zu überzeugen, dass sie das Produkt unbedingt kaufen müssen!

D **Nach Meinungen fragen.**   Fragen Sie jemanden im Kurs nach ihrer/seiner Meinung über bekannte Menschen und Ereignisse aus den Tagesnachrichten. Stellen Sie zwei oder drei Fragen mit Verben aus dem Wortschatz. Bei den Antworten sollen Sie auch Ausdrücke aus dem Wortschatz verwenden.

> BEISPIEL   *Was denkst/hältst du von Zensur im Internet?*
> —*Das halte ich nicht für gut/notwendig* (necessary), *weil …*

Schriftliche Themen

> **Tipps zum Schreiben**
>
> ### Writing with Conjunctions
>
> You can make your sentences more interesting by using coordinating and subordinating conjunctions. Coordinating conjunctions enable you to add information (**und**) or show a contrast (**aber**), a cause (**denn**), or an alternative (**oder**). Subordinate conjunctions prove particularly useful when expressing intention (**damit**), cause (**da**), reason (**weil**), or contrast (**obwohl, während**).
>
> Vary your writing style by mixing longer sentences with shorter ones. Complex sentences with more than one clause work well in explanations, but you might make key points and conclusions in shorter, simple sentences.
>
> If a subordinate clause contains information you wish to stress, consider beginning the sentence with this clause. Remember that all subordinate clauses in German must be set off by commas and that the inflected verb is placed in final position.

A **Rotkäppchen neu erzählt.** Verbessern Sie die folgende kleine Rotkäppchen-Geschichte durch den Gebrauch von Konjunktionen. Wenn Sie wollen, können Sie auch den Inhalt der Geschichte ändern oder sogar eine ganz neue Version schreiben.

> Rotkäppchen sollte der Großmutter einen Korb mit Wein und Kuchen bringen.
> Die Großmutter fühlte sich nicht wohl. Sie lag im Bett.
> Das Rotkäppchen fuhr in seinem Sportwagen durch den Wald.
> Das Rotkäppchen sah seinen Nachbarn Herrn Wolf am Rande der Straße stehen.
> Es bremste und fragte Herrn Wolf. „Wohin wollen Sie?"
> Er antwortete. Er wollte an den Strand fahren.
> Er fragte. Wohin fuhr Rotkäppchen?
> Es erzählte. Es sollte zur Oma fahren.
> Jetzt hatte es keine Lust mehr seine Oma zu besuchen.
> Es wollte lieber an den Strand fahren.
> Es lud Herrn Wolf ein mitzufahren. Sie fuhren an den Strand.
> Sie verbrachten einen wunderschönen Nachmittag.
> Die arme Oma wartete vergebens *(in vain)* auf den Korb mit Wein und Kuchen.

B **Eine Bildgeschichte.** Erzählen Sie nicht nur, was geschieht, sondern auch, was das Mädchen Susi und der Hund Bello denken. Warum denken sie so? Verwenden Sie mindestens fünf verschiedene Konjunktionen.

die Wanne *(tub)*	ausziehen *(take off)*	packen *(to grab, seize)*
füllen *(fill)*	glauben *(believe)*	die Bürste *(brush)*
der Schlauch *(hose)*	neugierig *(curious)*	sehr böse *(very angry)*
um die Ecke *(around the corner)*	zuschauen *(watch)*	in Zukunft *(in the future)*
näher kommen *(to come closer)*	stecken *(to stick)*	nie wieder *(never again)*

C **Einen Standpunkt vertreten.** Schreiben Sie über ein Thema, wofür Sie sich besonders interessieren. Erklären Sie nicht nur, *wie* Sie dazu stehen, sondern auch *warum.*

Sollten Kinder und Erwachsene weniger fernsehen?
Brauchen wir eine Energiesparpolitik?
Sollte es Zensur *(censorship)* im Internet geben?
Sollte man den Verkauf von Gewehren and Pistolen an Privatpersonen verbieten?
Sollten Ausländer unbegrenzt in die USA/nach Deutschland einwandern dürfen?
Sollte man das Klonen von Tieren oder Menschen erlauben?
Sollten alle Kinder eine Fremdsprache lernen?

BEISPIEL   *Obwohl* ich Fremdsprachen für sehr wichtig halte, bin ich nicht der Meinung, *dass* alle Schulkinder unbedingt eine Fremdsprache lernen sollten. Manche Kinder wollen es tun, *denn* sie interessieren sich für andere Länder und Kulturen. Aber es gibt andererseits Kinder, die... *Indem* man sie dazu zwingt, Fremdsprachen zu lernen, ... usw.

Zusammenfassung

Rules to Remember

1   The conjunctions **aber, denn, oder, sondern,** and **und** are *coordinating;* they do not affect the position of the conjugated verb in the clauses or phrases that follow them.

2   Almost all other conjunctions are *subordinating;* the conjugated verb moves to final position within the subordinated clause.

At a Glance

Coordinating conjunctions
— V$_1$ ——— V$_2$ $\boxed{\text{c}}$ — V$_1$ ——— V$_2$

aber
denn
oder
(nicht) ...   sondern
und

Subordinating conjunctions	
— V$_1$ ——— V$_2$, $\boxed{\text{c}}$ ——— V$_2$ V$_1$	
als	ob
als ob	obgleich
bevor	obschon
ehe	obwohl
bis	seit(dem)
da	sobald
damit	solange
dass	sooft
anstatt dass	während
ohne dass	weil
so dass/sodass	wenn
falls	wenn ... auch
indem	wenn ... nicht
nachdem	wenn ... kein-

Correlative conjunctions
sowohl ... als/wie auch ...
nicht nur ... sondern auch ...
entweder ... oder ...
weder ... noch ...

Noun Genders · Noun Plurals · Weak Nouns

Grammatik

All German nouns, whether they represent persons, things, or ideas, have a grammatical gender that is indicated by the definite article: masculine **der (männlich; das Maskulinum)**, feminine **die (weiblich; das Femininum)**, or neuter **das (sächlich; das Neutrum)**. While grammatical gender (**das Genus**) overlaps with sexual gender (male beings are usually grammatically masculine, and female beings feminine), the designation follows no predictable pattern for the great majority of nouns. Thus a tree (**der** Baum) consists of a trunk (**der** Stamm), covered with bark (**die** Rinde), which emanates into a branch (**der** Ast) and eventually a leaf (**das** Blatt). There are, however, several general guidelines for determining grammatical gender, based on meaning and characteristics of the word itself (suffixes, for example), and this section lists the most useful of these.

A. Masculine nouns

The following types of nouns are usually masculine:

1. Words designating male beings, their familial relationships, professions, and nationalities

der Mann, ⸚er	der Vater, ⸚	der Arzt, ⸚e	der Engländer, -
der Junge, -n	der Sohn, ⸚e	der Koch, ⸚e	der Franzose, -n
der Herr, -en	der Bruder, ⸚	der Pilot, -en	der Italiener, -
	der Onkel, -	der Professor, -en	der Kanadier, -
	der Vetter, -n		der Amerikaner, -

2. Agent nouns derived from verbs by adding the suffix **-er** to the infinitive stem

   der Arbeit**er,** - (arbeiten)   der Mal**er,** - (malen)
   der Fahr**er,** - (fahren)   der Lehr**er,** - (lehren)

3. Days of the week, months of the year, seasons, and most weather elements

   (der) Montag   der Frühling   der Regen
   (der) Mai   der Herbst   der Schnee

4. Names of most *non-German* rivers

   der Mississippi   der Nil
   der Mekong   der Delaware

   EXCEPTIONS: **die Wolga   die Themse   die Seine**

5. Nouns ending in the suffixes **-ig, -ling, -or,** or **-us**

   der Käf**ig,** -e *(cage)*   der Lieb**ling,** -e
   der Hon**ig,** -e   der Schwäch**ling,** -e *(weakling)*
   der Mot**or,** -en   der Sozialism**us**
   der Fakt**or,** -en   der Zirk**us,** -se

6. Most nouns ending in **-en**

   der Gart**en,** ⁻   der Krag**en,** - *(collar)*   der Ost**en**
   der Haf**en,** ⁻ *(harbor)*   der Mag**en,** - *(stomach)*   der Süd**en**

B. Feminine nouns

The following types of nouns are usually feminine:

1. Words designating female beings and their familial relationships

   die Frau, -en   die Mutter, ⁻   die Schwester, -n
   die Tochter, ⁻   die Tante, -n   die Nichte, -n *(niece)*
   die Kusine, -n

2. Words designating professions and nationalities, using the suffix **-in** with masculine forms

   die Ärztin, -nen   die Engländerin, -nen
   die Köchin, -nen   die Französin, -nen
   die Pilotin, -nen   die Italienerin, -nen
   die Professorin, -nen   die Kanadierin, -nen
   die Arbeiterin, -nen   die Amerikanerin, -nen
   die Lehrerin, -nen

3. Most nouns ending in **-e** (plural **-n**)

   die Krawatte, -n   die Maschine, -n   die Sprache, -n

4. Nouns ending in the suffixes **-anz, -ei, -enz, -ie, -ik, -ion, -heit, -keit, -schaft, -tät, -ung,** or **-ur**

   die Disson**anz,** -en   die Mus**ik**   die Land**schaft,** -en
   die Konditor**ei,** -en   die Relig**ion,** -en die Rivali**tät,** -en

die Frequ**enz,** -en   die Dumm**heit,** -en   die Bedeut**ung,** -en
die Demokrat**ie,** -n   die Schwierig**keit,** -en   die Proze**dur,** -en

EXCEPTION: **der Papagei, -en** *(parrot)*

5. Names of many rivers in Germany, Austria, and Switzerland

die Donau   die Isar   die Weser
die Elbe   die Mosel   die Oder
die Havel   die Aare

EXCEPTIONS: **der Rhein**   **der Inn**   **der Lech**   **der Main**   **der Neckar**

C. Neuter nouns

The following types of nouns are usually neuter:

1. Names of continents, cities, and most countries. However, they only require an article when modified by adjectives.

Ich fliege nach Frankfurt/Europa/Deutschland. *(no article)*
Es gibt heute **ein** vereinigt**es** Europa. *(article)*

2. Nouns for many metals

das Blei *(lead)*   das Eisen *(iron)*   das Gold
das Metall   das Silber   das Uran

EXCEPTIONS: **der Stahl**   **die Bronze**

3. Letters of the alphabet

ein kleines G   das große H

4. Infinitives and other parts of speech when used as nouns

(das) Lesen *(reading)*   das Ich *(ego)*
(das) Schreiben *(writing)*   das Für und Wider *(arguments for and against)*

5. Nouns ending in the suffix **-tum**

das Christen**tum**   das Juden**tum**   das Eigen**tum** *(possession)*

EXCEPTIONS: **der Reichtum, ̈er** *(wealth)*   **der Irrtum, ̈er** *(error)*

6. Nouns with the diminutive suffixes **-chen, -lein** (and their dialect variations **-erl, -el, -le, -li**). Also nouns with the suffixes **-ment** and **-(i)um.**

das Mäd**chen,** -   das Experi**ment,** -e
das Büch**lein,** -   das Dat**um,** die Daten
das Buss**erl,** - *(kiss, smooch)*   das Muse**um,** die Museen
das Häus**le,** -   das Med**ium,** die Medien

7. Most collective nouns beginning with the prefix **Ge-**

Berge $\longrightarrow$ das **Ge**birge   Wolken $\longrightarrow$ das **Ge**wölk
Büsche $\longrightarrow$ das **Ge**büsch   Schreie $\longrightarrow$ das **Ge**schrei *(screaming)*

D. Compound nouns

In compound words, both gender and plural are governed by the last word in the compound.

> **das** Eisen, - *(iron)*
> **die** Eisen**bahn, -en** *(railroad)*
> **der** Eisenbahn**schaffner, -** *(railroad conductor)*
> **die** Eisenbahnschaffner**uniform, -en** *(railroad conductor's uniform)*

E. Nouns with dual gender

1. Some words that look identical have different genders to distinguish their meaning. Here are some common examples:

der Band, ̈e	*volume, i.e., a book*	der Messer, -	*gauge*
das Band, ̈er	*ribbon, tape*	das Messer, -	*knife*
die Band, -s	*band, music group*	der Moment, -e	*moment*
der Flur, -e	*hallway*	das Moment, -e	*factor*
die Flur, -en	*meadow, pasture*	der Schild, -e	*shield*
der Gefallen, -	*favor*	das Schild, -er	*sign, signboard*
das Gefallen	*pleasure*	der See, -n	*lake*
der Gehalt, -e	*content(s)*	die See, -n	*sea*
das Gehalt, ̈er	*salary, wages*	der Tor, -en	*fool*
der Kunde, -n	*customer, client*	das Tor, -e	*gate, portal, soccer goal*
die Kunde	*news, notice, information*		

2. The word **Teil** *(part, element, share)* can be either masculine or neuter, but the respective meanings differ only slightly. It is usually masculine (**der Teil**) when referring in general to a *part* of something (**ein großer *Teil* der Bevölkerung** = *a large part of the population*); it is neuter (**das Teil**) when referring to *mechanical parts* (**das Autoteil, -e**) or (colloquially) to articles of clothing (**Du, ich hab' *ein neues Teil* gekauft!**). It can be either masculine or neuter in the more abstract meaning of *share*: **Die Frau hat wirklich *ihr(en) Teil* gegeben** = *That woman really did her share.* Compounds using **Teil** can be either masculine, as in **der Vorteil** *(advantange)* and **der Nachteil** *(disadvantage);* or neuter, as in **das Gegenteil** *(opposite)* and **das Urteil** *(verdict, judgment).*

3. **Meter** and its compounds and **Liter** are now usually treated as masculine, although some dictionaries still list neuter as the officially preferred gender (see 22.3.B).

12.2   **NOUN PLURALS**

There are five basic plural endings for German nouns: **-, -e, -er, -en,** and **-s.** In some instances, the stem vowel of the noun also has an umlaut. In the plural, all nouns take the same article (**die**). The following guidelines should be considered rules of thumb only, for there are exceptions.

A. No plural ending (- or ̈)

Most masculine and neuter nouns ending in **-el, -en, -er** take no plural ending, though many that are masculine do take an umlaut.

der Sessel, **die Sessel**   der Mantel, **die Mäntel**
der Wagen, **die Wagen**   der Garten, **die Gärten**
der Fahrer, **die Fahrer**   der Vater, **die Väter**
das Kissen *(pillow)*, **die Kissen**
das Fenster, **die Fenster**

EXCEPTIONS: **der Stachel, -n** *(thorn, prickle, stinger)*
der Vetter, -n *(male cousin)*

B. Plural ending -e or ̈e

1. A large number of monosyllabic masculine and neuter nouns take an **-e** ending in the plural. Some of these masculine nouns also take an umlaut.

   der Tisch, **die Tische**   der Bach, **die Bäche**
   das Jahr, **die Jahre**   der Stuhl, **die Stühle**

   EXCEPTIONS: der Mann, **die Männer;** der Wald, **die Wälder**

2. About thirty monosyllabic feminine nouns also take the plural ending **-e** and add an umlaut.

   die Angst, **die Ängste**   die Bank, **die Bänke**
   die Hand, **die Hände**   die Wand, **die Wände**

   ALSO: **die Brust, die Faust** *(fist),* **die Frucht, die Haut** *(skin; hide),* **die Kraft** *(strength),* **die Kuh, die Kunst, die Laus, die Luft, die Macht** *(power),* **die Maus, die Nacht, die Wand, die Wurst,** and a few others.

C. Plural ending -er or ̈er

Many monosyllabic neuter words take an **-er** plural ending and also have an umlaut when possible.

das Buch, **die Bücher**   das Bild, **die Bilder**
das Dorf, **die Dörfer**   das Kleid, **die Kleider**

D. Plural ending -(e)n

1. Almost all feminine nouns, including all those with feminine suffixes, take an **-(e)n** plural ending, but no umlaut.

   die Mauer, **die Mauern**   die Zeitung, **die Zeitungen**
   die Stunde, **die Stunden**   die Universität, **die Universitäten**

2. Nouns with the feminine suffix **-in** double the **-n** before the plural ending.

   die Autorin, **die Autorinnen**   die Polizistin, **die Polizistinnen**

E. Plural ending -s

Many foreign words, particularly those ending in the vowels **-a** or **-o,** take an **-s** plural ending.

  das Büro, **die Büros**   die Kamera, **die Kameras**

F. Nouns without plurals

1. German nouns designating materials such as **Zucker** *(sugar)*, **Wolle** *(wool)*, and **Stahl** *(steel)*, or abstract concepts like **Liebe** *(love)*, **Hass** *(hatred)*, and **Intelligenz** *(intelligence)* have no plural form.

2. Many collective nouns beginning with **Ge-** appear most often in the singular. Their English forms are often plural.

  das Gebirge   *mountains*   das Geschirr   *dishes*
  das Gebüsch   *bushes*   das Gewölk   *clouds*

3. Certain English nouns always take a plural form, whereas their German equivalents have both singular and plural forms like most nouns.

  eyeglasses ⟶ die Brille *(one pair);* **die Brillen** *(multiple pairs)*
  scissors ⟶ die Schere *(one pair);* **die Scheren** *(multiple pairs)*

G. Non-standard plural formations

A small number of nouns in both German and English have no plural form as such, yet the language has contrived a way to refer to multiple cases by manipulating or adding to the word, as in *jewelry* ⟶ *pieces of jewelry,* which parallels the German **der Schmuck** ⟶ **die Schmuckstücke.** Like English, the German word used for such plurals sometimes has a singular form of its own as well (for example, **das Schmuckstück**).

  das Alter   *age*   **die Altersstufen**
  der Betrug   *deception*   **die Betrügereien**
  die Furcht   *fear*   **die Ängste**
  der Kaufmann   *businessman* ⎫
  die Kauffrau   *businesswoman* ⎭   **die Kaufleute**
  der Kummer   *anxiety*   **die Kümmernisse**
  der Rat   *advice*   **die Ratschläge**
  der Streit   *quarrel*   **die Streitereien**

12.3 WEAK NOUN DECLENSIONS

1. A particular group of masculine nouns adds **-(e)n** to all cases singular and plural except the nominative singular.

	Sing.	Pl.
Nom.	der Mensch	die Menschen
Acc.	den Menschen	die Menschen
Dat.	dem Menschen	den Menschen
Gen.	des Menschen	der Menschen

Nouns of this type include:

a. Some nouns denoting male beings in general

der Bauer *(farmer)*	der Herr[1]	der Kunde *(customer)*
der Bote *(messenger)*	der Junge	der Nachbar
der Experte	der Knabe *(boy)*	der Riese *(giant)*

b. A number of nouns indicating nationality or religious affiliation

der Chinese	der Russe	der Buddhist	der Katholik
der Grieche	der Türke	der Jude	der Protestant

c. All nouns designating male beings and ending in the foreign suffixes **-ant, -arch, -ast, -ege, -ent, -ist, -oge, -om, -oph, -ot**

der Komödi**ant**	der Stud**ent**	der Astron**om**	der Mon**arch**	der Poliz**ist**
der Philos**oph**	der Enthusi**ast**	der Psychol**oge**	der Pil**ot**	der Koll**ege**

2. A few weak nouns have a genitive singular ending in **-ens.**

	Sing.	Pl.
Nom.	der Name	die Namen
Acc.	den Namen	die Namen
Dat.	dem Namen	den Namen
Gen.	des Nam**ens**	der Namen

Other common nouns of this type include:

der Friede(n) *(peace)*   der Gedanke *(thought)*   der Glaube *(belief)*   der Wille *(will)*

3. The weak neuter noun **das Herz** is irregular in the singular.

	Sing.	Pl.
Nom.	das Herz	die Herzen
Acc.	das Herz	die Herzen
Dat.	dem Herzen	den Herzen
Gen.	des Herzens	der Herzen

---

[1] **Herr** takes **-n** in the singular (**dem Herrn, des Herrn,** etc.), but **-en** in the plural (**den Herren, der Herren,** etc.).

Wortschatz
Tierisch gut!

How many of these animal names do you already know or can you guess? Weak nouns (see 12.3) are indicated by *wk.* in parentheses. Where appropriate, sounds made by these animals are indicated. Write in plurals based upon the guidelines in this chapter. Answers are printed upside down on the last page of this chapter.

Animal	Plural	Sound
der Affe *(wk.)*		schreien
die Ameise *(ant)*		—
der Bär *(wk.)*		brüllen/brummen
die Biene		summen
der Bock		meckern
der Delphin		—
das Eichhörnchen *(squirrel)*		—
die Ente *(duck)*		quaken, schnattern
der Esel		schreien
die Eule *(owl)*		schreien
der Falke *(wk.)*		schreien
der Fink *(wk.) (finch)*		zwitschern
die Fliege		summen
der Floh		—
der Frosch		quaken
der Fuchs		bellen, heulen, jaulen
die Gans		schnattern
die Gemse *(chamois)*		—
die Giraffe		—
der Hai(fisch)		—
der Hahn; das Huhn		krähen/gackern
der Hund		bellen
der Igel *(hedgehog)*		quieken
der Jaguar		brüllen
das Kamel		brüllen

Animal	Plural	Sound
die Katze; der Kater		miauen
die Kröte *(toad)*		quaken
die Kuh		muhen
das Lamm		blöken
der Löwe *(wk.)*		brüllen
der Maulwurf *(mole)*		—
die Maus		quieken
die Motte		—
die Mücke *(der Moskito)*		surren
das Nilpferd *(hippopotamus)*		grunzen
der Orang-Utan		brüllen
der Panther		brüllen
der Papagei		sprechen
der Pinguin		—
das Pferd		wiehern
die Ratte		quieken
das Schaf		blöken
die Schlange		zischen
der Schmetterling *(butterfly)*		—
das Schwein; die Sau		grunzen
der Seehund		bellen
die Spinne		—
der Stier		brüllen
das Stinktier		—
der Strauß *(ostrich)*		schreien
der Tausendfüßler		—
der Tiger		brüllen
der Uhu *(large owl)*		schreien
der Vogel		zwitschern; piepsen
der Wal(fisch)		—
der Waschbär *(wk.)* *(raccoon)*		—
der Wellensittich *(parakeet)*		piepsen
der Wolf		heulen
die Ziege *(goat)*		meckern

Übungen

A **Der, die oder das?** Geben Sie Genus und Plural.

1. Diktatur
2. Spitze (*point*)
3. Winter
4. Pessimist
5. Männlein
6. Kater
7. Meldung (*announcement*)
8. Getränk
9. Käfig (*cage*)
10. Häftling (*prisoner*)
11. Name
12. Baustelle
13. Nation
14. Portugiese
15. Wissenschaft (*science*)
16. Bogen (*bow, arch*)
17. Trainerin
18. Partei
19. Kollege
20. Eichhörnchen
21. Geldverdiener (*wage earner*)
22. Maus
23. Anachronismus
24. Fabrik (*factory*)
25. Schläfchen
26. Anwalt (*lawyer*)
27. Band
28. Nilpferd

B **Männlich, weiblich oder sächlich?** Welches Wort passt auf Grund des Genus nicht in die Reihe? Warum nicht?

> **BEISPIEL**   Christentum, Judentum, Heldentum, Irrtum
> *Irrtum ist **der** (männlich), die anderen sind alle **das** (sächlich).*

1. Kirche, Jude, Riese, Junge
2. Brust, Macht, Kunst, Gehalt
3. Winter, Sommer, Herbst, Frühjahr
4. Klugheit, Vehemenz, Soziologe, Legalität
5. Gebäck, Gemüse, Geschmack, Getränk
6. Garten, Wagen, Ofen, Laufen
7. Neckar, Elbe, Oder, Mosel
8. Schreiber, Bäcker, Elektriker, Tochter
9. Präsident, Dissident, Experiment, Agent
10. Biene, Giraffe, Löwe, Mücke

C **Plural.** Welche Wörter in Übung B haben eine Pluralform? Nennen Sie diese Formen.

D **Der → Die.** Machen Sie aus männlichen Substantiven weibliche Substantive.

> **BEISPIEL**   der Wissenschaftler (*scientist*)
> *die Wissenschaftlerin*

1. der Arzt
2. der Polizist
3. der Tänzer
4. der Afrikaner
5. der Biologe
6. der Präsident
7. der König
8. der Methodist
9. der Nachbar

E **Welche Tiere kennen Sie?**   Nennen Sie ...

ein Tier, das Federn hat, aber nicht fliegen kann,
zwei Tiere, die sechs Beine haben,
drei Tiere, die den Menschen etwas geben,
vier Tiere, die gut schwimmen,
fünf Tiere, die fliegen,
sechs Tiere, die wir im Haus haben können,
sieben Tiere, die im Dschungel leben,
acht Tiere, die kleiner sind als eine Katze.

F **Substantive mit schwacher Deklination.**   Ergänzen Sie die Sätze mit passenden Substantiven.

BEISPIEL   Nach so vielen Kriegen wünscht man sich den ＿＿.
*Nach so vielen Kriegen wünscht man sich den **Frieden.***

1. Im Weißen Haus findet man den ＿＿.
2. Bei einem Verbrechen *(crime)* ruft man einen ＿＿.
3. Fliegen ist der Beruf eines ＿＿.
4. Eine Person, die an die Lehren von Karl Marx glaubt, nennt man einen ＿＿.
5. Der Papst im Vatikan ist das geistliche Oberhaupt *(head)* der ＿＿.
6. Im Geschäftsleben hat der ＿＿ immer recht.

Anwendung

A **Themenbereiche *(topic areas).***   Wählen Sie *(choose)* ein Thema, das Sie interessiert. (Sie müssen sich nicht unbedingt *[absolutely]* an die Themenvorschläge halten.) Schlagen Sie acht bis zehn Substantive zu diesem Thema nach *(look up)*. Merken Sie sich Genus und Plural von diesen Wörtern. Schreiben Sie Ihre Wörter *ohne* Genus und Plural auf ein Blatt Papier. Nennen Sie auch den Themenbereich, zu dem Ihre Wörter gehören. Geben Sie die Karte an jemanden im Kurs weiter, der dieses Thema nicht gewählt hat. Sie/Er soll versuchen, Bedeutung, Genus und Plural von diesen Wörtern zu erraten *(guess)*. Wenn sie/er ein Wort nicht erraten kann, erklären Sie es ihr/ihm auf Deutsch.

BEISPIEL   Thema: *der Garten*

Spaten	der Spaten, - *(spade)*
Harke	die Harke, -n *(rake)*
Pflanze	die Pflanze, -n *(plant)*
Samen	der Samen, - *(seed)*
Beet	das Beet, -e *(bed, patch)*
Schlauch	der Schlauch, ̈e *(hose)*
Erde	die Erde, -n *(soil)*
Dünger	der Dünger, - *(fertilizer, manure)*

das Auto
Blumen und Pflanzen
der Computer
(der) Film
das Fliegen
(das) Haus und (die) Wohnung
Krankheiten
die Landschaft
der menschliche Körper
die Musik
die Politik
(die) Reise und (der) Urlaub
(der) Sport und Sportarten
die Tierwelt (siehe **Wortschatz**)

B **Schlau wie ein Fuchs.**   Ergänzen Sie die folgenden Redewendungen *(idiomatic expressions)* mit Tiernamen aus dem Wortschatzkasten. Jede Redewendung hat einen entsprechenden *(corresponding)* Ausdruck auf Englisch. Können Sie ihn erraten?

> BEISPIEL   aus einer _____ einen _____ machen
> *aus einer* **Mücke** *einen* **Elefanten** *machen (aus etwas Kleinem etwas Großes machen = to make a mountain out of a molehill)*

Bock   Fliegen *(pl.)*   Katze   Elefant   Hühner *(pl.)*   Säue *(pl.)*   Eulen *(pl.)*
Hunde *(pl.)*   Stier

1. die _____ aus dem Sack lassen
2. vor die _____ gehen
3. Perlen vor die _____ werfen
4. den _____ zum Gärtner machen
5. sich wie ein _____ im Porzellanladen benehmen *(behave)*
6. mit den _____ schlafen gehen
7. zwei _____ mit einer Klappe *(swatter)* schlagen
8. _____ nach Athen tragen
9. den _____ bei/an den Hörnern packen *(grab)*

C **Themenkreise.**   Wählen Sie ein Thema aus und sammeln Sie Substantive zu diesem Thema. Schreiben Sie die Substantive wie in den Beispielen in einem Kreis *(circle)* um das Thema herum. Lesen Sie dann einer Partnerin/einem Partner die Vokabeln vor, ohne das Thema zu nennen. Kann die Partnerin/der Partner das Thema erraten? Bilden Sie dann mit Ihrer Partnerin/Ihrem Partner die Pluralformen der Substantive.

BEISPIELE

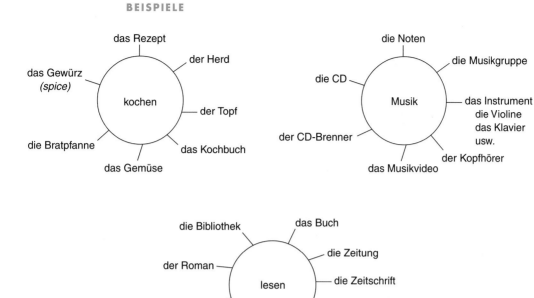

Schriftliche Themen

Tipps zum Schreiben	**Checking for Correct Genders and Plurals** After writing the first draft of a composition, go back and reread it for meaning. Make any necessary revisions so that your ideas are clear. Then check to make sure all nouns and articles are used in the proper gender and with the correct plural endings.

A Beschreibung eines Ortes oder eines Gegenstands. Beschreiben Sie ausführlich *(in detail)* einen Gegenstand oder einen Ort mit allem, was dazu gehört *(belongs)*.

Ihr Auto
ein Garten (mit Gemüse und Blumen)
Ihr Heimcomputer
ein Spielplatz
etwas Besonderes, was Sie besitzen

BEISPIEL   Mein Vater hat noch einen sehr alten Computer bei uns zu Hause. Es ist ein Laptop-Gerät mit Festplatte *(hard drive)* und einem Diskettenlaufwerk *(floppy disk drive)* aber keinem CD-Laufwerk. Der Bildschirm *(screen)* ist schwarzweiß und recht klein und die Tastatur *(keyboard)* passt meinen Fingern überhaupt nicht. Im Computer befinden sich ein altes Textbearbeitungsprogramm *(word-processing program)* und einige einfache Spiele. Der Drucker *(printer)* hat eine Druckgeschwindigkeit *(printing speed)* von nur sechs Seiten pro Minute und die Qualität ist ... usw.

**B   Kurze Einleitung *(introduction).*   Schreiben Sie eine kurze Einleitung zu einer Aktivität, die Sie besonders interessiert. Sie können z. B. erklären, welche Gegenstände man dazu braucht und wozu man sie braucht.

BEISPIEL   Zum Bergsteigen braucht man eine gute Ausrüstung. Dazu gehören vor allem stabile Schuhe und ein Rucksack. Eine Wanderkarte, einen Kompass, Wanderproviant *(hiking rations)* und eine warme Jacke darf man auch nicht vergessen. Wer in felsige *(rocky)* Regionen hochsteigt, muss auch ...

Zusammenfassung

Rules to Remember

1   There are three genders, corresponding to the definite articles **der, die, das.**

2   Most male beings are **der;** most female beings are **die.** Other nouns can be any of the three genders.

3   There is no gender distinction in the plural; all nouns take the article **die.**

4   Weak nouns take -(e)n in all forms but the nominative singular: **der Experte, den Experten;** *pl.* **die Experten. Der Herr, den Herrn;** *pl.* **die Herren.**

5   Most nouns ending in **-e** are feminine and take **-n** in the plural: **die Tasche, -n.**

At a Glance

Masculine suffixes	
-ig	der Honig
-ling	der Schwächling
-or	der Motor
-us	der Zirkus

Suffixes of weak masculine nouns	
-ant	der Komödiant
-arch	der Patriarch
-ast	der Enthusiast
-ege	der Kollege
-ent	der Präsident
-ist	der Komponist
-oge	der Meteorologe
-om	der Astronom
-oph	der Philosoph
-ot	der Pilot

Neuter suffixes	
-chen	das Mädchen
-lein	das Tischlein
-ment	das Testament
-(i)um	das Datum
	das Studium
-erl **-el** **-le** **-li**	*(dialect variants)*

Feminine suffixes	
-anz	die Toleranz
-ei	die Partei
-enz	die Frequenz
-ie	die Aristokratie
-ik	die Grammatik
-ion	die Religion
-heit	die Schönheit
-keit	die Freundlichkeit
-schaft	die Freundschaft
-tät	die Universität
-ung	die Vorlesung
-ur	die Prozedur

Plural formations	
-/-̈	Fenster → **Fenster**
	Garten → **Gärten**
-e/-̈e	Tisch → **Tische**
	Stuhl → **Stühle**
-er/-̈er	Bild → **Bilder**
	Buch → **Bücher**
-(e)n	Tür → **Türen**
	Mauer → **Mauern**
-s	Büro → **Büros**

Animal Plurals (see pp. 178–179): Affen, Ameisen, Bären, Bienen, Böcke, Delphine, Eichhörnchen, Enten, Esel, Eulen, Falken, Finken, Fliegen, Flöhe, Frösche, Füchse, Gänse, Gemsen, Giraffen, Haie (Haifische), Hähne, Hühner, Hunde, Igel, Jaguare, Kamele, Katzen, Kater, Kröten, Kühe, Lämmer, Löwen, Maulwürfe, Mäuse, Motten, Mücken (Moskitos), Nilpferde, Orang-Utans, Panther, Papageien, Pinguine, Pferde, Ratten, Schafe, Schlangen, Schmetterlinge, Schweine, Säue (Sauen), Seehunde, Spinnen, Stiere, Stinktiere, Strauße, Tausendfüßler, Tiger, Uhus, Vögel, Wale (Walfische), Waschbären, Wellensittiche, Wölfe, Ziegen

13
Adjectives

Grammatik

ADJECTIVES WITHOUT ENDINGS

1. Adjectives (**das Adjektiv, -e**) provide additional information about nouns and pronouns. When they provide this information via the linking verbs **sein, werden,** and **bleiben,** that is, as *predicate adjectives,* they do not have endings.

Die Stadt Rosenheim *ist* **klein.**	*The city of Rosenheim is small.*
Dieses Problem *wird* jetzt **kompliziert.**	*This problem is now becoming complicated.*

2. In German, many adjectives can also be used without endings as adverbs.

Der Schnee fiel **leise.**	*The snow fell softly.*
Du musst **fleißig** lernen.	*You must study diligently.*

ADJECTIVES WITH ENDINGS

When adjectives are followed by the nouns they modify, they are called *attributive adjectives* and require endings. The ending depends on what kind of article (if any) precedes the adjective. If the article includes sufficient information about the number, gender, and case of the following noun, the adjective takes a *weak* ending. If the article does not include this information, or if there is no article, the adjective requires a *strong* ending which approximates the definite article.

A. Contexts for weak endings

Most articles in fact supply this information, so that most of the time, adjectives following an article require only a weak ending. This is true for all **der**-words—the definite articles, as well as **dieser, jeder, jener, mancher, solcher,** and **welcher** (see 5.3)—in all cases. It is also true in most contexts for **ein**-words, which include **ein** and **kein** as well as **mein, dein, sein, ihr, unser, euer, ihr,** and **Ihr** (see 5.4). In fact, the only instances in which an article does *not* provide sufficient information are the three occasions where **ein**-words have no endings to distinguish gender: *masculine nominative singular* (**dein Freund ist hier**), and *neuter nominative and accusative singular* (**mein Buch liegt da/ich sehe kein Buch**). Except for these three instances, an adjective preceded by a **der**-word or an **ein**-word takes a *weak* ending. These are distributed over the genders and cases as follows:

	Masc.	Fem.	Neut.	Pl.
Nom.			-e	
Acc.				
Dat.		-en		-en
Gen.				

Singular			
	Masc.	**Fem.**	**Neut.**
Nom. Acc. Dat. Gen.	**der** klein**e** Hobbit ohne **den** klein**en** Hobbit mit **dem** klein**en** Hobbit trotz **des** klein**en** Hobbits	**die** schön**e** Elfin gegen **die** schön**e** Elfin von **der** schön**en** Elfin wegen **der** schön**en** Elfin	**das** weiß**e** Pferd für **das** weiß**e** Pferd auf **dem** weiß**en** Pferd statt **des** weiß**en** Pferdes
Plural			
Nom. Acc. Dat. Gen.	**die** bös**en** Reiter *(riders)* durch **die** bös**en** Reiter weg von **den** bös**en** Reitern diesseits **der** bös**en** Reiter		

B. Contexts for strong endings

1. When there is no **der**-word or **ein**-word preceding an attributive adjective, or when the **ein**-word gives only partial information (as in the three instances listed above), then the adjective takes a *strong* ending, which provides the requisite information. The strong endings are shown on p. 188.

	Masc.	**Fem.**	**Neut.**	**Pl.**
Nom.	-er	-e	-es	-e
Acc.	-en	-e	-es	-e
Dat.	-em	-er	-em	-en
Gen.	-en	-er	-en	-er

sein verzauber**ter** *(magical)* Ring
ihr einzig**es** Ziel *(goal)*
auf schwarz**en** Pferden

mit wachsend**em** *(growing)* Interesse
aus alt**er** Freundschaft
sprechend**e** Bäume *(trees)*

2. Notice how these endings bear strong resemblance to the definite articles (**-er** for **der,** **-es** for **das,** etc.), indicating their function of providing similar grammatical information. The only apparent exceptions to this pattern are the endings for *masculine* and *neuter genitive singular,* which are **-en** instead of the expected **-es.** But even these conform to principle: Since genitive masculine and neuter nouns show number and case with the **-(e)s** ending, the adjectives preceding them do not need to emphasize this information, as in **ein Zeichen besonderen Mutes** *(a sign of particular courage).*

C. Adjective ending summary

At least one modifier before a noun—either an article or an adjective—must show information regarding number, gender, and case. Compare the following examples, and notice the similarity of articles and endings.

	Singular		
	***der*-word**	***ein*-word**	**No article**
Nom.	**dieser** neue Mut *(courage)*	sein neu**er** Mut	neu**er** Mut
Nom.	**das** echte Glück *(luck)*	ein echt**es** Glück	echt**es** Glück
Nom./Acc.	**jede** große Macht *(power)*	ihr**e** große Macht	groß**e** Macht
Dat.	(mit) **der** neuen Kraft *(strength)*	sein**er** neuen Kraft	neu**er** Kraft
	Plural		
Nom.	**solche** starken Feinde *(enemies)*	ihre starken Feinde	stark**e** Feinde
Dat.	(mit) **den** treuen Freunden	ihr**en** treuen Freunden	treu**en** Freunden
Gen.	(wegen) **der** großen Gefahr *(danger)*	ihr**er** großen Gefahr	groß**er** Gefahr

D. Additional rules

1. All adjectives in a series take the same ending.

Du hast schön**e** blau**e** Augen.

You have beautiful blue eyes.

Ich mag deine schön**en** blau**en** Augen.

I like your beautiful blue eyes.

2. Adjective stems ending in **-er** and **-el** drop the stem **e** when they have adjective endings.

   teuer: ein teu**res** Auto   dunkel: eine dun**kle** Farbe

3. The adjective **hoch** drops the **c** when it has an adjective ending.

   hoch: ein **hoher** Berg

4. The adjectives **beige, lila** *(lilac)*, **orange, rosa** *(pink)*, and **prima** *(great)* are invariable; they do not take endings.

   ein **rosa** Kleid   das **lila** Hemd   eine **prima** Idee

5. The adjectives **halb** and **ganz** do not take endings before names of towns, countries, and continents, unless the name requires an article (see 5.1).

   halb Europa *(half of Europe)*
   ganz Frankreich *(all of France)*

   BUT:

   die **ganze** Türkei *(all of Turkey)*
   die **halbe** Schweiz *(half of Switzerland)*

6. Adjectives of nationality behave like all other descriptive adjectives (**die Schweiz** is an exception; see below). They are capitalized only when used in proper names.

   deutsche Kultur   **französische** Städte   **russischer** Wodka

   BUT:

   Die **Deutsche** Bank   Die **Französischen** Eisenbahnen

7. Adjectives based on the names of cities or towns take no endings and are formed by adding the suffix **-er** to the noun. All capitalization is retained. The adjective of nationality based on **die Schweiz** also follows this rule.

   Dieser Zug fährt zum **Frankfurter** Flughafen.

   Er hat ein **Schweizer** Bankkonto.

13.3   LIMITING ADJECTIVES

A. *Wenig, etwas, genug, viel*

The singular limiting adjectives **wenig** *(little)*, **etwas** *(some)*, **genug** *(enough)*, and **viel** *(much, a lot of)* are used only with singular nouns. They themselves take no endings,[1] which means that adjectives following them require strong endings.

Sie machte ein Sandwich mit **etwas** frisch**em** Brot.	*She made a sandwich with some fresh bread.*
Er trank normalerweise **wenig** kalt**es** Wasser.	*Normally, he drank little cold water.*

---

[1] Occasionally **viel** and **wenig** do occur in the accusative and dative with optional endings: **mit viel(<u>em</u>) Ärger** *(with much aggravation)*; **nach wenig(<u>em</u>) Erfolg** *(after little success)*. The ending is not optional in the expression **vielen Dank.**

B. *Ein paar*

The plural limiting phrase **ein paar** *(a few, a couple of)*, used with plural nouns, likewise takes no ending, so that any following adjectives require strong endings.

Sie hatte **ein paar** gute Freunde.   *She had a couple of good friends.*

C. *Wenige, andere, einige, mehrere, viele*

Other plural limiting adjectives, such as **wenige** *(few)*, **andere** *(other)*, **einige** *(some, several)*, **mehrere** *(several, a number of)*, and **viele** *(many)*, function as adjectives themselves. Like all adjectives, their endings depend on the preceding article or (as is often the case with these) the absence of an article. All subsequent adjectives take the same ending.

Ich kenne **einige** deutsche Studenten hier.   *I know some German students here.*

Dort findet man **viele** interessante   *One finds many interesting stores there.*
  Geschäfte.

Hast du seine **vielen** interessanten   *Have you seen his many interesting*
  Briefmarken gesehen?   *postage stamps?*

D. *All-*

1. In the plural, **all-** functions like a **der**-word (see 5.3); any adjectives following **all-** take the weak ending -**en.**

   Alle groß**en** Geschäfte haben jetzt   *All (the) large stores are now having*
     Sommerschlussverkauf.   *summer sales.*

2. When **all-** precedes an article or possessive adjective, its ending is often omitted—usually so when **all-** is plural, and always when **all-** is singular. The articles and possessive pronouns remain unaffected by **all(e),** and any following adjectives still require the normal endings.

   Hast du **all(e) die** komisch**en** Bilder   *Did you see all the strange pictures?*
     gesehen?

   Er hat die Namen **all(er) seiner** neu**en**   *He wrote down the names of all his new*
     Schüler aufgeschrieben.   *pupils.*

   All mein Geld ist weg!   *All (of) my money is gone!*

E. *Ganz instead of all-*

Instead of **all-** (singular and plural), German sometimes uses an article or possessive pronoun followed by **ganz-** *(all, whole, complete)*. In this usage, **ganz-** functions like any other adjective and takes weak and strong endings. Note, however, that **all-** and **ganz-** are not simply interchangeable, and do not correspond directly to English usage with *all* and *whole*.

In the singular, German prefers **ganz-,** while *all* and *whole* are equally acceptable in English, at least in most cases. When **all-** occurs in the singular, it takes no ending and is followed by an article or possessive adjective.

Ich habe **die** ganze Nacht geschlafen.	*I slept all night/the whole night.*
Sie arbeitete **den** ganzen Tag.	*She worked all day/the whole day.*
Mein ganzes Leben habe ich auf dich gewartet.	*I've been waiting for you all my life/my whole life.*

BUT:

Ich habe **mein** ganz**es** Geld für dieses Auto ausgegeben.

Ich habe **all mein** Geld für dieses Auto ausgegeben.

⎫ *I spent all my money on this car.*

In plural usage, German allows either **all-** or **ganz-,** whereas English only allows *all:*

All(e) meine Freunde machen mit.

Meine ganz**en** Freunde machen mit.

⎫ *All my friends are participating.*

Wir haben **all(e) unsere** nass**en** Sachen draußen gelassen.

Wir haben **unsere** ganz**en** nass**en** Sachen draußen gelassen.

⎫ *We left all our wet things outside.*

13.4 ADJECTIVES GOVERNING CASES

A. Adjectives with the dative or with *für* + accusative

1. The following adjectives normally require a noun or pronoun in the dative when used as predicate adjectives. The adjective is positioned at the end of the middle field (see 1.1.C).

(un)ähnlich	*(dis)similar, (un)like*	(un)klar	*(un)clear*
(un)bekannt	*(un)known*	nahe	*near, close*
(un)bequem	*(un)comfortable*	schuldig	*in debt (to owe)*
(un)bewusst	*(un)aware*	teuer	*expensive, valuable*
(un)dankbar	*(un)grateful*	überlegen	*superior*
fremd	*strange, alien*	wert	*worth, of value*
gehorsam	*obedient*		

Sie ist *ihrer Mutter* sehr **ähnlich.**	*She is very much like her mother.*
Sie war *ihrem Mann* in manchen Dingen **überlegen.**	*She was superior to her husband in many things.*
Deine Hilfe ist *mir* viel **wert.**	*Your help is worth a lot to me.*

2. Some common adjectives can be used either with the dative or with **für** + the accusative.

(un)angenehm   *(un)pleasant*   nützlich   *useful*
leicht   *easy*   peinlich   *embarrassing*
(un)möglich   *(im)possible*   (un)wichtig   *(un)important*

Dein Besuch war *ihm/für ihn* recht **angenehm.**	*Your visit was quite pleasant for him.*
Sein Benehmen ist *der Familie/für die Familie* sehr **peinlich.**	*His behavior is very embarrassing to/for the family.*
Es ist *mir/für mich* sehr **wichtig** zu wissen, ob sie kommt.	*It is very important to/for me to know whether she is coming.*

B. Adjectives with the genitive

The following adjectives normally require a genitive noun or pronoun when used as predicate adjectives. The adjective follows the noun or pronoun. The three adjectives marked with an asterisk are also used with the dative, but with slightly different meanings (see A, above). As with other uses of the genitive, this structure conveys a relatively formal, elevated tone.

*sich *(dat.)* bewusst   *conscious of, aware of*   *(un)schuldig   *(not) guilty of*
gewiss   *certain of*   *wert   *worth, worthy of*
müde   *tired of*

Ich war mir *der Folgen* einer solchen Tat **bewusst.**	*I was aware of the consequences of such an action.*
Die Mannschaft war *ihres Sieges* **gewiss.**	*The team was sure of its victory.*
Der Plan war *unserer Unterstützung* **wert.**[2]	*The plan was worth our support.*

13.5   **ADJECTIVES WITH PREPOSITIONAL COMPLEMENTS**

1. Some adjectives occur in combination with a complementing prepositional phrase, which may come before or after the adjective. In many instances, the preposition is different from what one might expect based on English usage (COMPARE: **sicher vor**—*safe from*), and should be learned in conjunction with the adjective to convey the phrase's particular meaning.

arm/reich an *(dat.)*   *poor/rich in*
gewöhnt an *(acc.)*   *accustomed to*
interessiert an *(dat.)*   *interested in*

---

[2] In some instances, German speakers use the adjective **wert** with the accusative.

Berlin ist *eine* Reise **wert.**   *Berlin is worth a trip.*

böse auf *(acc.)* *angry at*
gespannt auf *(acc.)* *in suspense about*
neidisch auf *(acc.)* *envious of*
neugierig auf *(acc.)* *curious about*
stolz auf *(acc.)* *proud of*
verrückt auf *(acc.)* *crazy about (something)*
wütend auf *(acc.)* *furious at*

durstig/hungrig nach *thirsty/hungry for*
verrückt nach *crazy about (someone)*

abhängig von *dependent on*
begeistert von *enthusiastic about*
überzeugt von *convinced of*

blass vor *(dat.)* *pale from/with*
sicher vor *(dat.)* *safe from*

bereit zu *ready to do*
fähig zu *capable of (doing)*

Manche Leute sind **verrückt auf** Sport.	*Many people are crazy about sports.*
Die Regierung war **von** ihrer Politik **überzeugt.**	*The government was convinced of its policy.*

2. Many of these adjectives can also be used with an anticipatory **da**-construction (see 19.2), though the **da**-compound is often optional.

Bist du (**dazu**) bereit, uns zu helfen?	*Are you ready to help us?*
Ich bin (**darauf**) gespannt, was morgen geschehen wird.	*I am anxious to know what will happen tomorrow.*

13.6 ADJECTIVE SUFFIXES

Many descriptive adjectives are formed by adding suffixes to noun stems (and sometimes verb stems). Each suffix denotes some quality or aspect of the stem word. Knowing these suffixes can aid in determining the meanings of adjectives.

A. The suffixes *-ig, -lich, -isch*

These three suffixes denote *having the quality* expressed by the noun stem. Some nouns used with these suffixes require an umlaut.

1. **-ig** often corresponds to English *-y*.

das Blut:	**blutig**	*bloody*
die Lust:	**lustig**	*funny*
der Schatten:	**schattig**	*shadowy*
der Schlaf:	**schläfrig**	*sleepy*

2. **-lich** indicates that the adjective has the quality or appearance denoted by the noun stem.

der Ärger: **ärgerlich**   *annoying*
der Frieden: **friedlich**   *peaceful*
die Gefahr: **gefährlich**   *dangerous*
die Natur: **natürlich**   *natural*

COMPARE:

der Geist: **geist<u>lich</u>**   *spiritual*   **geistig**   *intellectual*

3. **-isch** often corresponds to English *-cal*, *-ish*, or *-ic*. It is also common with nationalities and religions.

die Chemie: **chemisch**   *chemical*
der Narr: **närrisch**   *foolish*
der Franzose: **französisch**   *French*
der Jude: **jüdisch**   *Jewish*
der Katholik: **katholisch**   *Catholic*

COMPARE:

das Kind: **kind<u>isch</u>**   *childish*   **kind<u>lich</u>**   *childlike*

B. Other common suffixes

1. **-bar** corresponds to English *-ful*, *-ible*, or *-able*. It is often added to nouns or verb stems.

der Dank: **dankbar**   *thankful*
die Sicht: **sichtbar**   *visible*
tragen: **tragbar**   *portable, bearable*
trinken: **trinkbar**   *drinkable*

2. **-(e)n/ern** are used to create adjectives from nouns for materials, such as wood, metal, cloth. Some of these nouns require an umlaut in the adjective form.[3]

das Glas: **gläsern**   *of glass*
das Holz: **hölzern**   *wooden*
das Silber: **silbern**   *silver(y)*
der Stahl: **stählern**   *of steel*
die Wolle: **wollen**   *woolen*

3. **-haft** (*from* **haben**) denotes *having the quality or nature* of the stem noun.

der Meister: **meisterhaft**   *masterful/masterly*
die Fabel: **fabelhaft**   *fabulous*
die Tugend: **tugendhaft**   *virtuous*

---

[3] With some materials, German speakers often prefer a compound word to an adjective + noun.

ein Glasauge (*instead of* **ein gläsernes Auge**)
ein Holzbein (*instead of* **ein hölzernes Bein**)

4. **-los** indicates a *complete lack* of the quality expressed by the stem. It corresponds to English *-less*.

die Hoffnung: **hoffnungslos** *hopeless*
die Kraft: **kraftlos** *powerless*

5. **-reich/-voll** mean *full of* the quality expressed by the stem.

die Hilfe: **hilfreich** *helpful*
die Lehre: **lehrreich** *instructive*
die Liebe: **liebevoll** *loving*
der Wert: **wertvoll** *valuable*

6. **-sam** sometimes corresponds to English *-some*. It normally indicates a tendency to do the action expressed by a verb or noun stem.

biegen: **biegsam** *flexible, pliable*
die Mühe: **mühsam** *tiresome, laborious*
sparen: **sparsam** *thrifty, frugal*

Wortschatz

Gut und schlecht.

1. The following adjectives and adverbs describe very positive reactions and emotions.

ausgezeichnet excellent
erstklassig first-rate
fabelhaft fabulous, marvelous, incredible
fantastisch fantastic
glänzend splendid, magnificent, brilliant
großartig splendid, magnificent, marvelous
herrlich splendid, magnificent, lovely
klasse great
prächtig splendid, magnificent, sumptuous
prima great, first-rate
toll fantastic, incredible, terrific
vorzüglich superior, excellent choice, exquisite
wunderbar splendid, wonderful, marvelous

2. The following adjectives and adverbs describe very negative reactions and emotions.

abscheulich disgusting, revolting, repulsive
armselig poor, pitiful, wretched, miserable
böse bad, evil, wicked
entsetzlich/fürchterlich/furchtbar/schrecklich dreadful, frightful, horrible, awful, terrible

erbärmlich   pitiful, miserable, wretched
gehässig   spiteful, hateful, malicious
grässlich/grauenhaft   dreadful, ghastly, hideous
grausig   ghastly, gruesome, horrid
hässlich   ugly, nasty, hideous
lächerlich   ridiculous, ludicrous, absurd
scheußlich   abominable, revolting, foul
widerlich   disgusting, repugnant, repulsive, nauseating

Übungen

A Welche Endung fehlt?   Ergänzen Sie die Adjektive durch die fehlenden Endungen.

1. der jung_____ Nachbar; unser toll_____ Lehrer; ein erstklassig_____ Musiker
2. aus einem voll_____ Glas; aus der leer_____ Flasche; aus warm_____ Milch
3. durch ein groß_____ Feld; durch das hoh_____ Gras; durch tief_____ Wasser
4. trotz des heiß_____ Wetters; trotz eines klein_____ Sturms; trotz entsetzlich_____ Kälte *(f.)*
5. die reich_____ Familien; ihre verwöhnt_____ *(spoiled)* Kinder; gehässig_____ Leute
6. während der lang_____ Nächte; keine warm_____ Nachmittage; herrlich_____ Wintertage
7. ein braun_____ Tisch; sein rot_____ Buch; neu_____ Schuhe

B Anders ausdrücken.   Beenden Sie die Sätze. Verwenden Sie Adjektive ohne Artikelwörter.

BEISPIEL   Der Wein, den er trinkt, ist sehr herb. Er trinkt ...
Er trinkt herben Wein.

1. Das Wetter ist heute fabelhaft. Wir haben heute ...
2. Die Blumen in meinem Garten sind sehr schön. In meinem Garten wachsen ...
3. Die Leute, bei denen er wohnt, sind sehr freundlich. Er wohnt bei ...
4. Der Schnee vor dem Haus ist sehr hoch. Vor dem Haus liegt ...
5. Ihre Familie ist sehr gut. Sie kommt aus ...
6. Wenn das Wetter schlecht ist, wandern wir nicht. Wir wandern nicht bei ...

C Kluge Sprüche.   Die folgenden Sprüche sind noch nicht ganz richtig. Berichtigen Sie die Sprüche, indem Sie passende Adjektive aus der Liste einsetzen.

BEISPIEL   Liebe rostet nicht.
***Alte** Liebe rostet nicht.*

alt	kurz
geschenkt *(given as a gift)*	still
gut	voll

1. Ein Bauch *(m.; belly)* studiert nicht gern.
2. Rat *(m.; advice)* ist teuer.
3. Lügen haben Beine.
4. Einem Gaul *(m.; horse)* schaut man nicht ins Maul.
5. Wasser sind tief.

D **Nützliche Ausdrücke.** Ergänzen Sie die Ausdrücke durch passende Adjektive aus der Liste.

BEISPIEL Freunde haben
nette Freunde haben

best-	gut	laut	offen
falsch	hoch	nett	schön
groß	lang	niedrig	zweit-

1. ein Gesicht machen
2. Schulden *(debts)* machen
3. Menschen kennen lernen
4. einen Nachmittag verbringen
5. mit Stimme schreien
6. in den Jahren sein
7. wegen des Preises kaufen
8. mit Karten spielen
9. eine Note bekommen
10. die Geige spielen
11. aufs Pferd setzen
12. Lärm *(noise)* machen

E **Ein toller Mensch.** Drücken Sie die Sätze viel stärker aus.

BEISPIEL Sie ist ein netter Mensch.
*Sie ist ein **großartiger** Mensch.*

1. Sie wohnt in einem schönen Haus mit einem hübschen Garten.
2. Sie fährt auch einen guten Wagen.
3. Sie schreibt interessante Bücher.
4. Sie hat einen angenehmen Ehemann.
5. Sie kann auch gut Klavier spielen.

Wie können Sie diese Frau in einigen weiteren Sätzen beschreiben?

F **Altersstufen.** Wie geht's weiter? Verwenden Sie Adjektive mit oder ohne Artikelwörter.

BEISPIEL Mit fünf Jahren spielt man mit ...
Mit fünf Jahren spielt man mit vielen Spielsachen.

1. Mit zehn Jahren freut man sich auf *(acc.)* ...
2. Zwanzig kommt, und man träumt von ...
3. Dreißigjährige hoffen auf *(acc.)* ...

4. Vierzig ist man und plant ...
5. Mit fünfzig Jahren kann man ...
6. Mit sechzig genießt man ...
7. Was hat man mit siebzig schon alles gesehen! Zum Beispiel, ...
8. Achtzig Jahre zählt man und denkt an *(acc.)* ...
9. Wer neunzig wird, freut sich über ...

G **Ein prima Leben.** Für Angelika gibt es immer nur das Beste. Ergänzen Sie die Sätze mit Adjektiven aus dem Wortschatzkasten.

BEISPIEL Ihre Kleidung kommt direkt aus Paris. Sie trägt ____ Kleidung.
Sie trägt **Pariser** *Kleidung.*

ganz hoch holländisch lila Paris prima Schweizer teuer

1. Ihr Geld hat sie auf einem ____ Sparkonto in Zürich.
2. Sie trägt Schuhe von ____ Qualität.
3. Für Kleidung gibt sie sehr viel Geld aus. Selbstverständlich trägt sie einen ____ Ledermantel.
4. Der Käse, den sie kauft, kommt aus Holland, denn sie isst ____ Käse besonders gern.
5. Letzte Woche war sie in Frankreich und hat *Die Zauberflöte* in der ____ Oper gesehen.
6. Sie fährt einen ____ BMW.
7. Auf ihren Einkaufstouren reist sie jedes Jahr durch ____ Europa.
8. Angelika führt ein ____ Leben!

H **Ob *viel* oder *wenig*, Graz hat's!** Ergänzen Sie die Endungen.

In der Grazer Altstadt gibt es viel____ sehr gut____ Restaurants. Dort kann man vor allem im Sommer einig____ nett____ Stunden im Freien sitzen und mit Leuten plaudern. Abends sucht man vielleicht am besten einig____ der nicht wenig____ gemütlich____ Studentenkneipen auf, wo eine gut____ Stimmung herrscht *(prevails)*. Die viel____ Touristen, die nach Graz kommen, können die Landeshauptstadt der Steiermark mit wenig____ Geld aber viel____ Zeit schon richtig genießen.

I **Alles und ganz.** Machen Sie fünf Aussagen mit **all-** + Possessivpronomen (**mein-, dein-** usw.). Dann drücken Sie Ihre Aussagen durch den Gebrauch von **ganz-** anders aus.

BEISPIELE *Ich habe* **mein ganzes** *Geld für dieses Semester schon ausgegeben.*
Alle meine *Freunde sehen MTV.*
Meine ganzen *Freunde sehen MTV.*

J **Dativ oder Genitiv?** Drücken Sie die Sätze durch den Gebrauch von Adjektiven aus dem Wortschatzkasten anders aus. Einige Adjektive müssen Sie mehr als einmal benutzen.

BEISPIEL   Dieser Vorschlag hilft den Leuten wenig.
Dieser Vorschlag ist den Leuten nicht sehr nützlich.

| (un)bekannt   dankbar   fremd   gewiss   müde   nützlich   (un)schuldig   wert |

1. Von den finanziellen Schwierigkeiten unseres Nachbarn Manni wussten wir nichts.
2. Der Angeklagte *(accused)* konnte beweisen, dass er den Mord nicht begangen *(committed)* hatte.
3. Er muss einem Sportgeschäft noch viel Geld zahlen.
4. Wir sind sehr froh, dass du uns geholfen hast.
5. Deine Ausreden *(excuses)* möchten wir uns nicht mehr anhören.
6. Ihr Verständnis für seine Probleme bedeutete ihm viel.
7. An eine solche Arbeitsweise war die Frau nicht gewöhnt.
8. Sie zweifelte nicht an ihrem Erfolg.
9. Sein neuer Roman verdient *(merits)* unsere Aufmerksamkeit.

K **Welche Präposition?**   Schreiben Sie Modellsätze mit den folgenden Adjektiven + Präposition.

BEISPIEL   interessiert
*Ich bin **an** der europäischen Politik interessiert.*

1. neugierig
2. verrückt
3. überzeugt
4. stolz

5. gewöhnt
6. begeistert
7. wütend
8. gespannt

L **Exportdefizite.**   Welche ausländischen Produkte kaufen oder benutzen Sie und Ihre Familie? Machen Sie fünf Aussagen.

BEISPIELE   *Wir haben einen japanischen Fernseher.*
Zu Hause essen wir gern holländischen Käse.

M **Was ist das?**   Suchen Sie eine passende Aussage aus der zweiten Spalte *(column)*.

BEISPIEL   ein schweigsamer Mensch
Er spricht nicht viel.

1. sparsame Menschen
2. eine friedliche Epoche
3. ein lehrreicher Satz
4. ein bissiger Hund
5. traumhafter Schnee
6. eine lustige Person
7. ein sportlicher Mensch
8. sorgenlose Kinder
9. arbeitsame Menschen
10. silberne Hochzeit

a. Vorsicht!
b. Das Leben ist immer schön.
c. 25 Jahre!
d. Davon kann man etwas lernen.
e. Sie sind sicher nicht faul.
f. Endlich keine Kriege mehr!
g. Wer den Pfennig nicht ehrt ...
h. Es gibt immer etwas zu lachen.
i. Er ist fit und gesund.
j. Ja, Pulver bis zu den Knien!

N **Anders ausdrücken.** Wiederholen Sie die neuen Vokabeln in 13.6, dann drücken Sie den Inhalt der Sätze mit Adjektiven anders aus.

> **BEISPIELE** Manche Wörter kann man nicht übersetzen.
> *Manche Wörter sind nicht **übersetzbar**.*
>
> Meine Eltern sparen viel.
> *Meine Eltern sind sehr **sparsam**.*

1. Man kann dieses Radio leicht tragen.
2. Es hat keinen Sinn mehr Atomwaffen zu produzieren.
3. Die Zahl 12 kann man durch 2, 3, 4 und 6 teilen.
4. Während einer Rezession haben manche Menschen keine Arbeit.
5. Ein gutes Medikament wirkt sofort.
6. Das Dach vom renovierten Reichstagsgebäude ist aus Glas.
7. Wir fuhren gestern auf einer Bergstraße mit vielen Kurven.
8. Gedanken kann man nicht sehen, aber man kann sie denken.

Anwendung

A **Alles verrückt!** Vielleicht kennen Sie die Geschichte auf Englisch, die so beginnt: *There was a crooked man and he went a crooked mile.* Erzählen Sie eine solche Geschichte mündlich und mit dem Adjektiv **verrückt** oder mit einem anderen Adjektiv, das Ihnen besonders gefällt.

> **BEISPIEL** Es waren einmal ein verrückter Mann und eine verrückte Frau. Sie wohnten in einem verrückten Haus und hatten verrückte Kinder. Ihre verrückten Kinder gingen in eine verrückte Schule, wo sie mit anderen verrückten Kindern spielten. Sie trugen auch …

B **Sich etwas genau merken.** Arbeiten Sie mit einer Partnerin/einem Partner. Sie/Er zeigt Ihnen etwa zehn Sekunden lang ein Bild. Was können Sie jetzt mit Adjektiven noch genau beschreiben, wenn Sie das Bild nicht mehr sehen?

C **Von der guten (oder schlechten) Seite sehen.** Diskutieren Sie mit anderen Leuten im Kurs über die guten oder schlechten Seiten Ihrer Universität/Schule und der Stadt, in der Sie jetzt leben. Betonen Sie positive *und* negative Aspekte und verwenden Sie viele Adjektive.

REDEMITTEL

positiv

Ich finde, die Stadt hat ...
Besonders [schön] finde ich ...
Warst du schon in ... ?
Mir gefällt/gefallen hier vor allem ...
Die vielen ... finde ich ...
Man darf auch ... nicht vergessen.

negativ

Das meinst du, aber ich sehe das anders.
Aber andererseits gibt es nur wenig/wenige ...
Besonders deprimierend *(depressing)* finde ich ...
Vor allem stört/stören mich ...
Die vielen ... finde ich ...
Man darf auch nicht übersehen, dass ...

D **Ach, die schöne Schweiz!** Wählen Sie ein Land und teilen Sie Ihrer Partnerin/Ihrem Partner mit, welches Land Sie gewählt haben. Ihre Partnerin/Ihr Partner bildet dann vier oder fünf kurze Wortverbindungen mit Adjektiven, die sie/er mit diesem Land assoziiert.

BEISPIEL   A: die Schweiz
           B: hohe Berge, viel weißer Schnee, viele alte Städte, guter Käse, ein schöner
              Urlaub ... usw.

E **Freunde.** Beschreiben Sie für jemand eine gute Freundin/einen guten Freund von Ihnen und verwenden Sie dabei so viele Adjektive aus dem Wortschatz wie möglich! Denken Sie an das Aussehen *(appearance)*, aber auch an Hobbys, Kleidung, Familie, Meinungen, besondere Talente usw. Wie lang können Sie über sie/ihn sprechen?

Schriftliche Themen

> **Tipps zum Schreiben**
>
> **Writing with Adjectives**
>
> A text with just nouns and verbs is like a picture in black and white; adjectives can help turn it into color. With adjectives you can convey *how* you view or react to the persons, things, or events you write about. When beginning these compositions, write the first draft without adjectives. Next, check to see that all articles and nouns are in the proper cases. Then add the adjectives that best describe your topics and situations.

A   Werbung.   Sie studieren ein Jahr an einer deutschsprachigen Universität und organisieren eine Ferienreise für interessierte Studenten. Sie müssen eine kurze Werbeschrift *(prospectus)* zusammenstellen. Beschreiben Sie das Ferienziel so positiv wie möglich.

BEISPIEL   Wir fliegen im April nach Menorca! Unser preiswertes Hotel – selbstverständlich mit Vollpension! – liegt an einem traumhaft schönen Strand in der Nähe des sonnigen Städtchens Ciutadela. Tag und Nacht bietet das Hotel ein reiches Angebot an Sport- und Unterhaltungsmöglichkeiten. Auch für seine vorzügliche Küche ist das Hotel weit und breit bekannt ... usw.

B   Ein merkwürdiger *(remarkable)* Traum.   Beschreiben Sie einen merkwürdigen Traum, den Sie einmal hatten. Wenn Sie sich an keinen Ihrer Träume erinnern, können Sie vielleicht einen tollen Traum erfinden.

BEISPIEL   Einmal hatte ich einen ganz tollen Traum. Ich fuhr an einem warmen Sommerabend in einem kleinen Boot auf einem dunklen See. Um den See herum waren hohe Berge und im Westen ging eine rote Sonne gerade hinter den Bergen unter. Wie ich nun dort saß, erschien *(appeared)* plötzlich über mir ein riesiger *(gigantic)* schwarzer Vogel mit ... usw.

C   Bildhaft beschreiben.   Gehen Sie an einen Ort, der Ihnen gut gefällt. Nehmen Sie Papier und etwas zum Schreiben mit. Beschreiben Sie diesen Ort. Beginnen Sie Ihre Beschreibung mit *einem* Gegenstand an diesem Ort. Erweitern Sie dann Ihr Blickfeld allmählich *(gradually)*, bis Sie in die Ferne blicken. Nennen Sie erst im letzten Satz Ihrer Beschreibung diesen Ort.

BEISPIEL   An diesem Ort steht ein kleiner Baum mit graugrünen Nadeln. Der Baum ist so groß wie ein erwachsener Mensch und umgeben von einem breiten Rasen. Hinter dem Rasen ragt ein steinernes Haus mit einem hübschen Blumengarten hervor. Vom Haus aus hat man einen Ausblick auf ... usw.

Zusammenfassung

Rules to Remember

1 Predicate adjectives do not take endings; attributive adjectives require endings.

2 If an adjective is preceded by an article that shows number, case, and gender (**der**-words in all cases, and most cases of **ein**-words), the adjective takes a *weak* ending.

3 If there is no preceding **der**-word or **ein**-word, or if the **ein**-word does not show gender explicitly (masculine nominative singular/neuter nominative and accusative singular), the adjective takes a *strong* ending.

4 Some adjectives take noun complements in the dative and the genitive case; with some adjectives the noun complement precedes the adjective.

5 An adjective can combine with a complementing prepositional phrase to convey a particular meaning.

At a Glance

Adjectives: Weak endings

	Masc.	Fem.	Neut.	Pl.
Nom.			-e	
Acc.				-en
Dat.			-en	
Gen.				

Adjectives: Strong endings

	Masc.	Fem.	Neut.	Pl.
Nom.	-er	-e	-es	-e
Acc.	-en	-e	-es	-e
Dat.	-em	-er	-em	-en
Gen.	-en	-er	-en	-er

Limiting words

Singular

wenig etwas genug viel	• No endings • Subsequent adjectives take strong endings

Plural

ein paar	• No ending • Subsequent adjectives take strong endings
wenige andere einige mehrere viele	• Function like adjectives • Subsequent adjectives take same endings

14
Comparative and Superlative

Mittagspause

Sie sitzt im Straßencafé. Sie schlägt sofort die Beine
übereinander°. Sie hat wenig Zeit. Sie blättert in einem   *crosses*
Modejournal. Die Eltern wissen, dass sie schön ist. Sie sehen
es nicht gern. Zum Beispiel. Sie hat Freunde. Trotzdem sagt
sie nicht, das ist mein bester Freund, wenn sie zu Hause
einen Freund vorstellt.

Zum Beispiel. Die Männer lachen und schauen herüber° und   *look over*
stellen sich ihr Gesicht ohne Sonnenbrille vor.

Das Straßencafé ist überfüllt. Sie weiß genau, was sie will.
Auch am Nebentisch sitzt ein Mädchen mit Beinen.

Sie hasst Lippenstift. Sie bestellt einen Kaffee. Manchmal
denkt sie an Filme und denkt an Liebesfilme. Alles muss
schnell gehen.

Freitags reicht° die Zeit, um einen Cognac zum Kaffee zu   *is sufficient*
bestellen. Aber freitags regnet es oft.

Mit einer Sonnenbrille ist es einfacher, nicht rot zu werden.
Mit Zigaretten wäre es noch einfacher. Sie bedauert°, dass sie   *regrets*
keine Lungenzüge° kann.   *inhale deeply*

Die Mittagspause ist ein Spielzeug. Wenn sie nicht ange-
sprochen° wird, stellt sie sich vor, wie es wäre, wenn sie ein   *spoken to*
Mann ansprechen würde. Sie würde lachen. Sie würde eine
ausweichende° Antwort geben. Vielleicht würde sie sagen,   *evasive*
dass der Stuhl neben ihr besetzt sei. Gestern wurde sie

angesprochen. Gestern war der Stuhl frei. Gestern war sie
froh, dass in der Mittagspause alles sehr schnell geht.

Beim Abendessen sprechen die Eltern davon, dass sie auch
einmal jung waren. Vater sagt, er meine es nur gut. Mutter
sagt sogar, sie habe eigentlich Angst. Sie antwortet, die Mittagspause ist ungefährlich°.   *not dangerous*

Sie hat mittlerweile° gelernt, sich nicht zu entscheiden. Sie   *in the meantime*
ist ein Mädchen wie andere Mädchen. Sie beantwortet eine
Frage mit einer Frage.

Obwohl sie regelmäßig° am Straßencafé sitzt, ist die Mit-   *regularly*
tagspause anstrengender° als Briefeschreiben. Sie wird von   *demanding*
allen Seiten beobachtet. Sie spürt° sofort, dass sie Hände hat.   *feels, senses*

Der Rock ist nicht zu übersehen. Hauptsache°, sie ist   *the main thing is . . .*
pünktlich.

Im Straßencafé gibt es keine Betrunkenen. Sie spielt mit der
Handtasche°. Sie kauft jetzt keine Zeitung.   *purse*

Es ist schön, dass in jeder Mittagspause eine Katastrophe
passieren könnte. Sie könnte sich sehr verspäten. Sie könnte
sich sehr verlieben. Wenn keine Bedienung kommt, geht sie
hinein und bezahlt den Kaffee an der Theke°.   *counter*

An der Schreibmaschine hat sie viel Zeit, an Katastrophen zu
denken.

Katastrophe ist ihr Lieblingswort. Ohne das Lieblingswort
wäre die Mittagspause langweilig.

Wolf Wondratschek, „Mittagspause".

Grammatik

14.1 **COMPARATIVE AND SUPERLATIVE FORMS**

A. Regular forms

1. In German, almost all adjectives and adverbs, regardless of length, add **-er** to form the
   comparative and -**(e)st** to form the superlative.

2. German does *not* have forms equivalent to English *more* and *most* used with adjectives and adverbs of more than two syllables.

   lächerlich   *ridiculous*
   lächerlicher   *more ridiculous*
   lächerlichst-   *most ridiculous*

3. German does occasionally use the comparative **weniger** + adjective, which corresponds to English *less*.

   Sie ist **weniger gelangweilt,** wenn sie an   *She's less bored when she thinks about*
   Katastrophen denkt.   *catastrophes.*

4. Adjectives and adverbs ending in **-e** add only an **r** in the comparative, while adjectives and adverbs ending in **-el** or **-er** drop the interior **e** in the comparative, but not in the superlative.

   leise   *faint*   leiser   leisest-
   dunkel   *dark*   dunk**ler**   dunkelst-
   teuer   *costly*   teu**r**er   teuerst-

5. Monosyllabic adjectives and adverbs ending in **-d, -t, -s, -ß, -z,** or **-sch** generally add an **e** before the **-st** superlative suffix.

   laut   *loud*   laut**est**-
   stolz   *proud*   stolz**est**-
   heiß   *hot*   heiß**est**-
   hübsch   *pretty*   hübsch**est**-

6. Adjectives and adverbs ending in **-d, -t,** or **-sch** do not add an **e** before the **-st** suffix if they have more than one syllable and the final syllable is unstressed.

   spannend   *exciting*   spannend**st**-
   altmodisch   *old-fashioned* altmodisch**st**-
   komisch   *funny (strange)*   komisch**st**-

B. Umlauted and irregular forms

1. A limited number of short adjectives and adverbs take an umlaut in the comparative and superlative.

   alt   *old*   älter   ältest-
   arm   *poor*   ärmer   ärmst-
   dumm   *dumb*   dümmer   dümmst-
   gesund   *healthy*   gesünder   gesündest-
   grob   *coarse, rough*   gröber   gröbst-
   hart   *hard*   härter   härtest-
   jung   *young*   jünger   jüngst-
   kalt   *cold*   kälter   kältest-
   klug   *smart*   klüger   klügst-
   krank   *sick*   kränker   kränkst-

kurz *short*	kürzer	kürzest-
lang *long*	länger	längst-
scharf *sharp*	schärfer	schärfst-
schwach *weak*	schwächer	schwächst-
schwarz *black*	schwärzer	schwärzest-
stark *strong*	stärker	stärkst-
warm *warm*	wärmer	wärmst-

2. Several adjectives form the comparative and superlative either with or without an umlaut.

blass *pale*	blässer/blasser	blässest-/blassest-
krumm *crooked, bent*	krümmer/krummer	krümmst-/krummst-
nass *wet*	nässer/nasser	nässest-/nassest-
rot *red*	röter/roter	rötest-/rotest-
schmal *narrow*	schmäler/schmaler	schmälst-/schmalst-

3. Several adjectives and adverbs have an irregular comparative or superlative or use different forms altogether.

bald *soon*	**eher**	**ehest-**
groß *large*	größer	größt-
gut *good; well*	**besser**	**best-**
hoch *high*	höher	höchst-
nahe *near*	näher	nächst-
viel *much*	**mehr**	**meist-**

4. The adverb **gern** (used with verbs to express the idea of liking to do something; see **Wortschatz 9**) has a comparative and a superlative derived from the adjective **lieb** (*dear*).

gern *gladly*   **lieber**   **am liebsten**

Sie denkt **gern** an Liebesgeschichten, aber noch **lieber** an Katastrophen.	*She likes to think about love stories, but even more about catastrophes.*
Sie bringt **gern** einen Freund nach Hause, aber ihre Eltern möchten **lieber** einen Mann sehen und **am liebsten** einige Enkelkinder.	*She likes bringing a friend home, but her parents would prefer to see a husband, and most of all some grandchildren.*

14.2 ▷ USES OF THE COMPARATIVE AND SUPERLATIVE

A. Comparative of adjectives and adverbs

1. Comparatives of adjectives used as adverbs or as predicate adjectives do not take endings.

Die Zeit vergeht dort **schneller** als an der Schreibmaschine im Büro. *(adverb)*	*The time passes more quickly there than (sitting) at the typewriter in the office.*
Ihr Rock ist **kürzer** als der des andern Mädchens. *(predicate adjective)*	*Her skirt is shorter than that of the other girl.*

2. Comparatives used attributively, that is, before nouns, take the same weak or strong endings as any other adjective (see 13.2).

Sie hofft, sie hat ein **schöneres** Gesicht als das Mädchen am Nebentisch.	*She hopes she has a prettier face than the girl at the next table.*
Sie trägt zumindest einen **kürzeren** Rock.	*At least she's wearing a shorter skirt.*

3. **Mehr** and **weniger** do not take adjective endings.

Freitags hat sie **mehr** Zeit, aber wenn es regnet, hat sie **weniger** Chancen.	*On Fridays she has more time, but if it rains she has fewer opportunities.*

B. Superlative of adjectives

1. Attributive adjectives in the superlative take the same weak or strong endings as any other adjective (see 13.2).

Sie liest die **neuesten** Modejournals.	*She reads the latest fashion magazines.*
Sie muss ja die **schickste** Kleidung tragen.	*After all, she has to wear the most fashionable clothes.*

2. If the noun after an adjective in the superlative is omitted but understood, the adjective still requires an ending.

Alle im Café haben einen Job, aber sie denkt, sie hat wohl den **langweiligsten.**	*Everyone in the café has a job, but she thinks she probably has the most boring (one).*

3. The prefix **aller-** *(of all)* can be added to superlatives for emphasis without any comparison necessarily implied.

Gestern hat sie der **allerverrückteste** Mann angesprochen.	*Yesterday the craziest man came up and spoke to her.*

4. The superlative adjective **meist-** requires a definite article in situations where English *most* does not.

Sie hat **die meisten** Männer im Café schon kritisch betrachtet.	*She's already looked with a critical eye at most of the men in the café.*

C. Superlative of adverbs and predicate adjectives

1. Adverbs in the superlative require the prepositional construction **am [-]sten.**

Der eine am Fenster sieht sie **am neugierigsten** an.	*The one by the window looks at her the most inquisitively.*
Der andere neben ihm trinkt seinen Kaffee **am langsamsten.**	*The other man next to him drinks his coffee the slowest.*

2. The **am [-]sten** construction is also used with predicate adjectives in the superlative, as is the attributive construction.

Der Mann in der Ecke ist **am charmantesten.**	*The man in the corner is the most charming.*
Der Mann in der Ecke ist **der charmanteste.**	*The man in the corner is the most charming (one).*

3. Whether one should use **am [-]sten** or article + **[-]st-** in the predicate depends on the following rules:

a. If the comparison is reflective *(at its most ____)*, or if there is no clearly implied noun, the **am [-]sten** construction must be used.

Sie findet, Männer sind in der Mittagspause **am interessantesten.**	*She finds that men are at their most interesting during the midday break.*
Sie könnte selber einen ansprechen, aber das wäre ja **am gefährlichsten.**	*She could go up and speak to one herself, but that would of course be the most dangerous (thing to do).*

b. If a noun is implied after the adjective, then either construction is acceptable.

Wer von ihnen ist **am schönsten?**	*Which of them is most attractive?*
Wer von ihnen ist **der/die Schönste?**	*Which of them is the most attractive (one)?*
Wer von uns ist **der/die Schönste?**	*Which of us is the most attractive (one)?*

Notice how the attributive construction requires a gender distinction (**der** Schönste/ **die** Schönste), unlike **am [-]sten.**

c. If a noun is not merely implied but in fact follows the superlative, the article + **[-]st-** construction must be used.

Der bei der Tür ist bestimmt **der reichste** der fünf Männer.	*The one by the door is definitely the richest of the five men.*

4. Why is **der Schönste** capitalized, while **der reichste** is not? It all depends on the presence or absence of a reference noun in the sentence. If the context includes such a noun (such as **Männer** in 3.c. above), the adjective in an attributive construction is not capitalized; if the context includes no reference noun, as in **Wer von ihnen ist ... ?,** then the adjective following the article must be capitalized. This applies to comparative as well as superlative adjectives.

Und von den zwei Männern neben der Theke ist der große **der sportlichere.**	*And of the two men next to the bar, the tall one is the more interesting (one).*
„Von allen Eltern sind meine zweifellos **die altmodischsten.“**	*"Of all parents, mine are without doubt the most old-fashioned."*

BUT:

Ihre Mutter ist **die Konservativere** der beiden.	*Her mother is the more conservative of the two.*
Sie sagt, sie will nur **das Beste** für ihre Tochter.	*She says she only wants what's best for her daughter.*

5. The adjective or adverb in the **am [-]sten** construction is never capitalized.

D. Absolute comparatives and superlatives

1. Comparatives can be used with no explicit comparison implied.

Ihr Vater ist ein etwas **älterer** Mann.	*Her father is a somewhat older man.*
Eines Tages will er ein **längeres** Gespräch mit ihr führen.	*Someday he wants to have a long(ish) talk with her.*

Notice that in such cases, the comparative form paradoxically means *less than* the positive form: **ein älterer Mann** is younger than **ein alter Mann,** and **ein längeres Gespräch** shorter than **ein langes Gespräch.**

2. Superlatives can be used to express an intense subjective reaction, with no objective comparison implied.

Das andere Mädchen trägt die **schrecklichste** Kleidung.	*The other girl is wearing the most awful clothes.*
Und sie erzählt dem Mann am Nebentisch die **lächerlichsten** Dinge.	*And she's telling the man at the next table the silliest things.*

E. Comparison with *als*

1. German makes comparisons by combining the comparative with **als** *(than).*

Eine Stunde im Café ist viel **aufregender als** eine Stunde im Büro.	*An hour in the café is much more exciting than an hour in the office.*
Und freitags geht alles **schneller als** an anderen Wochentagen.	*And on Fridays, everything goes faster than on other weekdays.*

2. In comparisons, the **als** phrase normally comes after V_2 elements and infinitive phrases (see 1.1.E and 18.1).

Sieht die Frau nebenan wirklich besser aus **als** sie?	*Is the woman (seated) nearby really more attractive than she (is)?*
Es ist einfacher, eine Sonnenbrille zu tragen **als** die Leute direkt anzusehen.	*It's easier to wear sunglasses than to look at people directly.*

14.3 ▸ OTHER TYPES OF COMPARISONS

1. German makes comparisons *without* the comparative by using **(nicht) so ... wie** *([not] as/so . . . as).*

Sie findet, sie ist **so** schön **wie** das Mädchen am Nebentisch.	*She thinks she's just as pretty as the girl at the next table.*

2. This type of comparison can be modified by other adverbs such as **ebenso, genauso, fast, nicht ganz so, zweimal so,** etc.).

Warum ist der Alltag **nie ganz so** aufregend **wie** die Mittagspause?	*Why is everyday life never quite as exciting as the midday break?*

3. German expresses the equivalent of English phrases like *better and better, more and more, faster and faster* with **immer** + an adjective or adverb in the comparative.

Es wird **immer später.**	*It's getting later and later.*
Sie hat **immer höhere** Erwartungen.	*She has higher and higher expectations.*

4. German uses **je** + the comparative, followed by **desto** or **umso** and another comparative to express comparisons of the type *"The more the better"* or *"The bigger they are, the harder they fall."*

Je höher die Erwartungen, **desto/umso** größer die Enttäuschung.	*The higher the expectations, the bigger the disappointment.*

5. The **je**-clause in a comparison is a dependent clause; any conjugated verb in this clause is in final position. The verb in the follow-up clause comes immediately after **desto/umso** + comparative.

Je mehr sie daran *denkt,* **desto wichtiger** *wird* ihr das Wort „Katastrophe".	*The more she thinks about it, the more important to her the word "catastrophe" becomes.*

14.4   OTHER SUPERLATIVE CONSTRUCTIONS

1. The following superlative adverbs occur frequently in German:

frühestens   *at the earliest*
höchstens   *at (the) most*
meistens/meist   *mostly*
mindestens   *at least (with amounts)*
wenigstens/zumindest   *at (the very) least*
möglichst   *as . . . as possible*
spätestens   *at the latest*

Tipps für die Mittagspause:

✔ **spätestens** um 12 Uhr ankommen	*arrive at 12 noon at the latest*
✔ **höchstens** zwei Tassen Kaffee bestellen	*order two cups of coffee at most*
✔ **wenigstens** ein Modejournal und einen Roman zum Lesen mitbringen	*bring along at least one fashion magazine and a novel to read*
✔ **möglichst** oft aufschauen und gelangweilt tun	*look up and act bored as often as possible*

2. The adverb **mindestens** is used with amounts only; **wenigstens** (OR **zumindest**) is used in all other contexts.

COMPARE:

Sie könnte **mindestens** *einmal* in der Woche bei uns essen, sagt sich die Mutter.	*She could eat with us at least **once** during the week, the mother says to herself.*
Sie könnte **wenigstens** *einmal* in der Woche bei uns *essen*, denkt der Vater.	*She could at least **eat** with us once a week, thinks the father.*

3. The adverbs **äußerst** *(extremely, most)* and **höchst** *(highly)* add superlative emphasis to the base forms of adjectives, but are used mostly in writing, and sound stilted in spoken language.

Es war ihr **äußerst** peinlich, als ein Arbeitskollege sie gestern im Café angesprochen hat.	*It was extremely embarrassing for her when a colleague from work came up and spoke to her yesterday in the café.*

Wortschatz
Höhen und Tiefen

A number of common German feminine nouns ending in **-e** are derived from adjectives. Most of these nouns indicate dimension, size, strength, or personal quality.

breit	wide, broad	**die Breite**	width, breadth
flach	flat, level	**die Fläche**	surface
groß	large, great	**die Größe**	size, greatness
gut	good	**die Güte**	goodness
hart	hard	**die Härte**	hardness
hoch	high	**die Höhe**	height
kalt	cold	**die Kälte**	cold
kurz	short	**die Kürze**	shortness, brevity
lang	long	**die Länge**	length
nah	near	**die Nähe**	nearness, proximity
schwach	weak	**die Schwäche**	weakness
stark	strong	**die Stärke**	strength
tief	deep	**die Tiefe**	depth
warm	warm	**die Wärme**	warmth
weit	far; wide	**die Weite**	distance; width

Übungen

A **Formen üben.** Setzen Sie die Ausdrücke zuerst in den Komparativ, dann in den Superlativ.

> BEISPIELE ein alter Freund sein
> *ein **älterer** Freund sein; **der älteste** Freund sein*
>
> schnell laufen
> ***schneller** laufen; **am schnellsten** laufen*

1. leise sprechen
2. mit großem Interesse zuhören
3. teure Kleidung tragen
4. starken Kaffee trinken
5. gern bleiben
6. viel verdienen
7. spannende Bücher lesen
8. gut arbeiten
9. in einem schönen Haus wohnen
10. fleißig arbeiten

B **Aussagen.** Machen Sie wahre Aussagen mit mindestens acht Substantiven aus dem Wortschatz.

> BEISPIELE *Ich habe eine **Schwäche** für alte Uhren.*
> *Das Matterhorn hat eine **Höhe** von mehr als 4.000 Metern.*
> *In der **Kürze** liegt die Würze* (spice). (=Brevity is the soul of wit.)

C **Vergleiche.** Machen Sie jeweils zwei vergleichende Aussagen, eine mit **(nicht) so ... wie** und eine mit **als** + Komparativ. Verwenden Sie die angegebenen Kategorien!

> BEISPIEL zwei Tiere
> *Ein Nilpferd ist **nicht so** groß **wie** ein Elefant.*
> *Eine Spinne hat **mehr** Beine **als** eine Biene.*

1. zwei Tiere
2. zwei Automarken *(makes of car)*
3. zwei Filmschauspieler(innen)
4. zwei Politiker(innen)
5. zwei Sportler(innen)
6. zwei Menschen, die Sie kennen

D **Mehr Vergleiche.** Bilden Sie fünf Aussagen mit attributiven Adjektiven im Komparativ. Verwenden Sie dabei immer ein anderes Verb.

> BEISPIELE *Wir fahren ein **größeres** Auto als unsere Nachbarn.*
> *Meine Mutter verdient **mehr** Geld als mein Vater.*

E **Anders ausdrücken.**   Drücken Sie die Sätze anders aus.

> BEISPIEL   Dieser Brunnen *(well)* ist fünf Meter tief.
> *Dieser Brunnen hat eine **Tiefe** von fünf Metern.*

1. Er steht ganz nah bei einem Supermarkt.
2. Das Paket darf höchstens 60 cm breit sein.
3. Wir mögen es nicht, wenn es so kalt ist.
4. Ein Diamant ist unglaublich hart.
5. Wir haben kein Hemd *(shirt)*, das für Sie groß genug ist.

F **Unsere moderne Welt.**   Die Welt ändert sich! Wird sie *immer besser* oder *immer schlechter?* Geben Sie bitte drei Argumente für jeden Standpunkt.

> BEISPIEL   Besser: *Die Menschen leben jetzt immer länger.*
> Schlechter: *Aber immer mehr Menschen werden ärmer.*

G **Sprüche machen.**   Was meinen Sie?

> BEISPIEL   Je älter ...
> *Je älter man wird, desto mehr weiß man.*

1. Je größer ...
2. Je mehr man ...
3. Je länger ...
4. Je weniger ...
5. ein Spruch, der *Sie* besonders gut charakterisiert
6. ein Spruch, der eine Bekannte oder einen Bekannten von Ihnen treffend *(accurately)* charakterisiert
7. ein Spruch, der Ihre Professorin/Ihren Professor gut charakterisiert

H **Eine Welt der Superlative.**   Machen Sie mindestens acht Aussagen. Verwenden Sie kein Adjektiv und kein Adverb mehr als einmal.

> BEISPIELE   *Mt. Everest ist **der höchste** Berg der Welt.*
> *Der Jaguar läuft **am schnellsten**, aber der Elefant hat **den längsten** Rüssel (trunk).*

THEMENVORSCHLÄGE

Edelsteine und Metalle (der Diamant, das Gold, das Platin usw.)
Tiere (der Elefant, der Strauß *[ostrich]*, der Walfisch *[whale]* usw.)
Geografie (Berge, Seen, Länder, Flüsse, Meere, Wüsten *[deserts]* usw.)

 Möglichst viele!   Machen Sie mindestens fünf wahre Aussagen mit Adverbien im Superlativ (siehe 14.4).

> BEISPIELE   *Ich stehe am Wochenende **meistens** erst sehr spät auf.*
> *Ich finde, man sollte **mindestens** eine Fremdsprache lernen.*

Anwendung

A **Enthusiastischer Bericht.** Haben Sie kürzlich etwas besonders Schönes oder Interessantes erlebt? Erzählen Sie jemandem davon. Übertreiben *(exaggerate)* Sie ruhig ein bisschen, indem Sie Komparative und Superlative verwenden! Je enthusiastischer, desto besser! (Siehe auch den **Wortschatz.**)

BEISPIEL   Du, ich habe einen ganz interessanten Tag erlebt! Wir waren in den tollsten Geschäften und haben die schönsten Sachen gesehen. Es war alles noch viel schöner, als ich es mir vorher vorgestellt hatte. Das Beste habe ich aber noch gar nicht erwähnt ... usw.

THEMENVORSCHLÄGE

| eine Person | ein Film | eine Reise |
| ein Ort | eine Party | ein Kauf |

B **Eine bessere Alternative.** Versuchen Sie jemanden im Kurs von einem Vorhaben *(plan of action)* abzubringen, indem „Sie eine bessere" Alternative vorschlagen.

THEMENVORSCHLÄGE

ein bestimmtes *(particular)* Auto kaufen
an einer bestimmten Universität studieren
eine bestimmte Fremdsprache lernen
in einer bestimmten Stadt wohnen
eine bestimmte Reise machen

REDEMITTEL

Ich finde ... viel schöner/interessanter usw. als ...
Ich glaube, das ist nicht so ... wie ...
Würdest du nicht lieber ... ?
Allerdings hat ... schönere/nettere/interessantere usw. ...
Eigentlich ist ... besser/schöner usw.

KONZESSIONEN UND GEGENARGUMENTE

Das mag wohl richtig sein, aber ...
Na gut, aber meinst du nicht, dass ... ?
Das schon *(that's true)*, aber du musst auch ...

C **Wer hat's am besten?**   Sprechen Sie mit einer Partnerin/einem Partner und ent-
scheiden Sie, (1) wer von Ihnen das bessere (oder das schlechtere) Zimmer hat. Verglei-
chen Sie die Größe der Zimmer, die Nähe zu wichtigen Gebäuden auf dem Campus, die
Möbel usw. mit so vielen Komparativen wie möglich; und dann (2) wer von Ihnen dieses
Semester die besseren Kurse belegt hat (außer Deutsch, natürlich!). Diskutieren Sie mit
Komparativen und Superlativen über die Stärken und Schwächen Ihrer Kurse.

D **Unvergleichlich!**   Sie und eine Partnerin/ein Partner schreiben für sich mindestens
fünf Gegenstände und Personen auf, die mit dem gleichen Buchstaben beginnen – aber
Sie sagen einander nicht, welchen Buchstaben Sie gewählt haben. Sie schreiben z. B. Ei,
Elvis, Elefant usw. Ihre Partnerin/Ihr Partner schreibt aber Wörter, die alle mit „M" beginnen: Maus, Madonna, Milch usw. Dann lesen Sie einander je ein Wort von der Liste
vor (z. B. Ei + Maus) und vergleichen die zwei Wörter mit Komparativen. Je verrückter,
desto besser!

BEISPIEL   Ei + Maus
Ein Ei schmeckt besser als eine Maus.
Ein Ei ist härter als eine Maus.
Eine Maus hat mehr Haare als ein Ei.
usw.

Schriftliche Themen

Tipps zum Schreiben

Comparing and Contrasting

Comparisons and contrasts are often used to point out the similarities or differences between two subjects. You can contrast specific aspects of two subjects by alternating between them from sentence to
sentence. Alternatively, you may choose to deal first with one subject
at more length and then switch to the second subject, thereby divid-
ing your paragraph or composition into two contrasting halves. In
both methods, you can use the comparative of adjectives and adverbs to measure and contrast two subjects with respect to each
other. When such comparisons express your opinion rather than
absolute fact, then you should indicate this situation with phrases
such as **ich finde, meiner Meinung nach,** or **mir scheint es.**

A **Größer oder kleiner?** Möchten Sie lieber an einer großen oder einer kleinen Universität studieren? Führen Sie überzeugende *(convincing)* Argumente an. Verwenden Sie den Komparativ und den Superlativ.

BEISPIEL Ich würde lieber an einer größeren Universität studieren, denn je größer die Universität, desto breiter das Angebot an interessanten Kursen und Programmen. Auf einem großen Campus findet man ... Auf einem kleineren Campus dagegen *(on the other hand)* ... usw.

B **Lieber Tierfreund!** Schreiben Sie einen Brief an die Zeitschrift *Der Tierfreund*, in dem Sie erzählen, warum sich Ihrer Meinung nach ein bestimmtes Tier (z.B. eine Katze) als Haustier besser eignet *(is suited)* als ein anderes (z.B. ein Hund).

BEISPIEL Lieber Tierfreund,
meiner Meinung nach sind Fische die besten Haustiere, denn sie sind viel ruhiger als Hunde, sie miauen nicht so laut wie Katzen und fressen weniger als die meisten anderen Haustiere. Außerdem *(moreover)* sind Fische besonders ... Aus diesem Grunde empfehle ich ... usw.

C **Heute und früher.** Ist Ihr Leben oder das Leben überhaupt im Laufe der letzten Jahre besser, schlechter, einfacher, komplizierter usw. geworden? Begründen Sie Ihre Antwort mit Vergleichen.

BEISPIEL Ich glaube, dass es mir im Vergleich zu früher jetzt viel besser geht. Mir macht das Studium mehr Spaß als die Jahre in der Schule und ich lerne interessantere Menschen kennen. Allerdings muss ich jetzt viel intensiver lernen und ich habe weniger Freizeit. Im großen und ganzen aber finde ich ... usw.

Zusammenfassung

Rules to Remember

1 The comparative is formed by adding **-er** to the stem of an adjective or adverb (**klar, klarer**).

2 The superlative is formed by adding **-(e)st** to the stem of an adjective or adverb (**klar-, klarst-**).

3 The comparative and superlative forms of adjectives take adjective endings according to the normal adjective ending rules.

4 Adverbs must use the **am [-]sten** construction in the superlative (**am ältesten**). Predicate adjectives may use this construction as well.

At a Glance

Comparative/Superlative: Normal formation			
	Positive	**Comparative**	**Superlative**
Adjective	interessant	interessant**er**	am interessant**esten** der die } interessant**este** das
Adverb	schnell	schnell**er**	am schnell**sten**

Comparative/Superlative: Add umlaut			Optional umlaut
alt	jung	scharf	blass
arm	kalt	schwach	krumm
dumm	klug	schwarz	nass
gesund	krank	stark	rot
grob	kurz	warm	schmal
hart	lang		

Comparative/Superlative: Irregular forms
bald ⟶ **eher/ehest-**
groß ⟶ größer/größt-
gut ⟶ **besser/best-**
hoch ⟶ höher/höchst-
nahe ⟶ näher/nächst-
viel ⟶ **mehr/meist-**

Capitalization	
• Reference noun included in context:	NO CAPITALIZATION
• No reference noun included in context:	CAPITALIZATION

Superlative predicate of adjectives/adverbs: *am [-]sten or (der) [-]st-*		
Adverbs	All contexts	am [-]sten
Adjectives	• Implied noun	am [-]sten *or* der [-]st-
	• No implied noun • Reflective comparison	am [-]sten
	• Subsequent noun	der [-]st-

15
Questions and Interrogatives

Grammatik

YES-NO QUESTIONS

1. Questions intended to elicit a *yes* or *no* answer begin with the conjugated verb (V_1), with the rest of the sentence following normal word order rules for subjects in the middle field (see 1.1.C).

   ■ Subject pronouns follow V_1 directly:

Hat **er** sich entschieden?	*Has he decided?*

   ■ Subject nouns often follow V_1 directly, but are preceded by reflexive pronouns, and can be located after other elements as well if the subject is to be emphasized:

Hat *sich* **der Mann** entschieden?	*Has the man decided?*
Ist denn gestern endlich **etwas** passiert?	*Did **something** finally happen yesterday?*

2. In conversation, yes-no questions are frequently posed as statements followed by **nicht wahr?, nicht?** or **oder?** (*right? isn't it? don't you? haven't they?* etc.).[1]

Liechtenstein liegt südlich von Deutschland, **nicht (wahr)?**	*Liechtenstein is south of Germany, isn't it?*

---

[1] In southern Germany and Austria, **gelt?** or **gell?** are often used colloquially instead of **nicht wahr?**

Du kommst morgen, **gell?**	*You're coming tomorrow, aren't you?*

3. German uses the particle **doch** (see 25.2.E) to provide a *yes* answer to a question posed negatively.

Verstehst du denn gar nichts?　　　　*Don't you understand anything?*
—**Doch!**　　　　　　　　　　　　　　*—Of course I do!*

| **15.2** | **INTERROGATIVE WORDS** |

Questions intended to elicit content information begin with an interrogative word, followed immediately by the conjugated verb (V_1). The rest of the question, including the subject and any subsequent middle field or V_2 elements, follows normal word order as described above.

Wer geht mit mir ins Kino?　　　　　　*Who's going with me to the movies?*
Wann bist du gestern Abend　　　　　*When did you get back last night?*
　　zurückgekommen?
Wie hat dir der Film gefallen?　　　　*How did you like the film?*

A. Wer and was

1. The interrogative pronoun **wer** (*who*) has masculine case forms only, but it refers to people of either gender. **Was** (*what*) has only one form, which is both nominative and accusative; it is also occasionally used after dative and genitive prepositions (but see 15.2.B below).

	Persons		**Objects or ideas**	
Nom.	wer?	*who?*	was?	*what?*
Acc.	wen?	*who(m)?*	was?	*what?*
Dat.	wem?	*(to) who(m)?*	(mit) was?	*(with) what?*
Gen.	wessen?	*whose?*	(wegen) was?	*(on account of) what?*

Wer kann uns helfen? *(nominative/subject)*　　*Who can help us?*

Wen habt ihr im Restaurant getroffen?　　*Whom did you meet in the restaurant?*
　　(accusative/object)

Wem hat er die Theaterkarten gegeben?　　*To whom did he give the theater tickets?*
　　(dative/indirect object)

Wessen Buch liegt auf dem Boden?　　　*Whose book is lying on the floor?*
　　(genitive/possessive)

Was macht so viel Lärm?　　　　　　　*What is making so much noise?*
　　(nominative/subject)

Was siehst du? *(accusative/direct object)*　　*What do you see?*

2. **Wer** and **was** are used with either singular or plural forms of the verb **sein,** depending upon whether the subsequent subject is singular or plural.

Wer *war* Konrad Adenauer?	*Who was Konrad Adenauer?*
Wer/Was *sind* die Grünen?	*Who/What are the Greens (German environmental party)?*

3. Prepositions are placed directly before the forms of **wer.** They cannot occur at the end of the sentence in interrogatives, as frequently happens in colloquial English.

An wen denkst du?	**Who(m)** *are you thinking* **about?**
Von wem hast du heute einen Brief bekommen?	**Who(m)** *did you get a letter* **from** *today?*

4. Prepositions do not normally appear before **was** (see Section B, below).

5. Though **wessen** is a genitive form, the noun following it is not necessarily genitive. That noun's case is determined, as always, by its function in the sentence (subject, direct object, indirect object, or object of a preposition), independent of **wessen.**

Wessen **Bleistift** ist das? *(subject)*	*Whose pencil is that?*
Wessen **Buch** hast du genommen? *(direct object)*	*Whose book did you take?*
Mit wessen **Freund** hast du gerade gesprochen? *(object of preposition)*	*With whose friend were you just speaking?/Whose friend were you just speaking with?*

Adjectives following **wessen** must be declined to agree with the noun they modify, not **wessen.**

Wessen gelb**er** Bleistift ist das?	*Whose yellow pencil is that?*
Wessen neu**es** Buch hast du genommen?	*Whose new book did you take?*
Mit wessen gut**em** Freund hast du gerade gesprochen?	*With whose good friend were you just speaking?/Whose good friend were you just speaking with?*

B. *Wo-compounds*

1. Using a preposition with **was** is considered quite colloquial and somewhat substandard; German normally uses a prepositional **wo(r)**[2]-compound instead. **Wo**-compounds refer to things, not to people.

Woran denkst du? (*very colloquial:* **An was** denkst du?*)*	*What are you thinking about?*

---

[2] When the preposition begins with a vowel, an **r** is inserted for pronunciation purposes.

Worüber sprecht ihr? (*very colloquial:* **Über was** sprecht ihr?)	*What are you talking about?*

BUT:

Über wen sprecht ihr?	*Who are you talking about?*

2. **Außer, hinter, ohne, seit, zwischen,** and the genitive prepositions cannot be used in **wo**-compounds. On the rare occasion when one might wish to pose a question with one of these prepositions, **was** must be used instead.

Ohne was bist du in die Schule gegangen?	*You went to school without what?*

C. *Welch-*

The interrogative article **welch-** (*which, what*) is a **der**-word and declines like the definite article (see 5.3.B) to indicate gender, number, and case.

Welche Zeitung möchtest du lesen?	*Which newspaper would you like to read?*
Mit welchen Leuten haben Sie gesprochen?	*With which people did you speak?/ Which people did you speak with?*

D. *Was für (ein)*

The preposition **für** in **was für (ein)** (*what kind of [a]*) does not affect the case of a following article and noun; their case is determined by their function within the sentence.

Was für ein Mann war er? (*subject*)	*What kind of (a) man was he?*
Was für einen Wagen willst du kaufen? (*direct object*)	*What kind of a car do you want to buy?*
In was für einem Haus wohnt ihr? (*object of preposition*)	*What kind of (a) house do you live in?*
Was für Leuten hat Therese geholfen? (*dative plural*)	*What kind(s) of people did Therese help?*

E. Adverbs

The following interrogative adverbs are quite common.

wann	*when*
wo	*where*
wohin; woher	*to where; from where*
warum, weshalb	*why*
wie	*how*
wie lange	*how long*
wieso	*how is it that*
wie viel	*how much*
wie viele	*how many*

Wohin gehen Sie? (*colloquial:* **Wo** gehen Sie **hin?**)	*Where are you going (to)?*
Woher kommen diese Leute? (*colloquial:* **Wo** kommen diese Leute **her?**)	*Where do these people come from?*
Wieso verstehst du meine Frage nicht?	*How is it that you don't understand my question?*

15.3   INDIRECT QUESTIONS

1. Indirect questions are introduced by a clause or question opener. The interrogative word functions like a subordinating conjunction (see 11.3) and the conjugated verb is in final position.

   COMPARE:

Wo hast du das gelernt? (*direct*)	*Where did you learn that?*
Ich möchte gern wissen, **wo** du das gelernt **hast.** (*indirect*)	*I would like to know where you learned that.*

2. Indirect yes-no questions require **ob** (*if, whether*) as a subordinating conjunction.

Habt ihr den Vortrag verstanden? (*direct*)	*Did you understand the lecture?*
Darf ich fragen, **ob** ihr den Vortrag verstanden **habt?** (*indirect*)	*May I ask whether you understood the lecture?*

Wortschatz
Hör doch auf!

halten	aufhören
anhalten	stehen bleiben
aufhalten	stoppen

1. **Halten** *(intransitive)* means *to come to a stop* (with persons or vehicles).

Hier wollen wir lieber nicht **halten.**	*We'd rather not stop here.*
Wissen Sie, ob der Bus hier **hält?**	*Do you know whether the bus stops here?*

2. **Anhalten** is used with persons or vehicles and means *to come to a brief or temporary stop* (intransitive) or *to bring something to a brief or temporary stop* (transitive). In the case of vehicles, such a stop is usually unscheduled.

Während der Fahrt haben wir mehrmals **angehalten.** *(intransitive)*	*During the drive we stopped several times.*
Weil Kühe auf der Straße standen, **hielt** der Fahrer den Wagen **an.** *(transitive)*	*Because cows were standing in the road, the driver stopped the car.*

3. **Aufhalten** *(transitive)* means *to stop* or *hold up someone or something temporarily.*

Ich will dich nicht länger **aufhalten.**	*I do not want to hold you up any longer.*
Die Katastrophe war nicht länger **aufzuhalten.**	*The catastrophe could not be stopped any longer.*

4. **Aufhören (mit etwas)** *(intransitive only)* means *to stop (doing something), cease.*

Wann **hat** der Lärm endlich **aufgehört?**	*When did the noise finally stop?*
Die Band **hörte auf** zu spielen.	*The band stopped playing.*
Ich **habe mit** dem Rauchen endlich **aufgehört.**	*I have finally stopped smoking.*

5. **Stehen bleiben** *(intransitive only)* means *to (come to a) stop.* When used with vehicles and machinery, **stehen bleiben** implies that the stopping occurs for mechanical reasons.

Das Mädchen lief ins Haus und **blieb** vor dem Spiegel **stehen.**	*The girl ran into the house and stopped in front of the mirror.*
Das Auto **ist** plötzlich einfach **stehen geblieben.**	*All of a sudden, the car simply came to a stop.*

6. **Stoppen** *(intransitive)* means *to come to a stop* and is synonymous with **(an)halten. Stoppen** *(transitive)* means *to bring someone or something to a stop.*

Der Autofahrer **stoppte** kurz vor der Kreuzung.	*The driver stopped just before the intersection.*
Die Grenzpolizei **stoppte** mehrere Autos an der Grenze.	*The border police stopped several cars at the border.*
Der Arzt musste zuerst den Blutverlust **stoppen.**	*The doctor first had to stop the loss of blood.*

Übungen

A **Ja, nein oder doch?** Beantworten Sie diese Fragen. Vorsicht, manchmal ist mehr als eine Antwort möglich. Es kommt darauf an, wie *Sie* die Fragen verstehen und was *Sie* sagen wollen.

1. Lebt Ihr Großvater nicht mehr?
2. Wissen Sie nicht, wie die Hauptstadt von Togo heißt?
3. Trinken Sie gewöhnlich keinen Wein zum Abendessen?
4. Hat Goethe nicht das Drama *Wilhelm Tell* geschrieben?
5. Hat Mozart nicht *Die Zauberflöte* komponiert?
6. Würden Sie Ihrer Tochter 100.000 geben, wenn sie ohne Grund darum bitten würde?
7. Halten Sie nie bei McDonald's an?
8. Finden Sie diese Aufgabe nicht lustig?

B **Fragen.** Ergänzen Sie die Fragen durch passende **wer**-Formen (**wer, wen, wem, wessen**).

> **BEISPIEL** _____ hat das beste Examen geschrieben?
> *Wer hat das beste Examen geschrieben?*

1. _____ ist da drüben stehen geblieben?
2. _____ stoppt der Polizist gerade?
3. Von _____ haben Sie von diesem Kurs erfahren?
4. Für _____ machen Sie Notizen?
5. _____ Aufsatz hat die Professorin für den besten gehalten?
6. _____ würden Sie in diesem Kurs gern näher kennen lernen?
7. _____ würden Sie diesen Kurs empfehlen?

C **Situationen.** Sagen Sie, was Sie in den folgenden Situationen machen. Verwenden Sie Vokabeln aus dem Wortschatz.

> **BEISPIEL** Ein Freund fährt mit Ihnen in Ihrem Wagen. Er möchte an der nächsten Ecke aussteigen.
> *Ich halte den Wagen an der nächsten Ecke an.*

1. Sie arbeiten seit Stunden und sind jetzt sehr müde.
2. Sie fahren in Ihrem Auto. Jemand, den Sie kennen, steht am Straßenrand und winkt Ihnen zu *(waves at you)*.
3. Beim Fußballspiel stehen Sie im Tor. Ein Gegenspieler schießt aufs Tor.
4. Sie gehen im Tiergarten spazieren. Plötzlich ruft ein Affe Ihnen zu: „Nach? Wie geht's?"
5. Jemand hat sich tief in den Finger geschnitten und blutet stark.

D **Bernds Entschluss.** Sie können das, was Sie gerade über Bernd gehört haben, kaum glauben und fragen noch einmal nach dem Satzteil in Kursivschrift.

> **BEISPIELE** Bernd hört jetzt *mit seinem Studium* auf.
> **Womit** hört Bernd jetzt auf?
>
> Er will *mit seiner Freundin* in eine Kommune ziehen.
> **Mit wem** will er in eine Kommune ziehen?

1. Bernd interessiert sich *für einen radikal neuen Lebensstil.*
2. *Mit seinem Beruf* will er aufhören.
3. Er träumt *von einem idyllischen Leben auf dem Land.*
4. *Von einem Bauern* hat er ein Stück Land gepachtet *(leased).*
5. Dort möchte er *ohne Stress und Verpflichtungen (obligations)* leben.
6. Natürlich will er noch Kontakt *zu seinen Freunden* haben.
7. *Über Besuche von Bekannten* wird er sich jederzeit freuen.
8. Aber *von seiner bisherigen (previous) Lebensweise* nimmt er jetzt Abschied.

E **Gabis Eltern möchten einiges wissen.** Gabi kommt während des Semesters auf kurzen Besuch nach Hause. Ihre Eltern möchten einiges wissen. Ergänzen Sie die Fragen ihrer Eltern durch **welch-**.

1. _____ Kurse hast du belegt?
2. _____ Kurs gefällt dir am besten?
3. An _____ Tagen hast du Deutsch?
4. _____ Kurs findest du am schwierigsten?
5. Mit _____ Leuten gehst du mittags ins Café?

F **Mehr erfahren.** Sie möchten mehr über jemanden im Kurs wissen. Stellen Sie Fragen.

> **BEISPIEL** In was für ...
> *In was für einem Haus wohnst du?*

1. Was für ...
2. In was für ... (Konzerte, Theaterstücke / gehen)
3. Mit was für ...
4. An was für ... (Interesse / haben)

G **Fragen zu einem Thema stellen.** Stellen Sie Fragen an jemanden im Kurs über eine interessante Reise oder schöne Ferien, die sie/er einmal gemacht hat. Verwenden Sie die folgenden Fragewörter.

1. wohin	5. was	8. wie lange
2. wer	6. wo-	9. warum
3. wen	7. wo	10. was für (ein-)
4. *Präposition* + wem/wen		

Ja, das möchte ich mal wissen.   Beenden Sie die Sätze, so dass die Aussagen für Sie eine Bedeutung haben. Verwenden Sie einige der folgenden Fragewörter.

> **BEISPIELE**   Ich möchte wissen, …
> *Ich möchte wissen, ob wir morgen eine Prüfung haben.*
>
> Weiß jemand, …
> *Weiß jemand, wie alt unsere Professorin/unser Professor ist?*

ob	was	wie viele
wann	wie	wer/wen/wem/wessen
warum	wie viel	wo/woher/wohin

1. Ich möchte wissen, …
2. Manchmal frage ich mich, …
3. Frag mich bitte nicht, …
4. Wer weiß, …
5. Ich weiß nicht, …
6. Ich möchte gar nicht wissen, …

Anwendung

A **Interview.**   Sie sollen für die Studentenzeitung jemanden im Kurs interviewen. Versuchen Sie jetzt im Gespräch einiges über diese Person und ihre Interessen zu erfahren (etwa acht bis zehn Fragen). Gebrauchen Sie möglichst viele verschiedene Fragewörter! Verwenden Sie Redemittel in einigen Fragen und Reaktionen.

REDEMITTEL

Fragen	**Reaktionen**
Sag mal: … ?	Das ist aber interessant!
Darf ich fragen, … ?	Erzähl doch mehr davon!
Ich möchte (gern) fragen/wissen, …	Wirklich?
Kannst du sagen, … ?	Echt? *(slang: Really?)*
Ich hätte gern gewusst, …	Ach was! *(Come on, really!)*
Stimmt es *(Is it true)*, dass … ?	Das wusste ich gar nicht!

B **Gruppenarbeit: Fragen an Prominente.**   Sie wollen in einem Brief Fragen an eine prominente Person stellen. Wem wollen Sie schreiben? Einigen Sie sich mit drei oder vier anderen Personen in einer Gruppe über acht bis zehn Fragen (mit acht bis zehn verschiedenen Fragewörtern!), die Sie an diese Person stellen könnten. Erzählen Sie im Kurs, welche Person Sie ausgewählt *(selected)* haben und welche Fragen Ihre Gruppe stellen möchte.

VORSCHLÄGE

Politiker	Geschäftsleute	Filmschauspieler
Wissenschaftler	Autoren	Sportler

C **Moment mal!** Als Hausaufgabe bereiten Sie eine kleine Geschichte oder Anekdote vor *(prepare)*, die Sie einer Partnerin/einem Partner erzählen können. Beim Erzählen soll die Partnerin/der Partner Sie nach jedem Satz mit Fragen unterbrechen *(interrupt)*. Sie sagen z.B.: „Gestern habe ich draußen vor meinem Wohnheim einen komischen Mann gesehen." Dann fragt Ihre Partnerin/Ihr Partner: „Moment mal! Wann war das genau? Wo ist dein Wohnheim? Wie hat dieser Mann ausgesehen? Warum hieltst du ihn für komisch?" usw.

D **Ab jetzt nicht mehr!** Erzählen Sie, wann Sie in Ihrem bisherigen *(up till now)* Leben mit etwas Bestimmtem aufgehört haben.

> BEISPIEL   *Als ich 12 Jahre alt war, habe ich aufgehört Geige zu spielen./*
> *Als ich 12 Jahre alt war, habe ich mit Geige aufgehört.*

Ein paar Tipps: Windeln *(diapers)* tragen • Nachmittagsschläfchen machen • Kindersendungen im Fernsehen sehen • in die Grundschule gehen • Sport treiben • ein Musikinstrument spielen • viel Milch trinken • immer vor 12 Uhr nachts ins Bett gehen usw.

Und womit wollen Sie nie im Leben aufhören?

Schriftliche Themen

Tipps zum Schreiben	**Asking Rhetorical Questions**
	When writing expository prose, you will normally formulate statements rather than posing questions. Sometimes, however, questions can be effective rhetorical devices, as they address readers directly, thus eliciting their involvement or response. With rhetorical questions, you should strive for a stylistic balance between direct and indirect questions.

A **Das möchte ich gern wissen.** Im Leben gibt es viele Fragen aber wenige Antworten. Was für Fragen haben Sie? Erzählen Sie. Verwenden Sie direkte und indirekte Fragen dabei.

> BEISPIEL Ich möchte gern wissen, warum die Völker der Erde nicht glücklich zusammenleben können. Wieso müssen sie einander hassen und so oft Krieg gegeneinander führen? Ich verstehe auch nicht, wodurch man diese Situation vielleicht ändern könnte. Wie lange werden wir Menschen ... ? usw.

B **Standpunkt.** Äußern Sie sich zu einem Problem an Ihrer Universität/Schule, in Ihrer Stadt, in Ihrem Land oder in der Welt, das Sie für besonders dringend *(urgent)* halten. Bringen Sie Ihren Standpunkt durch den Gebrauch von rhetorischen Fragen und Fragen an die Leser ganz deutlich zum Ausdruck.

> BEISPIEL Ich halte die Armut in diesem Land für ein großes Problem. Warum können wir dieses Problem nicht lösen? Manchmal muss ich mich fragen, ... Stimmt es also doch *(after all)*, dass wir ... ? Zum Schluss *(in the end)* bleibt noch die große Frage: „Wann ... ?"

Zusammenfassung

Rules to Remember

1 Yes-no questions begin with a conjugated verb.

2 Content questions begin with an interrogative word + conjugated verb.

3 The word **doch** is a *yes* answer to a question posed negatively:

Verstehst du kein Deutsch?
—**Doch!** (Ich verstehe Deutsch.)

4 Indirect questions are subordinate clauses; the conjugated verb (V_1) comes last.

At a Glance

wer?		
	Persons	**Objects/Ideas**
Nom.	wer?	was?
Acc.	wen?	was?
Dat.	wem?	(mit) was?
Gen.	wessen?	(wegen) was?

wo-compounds: Objects/Ideas		
wofür	woraus	woran
wodurch	wobei	worauf
wogegen	womit	worin
worum	wonach	woneben
	wovon	worüber
	wozu	wovor

DO NOT combine with wo-
außer was?
hinter was?
ohne was?
seit was/wann?
zwischen was und was?

Word order for subordinate clauses
_____, warum _____ V_2 V_1 .
wann
wo
(usw.)

16
Personal, Indefinite, and Demonstrative Pronouns

Grammatik

A. Forms

Personal pronouns (**das Personalpronomen, -**) have four cases.

	Nom.	Acc.	Dat.	Gen.[1]
1st pers. sing.	ich	mich	mir	(meiner)
2nd pers. sing.	du	dich	dir	(deiner)
3rd pers. sing.	er	ihn	ihm	(seiner)
	sie	sie	ihr	(ihrer)
	es	es	ihm	(seiner)
1st pers. pl.	wir	uns	uns	(unser)
2nd pers. pl.	ihr	euch	euch	(euer)
3rd pers. pl.	sie	sie	ihnen	(ihrer)
2nd pers. formal sing. & pl.	Sie	Sie	Ihnen	(Ihrer)

---

[1] Genitive case pronoun forms have become archaic. They do, however, form the basis for the possessive adjectives (see 5.4).

B. Use

1. **Sie** and **du**: *"You can say 'you' to me . . ."* This literal translation of **Du kannst „du" zu mir sagen**—cited in English by Germans as a joke—points out the lack of distinctions in English for the pronoun *you* compared with German. But the choice of which pronoun to use when addressing a German—**du, ihr,** or **Sie**—is anything but humorous. At best, a mistake here is regarded by Germans as touristic fumbling; at worst, it can be perceived as derogatory or even racist. The use of second-person pronouns has shifted over the years in German-speaking countries, often in differing degrees within various sub-cultures, so that sometimes even native speakers are unsure of what is correct in unfamiliar social contexts. Thus the following guidelines are by no means exhaustive, but they will point you in the right direction. In any case, it is wise to listen very carefully for native speaker cues and to let a German speaker take the lead in determining the correct form of address in a given situation.

2. **du**

   a. On one level, **du** signals inclusion in a group of social equals, with attendant overtones of affection, intimacy, and solidarity. It is used in this sense with family members, close friends, fellow schoolmates and students (acquainted or not), members of a club, or colleagues with whom one has explicitly agreed to use **du.** A special case of this sense is its appropriateness when speaking to God, based on biblical language.

   b. Outside of such contexts, its use can connote affectionate condescension. Thus it is considered appropriate when addressing children under 14 or so (as strangers), inanimate objects, and animals. But the same condescension can be taken as profound rudeness in contexts where lack of familiarity dictates **Sie** rather than **du.**

   c. Using **du** correlates in most cases with using the first name. A German who states as part of a greeting, **Ich heiße Wolfgang,** is indirectly conveying the message *Let's use "du" with each other.* One shouldn't expect this often from older adults: Germans use first names much more selectively than do Americans, and it is not uncommon for co-workers who have spent years in the same office to remain on a last-name (and therefore **Sie**) basis. In schools, it has become common for teachers to use **Sie** with pupils over age 14 or 15 but to continue addressing them by their first name—an asymmetrical arrangement that still requires the pupils to use **Sie** and the teacher's last name in response. University students routinely use **du** and first names in introductions; beyond the university, however, the social guidelines for **du** become more ambiguous.

3. **ihr**

   a. **Ihr** is the plural form of **du,** used when addressing a group consisting of people with whom one would use **du** on an individual basis.

   b. If a group is "mixed," comprising people one would address with both **du** and **Sie,** then **ihr** can be used to cover both cases. Since it is both familiar and plural, it avoids the pompousness that **Sie** would convey to friends, as well the offensive overtones of a misdirected **du.**

 c. **Ihr** can be used instead of **Sie** when referring to people as representatives of a group rather than individuals.

Wie macht **ihr** Schweizer das?	*How do you Swiss do that?*

4. **Sie**

 a. **Sie** is used for all social situations in which **du/ihr** would be inappropriate. Thus it is the default mode of address among adults who meet for the first time (beyond university), and conveys a respect for privacy and social position by implying a polite distance.

 b. While **Sie** is grammatically plural, it is used to address one person as well as a group. If a distinction must be made (addressing only one person within a group, for example), other cues are necessary, such as mention of the addressee's name or extra-linguistic cues. The plural can be stressed through the addition of **alle:**

Sie wissen **alle,** was ich meine.	*You all know what I mean.*

 c. Just as **du** correlates in most cases with first-name use, **Sie** is associated with the last name. As long as a German speaker addresses you as **Frau** _____ or **Herr** _____, the implication is clear: **Wir sind per Sie** *(We should use "Sie" with each other).* In some circles, adults will use first names and **Sie,** perhaps indicating a compromise between relaxed attitudes toward formality and a desire nonetheless for some social distance.

5. The third-person pronouns **er, sie,** and **es** can refer to persons. However, they also substitute for all **der-, die-,** and **das-**nouns respectively, whether persons or things. Thus, depending upon the noun, **er, sie,** or **es** can all be equivalent to English *it.* (For other uses of **es,** see 19.3.)

Woher hast du den Ring?	*Where did you get the ring?*
—Ich habe **ihn** in Ulm gekauft. **Er** war gar nicht so teuer.	*—I bought **it** in Ulm. **It** wasn't all that expensive.*

Hast du deine Jacke hier?	*Do you have your jacket here?*
—Nein, ich habe **sie** nicht dabei.	*—No, I do not have **it** with me.*

6. After prepositions, pronouns are subject to the same case rules as nouns. However, if a third-person pronoun refers to inanimate objects, German generally requires a **da-**construction instead of preposition + pronoun (see 19.1).

COMPARE:

Er ist mein Freund. Ich arbeite **mit ihm.**	*He is my friend. I work with him.*
Das ist mein Computer. Ich arbeite **damit.**	*That is my computer. I work with it.*

16.2 INDEFINITE PRONOUNS

A. Forms

The following indefinite personal pronouns (**das Indefinitpronomen, -**) are masculine in form, but they refer to persons of either sex. Their possessive is **sein,** their reflexive **sich.** For **jedermann, jemand,** and **niemand** the relative pronoun is the masculine **der** (see 26.2).

	man (one)	**jedermann** (everyone)	**jemand** (someone)	**niemand** (no one)
Nom.	man (einer)	jedermann (jeder)	jemand	niemand
Acc.	(einen)	jedermann (jeden)	jemand(en)	niemand(en)
Dat.	(einem)	jedermann (jedem)	jemand(em)	niemand(em)
Gen.	(____)	jedermanns (____)	jemands	niemands

B. Use

1. **Man** is normally used when talking about *one, you, they,* or *people* in general. It often occurs as a substitute for the passive voice (see 28.3.A). **Man** is a subject form only; in other cases the pronoun forms **einen** (accusative) or **einem** (dative) must be used.

   Man weiß nie, was **einem** passieren kann.

   You (one) never know(s) what can happen to you (one).

2. When **man** is used in a sentence, it cannot be subsequently replaced by **er.**

   Wenn **man** nichts zu sagen hat, soll **man** (*not:* **er**) schweigen.

   If you have nothing to say, you should remain silent.

3. **Jedermann** (*everyone, everybody*) and **jeder** are interchangeable in general statements, although **jeder** is more common.

   Jedermann/Jeder, der Zeit hat, sollte mitkommen.

   Everyone who has time should come along.

4. When referring to women, German speakers sometimes avoid **jedermann** and use **jede** (feminine) with the possessive **ihr-** or the relative pronoun **die.**[2] This makes the reference specific rather than general.

   Jede, *die* Zeit hat, soll *ihre* Arbeit heute Abend schreiben.

   Everyone (feminine) who has time is to write her paper this evening.

---

[2] **Jemand** and **niemand** are also used occasionally with the feminine possessive **ihr-** and the feminine relative pronoun **die** (instead of the masculine **der**).

5. **Jemand** *(somebody, someone, anybody, anyone)* and **niemand** *(nobody, no one)* can be used with or without endings in the accusative and dative. They take no endings when followed by forms of **anders.**

Sie sagte **niemand(em)** die Wahrheit.	*She told no one the truth.*
Wir haben dich gestern mit **jemand anders** gesehen.	*We saw you yesterday with someone else.*

6. The word **irgend** *(any, some)* is often combined with **jemand** to stress the latter's indefiniteness.

Irgendjemand muss doch zu Hause sein.	*Well, somebody (or other) must be home.*
Kann mir nicht **irgendjemand** helfen?	*Can't anybody (at all) help me?*

7. **Irgend** is also used alone and in the following combinations:

Bitte mach das, wenn **irgend** möglich!	*Please do that if it's at all possible!*
Irgendetwas stimmt hier nicht.	*Something (or other) isn't right here.*
Hast du **irgendeine** Idee, wie viel das kostet?	*Do you have any idea at all how much that costs?*
Irgendwann musst du mich mal besuchen.	*Sometime or other you'll just have to visit me.*
Hast du auf der Party **irgendwen** gesehen?	*Did you see anyone at all at the party?*
Meine Schlüssel müssen ja **irgendwo** sein.	*My keys must be somewhere or other.*

16.3   DEMONSTRATIVE PRONOUNS

A. Forms

The demonstrative pronoun (**das Demonstrativpronomen, -**) is essentially a definite article used as a pronoun; only the forms of the genitive and the dative plural differ slightly from those of the definite article.

	Masc.	Fem.	Neut.	Pl.
Nom.	der	die	das	die
Acc.	den	die	das	die
Dat.	dem	der	dem	**denen**
Gen.	**dessen**	**deren**	**dessen**	**deren**

B. Use

1. Demonstrative pronouns are used instead of personal pronouns to indicate stress or emphasis. German speakers often use them when pointing out someone or something, frequently with vocal emphasis or in combination with a strengthening **da** or **hier.**

Ich suche einen Computer. Darf ich **den da** probieren?	*I am looking for a computer. May I try that one there?*
Du, nimm die andere Tasse. —Welche? —**Die hier.**	*Hey, take the other cup. —Which one? —This one here.*

2. Demonstratives are also used in informal, colloquial contexts to indicate familiarity with specific persons or things. In such instances, they are often the first element in a sentence—a position of relative emphasis that is generally inappropriate for pronoun objects, particularly if they stand alone.

COMPARE:

Kennst du Eva Schmidt? —Ja, **die** kenne ich gut.	*Do you know Eva Schmidt? —Yes, I know her well.*
Kennst du Eva Schmidt? —Ja, ich kenne **sie** gut.	*Do you know Eva Schmidt? —Yes, I know her well.*

BUT:

Siehst du Udo und Gabi oft? —Ja, mit **denen** bin ich viel zusammen.	*Do you see Udo and Gabi much? —Yes, I'm with them a lot.*
or: —Ja, mit **ihnen** bin ich viel zusammen.	*—Yes, I'm with them a lot.*

3. The genitive demonstratives **dessen** *(his)* and **deren** *(her)* are used mainly to eliminate the ambiguity of **sein** or **ihr** when they could refer to either of two preceding nouns of the same gender. **Dessen** and **deren** refer only to the last previously mentioned male noun or female noun.

Alex hat Sebastian auf **seinem** neuen Fahrrad gesehen. *(ambiguous)*	*Alex saw Sebastian on his new bicycle.*
Alex hat Sebastian auf **dessen**[3] seinem Fahrrad gesehen.	*Alex saw Sebastian on his (Sebastian's) new bicycle.*
Julia hörte Stefanie mit **ihrem** Vater sprechen. *(ambiguous)*	*Julia heard Stefanie speaking with her father.*
Julia hörte Stefanie mit **deren** Vater sprechen.	*Julia heard Stefanie speaking with her (Stefanie's) father.*

---

[3] Literally, **dessen Fahrrad** means *the bicycle of that one,* that is, the latter-mentioned person.

C. The demonstrative *derselbe*

1. The demonstrative pronoun **derselbe** *(the same one[s])* consists of two parts: the first part (**der-/die-/das-**) declines as an article, the second part (**selb-**) and any subsequent adjectives take weak adjective endings (see 13.2).

	Masc.	**Fem.**	**Neut.**	**Pl.**
Nom.	derselbe	dieselbe	dasselbe	dieselben
Acc.	denselben	dieselbe	dasselbe	dieselben
Dat.	demselben	derselben	demselben	denselben
Gen.	desselben	derselben	desselben	derselben

Ich habe diese Bilder gekauft. Sind das **dieselben,** die du gestern gesehen hast? — *I bought these pictures. Are they the same ones that you saw yesterday?*

2. **Derselbe** is used adjectivally (as if it were *article + adjective*) to mean *the very same ____*. **Der gleiche** indicates *one that is similar,* and is likewise declined according to the noun it modifies. Strictly speaking, **derselb-** and **der gleich-** are different in meaning: **derselb-** refers to one entity, while **der gleich-** shows similarity between two or more entities. But in colloquial usage, German speakers often use **derselb-** to cover both meanings. You should be aware of the distinction and observe it at least in writing.

Klaus und Angela wohnen in **demselben** Wohnblock. — *Klaus and Angela live in the same apartment building.*

Sie fahren **den gleichen** Wagen. — *They drive the same car. (i.e., the same make of car = two cars)*

BUT:

Sie fahren **denselben** Wagen. — *They drive the same car. (= one car)*

Wortschatz
Noch eine Prüfung?!

nur	ein ander-
erst	noch ein-

1. **Nur** means *only* in the sense of *that is all there is.*

   Er ist **nur** fünf Jahre alt geworden.   *He lived only to the age of five.*

   Wir haben **nur** ein Auto.   *We have only one car.*

2. **Erst** means *only* in the sense of *up until now* or *so far* and implies that more is to come.

   Sie ist **erst** fünf Jahre alt geworden.   *She has only turned five (so far).*

   Wir haben **erst** ein Auto.   *We have only one car (so far).*

   Erst can also mean *only* in the sense of *not until.*

   Sie ist **erst** gestern angekommen.   *She arrived only yesterday. (i.e., she did not arrive until yesterday)*

3. **Ein ander-** and **noch ein-** can both mean *another (an other),* but the former implies *another kind* and the latter an *additional one.*

   Wir brauchen **ein anderes** Auto.   *We need another (different) car.*

   Wir brauchen **noch ein** Auto.   *We need another (additional) car.*

Übungen

A **Welches Pronomen passt?**   Ergänzen Sie durch Personalpronomen.

1. Heinz und Heidi brauchen Hilfe und fragen: „Wer hilft ____?"
2. Siggi fühlt sich missverstanden und lamentiert: „Ach, niemand versteht ____. Und nur meine Mutter schreibt ____."
3. Bärbl ist total begeistert von ihrem neuen Freund: „Er liebt ____ und spricht immer nur von ____."
4. Die Kinder fragen: „Wer will mit ____ spielen?"
5. Die Lehrerin fragt: „Kinder, wie geht es ____?"
6. Ich schreibe: „Markus, wir besuchen ____ erst am Wochenende."
7. „Herr Braun, wann kommen ____ uns besuchen?"
8. Ich möchte mit Frau Seidlhofer sprechen: „Frau Seidlhofer, darf ich mit ____ sprechen?"

B **Situationen: *du, ihr* oder *Sie*?**   Welche Anredeform gebrauchen Sie in den folgenden Situationen in einem deutschsprachigen Land?

1. Sie sprechen im Zugabteil *(train compartment)* mit einer Mutter und ihrer kleinen Tochter.
2. Sie sprechen mit einer Verkäuferin im Kaufhaus.
3. Sie sind in ein Studentenheim eingezogen und treffen einige Studentinnen zum ersten Mal.

4. Sie treffen zum ersten Mal die 20-jährige Schwester eines Studienfreundes.
5. Sie spielen Volleyball im Sportverein, aber Sie kennen die anderen Spieler nicht. Es sind Jugendliche und Erwachsene dabei.
6. Sie treffen den Kapitän vom U-Boot zum ersten Mal.
7. Bei einer Party im Studentenheim fordern Sie eine Studentin/einen Studenten zum Tanzen auf.
8. Sie sprechen mit den Tieren im Tierpark.
9. Sie treffen ganz unerwartet Ihren Deutschprofessor auf der Straße.
10. Sie sitzen im Gasthaus und ein Betrunkener, den Sie nicht kennen, redet Sie mit **du** an.

C **Fragen.** Beantworten Sie die folgenden Fragen. Ersetzen Sie in Ihren Antworten die kursiv gedruckten Wörter durch Pronomen oder Demonstrativpronomen.

> BEISPIEL Kennen Sie *die Romane von Ian Fleming?*
> *Ja, ich kenne sie. / Ja, die kenne ich.*

1. Wie hieß *der erste James-Bond Film?*
2. Haben Sie *diesen Film* einmal gesehen?
3. Kennen Sie einen James-Bond Film mit *Roger Moore?*
4. Lesen Sie oft *Filmrezensionen (film reviews)?*
5. Wie heißt *Ihre Lieblingsband?*
6. Haben Sie *diese Band* im Konzert gesehen?
7. Haben Sie einmal an *diese Band* geschrieben?

D **Personalpronomen.** Machen Sie über jeden Gegenstand *eine* Aussage mit einem Pronomen im Nominativ und *eine* mit einem Pronomen im Akkusativ.

> BEISPIEL mein Computer
> *Er ist drei Jahre alt.*
> *Ich finde* **ihn** *noch ganz gut.*

1. mein Bett im Studentenheim
2. mein Lieblingshemd
3. meine Armbanduhr
4. mein Wagen (oder Fahrrad)
5. die Schuhe, die ich im Moment trage
6. mein Studentenheim

E **Was bedeuten diese Sprüche?** Können Sie die Sprichwörter erklären oder anders ausdrücken? Verwenden Sie Strukturen mit **man, jemand** oder **niemand.**

> BEISPIEL Morgenstund' hat Gold im Mund'.
> *Wenn man früh aufsteht, kann man den Tag besser nützen.*

1. Wer im Glashaus sitzt, soll nicht mit Steinen werfen.
2. Wie man sich bettet, so liegt man.
3. Es ist noch kein Meister vom Himmel gefallen.
4. In der Kürze liegt die Würze.
5. Kleider machen Leute.

F *Erst* oder *nur?* Welches Wort passt in die Lücke?

1. Tut mir Leid, aber das Essen ist noch nicht fertig. Wir können _____ um halb zwei essen.
2. Beeile dich doch! Wir haben _____ zwanzig Minuten, bis es zu spät ist!
3. Das Buch gefällt mir überhaupt nicht ... Ich habe zwar _____ das erste Kapitel gelesen, aber das hat mir voll gereicht.
4. Was, heute schon ein Test darüber? Aber wir haben doch _____ gestern damit angefangen!
5. Kannst du mir etwas Geld leihen? Ich muss einkaufen und habe _____ zwei Dollar bei mir.
6. Naomi und Jessica wohnen _____ seit drei Wochen in dieser Wohnung.

G **Wer ist gemeint?** Ändern Sie die Sätze so, dass klar wird, dass mit dem Possessivpronomen die zuletzt genannte Person gemeint ist.

> BEISPIEL Sie fuhren mit Freunden in ihrem Auto.
> *Sie fuhren mit Freunden in **deren** Auto.*

1. Annette saß mit Monika in ihrem Zimmer.
2. Die Kinder sahen zwei fremde Kinder mit ihrem Spielzeug spielen.
3. Herr Schroeder rief seinen Nachbarn an und sprach mit seiner Tochter.
4. Johanna sprach mit ihrer Mutter in ihrem Schlafzimmer.
5. Herr Fischer sprach mit Herrn Scharping über seine Kinder.

H **Ich auch.** Hans Auch macht und erlebt immer dasselbe, was andere machen und erleben. Das sagt er jedenfalls immer. Was sagt er, wenn er Folgendes hört?

> BEISPIEL Uschi hat gute Noten bekommen.
> *Ich habe **dieselben** guten Noten bekommen.*

1. Fred hat einen dummen Fehler gemacht.
2. Susi hat von einer interessanten Frau erzählt.
3. Micha hat die Frau eines berühmten Schauspielers gesehen.
4. Wir haben heute nette Leute aus Österreich kennen gelernt.
5. Das sage ich ja immer.

I *Ein ander-* oder *noch ein-?* Was sagen Sie in den folgenden Situationen?

> BEISPIEL In der Kleiderabteilung probieren Sie ein Hemd an, aber der Schnitt *(cut)* des Hemdes gefällt Ihnen nicht.
> *Ich möchte bitte **ein anderes** Hemd anprobieren.*

1. Ein Stück Kuchen hat so gut geschmeckt, dass Sie Lust auf ein zweites Stück haben.
2. Sie haben für vier Eintrittskarten bezahlt, aber nur drei Karten bekommen.
3. Sie wollen in den zoologischen Garten gehen, aber man hat Ihnen eine Karte für das Aquarium gegeben.
4. Ihr Zimmer ist für Sie zu klein geworden.

Anwendung

A   **Das habe ich mitgebracht.**   Bringen Sie etwas (oder ein Foto davon) mit, was Sie im Kurs gern zeigen würden. Erklären Sie anderen Studenten diesen Gegenstand, und stellen Sie Fragen über die Gegenstände anderer Studenten.

Ich möchte dir/euch mein- ... zeigen/vorstellen.
Er/Sie/Es ist/kann ...
Sein-/Ihr- ... sind aus Holz/Metall usw.
Ich habe ihn/sie/es ... bekommen/gekauft/gebaut usw.
Hast du auch ... ?
Wie sieht dein ... aus? Hast du ihn/sie/es auch dabei?
Und nun möchte ich dir/euch etwas anderes zeigen.

B   **So macht man das.**   Suchen Sie jemanden im Kurs, der etwas nicht macht oder machen kann, was Sie können. Geben Sie Ihrer Partnerin/Ihrem Partner eine genaue Anleitung *(instruction)* für diese Tätigkeit *(activity)*.

ein Karten- oder Brettspiel	ein Garten	ein Sport
ein Hobby	eine Reise	ein bestimmtes Projekt

Wenn man/jemand ... will, dann muss man/er ...
Man macht das so: Jemand muss ...
Jeder/Jedermann versucht ... [zu tun].
Niemand darf ...
Wenn jemand gewinnt/verliert, muss er ...

C   **Was ist es?**   Jede Partnerin/Jeder Partner macht Aussagen über einen Gegenstand mit passenden **der**-Wörtern, aber sagt nicht direkt, was „es" ist. Die andere Partnerin/Der andere Partner muss erraten, welcher Gegenstand das ist.

    BEISPIEL   *Er ist klein. Er ist lang und dünn. Man benutzt ihn zum Schreiben, aber er ist normalerweise nicht aus Holz ...*

D **Könnt ihr mir sagen ... ?** Bilden Sie Gruppen mit drei oder mehr Studentinnen und Studenten. Stellen Sie einander Fragen und benutzen Sie dabei die Pronomen **ihr** und **euch** so oft wie möglich.

> BEISPIELE *Wo wohnt ihr? Wie gefällt euch das Leben hier auf dem Campus? Was für Kurse habt ihr dieses Semester belegt?*

Schriftliche Themen

Tipps zum Schreiben

Using Pronouns in German

Germans generally use the indefinite pronoun **man** instead of the editorial *we* or *you* characteristic of English *(If you want to succeed, you have to . . .)*. Remember, however, that if you use **man** in a sentence, you cannot shift to **er** or to **du/Sie** later on in the same sentence.

Keep in mind too that other general reference words that could be used here (such as **jeder** or **jemand**) are masculine, and that German requires consistency in number and gender distinctions. This means that the colloquial English trick of avoiding sexist possessive pronouns *(Everyone has **their** own goals)* will not work in German, since the only appropriate possessive pronoun for **jeder, jemand,** or **man** is the masculine **sein,** and the pronoun is **er.** If you find this usage awkward or restrictive, you can avoid it by using plural reference words such as **Menschen: Wenn *Menschen* erfolgreich sein wollen, müssen *sie* fleißig arbeiten.**

A **Kommentar.** Äußern Sie sich im Allgemeinen *(in general)* zu einer Tätigkeit, einer Handlung oder einer Handlungsweise.

THEMENVORSCHLÄGE

Menschen, die immer ...
die Politik einer Regierung
Fremdsprachen lernen
gesund/ungesund leben
wie man Glück im Leben findet

BEISPIEL   Wer dauernd vorm Fernseher hockt *(crouches)* und Kartoffelchips isst, lebt ungesund. Aber leben Menschen, die *(who)* täglich joggen und so ihre Knie ruinieren, auch nicht genauso ungesund? Zwar behauptet man, dass Joggen gesund sei, aber dasselbe könnte man vielleicht auch vom ständigen *(constant)* Fernsehen sagen. Jedenfalls kenne ich niemanden, der sich beim Fernsehen die Knie verletzt hat oder von einem Hund gebissen wurde. Irgendjemand hat einmal geschrieben, dass ... usw.

B **Das sollte man nicht tun.**   Erklären Sie, warum man gewisse Dinge lieber nicht machen soll. Begründen Sie, warum.

BEISPIEL   Ich glaube, man sollte nicht Fallschirm *(parachute)* springen. Wenn jemand aus einem Flugzeug abspringt und der Fallschirm sich nicht öffnet, hat er großes Pech gehabt. Es kann aber auch passieren, dass man sich beim Landen verletzt *(injures)* und ... usw.

Zusammenfassung

Rules to Remember

1 **Du** (*you*, sing.) and **ihr** (*you*, pl.) are informal; **Sie** (*you*, sing. & pl.) is formal and always takes a plural verb form.

2 The pronouns **er, sie,** and **es** refer to **der-, die-,** and **das**-nouns respectively; **sie** refers to all plural nouns.

3 The pronoun **man** refers to persons in general without gender distinction. Thus it cannot be replaced with **er.** It does, however, use **sein** as its possessive pronoun.

4 The demonstrative pronouns **der, die, das,** and **die** are often used instead of the personal pronouns **er, sie, es,** and **sie** when referring to persons and things with which one is familiar.

At a Glance

Personal pronouns		
Nom.	**Acc.**	**Dat.**
ich	mich	mir
du	dich	dir
er	ihn	ihm
sie	sie	ihr
es	es	ihm
wir	uns	uns
ihr	euch	euch
sie	sie	ihnen
Sie	Sie	Ihnen

Indefinite pronouns				
	man	**jedermann**	**jemand**	**niemand**
Nom.	man	jedermann (jeder)	jemand	niemand
Acc.	einen	jedermann (jeden)	jemand(en)	niemand(en)
Dat.	einem	jedermann (jedem)	jemand(em)	niemand(em)
Gen.	———	jedermanns	jemands	niemands

Demonstrative pronouns: derselbe/dieselbe/dasselbe			
	Masc.	**Fem.**	**Neut.**	**Pl.**
Nom.	derselbe	dieselbe	dasselbe	dieselben
Acc.	denselben	dieselbe	dasselbe	dieselben
Dat.	demselben	derselben	demselben	denselben
Gen.	desselben	derselben	desselben	derselben

17

Reflexive Pronouns · *Selbst* and *selber* · *Einander*

Grammatik

REFLEXIVE PRONOUNS

A. Forms

In English, reflexive pronouns are indicated by adding *-self/-selves* to the object or possessive pronoun: *She hurt herself.* In German, the reflexives for the first-person (**ich, wir**) and

	Nom.	Acc.	Dat.	
1st pers. sing.	ich	mich	mir	*myself*
1st pers. pl.	wir	uns	uns	*ourselves*
2nd pers. fam. sing.	du	dich	dir	*yourself*
2nd pers. fam. pl.	ihr	euch	euch	*yourselves*
3rd pers. sing.	er (der Mann)			*himself*
	sie (die Frau)			*herself*
	es (das Kind)		sich	*itself*
3rd pers. pl.	sie (die Leute)			*themselves*
2nd pers. formal sing. & pl.	Sie			*yourself/yourselves*

246

second-person (**du, ihr**) pronouns are the same as regular accusative and dative forms; all third-person forms plus the formal **Sie** take the reflexive **sich.**[1]

B. Positions of reflexive pronouns

1. When the sentence subject—noun or pronoun—is the first element in the sentence, the reflexive pronoun comes directly after the conjugated verb.

Tobias kauft **sich** heute ein Fahrrad.	*Tobias is buying himself a bicycle today.*
Er kauft **sich** heute ein Fahrrad.	*He is buying himself a bicycle today.*

2. When a *subject noun* is in the middle field, it can precede or follow a reflexive pronoun; a *subject pronoun* always follows directly after the conjugated verb and precedes a reflexive pronoun (see 1.1.C).

Heute kauft *Tobias* **sich** ein Fahrrad.	
Heute kauft **sich** *Tobias* ein Fahrrad.	*Today Tobias is buying himself a bicycle.*
Heute kauft *er* **sich** ein Fahrrad.	*Today he is buying himself a bicycle.*

17.2   REFLEXIVE VERBS

A. Accusative reflexives with verbs

1. An accusative reflexive pronoun can be used with virtually any transitive verb if the subject directs an activity at himself/herself/itself. The accusative reflexive pronoun functions as a *direct* object (see 4.4) and refers to the sentence subject.

... Bücher von Leykam

COMPARE:

Nonreflexive:	**Reflexive:**
Ich wasche **das Kind.**	Ich wasche **mich.**
I wash the child.	*I wash myself.*
Du rasierst **den Kunden.**	Du rasierst **dich.**
You shave the customer.	*You shave (yourself).*

---

[1] The interrogative pronouns **wer** and **was** (see 15.2) and the indefinite pronouns (**man, jemand, niemand, etwas, jedermann**, etc.) (see 16.2) are third-person pronouns and also take the reflexive **sich.**

Nonreflexive:	**Reflexive:**
Sie sieht **ihn** im Spiegel.	Sie sieht **sich** im Spiegel.
She sees him in the mirror.	*She sees herself in the mirror.*
Die Frau schnitt **die Blumen.**	Die Frau schnitt **sich.**
The woman cut the flowers.	*The woman cut herself.*
Sie sahen **sie** auf dem Video.	Sie sahen **sich** auf dem Video.
They saw them (i.e., other people) on the video.	*They saw themselves on the video.*

2. Several German verbs are more consistently transitive than their English equivalents. For certain meanings, they require an object no matter what—which means that in cases where English might have no direct object, these verbs take an accusative reflexive pronoun to fulfill the object function. Typical verbs of this category are:

(sich) ändern   *to change*
(sich) bewegen   *to move*
(sich) drehen   *to turn*
(sich) öffnen   *to open*

COMPARE:

The cat moved the curtain. (direct object)	Die Katze bewegte **den Vorhang.**
The curtain moved. (no object)	**Der Vorhang** bewegte **sich.**
That changes everything. (direct object)	Das ändert **alles.**
Everything is changing. (no object)	**Alles** ändert **sich.**

3. With certain meanings, a significant number of German verbs *always* take an accusative reflexive, even though the English equivalent may not include a reflexive. They are generally referred to as reflexive verbs. Reflexive verbs take the auxiliary **haben** in the perfect tenses. Here are some common examples.

sich amüsieren *to enjoy oneself*	sich langweilen *to be bored*
sich ausruhen *to take a rest*	sich (hin)legen *to lie down*
sich beeilen *to hurry*	sich setzen *to sit down*
sich benehmen *to behave*	sich umsehen *to take a look around*
sich entschuldigen *to apologize*	sich verlaufen *to get lost, go the*
sich erholen *to recover*	*wrong way*
sich erkälten *to catch a cold*	sich verspäten *to be late, come too*
sich (wohl/schlecht) fühlen *to feel well/ill*	*late*

Habt ihr **euch** gut **amüsiert?**	*Did you enjoy yourselves?*
Die Gäste haben **sich** auf dem Weg zur Party **verlaufen.**	*The guests got lost on the way to the party.*
Haben wir noch Zeit **uns** ein bisschen **umzusehen?**	*Do we still have time to look around a bit?*

4. Many German verbs, including a number of accusative reflexive verbs, often complete their meaning with a prepositional phrase. Here are some common examples; you will find more in Chapter 30.

sich ärgern über *(acc.)*   *to be annoyed at*
sich beschäftigen mit   *to be occupied with*
sich erinnern an *(acc.)*   *to remember*
sich freuen auf *(acc.)*   *to look forward to*
sich freuen über *(acc.)*   *to be happy about*
sich fürchten vor *(dat.)*   *to be afraid of*
sich gewöhnen an *(acc.)*   *to get used to*
sich interessieren für   *to be interested in*
sich kümmern um   *to attend to, concern oneself with*
sich umsehen nach   *to look around for*
sich verlieben in *(acc.)*   *to fall in love with*
sich wundern über *(acc.)*   *to be amazed at*

Ich kann **mich** nicht mehr **an** ihn **erinnern.**	*I can no longer remember him.*
Wir **freuen uns auf** deinen Besuch.	*We are looking forward to your visit.*

5. The object of a prepositional phrase after a reflexive verb can also be a reflexive pronoun.

Ich ärgere mich manchmal **über mich.**	*I am annoyed at myself sometimes.*
Sie kümmert sich nur **um sich.**	*She is only concerned about herself.*

B. Dative reflexives with verbs

1. Dative reflexives are sometimes used when the subject does something on his/her/its own behalf, in conjunction with an accusative direct object. If the context makes the recipient clear, the use of these reflexives is optional.

Kaufst du (**dir**) neue Schuhe?	*Are you buying (yourself) new shoes?*
Ich habe (**mir**) ein Eis bestellt.	*I ordered ice cream (for myself).*

2. German tends to avoid possessive adjectives when referring to body parts and clothing in conjunction with certain verbs (see 5.1.B) and makes use of dative reflexives instead to clarify the reference. If the context is sufficiently clear, these are also optional.

Später zog ich (**mir**) den Pulli aus.	*Later, I took off my sweater.*
Hast du (**dir**) die Zähne schon geputzt?	*Have you already brushed your teeth?*

3. With **anziehen, waschen,** and related verbs, an accusative reflexive is normally used when referring to the activity in general (such as *getting dressed* or *washing*), but a dative reflexive when a direct object is specified.

Zieh **dich** doch an!	*Come on and get dressed!*
Zieh **dir** heute *einen Anzug* an!	*Put on a suit today!*
Du siehst aber aus – wasch **dich** doch!	*You look a sight—go wash up!*
Vor dem Essen solltest du **dir** *die Hände* waschen.	*Before eating, you should wash your hands.*

4. Some verbs always take dative reflexives with particular meanings.

sich etwas ansehen   *to take a look at something*
sich etwas einbilden   *to imagine or think something of oneself that is not true*
sich etwas leisten   *to afford something*
sich etwas merken   *to take note of something*
sich etwas überlegen   *to think something over*
sich etwas vorstellen   *to imagine, conceive of something*

The **etwas** in these constructions can be a direct object in the accusative case, or information in the form of a clause. In the following examples, the reflexive verb is highlighted in bold and the information corresponding to **etwas** is italicized. The clause in such cases can be an infinitive clause (see 18.1) or a **dass**-clause (see 11.3).

Ein Freund von mir **bildet sich ein**,
  ein großer Künstler zu sein.

A friend of mine takes himself to be a
  great artist / thinks of himself as a
  great artist.

Aber ich habe **mir** *seine Gemälde* genau
  angesehen.

But I've looked carefully at his
  paintings.

Und ich kann **mir** *was Lächerlicheres*
  gar nicht **vorstellen.**

And I can't imagine anything more
  ridiculous.

17.3   *SELBST* AND *SELBER*

1. **Selbst** and **selber** both mean *-self;* they are intensifying adverbs, not reflexive pronouns. They can occur either by themselves or in combination with reflexive pronouns.

Hast du dieses Haus **selber/selbst**
  gebaut?

Did you build this house yourself?

Sie hat *sich* **selbst/selber** angezogen.

She got dressed (by) herself.

2. **Selbst** and **selber** often occur together with reflexive pronouns after some verbs that take only dative objects (see 4.5.B).

Du musst *dir* **selbst/selber** helfen.

You will have to help yourself.

Er hat *sich* **selbst/selber** widersprochen.

He contradicted himself.

3. When **selbst** precedes the words it intensifies, it means *even.* **Selber** cannot be used in this context.

Selbst am Mittelmeer hatten wir
  mieses Wetter.

*Even on the Mediterranean we had
  lousy weather.*

| **17.4** | **THE RECIPROCAL PRONOUN *EINANDER*** |

1. Plural reflexive pronouns can be used to express reciprocal actions, that is, actions done by persons *to each other* or *one another*. This structure, however, may result in ambiguity, which is best eliminated by using **einander** *(each other)*.

| Wir kauften **uns** kleine Reiseandenken. | We bought each other little travel souvenirs. OR: We bought ourselves little travel souvenirs. |
| Wir kauften **einander** kleine Reiseandenken. | We bought each other little travel souvenirs. |

2. When used with prepositions, **einander** must be attached to the preposition to form one word.

| Die Mannschaften spielen jetzt **gegeneinander.** | The teams are now playing against each other. |
| Fürchten sich Geister **voreinander?** | Are ghosts afraid of one another? |

Wortschatz

Entscheide dich doch!

(sich) entscheiden	eine Entscheidung treffen
sich entschließen	einen Entschluss fassen
beschließen	

1. **Entscheiden** means *to decide (for or against), settle a question intellectually.*

   | Ein Richter muss diesen Fall **entscheiden.** | A judge must decide this case. |

2. **Sich entscheiden** means *to decide, make up one's mind,* or *choose between various options.* **Sich entscheiden (für)** means *to decide on one option, to choose.*

   | Hast du **dich entschieden,** ob du mitfahren willst oder nicht? | Have you decided whether or not you want to ride along? |
   | Ich habe **mich für** den grünen Mantel doch **entschieden.** | I decided on the green coat after all. |

3. **Eine Entscheidung treffen** means *to come to a decision*. It is roughly synonymous with **(sich) entscheiden,** though stylistically more emphatic.

Hast du schon **eine Entscheidung getroffen,** welchen Beruf du erlernen willst?	*Have you come to a decision as to which profession you want to learn?*

4. **Sich entschließen** means *to decide to take a course of action, to make up one's mind to do something.*

Er konnte **sich** nicht (dazu)[2] **entschließen,** ein neues Auto zu kaufen.	*He could not make up his mind to buy a new car.*

5. **Einen Entschluss fassen** means *to make a decision or resolution*. It is roughly synonymous with **sich entschließen,** but more emphatic.

Sie hat **den Entschluss gefasst,** ein anderes Studium anzufangen.	*She made the decision to begin a different course of study.*

6. **Beschließen** means *to resolve to take a course of action* or *to pass a resolution by virtue of some authority.*

Wir haben **beschlossen** eine neue Wohnung zu suchen.	*We have decided to look for a new apartment.*
Der Senat hat **beschlossen** das neue Einwanderungsgesetz zu verabschieden.	*The senate has resolved to pass the new immigration bill.*

Übungen

A **Nicht reflexiv → reflexiv.**   Machen Sie die Sätze reflexiv, indem Sie die kursiv gedruckten Wörter ersetzen.

> **BEISPIEL**   Narzissus sah *Bäume* im Wasserspiegel.
> *Narzissus sah **sich** im Wasserspiegel.*

1. Man sollte *die Sachen* regelmäßig waschen.
2. Ich habe *die Zeitung* auf das Sofa gelegt.
3. Sie zog *ihre Kinder* immer sehr schick an.

---

[2] The anticipatory **dazu** (see 19.2) is optional with **sich entschließen.**

4. Zieh *ihm* die Jacke aus.
5. Wir legten *die Decken* in die Sonne.
6. Kinder, seht ihr *das Haus* im Spiegel?
7. Was hat sie *ihm* gekauft?
8. Haben Sie *die Kinder* schon angezogen?
9. Niemand konnte *der Polizei* den Unfall erklären.
10. Der Arzt hat *ihm* den Arm verbunden.

B **Anders gesagt.** Drücken Sie die folgenden Sätze mit Hilfe von Reflexivpronomen anders aus.

BEISPIEL In zwanzig Minuten muss das Geld da sein.
Ich muss mich beeilen.

1. Jetzt muss ich endlich mit ihr sprechen!
2. Die Tür ging langsam auf.
3. Eigentlich sollte das Essen um sieben Uhr beginnen, aber wir kamen erst um Viertel vor acht an.
4. Nach fünf Jahren war ich zum ersten Mal wieder an meiner Uni, aber da war inzwischen alles anders.
5. Die Party war furchtbar. Die Musik war doof und ich wusste gar nicht, was ich da sollte.
6. Was sagst du ihr denn nun, ja oder nein? Irgendetwas musst du ihr ja wohl sagen.
7. Entschuldigung, können Sie mir helfen? Ich muss zum Bahnhof, aber anstatt nach rechts bin ich nach links gelaufen und jetzt weiß ich überhaupt nicht mehr, wo ich bin.
8. Der Abend war toll! Ich habe noch nie so viel gelacht!

C **Wer die Wahl (*choice*) hat, hat die Qual (*torment*).** Beantworten Sie die folgenden Fragen.

BEISPIEL Was war die schwerste Entscheidung in Ihrem Leben?
Ich musste mich entscheiden, an welcher Universität ich studieren wollte.

1. Was war die beste/schlechteste Entscheidung, die Sie je getroffen haben?
2. Wann ist es für Sie schwer/leicht, sich zu entscheiden?
3. Haben Sie sich je zu etwas entschlossen, was Sie später bereut (*regretted*) haben?
4. Haben Sie einmal einen ganz klugen Entschluss gefasst?
5. Wofür würden Sie sich nie entscheiden?

Wer die Wahl hat, hat die Qual.

D **Situationen.** Beenden Sie die Sätze. Verwenden Sie die folgenden Verben.

> BEISPIEL Der Hund von nebenan bellt seit Stunden.
> Vielleicht sollte Herr Franzen ...
> *Vielleicht sollte Herr Franzen sich bei seinem Nachbarn oder bei der Polizei*
> *beschweren.*

sich amüsieren	sich erkälten	sich bewerben um *(to apply for)*
sich ausruhen	sich umsehen	sich entschuldigen *(to apologize)*
sich beeilen		sich irren *(to be mistaken)*

1. Hans lief letzte Woche dauernd ohne Mantel im Regen herum. Kein Wunder, dass ...
2. Der Bus fährt in zehn Minuten und die Kinder sind noch nicht da. „Kinder, ... !"
3. Lufthansa hat jetzt Stellen frei und Monika sucht Arbeit. Vielleicht kann sie ...
4. Die Arbeit im Büro ist wie immer sehr langweilig. In der Pause will sie ...
5. „Es tut mir Leid, Herr Bogner", aber das stimmt nicht. „Ich glaube, dass ... "
6. Verkäuferin: „Suchen Sie etwas Bestimmtes?" „Nein, ich will ... "
7. Klaus hat seinen Kollegen beleidigt *(insulted)*. Jetzt möchte er ...
8. „Ich bin sehr müde." „Dann solltest du ... "

E **Früher.** Machen Sie fünf Aussagen über Ihr vergangenes Leben. Verwenden Sie reflexive Verben mit Präpositionen und Verben aus dem **Wortschatz**. Beginnen Sie zwei Ihrer Aussagen mit: **Ich glaube, dass ...**

> BEISPIEL *Früher habe ich mich vor Schlangen gefürchtet.*
> OR: *Ich glaube, dass ich mich als Kind vor Schlangen gefürchtet habe.*

F **Akkusativ → Dativ.** Bilden Sie Sätze mit Reflexivpronomen im Dativ.

> BEISPIEL Du wäschst dich. (Hände)
> *Du wäschst dir die Hände.*

1. Zieh dich aus! (die Schuhe)
2. Habt ihr euch gewaschen? (die Füße)
3. Ich muss mich abtrocknen *(to dry)*. (die Hände)
4. Sie kämmt sich. (die Haare)
5. Sie sollen sich anziehen. (andere Sachen)

G **Einander.** Drücken Sie die Sätze anders aus.

> BEISPIEL Wann habt ihr euch kennen gelernt?
> *Wann habt ihr **einander** kennen gelernt?*

1. Wir haben uns öfter gesehen.
2. Die Schüler helfen sich mit den Hausaufgaben.
3. Habt ihr euch nicht geschrieben?
4. Julia und Leon machen sich oft kleine Geschenke.

Anwendung

A **Beim Aufstehen und vor dem Schlafengehen.** Erzählen Sie jemandem im Kurs, wie Sie sich morgens nach dem Aufstehen und abends zum Schlafengehen fertig machen. Was machen Sie zuerst? Was kommt danach? Was machen Sie zuletzt? Berichten Sie dann, was jemand Ihnen erzählt hat.

VOKABELVORSCHLÄGE

sich anziehen/ausziehen   sich strecken *(stretch)*
(sich) duschen   sich schminken *(put on make-up)*
sich die Haare kämmen   sich abtrocknen
sich rasieren   sich waschen

B **Gefühle, Interessen und Reaktionen.** Erkundigen Sie sich bei jemandem nach der folgenden Information. Berichten Sie darüber.

Fragen Sie ...

1. wann sie/er sich besonders ärgert.
2. wovor sie/er sich fürchtet.
3. wofür sie/er sich besonders interessiert.
4. woran sie/er sich (un)gern erinnert.
5. worauf sie/er sich ganz besonders freut.
6. worüber sie/er sich ganz besonders freut.

C **Na und? (So?)** Egal, was Ihre Partnerin/Ihr Partner gesehen, gedacht oder gekauft hat, Sie haben's besser gemacht! Bilden Sie Sätze und benutzen Sie dabei die folgenden Verben: **sich etwas ansehen, sich entschließen, sich erinnern an, sich etwas kaufen** und **sich etwas leisten.** Mit wie vielen Aussagen können Sie Ihre Partnerin/Ihren Partner übertrumpfen?

BEISPIEL A: Du, ich war letzten Sommer in Deutschland und habe mir das Schloss in Heidelberg angesehen.
B: Na und? Ich war ja auch in Heidelberg und habe mir das Schloss *und* die Universität angesehen.

Schriftliche Themen

<table>
<tr>
<td>**Tipps zum Schreiben**</td>
<td>

Using Process Writing in German

Conceptualize what you want to say in German, not English. Begin by making a list of German verbs that describe the actions you wish to discuss. Write short statements with these verbs, using a subject-verb-object or subject-verb-prepositional phrase format. Next, expand your basic statements by adding descriptive or qualifying adjectives (see Chapter 13), adverbs (see Chapter 24), or prepositional phrases (see Chapter 10). Finally, read what you have written to see in which sentences you can improve the style of your composition by putting elements other than subjects in first position.

</td>
</tr>
</table>

A **Nacherzählung.** Erzählen Sie die folgende Bildgeschichte *in der Vergangenheit* nach. Gebrauchen Sie Verben mit Reflexivpronomen.

VOKABELVORSCHLÄGE

die Straßenbahn
die Werbung, -en *(advertisement)*
sich vorstellen
sich kaufen/holen
sich waschen
sich im Spiegel anschauen

sich das Gesicht einreiben
sich die Zähne putzen
sich freuen (auf)
sich interessieren
sich fragen

B **Menschenbeschreibung.** Kennen Sie jemanden, der sehr begabt, exzentrisch oder eigenartig ist? Beschreiben Sie diesen Menschen. Womit beschäftigt sie/er sich? Wie verhält sie/er sich? Wofür interessiert sie/er sich? Worüber ärgert sie/er sich?

BEISPIEL   Mein Freund Kuno ist sehr exzentrisch. Er langweilt sich nie, denn dauernd beschäftigt er sich mit Fragen, die ich mir nicht einmal vorstellen kann. Er hat z.B. einmal ausgerechnet, dass ein Mensch sich im Laufe seines Lebens mehr als hundertmal erkältet. Obwohl er sich einbildet, ... usw.

Zusammenfassung

Rules to Remember

1 A reflexive pronoun refers to the sentence subject.

2 The dative and accusative reflexive of all third-person pronouns and **Sie** is **sich**.
COMPARE: **Er sieht sie.** *(He sees her.)* **Er sieht sich.** *(He sees himself.)*

3 Some German verbs are always reflexive, even though the English equivalent may not be: **Ich erinnere mich.** *(I remember.)*

4 Many reflexive verbs complete their meaning with a prepositional complement: **Ich erinnere mich an ihn.** *(I remember him.)*

At a Glance

Reflexive pronouns		
Nom.	**Acc.**	**Dat.**
ich	mich	mir
du	dich	dir
er sie es	sich	
wir	uns	
ihr	euch	
sie Sie	sich	

Reflexive verbs + prepositional complements
sich ärgern + über *(acc.)*
sich beschäftigen + mit *(dat.)*
sich erinnern + an *(acc.)*
sich freuen + auf/über *(acc.)*
sich fürchten + vor *(dat.)*
sich interessieren + für *(acc.)*
sich kümmern + um *(acc.)*
sich umsehen + nach *(dat.)*
sich verlieben + in *(acc.)*
sich wundern + über *(acc.)*

zum Beispiel

Grammatik

18.1 INFINITIVES WITH *ZU*

1. An infinitive clause (**Infinitivsatz**) can be as basic as two words—an infinitive preceded by **zu**—but can also include various objects and modifiers that precede **zu** and follow the word order rules of the middle field (see 1.1.C). In the case of separable-prefix verbs (see 29.1), **zu** is inserted between the prefix and the stem verb, forming one word.

Ein Erzähler fängt an **zu sprechen.**	*A narrator begins to speak.*
Er sagt: „Viele versuchten **nach Casablanca zu fliehen.**"	*He says, "Many tried to flee to Casablanca."*
„Sie hofften über Marseille **dorthinzukommen.**"	*"They hoped to get there via Marseille."*

2. When an infinitive clause includes a verbal complement (see 1.1.C), **zu** precedes the final word.

Es war sehr schwer, Rick **kennen zu lernen.**	*It was very difficult to get to know Rick.*

This also applies to modal verbs with infinitives, such as **ausreisen können** = *to be able to leave (a country).*

Ein bulgarisches Ehepaar hofft **ausreisen zu können.**	*A couple from Bulgaria hopes to be able to leave the country.*

3. An infinitive clause is usually located after the main clause, rather than within it, though a small number of verbs (**anfangen** and **versprechen,** for example) allow for embedding.

„Ich schlage Ihnen vor **Ihre Frau zu fragen**", sagt Rick.	*"I suggest (to) you (to) ask your wife," says Rick.*
Alle fingen gleichzeitig **zu singen** an.	*Everyone began singing at once.*

If the infinitive clause functions as the subject of the sentence, it precedes the main clause.

Ugarte zu verachten fällt Rick leicht.	*To despise Ugarte is easy for Rick.*

4. An optional comma is used to separate the main and infinitive clauses, and is necessary if a misreading could occur without it. Commas are also required before an infinitive clause when a word or phrase in the main clause, such as a **da**-compound or

es, anticipates an infinitive clause that contains anything more than **zu** and the infinitive (see 19.2–3).

Renault rät(,) Laszlo zu helfen.	*Renault advises that Laszlo be helped.*
Renault rät Laszlo(,) zu helfen.	*Renault advises Laszlo to help.*

5. An infinitive clause in German can express an *-ing* form verb phrase in English:

In Casablanca zu warten ist gefährlich.	*Waiting in Casablanca is dangerous.*
Zuerst hat Rick kein Interesse daran, **sein Lokal zu verkaufen.**	*At first, Rick has no interest in selling his place.*

6. English uses infinitives in several ways for which German requires altogether different structures. Statements containing *like to* ____, for example, are commonly rendered in German with **gern:** *Sam likes* **to sing** = Sam **singt gern** (see 9.2.F and Chapter 9 **Wortschatz**). Constructions in English such as *I want you* **to stay** here cannot be expressed in German with an infinitive, but rather require **wollen, dass …** and a conjugated verb (see 9.2.E): "*Sam, Ferrari wants you* **to work** *for him.*" = „Sam, Ferrari **will, dass** du bei ihm **arbeitest.**"

7. Infinitive clauses often follow adjectives in English, when the subject of the main clause is understood to be the reference point of the infinitive clause: *The sight was terrible* **to behold.** *That idea is bound* **to fail.** German only allows this construction if the verb in the infinitive clause takes a direct object (that is, it cannot be a dative verb), and then only with a small number of adjectives: **einfach, interessant, leicht, schwer,** and **schwierig.**

The transit papers are difficult **to get.**	Die Transit-Papiere sind schwer **zu bekommen.**
The European tourist was easy **to rob.**	Der europäische Tourist war leicht **auszurauben.**
BUT:	
Laszlo wasn't easy **to help.**	Es war nicht einfach, *Laszlo* **zu helfen.**

18.2 ADVERBIAL PHRASES WITH *UM … ZU, OHNE … ZU,* AND *(AN)STATT … ZU*

To express English *in order to [____], without [____]-ing,* and *instead of [____]-ing,* German uses infinitive clauses beginning with **um, ohne,** and **(an)statt** (the **an** is optional and renders the word slightly more formal). In each case, the clause begins with the preposition, followed by an optional middle field (if there is additional information), and then **zu** + infinitive.

„Seien Sie um 10 Uhr in meinem Büro, **um** mit Strasser **zu sprechen**", sagt Renault.	*"Be in my office at 10 in order to speak with Strasser," says Renault.*

| Rick nimmt die Papiere von Ugarte, **ohne** jemandem etwas darüber **zu sagen.** | *Rick takes the papers from Ugarte without telling anyone about it.* |
| Ilsa bleibt in Paris, **(an)statt** mit Rick die Stadt **zu verlassen.** | *Ilsa remains in Paris instead of leaving the city with Rick.* |

18.3 ▶ INFINITIVES WITHOUT *ZU*

1. Infinitives accompanying modal verbs (see 9.1) and the future auxiliary **werden** (see 8.1) do not take a preceding **zu.**

2. The verbs of perception **fühlen, hören, sehen, spüren** *(to perceive, feel),* as well as the verbs **heißen** (here: *to bid* or *command*) and **lassen** (see 18.4), can function like modal verbs as V$_1$ of the verbal bracket, and in this use can be considered *semi-modals.* Infinitives accompanying them function as V$_2$, with no preceding **zu.**

| In der Rückblende **sieht** man Rick mit Ilsa durch Paris **fahren.** | *In the flashback, one sees Rick driving with Ilsa through Paris.* |
| Sie **spüren** den Krieg immer näher **kommen.** | *They feel the war coming closer and closer.* |

3. Infinitives accompanying the semi-modals **helfen, lehren,** and **lernen** can occur either with or without a preceding **zu.**

| Rick **hilft** den Bulgaren ein Transit-Visum **(zu) kaufen.** | *Rick helps the Bulgarians buy a transit visa.* |
| Wer **lehrt** wen nach einem großen Ziel **(zu) streben?** | *Who teaches whom (how) to strive for a great goal?* |

4. With **fühlen, hören, sehen, spüren,** and with **lernen** and **lehren,** a subordinate clause is often used instead of an accompanying infinitive clause.

| Laszlo spürte, **wie sehr Ilsa Rick noch liebte.** | *Laszlo sensed how much Ilsa still loved Rick.* |
| Renault und Rick sahen zu, **wie das Flugzeug langsam abhob.** | *Renault and Rick watched as the plane slowly took off.* |

5. The verb **gehen** is also often used with a following infinitive without **zu.**

| Sie **geht** auf dem Markt **einkaufen.** | *She goes shopping at the open-air market.* |

18.4 ▶ *LASSEN* + INFINITIVE

1. When **lassen** is complemented by an infinitive, it means *to let* or *to have someone do something.* Context determines which meaning is intended. The infinitive is not preceded by **zu.**

Rick **lässt** den Bulgaren das Roulette-Spiel **gewinnen.**	*Rick lets the Bulgarian win the roulette game.*
Dann **lässt** er ihm das Geld **geben.**	*Then he has money given to him.*

COMPARE:

Laszlo **lässt** die „Marseillaise" **spielen.**	*Laszlo has the "Marseillaise" played. (i.e., he initiates it)*
Rick **lässt** die „Marseillaise" **spielen.**	*Rick lets the "Marseillaise" be played. (i.e., he allows it to go on)*

2. If **lassen** has no direct object agent (like in the preceding examples), its English equivalent is *to let be done* or *to have done.*

Renault **lässt** Ugarte **verhaften.**	*Renault has Ugarte arrested (by someone else).*

3. A dative object (see 4.5) is sometimes used with **lassen** to indicate *to* or *for whom* the activity is done.

Rick lässt **dem Ehepaar** die Transit-Papiere unterschreiben.	*Rick has the transit papers signed for the couple.*

MORE COMMON:

Rick lässt die Transit-Papiere **für das Ehepaar** unterschreiben.	

4. The dative *reflexive* pronoun (see 17.1) is commonly used with **lassen.**

Renault denkt für sich: „Ich **lasse** *mir* das hübsche Mädchen da drüben ins Büro **bringen.**"	*Renault thinks to himself, "I'll have the cute girl over there brought to my office."*
Laszlo **lässt** *sich* am Ende von Rick **helfen.**	*In the end, Laszlo allows Rick to help him.*

18.5   INFINITIVES AS NOUNS

Virtually any infinitive can be capitalized and used as a neuter noun. Such nouns usually correspond to English gerunds (the *-ing* form).

Das Warten auf dem Pariser Bahnhof war für Rick unerträglich.	*Waiting at the Paris train station was unbearable for Rick.*

18.6   **DOUBLE INFINITIVES**

A. Double infinitives with the perfect tenses

1. Like modal verbs, **fühlen, hören, sehen, spüren,** and **lassen** generally form the perfect tenses with a so-called *double infinitive* construction rather than with a past participle (see 9.3).[1]

   COMPARE:

Sie **haben** die Panzer in Paris **gesehen.**	*They saw the tanks in Paris.*
Sie **haben** die Panzer in die Stadt **kommen sehen.**	*They saw the tanks coming into Paris.*
Er **hat** Ugartes Papiere im Klavier **gelassen.**	*He left Ugarte's papers in the piano.*
Er **hat** Ugartes Papiere für Laszlo und Ilsa **unterschreiben lassen.**	*He had Ugarte's papers signed for Laszlo and Ilsa.*

2. The verb **helfen** can also form its perfect tense with a double infinitive. However, the tendency among German speakers is to use the past participle in combination with an infinitive clause including **zu.**

   COMPARE:

Rick hat Laszlo der Polizei **entkommen helfen.**	*Rick helped Laszlo (to) escape from the police.*
Rick hat Laszlo geholfen **der Polizei zu entkommen.**	

3. German speakers often avoid a double infinitive construction by using the simple past tense instead.

Karl und Laszlo **hörten** das Polizeiauto **vorbeifahren.**	*Karl and Laszlo heard the police car drive by.*
Renault **ließ** Ugarte nach seiner Verhaftung **töten.**	*Renault had Ugarte killed after his arrest.*

4. In dependent clauses, the auxiliary verb comes before a double infinitive.

Wir wissen nicht, ob Ugarte die Kuriere in Oran *hat* **töten lassen,** oder ob er sie selber tötete.	*We don't know if Ugarte had the couriers in Oran killed, or if he killed them himself.*

---

[1] When using the verbs of perception (**fühlen, hören, sehen,** and **spüren**) in the perfect tense, some native speakers use an infinitive + participle construction in subordinate clauses (*Wir haben ihn kommen **gehört***), but this usage is considered substandard.

B. Double infinitives with the future tense

The future tense of all verbs accompanied by infinitives without **zu** (that is, modals and semi-modals) results in a double infinitive construction, with **werden** as V$_1$ and the double infinitive as V$_2$. In dependent clauses, **werden** precedes the double infinitive.

Wird er Laszlo und Ilsa **ausreisen helfen?**	*Will he help Laszlo and Ilsa leave the country?*
Niemand weiß, was Rick und Renault danach *werden* **machen können.**	*Nobody knows what Rick and Renault will be able to do afterwards.*

Wortschatz
Wer hat wen verlassen?

lassen	verlassen	weggehen

1. **Lassen** followed by a noun or pronoun object but no subsequent infinitive means *to leave someone or something in a place or condition.*

„Ich **lasse** dich hier, während ich zu der Geheimsitzung gehe", flüsterte Laszlo.	*"I'll leave you here while I go to the secret meeting," whispered Laszlo.*

2. **Verlassen** means *to leave or depart from a person, place, or activity.* This verb must always be used with a direct object.

„Wann können wir endlich Casablanca **verlassen?"**	*"When can we finally leave Casablanca?"*
„In Marseille hast du mich auch nicht **verlassen",** sagte Ilsa.	*"You didn't leave me in Marseille either," said Ilsa.*

Verlassen can also connote emotional (and by implication long-term) separation.

„Ich dachte, du hast mich in Paris **verlassen",** sagte Rick.	*"I thought you left me (for good) in Paris," said Rick.*

COMPARE:

Ich **verlasse** dich!	*I'm leaving you!* (implied: *forever*)
Ich **lasse** dich hier im Zimmer.	*I'll leave you here in the room.* (implied: *but I'll come back for you*)

3. **Weggehen** means *to leave, depart,* or *go away.* This verb cannot be used with a direct object.

Du musst mit ihm **weggehen.**	*You've got to leave with him.*

COMPARE:

Leave!	**Gehen** Sie **weg!**
Leave this room at once!	**Verlassen** Sie sofort *dieses Zimmer!*
Leave me here while you shop!	**Lass** *mich* hier, während du einkaufen gehst!

Übungen

A **Ich habe vor ...** Beenden Sie die Sätze einmal mit **zu** plus Infinitiv und einmal mit einem längeren Infinitivsatz.

> **BEISPIEL** Ich habe vor ... (arbeiten)
> *Ich habe vor zu arbeiten.*
> *Ich habe vor im Sommer zu arbeiten.*

1. Die Touristen haben die Absicht (*intention*) ... (weiterfahren)
2. Wann fängst du an ...? (übersetzen)
3. Der Kapitän hat vor ... (retten: *to save*)
4. Es scheint jetzt ... (regnen)
5. Mein Nachbar versucht ... (singen)
6. Vergiss auch nicht ... (schreiben)

B **... den Satz zu Ende zu schreiben.** Beenden Sie die Sätze mit Infinitivkonstruktionen.

> **BEISPIEL** Es macht mir Spaß ...
> *Es macht mir Spaß Deutsch zu lernen.*

1. Ich möchte jemanden bitten ...
2. Alle Länder der Erde sollten versuchen ...
3. Manche Leute wünschen sich nur ...
4. Jeder Mensch sollte das Recht haben ...
5. Unsere Regierung sollte aufhören ...
6. In unserem Land sollten wir endlich einmal beginnen ...

C **Lassen, verlassen oder weggehen?** Ergänzen Sie die Sätze durch passende Verben.

1. Die Frau hat ihren Ehemann und ihre Kinder ____.
2. Frau Engler hat ihre Kinder für ein paar Tage in Bern ____.
3. Herr Weber hat sein Handy (*cell phone*) im Büro ____.
4. Ach, wo habe ich nur die Tasche mit dem Geld ____?
5. Eines Tages wird Peter von hier ____.
6. Rick glaubt, dass Ilsa ihn in Paris ____ hat.

D **Anders ausdrücken.**   Drücken Sie die Sätze anders aus. Verwenden Sie die Präpositionen **um, ohne** und **(an)statt** mit Infinitiven.

> BEISPIEL   Ich lerne Deutsch, weil ich es mit meinen
> Verwandten sprechen will.
> *Ich lerne Deutsch, um es mit meinen*
> *Verwandten zu sprechen.*

1. Manche Menschen denken nicht, wenn sie reden.
2. Ich verlasse dich nicht, ich bleibe bei dir.
3. Die meisten Menschen arbeiten, damit sie essen können.
4. Wie kann man im Ausland studieren, wenn man die Sprache des Landes nicht versteht?
5. Fast alle Studenten schreiben ihre Arbeiten am Computer und benutzen keine Schreibmaschine.
6. Viele Touristen reisen ins Ausland, weil sie andere Länder und andere Menschen kennen lernen wollen.

E **Aussagen.**   Machen Sie mit den Präpositionen **um, ohne** und **(an)statt** und einer Infinitivkonstruktion jeweils eine Aussage über sich selbst oder andere Menschen, die Sie kennen.

> BEISPIEL   *Meine Schwester redet manchmal, ohne zu denken.*

F **Sätze mit Infinitiven.**   Machen Sie aus zwei Sätzen einen Satz.

> BEISPIEL   Hans spielt. Ich sehe es.
> *Ich sehe Hans spielen.*

1. Barbara kocht das Essen. Niemand hilft ihr.
2. Ihr Herz schlägt kräftig *(heavily)*. Sie fühlt es.
3. Jemand klopft an die Tür. Ich höre es.
4. Der Baum fiel im Sturm um. Niemand sah es.
5. Markus lernt gern. Er lernt, wie man Schach spielt.
6. Die Frau liest ein Modejournal. Die Männer sehen es.
7. Sie macht einen Fehler. Niemand hört es.
8. Margit ließ ihre Schlüssel im Auto. Andreas sah es.

Schreiben Sie Ihre Sätze jetzt im Perfekt.

> BEISPIEL   *Ich habe Hans spielen sehen.*

G **Einiges über mich.**   Ergänzen Sie die Aussagen. Verwenden Sie Infinitive.

> BEISPIEL   Morgens höre ich ...
> *Morgens höre ich meine Eltern frühstücken.*

1. Ich sehe gern ...
2. Wenn ich morgens aufwache, höre ich als erstes ...
3. Als ich noch ganz klein war, lehrte mich jemand ...
4. Gestern habe ich ... (sehen/hören)
5. Ich würde gern ... lernen.

H **Anders ausdrücken.** Drücken Sie Ihre Aussagen in Übung G durch den Gebrauch von Nebensätzen *(clauses)* anders aus.

BEISPIEL *Morgens höre ich, wie meine Eltern frühstücken.*

I **Man kann doch nicht alles selber machen.** Beantworten Sie die Fragen. Verwenden Sie das Verb **lassen.**

1. Was machen Sie, wenn Ihre Haare zu lang sind?
2. Was muss man machen, wenn der Kühlschrank kaputt ist?
3. Was haben Sie in der letzten Woche machen lassen?
4. Was ließen Ihre Eltern Sie früher nicht machen?
5. Was lassen Sie gern machen?
6. Was würden Sie gern machen lassen?
7. Was würden Sie nie machen lassen?

Anwendung

A **Ungewöhnliche Erfahrungen und Erlebnisse.** Tauschen *(exchange)* Sie ungewöhnliche Erfahrungen mit anderen Studenten im Kurs aus. Wer hat das Ungewöhnlichste gesehen oder gehört?

REDEMITTEL

Ja, weißt du, dass ich einmal ... habe [tun] sehen?
Das ist interessant, aber einmal sah/hörte ich ... [tun].
Das ist doch gar nichts. Ich habe sogar ... machen sehen/hören.
[X] hat erzählt, dass sie/er einmal ... hat machen sehen.

B **Zeit oder keine Zeit? Spaß oder kein Spaß?** Was meint Ihre Partnerin/Ihr Partner zu diesen Fragen? Sie/Er soll mit Infinitivsätzen darauf antworten!

1. Wofür hast du immer Zeit?
2. Wofür hast du keine Zeit?
3. Wofür möchtest du mehr Zeit haben?
4. Wofür brauchst du keine Zeit?
5. Welche Hobbys machen dir Spaß?
6. Was macht dir überhaupt keinen Spaß?
7. Was würde dir dieses Wochenende viel Spaß machen?

Schriftliche Themen

Tipps zum Schreiben	**Expressing Your Own Views**
	To let readers know that you are expressing your opinions rather than indisputable facts, use phrases such as the following:
	ich finde, (dass) **ich glaube, (dass)** **meiner Meinung/Ansicht nach** **ich halte es für ...** (*See* **Wortschatz,** Chapter 11.)

A **Verpflichtungen *(obligations)*.** Was wollen oder sagen andere Leute (z. B. Ihre Eltern oder Lehrer), dass Sie machen sollen? Macht es Ihnen Spaß, das zu machen? Tun Sie es ungern? Was lassen Ihre Eltern Sie nicht tun? Verwenden Sie in Ihrem Aufsatz grammatische Strukturen aus diesem Kapitel.

BEISPIEL Meine Eltern sagen immer, dass ich ihnen mehr helfen soll. Sie lassen mich z. B. jeden Tag vor dem Essen den Tisch decken. Ich helfe meiner Mutter auch manchmal das Abendessen kochen. Nun, ich finde es schön, zum Haushalt etwas beizutragen *(contribute)*, aber ich habe keine Lust das jeden Tag zu tun. Schließlich will ich mein eigenes Leben führen und niemand kann von mir erwarten, dass ... usw.

B **Was man ungern tut.** Müssen Sie manchmal etwas machen, was Sie als besonders schwierig oder unangenehm empfinden? Erzählen Sie davon.

BEISPIEL Ich finde es besonders unangenehm, in eine neue Wohnung umzuziehen. Natürlich versuche ich Leute zu finden, die mir dabei helfen, aber wenn meine Freunde mich kommen sehen ... usw.

Zusammenfassung

Rules to Remember

1 Infinitive clauses are formed by placing **zu** before the infinitive or before the final element of a compound infinitive.

2 The **zu** + infinitive structure is always at the end of an infinitive clause, preceded by any modifiers or objects the clause may contain.

3 Infinitive clauses are most often located outside the main clause, not embedded in it.

4 Infinitives used in conjunction with modal verbs (**können, wollen,** etc.) and semi-modal verbs such as **fühlen, heißen, hören, lassen, sehen,** and **spüren** function as V_2 in the verbal bracket, with no preceding **zu.**

5 Infinitives used in combination with semi-modal verbs such as **helfen, lehren,** and **lernen** can either form an infinitive clause with **zu** or function as V_2 in the verbal bracket, with no preceding **zu.**

6 **Fühlen, hören, sehen, spüren,** and **lassen** used in combination with other verbs normally form the present perfect tense with an infinitive rather than a participle: Das habe ich **kommen sehen** (NOT: **gesehen**).

At a Glance

Infinitive clauses: Sentence structure
Simple
INFINITIVE CLAUSE (*main clause*)(,) *(middle field)* zu [infinitive]
Compound A + B
INFINITIVE CLAUSE (*main clause*)(,) *(middle field)* [A] zu [B: infinitive]
um, ohne, (an)statt
(*main clause*), um   *(middle field)* zu [infinitive] ohne (an)statt

Semi-modals: No [zu]
[V_1] _____ fühlen _____ [V_2]
heißen *(to bid)* hören lassen sehen spüren

Semi-modals: Optional [zu]
[V_1] _____ helfen _____ (zu) [V_2]
lehren lernen

19

Da-Compounds ▪ Uses of es

Grammatik

German pronouns used as subjects and (in)direct objects refer with equal precision of case, number, and gender to people, animals, things, and ideas. The **ihn** in the statement **Ich habe ihn gesehen** can refer to a donkey, a mountain, or a suggestion—anything in the singular whose grammatical gender is masculine—as well as to a person. This is not true, however, when German pronouns are used with prepositions. A pronoun object of a preposition in German refers only to a living being, so that the **ihn** in the statement **Ich denke an ihn** can only signify a male person or an animal with a masculine-gender name. To refer to inanimate objects or ideas in conjunction with most prepositions, German uses a shortcut known as a **da**-compound.

19.1 ▸ PREPOSITIONAL *DA*-COMPOUNDS

A. Forms

1. **Da**-compounds are formed like **wo**-compounds (see 15.2.B); the prefix **da(r)**-[1] precedes the preposition. **Da**-compounds occur with many, but not all prepositions.

da + preposition	*da<u>r</u>-* + preposition	colloquial
dabei	daran	dran
dadurch	darauf	drauf
dafür	daraus	draus
dagegen	darin	drin

---

[1] When the preposition begins with a vowel, an **r** is inserted to facilitate pronunciation.

da + **preposition**	*dar-* + **preposition**	**colloquial**
damit[2]	darüber	drüber
danach	darum	drum
davon	darunter	drunter
davor		
dazu		
dazwischen		

ALSO:

daher *(from there, from that)*
dahin *(to there)*

2. **Da**-compounds cannot be formed with **außer, gegenüber, ohne, seit,** or with genitive prepositions.

B. Use

1. The **da** in the **da**-compound stands conveniently for whatever is being referred to in conjunction with the preposition, regardless of its gender, case, or number. In the statement **Sie wartet darauf,** for example, **da** could mean *a taxi, a rainbow, a promotion,* or *the new contracts,* and the differences of gender and number (**das** Taxi, **der** Regenbogen, **die** Beförderung, **die** neuen Verträge), as well as the question of whether to use accusative or dative in this particular case with **auf,** all disappear behind **da.** Remember that this grammatical sleight of hand only applies to *inanimate* prepositional objects; where *animate* beings are concerned, care must be taken to indicate the gender and number of the referent, as well as the case governed by the preposition.

COMPARE:

Hast du den Brief bekommen?	*Did you get the letter?*
—Nein, ich warte noch **darauf.**	*—No, I'm still waiting for it.*
Ist Martin angekommen?	*Has Martin arrived?*
—Nein, ich warte noch **auf ihn.**	*—No, I'm still waiting for him.*

2. Occasionally a **da**-compound may be used to refer to living beings as belonging to a group, although the pronoun forms are usually preferable.

In dieser Klasse sind zwanzig Studenten, **darunter/unter ihnen** einige recht gute.	*In this class there are twenty students, among them some quite good ones.*

3. A **da**-compound can also refer to an entire previous clause.

Bald werden wir ausziehen müssen, aber **daran** möchte ich jetzt nicht denken.	*Soon we will have to move out, but I don't want to think about it/that now.*

---

[2] There is also the *conjunction* **damit,** which means *so that* (see 11.3).

4. In addition to referring to specific inanimate things, **da**-compounds also occur idiomatically in phrases and expressions. Here are some common examples.

Ich kann nichts **dafür.**	*It's not my fault.*
Es kommt **darauf** an.	*It all depends.*
Darauf kommt es an.	*That's what counts.*
Dabei bleibt es.	*That's how it's going to be.*
Was sagen Sie **dazu?**	*What do you have to say about that?*
Es ist aus **damit.**	*It's over.*
Heraus **damit!**	*Out with it!*
Was haben wir **davon?**	*What good does it do us?*

19.2   ANTICIPATORY *DA*-COMPOUNDS

1. Many verbs and adjectives make use of prepositional phrases to complete their meanings (see 13.5, 17.2, and 30.1).

Ich interessiere mich **für mittelalterliche**   *I'm interested in medieval history.*
    Geschichte.

2. In some cases, the object of such a preposition is not merely a noun phrase (i.e., a noun with modifiers, such as *medieval history*), but rather an entire clause, including a verb:

*I'm especially interested **in finding out** . . .*

To render this into German requires a special structure, since German prepositions cannot be simply joined to a clause as in English. Instead, a **da**-compound containing the preposition is inserted into the middle field of the main clause, while the information linked to the preposition follows directly after the main clause in the form of an additional clause. In other words, the **da**-compound anticipates the clause to follow, alerting the reader or listener that information pertinent to the preposition is forthcoming.

Ich bin besonders **daran** interessiert, **mehr über Friedrich Barbarossa herauszufinden.**	*I'm especially interested in finding out more about Friedrich Barbarossa.*
Neulich habe ich mich **damit** beschäftigt, **wie er die europäische Politik seiner Zeit beeinflusst hat.**	*Recently I've been working on how he influenced the European politics of his time.*

3. The clause following the anticipatory **da**-compound can be an infinitive clause, or a subordinate clause introduced by **dass** or another conjunction. If the subject of the anticipated clause is different from the subject of the main clause, a subordinate clause (rather than an infinitive clause) is required. The main clause is always separated from the anticipated clause by a comma.

Meine Eltern freuen sich **darauf,** nach Italien **zu** reisen. (*infinitive clause*)	*My parents are looking forward to traveling to Italy.*
Meine Eltern freuen sich auch **darauf, dass** wir sie bald besuchen. (*subordinate clause*)	*My parents are also looking forward to us visiting them soon.*
Ich habe mich **daran** gewöhnt, **wie** sie uns alle verwöhnen. (*subordinate clause*)	*I've gotten used to how they spoil us all.*

4. Sometimes an optional anticipatory **da**-compound is added even when the prepositional phrase is not essential for completing the meaning of the verb.

Sie erzählten **(davon),** wie sie ihre Ferien verbracht hatten.	*They told (about) how they had spent their vacation.*

5. The adverbs **dahin** and **daher** are used with **gehen** and **kommen** to anticipate subsequent clauses and cannot be omitted.

Die Schwierigkeiten kommen **daher,** dass es zu wenig Platz im Studentenheim gibt.	*The difficulties stem from the fact that there is too little room in the student dormitory.*
Die Tendenz geht jetzt **dahin,** drei Studenten in einem Zimmer unterzubringen.	*The tendency is now to put three students in one room.*

6. **Da**-compounds can also be used with a number of adjectives that often take prepositional complements (see 13.5).

Wir sind **dazu** bereit, Ihnen eine Stelle anzubieten.	*We are prepared to offer you a position.*

19.3 USES OF *ES*

A. Impersonal *es*

1. **Es,** like English *it,* can be used impersonally to indicate the occurrence of activities without any specific doers. It occurs frequently in weather and time expressions, as well as with numerous other impersonal verbs.

Es regnet (blitzt, donnert, friert, hagelt, schneit, stürmt).	*It is raining (lightning, thundering, freezing, hailing, snowing, storming).*
Es ist fünf Uhr.	*It is five o'clock.*
Es riecht (stinkt, duftet).	*It smells (stinks, gives off an aroma).*
Es klopft.	*Someone is knocking at the door. (lit., "it is knocking")*
Es brennt.	*There is a fire./Something is burning. (lit., "it is burning")*
Es zieht.	*There is a draft. (lit., "it pulls")*

2. **Es** also occurs in numerous so-called impersonal expressions in which *it* (**es**) is the subject of the German phrase or sentence but not of its English equivalent.

Wie geht **es?**	*How are you? / How's it going?*
Es geht mir gut.	*I am fine.*
Es ist mir heiß/kalt.	*I am hot/cold.*
Es gelingt mir.	*I succeed.*
Es wird mir schlecht.	*I feel sick.*
Es tut mir Leid.	*I am sorry.*
Es fehlt mir an *(dative)* ...	*I am missing/lacking . . .*

3. In main clauses, the impersonal **es** may introduce a sentence in which the true subject follows the inflected verb. The verb agrees with this subject, not with **es.** This construction has a somewhat literary flavor. (See also **es** with the passive, 28.1.B.)

Es wohnen drei Familien in diesem Haus.	*There are three families living in this house.*
Es kam ein Brief. *(literary narrative)*	*There came a letter.*

4. When sentences like these begin with a different element, **es** is no longer introductory and cannot be used.

Es blieben nur noch wenige Bücher übrig.	*There were only a few books left over.*
Nur noch wenige Bücher blieben übrig.	*Only a few books were left over.*

B. *Es gibt; es ist/sind*

1. The expression **es gibt** means *there is* or *there are* and normally refers to the *existence* of something. The **es** is impersonal, but it originally referred to Nature, Providence, or Fate, which "gave" such things as weather and rich harvests. Thus **es** is always the subject, the verb form is always singular, and the object of the verb is always in the accusative.

Gibt es einen Gott?	*Is there a God?*
Vielleicht **wird es** Probleme **geben.**	*Perhaps there will be problems.*

2. The expression **es ist** (plural: **es sind**) is similar in meaning to **es gibt.** However, these two renderings of *there is/are* differ in several respects. **Es ist/sind** refers to the presence of things or people in a specific place, whereas **es gibt** deals more with general existence, or at least a larger field of reference. Since English *there is/are* does not make this distinction, many English speakers overuse **es gibt,** and must take care to consider which meaning of *there is/are* they wish to convey. Like **es gibt, es ist/sind** can take on various tenses.

COMPARE:

Es gibt noch mehr Möglichkeiten.	*There are even more possibilities.*
Auf einmal **gab es** nichts mehr zu diskutieren.	*All of a sudden there was nothing more to discuss.*
Es sind viel zu viele Leute hier – komm, wir gehen in ein anderes Restaurant.	*There are way too many people here— come on, we'll go to another restaurant.*
Ich habe angerufen, aber **es war** niemand zu Hause.	*I called, but there was no one at home.*

There is also a grammatical distinction: the **es** in **es ist/sind** is not the sentence subject but a place-taker that allows the true subject (singular or plural) to follow V_1 and thus be emphasized. If something else is the first element of the sentence, the **es** is no longer necessary. Similarly, **es ist/sind** is used only in main clauses rather than subordinate clauses or questions, where the movement of V_1 away from second position makes **es** unnecessary as a place-taker. The **es** of **es gibt,** however, is the actual sentence subject, and always appears when the phrase is used, regardless of the grammatical context. Remember that the noun following **es gibt,** as the direct object of **gibt,** is always in the accusative, whereas the noun following **es ist/sind,** as the sentence subject, is in the nominative.

COMPARE:

Es gibt hier ein Problem.	*There's a problem here.*
Gibt es einen Gott?	*Is there a God?*
Glaubst du, dass **es** einen Gott **gibt?**	*Do you believe that there is a God?*
Es war niemand zu Hause.	*There was no one at home.*
War niemand zu Hause?	*Wasn't anyone at home?*
Ich dachte, dass niemand zu Hause **war.**	*I thought that there was no one at home.*

C. Anticipatory *es*

Es may anticipate what is still to come in a subsequent clause. It can be either a subject or a direct object and is often optional after a verb. The same usage occurs in English.

Es freut/ärgert mich, dass ... OR: Mich freut/ärgert (**es**), dass ...	*It pleases/annoys me that . . .*
Es macht Spaß, wenn ...	*It is fun when . . .*
Es ist möglich/schade/wichtig, dass ...	*It is possible/too bad/important that . . .*
Wir haben (**es**) gewusst, dass ...	*We knew that . . .*
Ich kann (**es**) nicht glauben, dass ...	*I can't believe (it) that . . .*

Wortschatz

Es geht um „es"

---

es handelt sich um   handeln von

es geht um

---

1. The expressions **es handelt sich um** and **es geht um** are synonymous. They indicate what something *is about* and have a number of English equivalents. The subject of these expressions is always **es,** and they are often used with an anticipatory **da**-compound.

es handelt sich um
es geht um
$\left\{\begin{array}{l}\end{array}\right.$
it is a question of   *we are dealing with*
it is a matter of   *we are talking about*
at issue is   *it concerns*
at stake are

Es handelt sich um deine Zukunft.   *We are talking about your future.*

Um was für einen Betrag **handelt es sich** denn?   *Well, what (kind of an) amount are we talking about?*

Es geht darum, möglichst schnell zu arbeiten.   *It is a matter of working as quickly as possible.*

2. **Handeln von** is used to express the idea that a book, poem, play, movie, etc. *is about* something.

Dieser Film **handelt von** (der) Politik.   *This film is about politics.*

Wovon handelt dieser Roman?   *What is this novel about?*

Übungen

A **Gegenstände *(objects)* des täglichen Lebens.**   Was kann man mit diesen Gegenständen alles machen? Verwenden Sie Konstruktionen mit **da-.**

BEISPIELE   ein Haus
*Man kann **darin** wohnen.*

ein Fernseher
*Man kann **davor** einschlafen.*

1. Zeitungen
2. Bleistift und Papier
3. ein Rucksack
4. Lebensmittel
5. ein Computer
6. alte Weinflaschen

Erzählen Sie von weiteren Gegenständen.

B **Fragen: Mit oder ohne *da*-Konstruktion?** Antworten Sie bitte mit ganzen Sätzen (und ganz ehrlich!) auf die folgenden Fragen.

> BEISPIELE Sind Sie mit der jetzigen Politik in Ihrem Land einverstanden?
> *Ja, ich bin **damit** einverstanden./*
> *Nein, ich bin nicht **damit** einverstanden.*
>
> Haben Sie Respekt vor Politikern?
> *Ja, ich habe Respekt vor **ihnen**./*
> *Nein, ich habe keinen Respekt vor **ihnen**.*

1. Freuen Sie sich über das Glück anderer Menschen?
2. Haben Sie etwas gegen Menschen, die anderer Meinung sind als Sie?
3. Interessieren Sie sich für Politik?
4. Haben Sie Angst vor Ihren Professorinnen/Professoren?
5. Zählen Sie sich zu den Leuten, die fast jeden Tag etwas für die Umwelt tun?
6. Sind Sie bereit ohne Styroporverpackungen und Spraydosen zu leben?
7. Sind Sie mit Ihrem bisherigen Leben zufrieden?

C **Knapper sagen.** Drücken Sie die Idee in den folgenden Sätzen viel knapper *(more suc-cinctly)* und stärker aus. Verwenden Sie Ausdrücke mit **da**-Konstruktionen (siehe Seite 272).

> BEISPIEL Wir haben es so gemacht und wir können es jetzt nicht mehr ändern.
> *Dabei bleibt es.*

1. Ob ich morgen komme? Tja, wenn ich Zeit habe, komme ich vielleicht, aber ich weiß es noch nicht so genau.
2. Du hast meine Meinung gehört und jetzt möchte ich deine wissen.
3. Es hilft nichts, wenn Manni sagt, es war nicht seine Schuld *(fault)*.
4. Ich bitte Sie jetzt noch einmal: Geben Sie mir die Information!
5. Ich möchte Ihnen helfen, aber ich hatte mit der Entscheidung nichts zu tun.
6. Was für einen Vorteil *(advantage)* soll mir das bringen?
7. Sie haben sich auf unsere Kosten gut amüsiert, aber jetzt hört der Spaß auf.

D **Sätze ergänzen.** Ergänzen Sie die Sätze durch passende **da**-Konstruktionen.

> BEISPIEL Wir freuen uns ... unsere Freunde uns besuchen.   (über)
> *Wir freuen uns **darüber, dass** unsere Freunde uns besuchen.*

1. Unsere Professorin ärgert sich ... ein paar Studenten nicht zuhören.   (über)
2. Ich erinnere mich ... sie uns geholfen hat.   (an)
3. Wir gewöhnen uns ... früh aufzustehen.   (an)
4. Er interessiert sich ... ein Automotor funktioniert.   (für)
5. Wir sprechen ... wir unsere Sommerferien verbringen wollen.   (über)
6. Denk ... viel Spaß das Spiel machen wird.   (an)

E **Anders formulieren.**   Drücken Sie die Sätze durch den Gebrauch von **da**-Konstruktionen anders aus.

> BEISPIEL   Du kannst dich auf unsere Hilfe verlassen.
> *Du kannst dich **darauf** verlassen, dass wir dir helfen werden.*

1. Wir möchten uns für eure Hilfe bedanken.
2. Unsere Professorin beklagt sich *(complains)* über unser schlechtes Benehmen.
3. Auswanderer haben oft Angst vor dem Verlust *(loss)* ihrer Muttersprache.
4. Ein Automechaniker hat uns zum Kauf eines neuen Autos geraten.
5. Einige Deutsche ärgern sich über Schumachers Arbeit bei Ferrari statt DaimlerChrysler.

F **Eigene Sätze bilden.**   Bilden Sie wahre Aussagen über sich selbst oder über Menschen, die Sie kennen. Verwenden Sie die angegebenen Verben mit **da**-Konstruktionen.

> BEISPIEL   sich freuen auf
> *Ich freue mich **darauf**, im Sommer nach Europa zu fahren.*

1. Angst haben vor
2. sich ärgern über *(to be annoyed)*
3. überreden zu *(to persuade to do)*
4. sorgen für *(to see to it)*
5. zweifeln an *(to doubt)*

G **Was gibt's?**   Drücken Sie die Sätze anders aus. Verwenden Sie die angegebenen Ausdrücke aus dem Kasten.

> BEISPIEL   Man findet im Ruhrgebiet viele Großstädte.
> *Im Ruhrgebiet gibt es viele Großstädte.*

es gibt   es fehlt   es ist/sind   es + [*verb*]

1. Ich habe im Moment leider kein Geld.
2. Ich höre draußen jemanden an die Tür klopfen.
3. In der Maximilianstraße in München befinden sich elegante Geschäfte.
4. Feuer!
5. Dass der Schnee vor Morgen kommt, ist höchst unwahrscheinlich.
6. Kein Grund ist vorhanden *(exists)* die Aussage dieses Polizisten zu bezweifeln.

Anwendung

A **Etwas vorführen (*demonstrate*).**   Bringen Sie einen Gegenstand (oder das Bild eines Gegenstandes) zum Unterricht mit. Erklären Sie, wie dieser Gegenstand funktioniert, was man damit machen kann usw. Verwenden Sie Kombinationen mit **da-**.

Das hier ist …
Ich möchte euch ein bisschen darüber informieren, wie …
Damit kann man …
Ich möchte euch zeigen, wie …
Habt ihr jetzt Fragen dazu?

B **Räumlich beschreiben.** Erkundigen Sie sich bei jemandem im Kurs danach, wie ein bestimmter Raum (z. B. ein Schlafzimmer, ein Garten, die Küche) bei ihr oder ihm aussieht. Benutzen Sie dabei viele Formen mit **da-**.

BEISPIEL A: Wie sieht dein Zimmer im Studentenheim aus?
           B: Mein Zimmer ist recht groß. In einer Ecke steht mein Arbeitstisch. Darauf steht mein Computer und ich schreibe meine Aufgaben damit. Links davon … usw.

C **Wovon handelt es?** Fragen Sie ein paar Studentinnen/Studenten in Ihrer Gruppe, was für Bücher sie in letzter Zeit *(recently)* gelesen oder welche Filme sie gesehen haben. Wenn Sie einen Titel hören, den Sie nicht kennen, fragen Sie danach: Wovon handelt dieses Buch? Worum geht es in diesem Film? Benutzen Sie in den Antworten Vokabeln aus dem **Wortschatz.**

BEISPIEL Also, am Anfang geht es hier um einen Jungen, der bei einer armen Familie lebt … / Dieser Film handelt von zwei Menschen, die sich gegenseitig nicht ausstehen *(stand)* können …

Schriftliche Themen

Tipps zum Schreiben

Avoiding Some Common Pitfalls

Use the first-person singular **ich** sparingly when presenting your views and opinions on a subject in writing. You can occasionally include your reader or other persons in the solutions you propose by using **wir.** Readers can become confused, however, if you shift between the pronouns **ich** and **wir** for no apparent reason. Also, make sure you have not used the neuter or impersonal pronoun **es** to refer to nouns that are masculine *(pronoun:* **er***)* or feminine *(pronoun:* **sie***)*.

After writing a first draft, reread it to see whether the use of an occasional **da**-compound instead of a preposition plus a previously mentioned noun will tighten your text without sacrificing its clarity.

■ **Einen Standpunkt vertreten _(represent)._** Äußern Sie sich schriftlich zu einem Thema, zu dem es viele unterschiedliche Meinungen gibt. Versuchen Sie Ihre Argumente durch einige der folgenden Wendungen _(expressions/phrases)_ einzuführen und zu betonen.

Das Problem liegt meiner Meinung nach darin, dass ...
Wir müssen uns vor allem darüber klar sein, wie/was/wer/inwiefern ...
Ich möchte daran erinnern, dass ...
Ich glaube, man kann sich nicht darauf verlassen _(rely upon),_ dass ...
Ja, das kommt daher/davon, dass ...
Sind wir uns jetzt darüber einig, dass ... ?
Ich halte es für wichtig/richtig, dass ...
Daher gibt es keinen Grund ... zu [tun].

Weltpolitik
Sozialprobleme
ideologische und politische Konfrontation an der Universität
Wirtschaftspolitik _(economic policy)_
Konflikte auf der Welt

Zusammenfassung

Rules to Remember

1   **Da**-compounds normally refer only to things, not to persons or animals.

2   A **da**-compound is often used to anticipate a following infinitive clause or subordinate clause.

3   The object of **es gibt** _(there is)_ is always in the accusative.

4   The impersonal **es** refers to the existence of an action, not to a specific thing: **Es regnet.** _(It is raining.)_

At a Glance

da-compounds: Sentence structure
_____ darauf (_____), dass _____ $\boxed{V_1}$
_____ darauf (_____), _____ zu $\boxed{\text{infinitive}}$

da-compounds: Possible forms	
dabei	daran
dadurch	darauf
dafür	daraus
dagegen	darin
damit	darüber
danach	darum
davon	darunter
davor	
dazu	
dazwischen	

Non-combining prepositions		
außer	ohne	*(all genitive prepositions)*
gegenüber	seit	

Uses of *es*	
Impersonal **es**	• weather expressions (e.g., **es regnet**) • time expressions (e.g., **es ist drei Uhr**) • impersonal verbs (e.g., **es brennt, es zieht**)
Impersonal expressions	Wie geht **es?** **Es** ist mir heiß/kalt. **Es** tut mir Leid. *(see 19.3.A for additional expressions)*
Es gibt + *accusative* **Es ist/Es sind** + *nominative*	= *there is/there are; refers to existence of something* = *there is/there are; refers to presence of something*
Anticipatory **es**	**Es** _____, dass _____ V_1. _____ **(es)** (_____), dass _____ V_1.

20 Subjunctive (Subjunctive II)

Grammatik

20.1 **SUBJUNCTIVE VS. INDICATIVE**

In German as in English, the subjunctive mood is used to signal that a speaker or writer is expressing something imagined as opposed to something real—imagined either in the sense that it doesn't really exist at all, or that it is considered only as potentially existing:

Wenn du nur hier gewesen **wärest!**	*If only you had been here!* (the truth is: you weren't)
Wenn ich nicht so viel Arbeit **hätte, würde** ich gern mitkommen.	*If I didn't have so much work, I'd really like to come along.* (but in fact I do, so I won't)
Ach, das **wäre** schön!	*Oh, that would be nice!* (but it hasn't happened yet)

The forms of the subjunctives used in these examples derive from the second principal part of the verb (that is, the past tense), hence their designation as *subjunctive II* (**der zweite Konjunktiv**).

20.2 **PRESENT SUBJUNCTIVE II FORMS**

A. *würde* + infinitive

The most common subjunctive form in German, at least in spoken language, is **würde** *(would)* + infinitive. In this construction, **würde** functions like a modal verb, and the infinitive serves as V$_2$ in the verbal bracket (see 1.1.D). Like all present subjunctive verbs, **würde** is formed by adding the subjunctive endings **-e, -est, -e; -en, -et,** and **-en** to the past-tense stem, which in this case is modified with an umlaut (see D on page 284):

ich	würd**e**	wir	würd**en**
du	würd**est**	ihr	würd**et**
er/sie/es	würd**e**	sie/Sie	würd**en**

Wenn du mir nur zuhören **würdest**!	*If only you would listen to me!*
So etwas **würde** ich nie machen.	*I would never do anything like that.*

In the following discussion, **würde** + infinitive forms will be distinguished from present subjunctive II single-word forms (such as **wäre** or **käme**), which likewise can translate as *would* ____.[1]

B. Regular weak verbs

Present subjunctive II of regular weak verbs (such as **lernen, sagen,** and **spielen**) (see 3.1.A) is formed by adding the subjunctive endings (**-e, -est, -e; -en, -et, -en**) to the past-tense stem. Since these endings are identical to the past-tense endings, the present subjunctive II is indistinguishable from the past-tense indicative of these verbs. In practice, therefore, these forms are almost always replaced with **würde** + infinitive.

lernen	
Subjunctive II	**Simple past**
ich lernt **e**	ich lernte
du lernt **est**	du lerntest
er/sie/es lernt **e**	er/sie/es lernte
wir lernt **en**	wir lernten
ihr lernt **et**	ihr lerntet
sie/Sie lernt **en**	sie/Sie lernten

---

[1] Note that *would* ____ is not the only (and sometimes not the preferred) English translation for present subjunctive II forms or for **würde** + infinitive, since English uses a variety of means to express the subjunctive.

Wenn wir Zeit **hätten**, ... { *If we had time . . .* / *If we did have time . . .* / *If we would have time . . .* }

Wenn ich Deutsch **lernte**, ... *(less common)*
Wenn ich Deutsch **lernen würde**, ... *(more common)* } *If I were to learn German, . . .*

C. Irregular verbs

1. To form present subjunctive II, irregular verbs likewise add the subjunctive endings (**-e**, **-est**, **-e**; **-en**, **-et**, **-en**) to the past-tense stem, but alter the vowel of the stem either with an umlaut or by changing **a** to **e**, depending on the verb.

Infinitive	Simple past	Subjunctive II
brennen	brannte	er/sie **brennte**
bringen	brachte	er/sie **brächte**
denken	dachte	er/sie **dächte**
kennen	kannte	er/sie **kennte**
nennen	nannte	er/sie **nennte**
rennen	rannte	er/sie **rennte**
senden	sendete/sandte	er/sie **sendete**
wenden	wendete/wandte	er/sie **wendete**
wissen	wusste	er/sie **wüsste**

2. With the exception of **wissen** $\rightarrow$ **wüsste**, these subjunctive forms are almost always replaced by **würde** + infinitive.

Wenn sie bloß schneller **rennen würde**, ...   *If she would just run faster, . . .*

Wenn ich *das* **wüsste**, ...   *If I knew **that**, . . .*

D. Strong verbs

1. The present subjunctive II of strong verbs is formed by adding the subjunctive endings **-e**, **-est**, **-e**; **-en**, **-et**, and **-en** to the past-tense stem. In addition, the past-tense stems take an umlaut when the stem vowel is **a**, **o**, or **u.**

	gehen		kommen	
	Simple past	**Subjunctive II**	**Simple past**	**Subjunctive II**
ich	ging	ging **e**	kam	käm **e**
du	gingst	ging **est**	kamst	käm **est**
er/sie/es	ging	ging **e**	kam	käm **e**
wir	gingen	ging **en**	kamen	käm **en**
ihr	gingt	ging **et**	kamt	käm **et**
sie/Sie	gingen	ging **en**	kamen	käm **en**

OTHER EXAMPLES:

Infinitive	Simple past	Subjunctive II
bleiben	blieb	er/sie **bliebe**
fliegen	flog	er/sie **flöge**
schneiden	schnitt	er/sie **schnitte**
werden	wurde	er/sie **würde**

Wenn unsere Freunde jetzt **kämen,** **blieben** wir zu Hause.	*If our friends came now, we would stay at home.*

2. With the exception of very common verbs such as **sein, werden, gehen, kommen,** and **tun,** the present subjunctive II of these verbs occurs mainly in written German. In spoken German, and to some extent in written German, there is a strong tendency to use **würde** + infinitive.

Wenn er schneller **führe, könnte** er das Rennen **gewinnen.**

Wenn er schneller **fahren würde, könnte** er das Rennen **gewinnen.**

If he drove/would drive faster, he could win the race.

3. A number of strong verbs with the past-tense stem vowel **a** have alternative subjunctive forms with **ö** or **ü.** In some instances, **ö** or **ü** are the only forms. These forms are considered obsolete and are normally replaced by **würde** + infinitive.

Infinitive	Simple past	Subjunctive II
beginnen	begann	er/sie **begönne** (*or* **begänne**)
empfehlen	empfahl	er/sie **empföhle** (*or* **empfähle**)
gewinnen	gewann	er/sie **gewönne** (*or* **gewänne**)
stehen	stand	er/sie **stünde** (*or* **stände**)
helfen	half	er/sie **hülfe**
sterben	starb	er/sie **stürbe**
werfen	warf	er/sie **würfe**

4. Remember that although these subjunctive II forms—weak, irregular, and strong—are derived from the past-tense stem, they refer to present or future time, not the past.

COMPARE:

Das **war** aber schön.	*That was really nice.* (in the past)
Das **wäre** aber schön.	*That would really be nice.* (now or in the future)
Wenn ich nach Hause **ging,** ...	*Whenever I went home, . . .* (in the past)
Wenn ich nach Hause **ginge,** ...	*If I were to go home, . . .* (now or in the future)

E. Modal verbs

1. Modal verbs with an umlaut in the infinitive take an umlaut in the present subjunctive II; **sollen** and **wollen** do not. The subjunctive forms of these verbs are *not* normally replaced by **würde** + infinitive. Note the meanings of the modals in the subjunctive.

Infinitive	Simple past	Subjunctive II	
dürfen	durfte	er/sie **dürfte**	*would/might be permitted to*
können	konnte	er/sie **könnte**	*could/would be able to*
mögen	mochte	er/sie **möchte**	*would like to*
müssen	musste	er/sie **müsste**	*would have to*
BUT:			
sollen	sollte	er/sie **sollte**	*should*
wollen	wollte	er/sie **wollte**	*would want to*

2. Recall that **können** can express possibility and **müssen** can express probability (see 9.2). In these cases, the subjunctive is used to show that the inference of probability or uncertainty is uncertain. When the reference is to something happening in the present or future, the subjunctive modal + present infinitive is used; when the reference is to the past, subjunctive modal + perfect infinitive (see 8.2) is used.

Sie **müsste** eigentlich schon da **sein**.	*She really ought to be there by now.*
So etwas **könnte** schon **passiert sein**.	*Such a thing could actually have happened.*

F. *Haben, sein, werden*

Haben and **sein** (along with **würde**) are the most commonly used present subjunctive verbs and normally take the present subjunctive II form rather than **würde** + infinitive. Notice that they both require an umlaut.

Infinitive	Simple past	Subjunctive II
haben	hatte	er/sie **hätte**
sein	war	er/sie **wäre**

G. Subjunctive II forms vs. *würde* + infinitive

1. In spoken German, only the present subjunctive II forms of **haben, sein, werden, gehen, tun, wissen,** and the modal verbs are still very common and preferred. With most other verbs, there is an increasing tendency to substitute **würde** + infinitive for present subjunctive II forms.

2. Present subjunctive II forms appear more often in written than in spoken German, but even in writing one notes that **würde** + infinitive is gradually replacing some present

subjunctive II verbs. This poses a problem when one wants to avoid using two forms of **würde** back to back, which is especially prone to occur in a conditional sentence:

Wenn er mich mal bitten **würde, würde** ich's mir schon überlegen.	*If he'd just ask me, of course I'd consider it.*

The rule of thumb used to be that the **wenn**-clause should end with a present subjunctive II form, in order to avoid this stylistic blemish:

Wenn er mich mal **bäte, würde** ich's mir schon überlegen.

But the rule is becoming increasingly difficult to apply as present subjunctive II forms (like **bäte,** for example) continue to fall into disuse. To some Germans, present subjunctive II forms such as **kennte** and **rennte** are so obsolete as to sound grammatically wrong; other verbs, like **hülfe** and **stürbe,** are acknowledged to be correct but are considered archaic; while some common verbs (such as **kommen** and **tun**) have present subjunctive II forms (**käme** and **täte**) that can substitute more or less equally for **würde kommen** and **würde tun.** If such verbs do not fit the context, however, stylistic concerns suggest that one rephrase the sentence using an appropriate modal verb in one of the clauses:

Wenn er mich mal bitten **würde, könnte** ich's mir schon überlegen.	*If he'd just ask me, of course I could consider it.*

3. In short: For writing or speaking, present subjunctive II forms are preferred (some would say mandatory) for **haben, sein, werden,** and the modal verbs; stylistically proper for frequently used strong verbs such as **finden, gehen, kommen,** and **tun,** and for **wissen;** acceptable for weak verbs when the context makes the subjunctive meaning clear (usually in writing); and almost never used for irregular verbs or the strong verbs listed in D.3 on p. 285.

20.3 USES OF PRESENT SUBJUNCTIVE II

A. Hypothetical conditions and conclusions

1. The present subjunctive II is most often used to express an unreal or contrary-to-fact condition and conclusion. Such "hypothetical" statements consist of two parts: a **wenn**-clause and a concluding clause. Since the **wenn**-clause is a subordinate clause, the verb is placed at the end of this clause (see 11.3). The following clause begins either with a conjugated verb or with an optional **dann** or **so** followed by the conjugated verb. The English equivalent is *If . . . , then . . .*

COMPARE:

Wenn wir besser **verdienen würden,** (dann/so) **könnten** wir uns ein Haus **kaufen.**	*If we earned more, (then) we could buy a house.*
Wenn sie mehr Zeit **hätte,** (dann/so) **würde** sie uns **besuchen.**	*If she had more time, (then) she would visit us.*

2. The order of the main clause and the **wenn**-clause can be reversed, just as in English, in which case **dann/so** is omitted.

Wir **könnten** uns ein Haus kaufen, wenn wir besser **verdienen würden.**	*We could buy a house if we earned more.*

3. Occasionally a **wenn**-clause begins with a verb and no **wenn**. In such instances, the **dann** or **so** in the concluding clause is optional but normally included. In English, this usage is restricted to the verbs *to have* and *to be,* but not in German.

Hätte sie mehr Zeit, (dann/so) würde sie uns besuchen.	*Had she more time, (then) she would visit us.*
Käme er jetzt, (dann/so) könnte er uns helfen.	*If he came now, (then) he could help us.*

B. Conclusions without expressed conditions

Present subjunctives can appear with no condition expressed when the situation is not factually true, when it exists only in the realm of possibility, or when deferential politeness is in order (see also 20.3.D).

Das **würde** ich nicht **machen.**	*I wouldn't do that.*
Das **wär**'s für heute.	*That'll be it for today.*
An deiner Stelle **würde** ich nichts **sagen.**	*If I were you* (lit., *in your place*), *I wouldn't say anything.*
Da **hätte** ich aber meine Bedenken.	*I'd have serious doubts about that.*
Ich **würde** lieber zu Hause bleiben.	*I'd rather stay at home.*
Ich **wüsste** nicht warum.	*I wouldn't know why.*

C. Wishes

1. Since wishes are inherently contrary to fact, they are also expressed by a present subjunctive II. The intensifying adverb **nur** is added, sometimes in combination with the flavoring particle **doch** (see 25.2.E).

Wenn er (doch) nur **käme/kommen würde!**	*If only he were coming!* (fact: *he is not coming*)

2. As in conditional statements, **wenn** can be omitted; the verb in first position then expresses the idea of *if.*

Wäre es (doch) nur ein bisschen wärmer!	*If only it were a little warmer!*

3. Like English, German often prefaces contrary-to-fact wishes with the verbs **wollen** or **wünschen.** But unlike English, **wollen** or **wünschen** in this context are also put in the subjunctive.

Ich **wollte/wünschte,** wir **hätten** mehr Zeit!	*I wish we had more time!*

D. Polite requests

The sense of potentiality inherent in the subjunctive explains its connection with polite requests; by using it, the speaker implicitly suggests that it is up to the person addressed, rather than the speaker, to determine whether the wish will be fulfilled or not.

Wäre es möglich, etwas leiser zu sprechen?	*Would it be possible to speak more quietly?*
Könnten Sie mir bitte helfen?	*Could you please help me?*
Würden Sie das bitte nochmal erklären?	*Would you please explain that again?*

Subjunctive use in the first person similarly renders a sentence more deferential; rather than stating a demand, the speaker refers to something desired and potentially possible.

Ich **hätte** gern etwas Nachtisch.	*I'd like to have some dessert.*

E. After *als (ob)/als (wenn)*

1. A clause introduced by the conjunctions **als (ob)** or **als (wenn)** (see 11.3) often describes a situation that *appears* to be the case but in the speaker's view may not be true. As long as the **als ob** clause refers to the same time as the main clause, the present subjunctive (subjunctive II or **würde** + infinitive) is used, regardless of the English tense of that verb.

Er tut (so), als ob er uns nicht **kennen würde.**	*He's acting as if he didn't know us.*
Manche Leute tun (so), als ob sie wirklich keine Ahnung **hätten.**	*Some people act as if they really don't have a clue.*
Sie tat (so), als ob sie glücklich **wäre.**	*She acted as if she were happy.*

2. Often the **ob** or **wenn** is omitted and V$_1$ placed directly after **als** (see 11.3.D).

Das Haus sieht aus, **als wohnte** niemand mehr dort.	*The house looks as if no one lives there any more.*
Er tut (so), **als gäbe** es keine Lösung.	*He acts as if there were no solution.*

3. In present time, the indicative is often used if in the speaker's view the impression is a correct one.

Er sieht aus, als ob er krank ist.	*He looks as if he's sick (i.e., he probably* **is** *sick).*

20.4   THE PAST SUBJUNCTIVE

A. Forms

1. The subjunctive in past time is formed with the subjunctive auxiliary forms **hätte(n)** or **wäre(n)** + past participle.

Ich **hätte gearbeitet.**	*I would have worked.*
Sie **wären gegangen.**	*They would have gone.*

2. Keep in mind that even though forms such as **käme** and **gäbe** are based on past-tense verbs, they do *not* refer to the past but rather to the present or the future. Many English speakers mistakenly produce **gäbe,** for example, when trying to express a statement such as *I would have given you everything.* They understand that the idea refers to the past (as a past-tense, contrary-to-fact conclusion); and **gäbe** looks very much like **gab,** a past-tense form. But **gäbe** only means *gave* in the sense of *would give*—referring to the present or the future. To express an idea that refers to the past using the subjunctive, one must always use a compound form, with **hätte** or **wäre** as V$_1$, and a past participle (or variation thereof; see 20.4.C) as V$_2$: **Ich hätte dir alles gegeben.**

B. Use

1. The past subjunctive is used to express unreal past conditions and imagined results that are contrary to fact.

COMPARE:

Wenn sie früher **käme, würde** sie den Zug nicht **verpassen.** *(present)*	*If she came earlier* (hypothetical condition), *she would not miss the train.*
Wenn sie früher **gekommen wäre, hätte** sie den Zug nicht **verpasst.** *(past)*	*If she had come earlier, she would not have missed the train.*

2. Past subjunctive and present subjunctive can be used in the same sentence.

COMPARE:

PAST TIME	PAST TIME
Wenn Mozart länger **gelebt hätte,** *If Mozart had lived longer,*	**hätte** er mehr Sinfonien **komponiert.** *he would have composed more symphonies.*

PAST TIME	PRESENT TIME
Wäre er nicht so jung **gestorben,** *If he had not died so young,*	**gäbe** es jetzt noch viel mehr Kompositionen von ihm. *there would now be many more compositions by him.*

3. As with conditional sentences in the present, the order of the two clauses in a conditional sentence referring to the past may be reversed.

Vielleicht **wäre** Mozart nicht so jung **gestorben,** wenn er sich mehr **geschont hätte.**	*Perhaps Mozart would not have died so young if he had taken better care of himself.*

4. The past subjunctive can also be used to describe hypothetical conclusions about the past.

So etwas **hätten** unsere Studenten nie **getan.**	*Our students would never have done such a thing.*

5. Wishes pertaining to the past require past subjunctive.

Wenn sie nur länger auf Godot **gewartet hätten!**	*If only they had waited longer for Godot!*

C. Modals in the past subjunctive

1. When no infinitive accompanies a modal verb, the past subjunctive of the modal is formed with the subjunctive auxiliary **hätte(n)** + past participle.

Ihre Mutter **hätte** das nicht **gewollt.**	*Her mother would not have wanted that.*
Wir **hätten** es nicht **gekonnt.**	*We would not have been able to do it.*

2. If an infinitive accompanies the modal verb, the past subjunctive is formed with the auxiliary **hätte(n)** + a double infinitive (see 9.3). The subjunctive double infinitive construction is quite common with the three modals **können, müssen,** and **sollen** but less so with the others.

Common:

Sie **hätte gehen können.**	*She could have gone (but didn't).*[2]
Sie **hätte gehen müssen.**	*She would have had to go (but didn't).*
Sie **hätte gehen sollen.**	*She should have gone (but didn't).*

Less common:

Sie **hätte gehen dürfen.**	*She would have been permitted to go.*
Sie **hätte** nicht **gehen mögen.**	*She would not have liked to go.*
Sie **hätte gehen wollen.**	*She would have wanted to go.*

---

[2] The English sentence *She could have gone* is ambiguous. In the sense *She had the ability to go but didn't,* German uses the past subjunctive of the modal verb (since the question of ability lies in the past) with the double infinitive: **Sie hätte gehen können.** But in the sense *It is perhaps possible that she has gone,* German uses the present subjunctive of the modal verb (since the uncertain conjecture occurs in the present) and the perfect infinitive: **Sie könnte (schon) gegangen sein.**

3. In main as well as subordinate clauses, *double infinitives always come last.* This means that **hätte** (V$_1$) precedes the double infinitive (V$_2$) in subordinate clauses containing past subjunctive modal structures.

COMPARE:

Wer weiß, ob sie die Prüfung *bestanden* **hätte.**	*Who knows whether she would have passed the exam.*
Wer weiß, ob sie die Prüfung **hätte** *bestehen können.*	*Who knows whether she could have passed the exam.*

OTHER EXAMPLES:

Meinst du, dass ich die Antwort **hätte** *wissen sollen?*	*Do you think I should have known the answer?*
Ich sage nur, dass er die Wahrheit **hätte** *sagen müssen.*	*I'm just saying that he should have had to tell the truth.*

D. After *als (ob)/als (wenn)*

1. The past subjunctive is used after **als (ob)/als (wenn)** if the **als ob** clause refers to a time prior to that of the main clause.

Er tat so, *als ob* er den Chef nicht **verstanden hätte.**	*He acted as if he had not (previously) understood the boss.*
Es war (so), *als wenn* gar nichts **passiert wäre.**	*It was as if nothing had happened.*

2. As with present subjunctive, **als** may stand alone in the subordinate clause, followed immediately by the auxiliary verb **hätte** or **wäre,** with the participle in final position.

Er tat (so), *als* **hätte** er den Chef nicht **verstanden.**

Es war (so), *als* **wäre** gar nichts **passiert.**

Wortschatz
Benimm dich doch mal!

sich benehmen	tun, als ob …
sich aufführen	handeln
sich verhalten	

1. **Sich benehmen** means *to act, behave (according to notions of socially good or bad behavior).* It is usually used with adverbs such as **anständig** *(decently),* **gut, schlecht, unmöglich,** etc.

   Kinder, **benehmt euch** bitte!   *Children, please behave!*

   Auf der Party haben **sich** ein paar   *At the party a few guests behaved very*
   Gäste sehr schlecht **benommen.**   *badly.*

2. **Sich aufführen** means *to act, behave,* or *carry on,* in the sense of *conspicuous* behavior. It requires an adverb.

   Du hast **dich** aber komisch **aufgeführt.**   *You certainly behaved strangely.*

3. **Sich verhalten** means *to act, react, behave* in a given situation. It suggests *controlled* behavior.

   Wie **verhalten sich** Menschen in   *How do people behave in such stressful*
   solchen Stresssituationen?   *situations?*

   Er wartete ab, was kommen sollte, und   *He waited to see what was to come and*
   verhielt sich ganz ruhig.   *acted very calmly.*

4. **Tun, als ob** means *to act* or *behave as if.*

   Der Hund **tut** (so), **als ob** er uns   *The dog is acting as if he understands us.*
   verstehen würde.

5. **Handeln** means *to act, take action.*

   Manche Leute **handeln** nur im eigenen   *Some people act only in their own*
   Interesse.   *interest.*

Übungen

A **Formen üben.** Sagen Sie es anders.

BEISPIELE er ginge
er würde gehen

sie würde uns schreiben
sie schriebe uns

1. du würdest denken
2. sie fielen
3. er würde sitzen
4. sie würde stehen
5. wir trügen es
6. sie würde sich verhalten
7. er schnitte sich
8. sie fänden uns
9. ich träfe ihn
10. ihr würdet froh sein
11. wir läsen es
12. ich würde mich benehmen
13. er würde laufen
14. es würde kalt werden
15. sie verließe ihn

B **Formen in der Vergangenheit *(past)*.** Setzen Sie die Formen in Übung A in die Vergangenheit.

> BEISPIELE er ginge
> *er wäre gegangen*
>
> sie würde uns schreiben
> *sie hätte uns geschrieben*

C **Welche Verben passen?** Ergänzen Sie die Sätze durch passende Verben aus dem Wortschatz.

1. Während der Operation _____ sich der Patient ganz ruhig.
2. Wenn niemand seine Bitte erhört, dann muss er selber _____ .
3. Während des Unterrichts hat sich das Kind unmöglich _____ .
4. Der Ingenieur im sinkenden U-Boot war total ausgeflippt und hat sich sehr seltsam _____ .
5. Die anderen Partygäste waren schockiert, weil Fred sich so unmöglich _____ .
6. Gernot _____ immer sehr schnell, wenn er eine Entscheidung getroffen hat.
7. Beate weiß nicht alles, sie _____ aber immer so.
8. Das Tier _____ sich ganz still, bis die Gefahr vorüber war.

D **Wie schön wäre das!** Stefan denkt, wie schön es wäre, wenn er morgen keine Schule hätte. Setzen Sie seine E-Mail an Gabi in den Konjunktiv.

Hallo Gabi!

Ach, wie schön wäre es, wenn wir morgen keine Schule hätten! Ich *stehe* erst gegen neun Uhr *auf.* Nach dem Frühstück *schicke* ich meinem Freund eine SMS *(cell phone instant message)* und wir *gehen* in der Stadt bummeln. Vielleicht *essen* wir zu Mittag in einem Straßencafé. Danach *kaufen* wir im Musikgeschäft ein paar CDs, wenn wir noch genug Geld *haben.* Wenn nicht, dann machen wir etwas anderes. Wir *können* uns zum Beispiel einen Film ansehen. Du *darfst* mitkommen, wenn du *willst*, aber du *musst* schon um zehn Uhr bei mir sein. *Ist* das nicht ein toller Tag?

Dein Stefan

E **Wie schön wäre das gewesen!** Setzen Sie Stefans E-Mail von Übung D in den Konjunktiv der Vergangenheit.

> BEISPIEL *Ach, wie schön wäre es gewesen, wenn wir **gestern** keine Schule gehabt hätten …*

F **Wie wäre es, wenn … ?** Erzählen Sie in ein bis zwei Sätzen davon.

> BEISPIEL wenn das Semester schon zu Ende wäre
> *Wenn das Semester schon zu Ende wäre, würde ich nach Hause fahren und arbeiten. Ich würde auch fast jeden Abend mit Freunden ausgehen (ginge … aus).*

1. wenn Sie mehr Zeit hätten
2. wenn Sie im Lotto viel Geld gewinnen würden
3. wenn Sie die Gelegenheit (opportunity) hätten ... [zu tun]
4. wenn Sie sich in einer Vorlesung sehr komisch aufführen würden
5. wenn Ihr Deutsch perfekt wäre

Machen Sie fünf weitere Aussagen dieser Art (type) über sich selbst oder über Menschen, die Sie kennen.

G Situationen.   Erklären Sie, was man in diesen Situationen machen muss oder soll. Es gibt manchmal mehr als nur eine Möglichkeit. Verwenden Sie Verben aus dem **Wortschatz.**

> BEISPIEL   Man will einen guten Eindruck machen.
> *Man muss/soll(-te) sich höflich* (politely) *benehmen.*

1. Andere Leute im Bus wollen schlafen.
2. Jemand braucht dringend Hilfe.
3. Man will nicht zeigen, dass man Angst hat.
4. Man muss der Mafia erklären, das man 100.000 verloren hat.
5. Man hat sich um eine Stelle beworben (applied) und stellt sich jetzt beim Personalchef einer Firma vor.
6. Man will nicht für einen Narren (fool) gehalten werden.

H Ach, diese Studenten!   Frau Professor Schwerenote überlegt, wie ihr Kurs im letzten Jahr gewesen wäre, wenn die Studenten nur mehr gearbeitet hätten. Was denkt sie?

> BEISPIEL   Udo lernte nicht fleißig und bekam deswegen eine schlechte Note.
> *Wenn Udo fleißig gelernt hätte, hätte er sicher eine gute Note bekommen.*

1. Sara schlief manchmal während der Stunde ein und störte (disturbed) den Unterricht dauernd durch lautes Schnarchen (snoring).
2. Michael hat seine Aufgaben nie rechtzeitig abgegeben (handed in) und verlor deswegen Punkte bei der Bewertung seiner Arbeit.
3. Chris schwänzte (cut class) manchmal und machte deswegen oft die falschen Hausaufgaben.
4. Jess hat während der Stunde oft mit anderen Studenten gesprochen und deswegen dauernd den Unterricht gestört.
5. Vicki hörte oft nicht zu und wusste deshalb oft nicht, was andere gerade gesagt hatten.

Und was denken diese fünf Studenten wohl über Frau Professor Schwerenote?

I Ach, wenn es nur anders wäre!   Denken Sie sich Wünsche zu den folgenden Themen aus. Verwenden Sie möglichst viele verschiedene Verben.

> BEISPIEL   zu Ihrem Deutschkurs
> *Ach, wenn es im Deutschkurs nur nicht so viele Prüfungen gäbe!*

1. zu Ihrem Leben
2. zum Leben Ihrer Eltern
3. zu einer Situation auf Ihrer Uni oder in Ihrer Schule

4. zum Leben in Ihrem Heimatland
5. zur Sozialpolitik in Ihrem Land
6. zur Weltpolitik
7. zu einem weiteren Thema

J   **O je.**   Haben Sie als Kind manches (nicht) gemacht, was Sie jetzt bereuen *(regret)*? Machen Sie fünf Aussagen.

> BEISPIELE   *Ich wünschte, ich hätte meine Eltern nicht so viel geärgert.*
> *Ach, wenn ich mich im Kindergarten nur besser benommen hätte!*

K   **Wir bitten höflichst.**   Was sagen Sie in diesen Situationen?

> BEISPIEL   *Im Zug raucht eine Frau neben Ihnen eine Zigarette. Das stört Sie.*
> *Könnten Sie bitte so nett sein und jetzt nicht rauchen?*
> OR: *Dürfte ich Sie bitten nicht zu rauchen?*

1. Sie essen mit anderen Leuten zusammen und brauchen Salz und Pfeffer vom anderen Ende des Tisches.
2. Sie wollen $20 von ihrer Freundin/ihrem Freund borgen.
3. Bei einer Prüfung haben Sie die Anweisungen Ihrer Professorin/Ihres Professors nicht verstanden.
4. Sie bitten am Informationsschalter im Bahnhof um Auskunft.
5. Sie sind in einer Buchhandlung und suchen ein bestimmtes Buch.

L   **Berühmte Menschen.**   Erzählen Sie, was fünf berühmte Menschen (aus der Gegenwart und der Vergangenheit) vielleicht anders hätten machen können oder sollen.

> BEISPIEL   Abraham Lincoln
> *Er hätte an einem anderen Tag ins Theater gehen können* (oder *sollen*).

M   **Menschen, die so tun, als (ob).**   Machen Sie fünf Aussagen über Menschen, die Sie kennen und die immer so tun, *als ob*. Machen Sie bitte ein paar Aussagen über die Gegenwart *(present)* und ein paar über die Vergangenheit.

> BEISPIELE   *Mein Bruder tut/tat immer so, **als ob** er alles besser wüsste als ich.*
> *Die Frau im Café tut so, **als wäre** sie ganz cool.*

Anwendung

A   **Ich?! Du!**   Die Konjunktivformen lassen sich gut bei einem Streit (z. B. zwischen Zimmerkollegen) verwenden:

BEISPIEL A: Ich wäre nicht immer so sauer, wenn du wenigstens ab und zu mal deine Sachen aufräumen würdest.
B: Ich?! Tja, wenn du meine Sachen nicht immer tragen würdest, dann wüsste ich wenigstens, wo sie sind.
A: Was? Also, wenn du ... usw.

Wie lange können Sie sich auf diese Weise mit einer Partnerin/einem Partner in so einem Rollenspiel streiten?

B **Was wäre, wenn ...** Diskutieren Sie mit anderen Leuten, wie die Welt und das Leben aussehen würde, wenn gewisse Dinge anders wären.

THEMENVORSCHLÄGE

Wenn niemand ein Telefon/einen Fernseher hätte.
Wenn Sie unsichtbar wären.
Wenn es keinen Strom mehr gäbe.
Wenn es noch keine Computer gäbe.

REDEMITTEL

Wenn (das) so ... wäre, ja dann ...
Ja, erstens würde ich ...
Ich glaube, ich würde ...
Für mich wäre dann die Hauptsache/das Wichtigste ...
Dann müsste/könnte man auch ...
Und schließlich würde man/ich ...

Wenn der Strom nicht wäre.

C **Sagen Sie Ihre Meinung ...** Diskutieren Sie mit anderen Studentinnen/Studenten eine Situation im heutigen Leben, die anders werden sollte oder könnte. Sagen Sie Ihre Meinung darüber, wie man diese Situation ändern sollte, könnte oder müsste, damit alles besser wäre oder sein könnte.

THEMENVORSCHLÄGE

Ihr eigenes Leben
die Armut *(poverty)* auf der Welt
das Drogenproblem
die Zerstörung *(destruction)* der Umwelt
eine Situation auf Ihrer Universität oder an Ihrer Schule
die politische Lage irgendwo auf der Welt

REDEMITTEL

Meiner Meinung/Ansicht nach müsste/könnte/sollte man ...
Ich glaube, wir müssten/könnten ...
Ich bin der Meinung/Ansicht, dass ...
Es wäre besser, wenn ...
Ich wünschte, wir könnten ...
So wie ich die Sache sehe, müsste man ...
Man kann ja auch umgekehrt *(conversely)* argumentieren und sagen, dass ...

D Wenn es anders gekommen wäre. Sprechen Sie mit anderen Studentinnen/ Studenten über ein großes politisches, kulturelles, historisches oder wissenschaftliches Ereignis. Spekulieren sie darüber, was möglicherweise geschehen wäre, wenn das Ereignis nicht stattgefunden hätte, anders verlaufen oder anders ausgegangen wäre.

THEMENVORSCHLÄGE

Wenn Amerika 1776 den Unabhängigkeitskrieg nicht begonnen hätte.
Wenn Edison die elektrische Glühbirne *(lightbulb)* nicht erfunden hätte.
Wenn niemand das Fernsehen erfunden hätte.
Wenn Rosa Parks nicht den Mut gehabt hätte im Bus sitzen zu bleiben.
Wenn die Beatles in Liverpool geblieben wären.
Wenn es keinen Vietnamkrieg gegeben hätte.
Wenn alle Computer der Welt bei der Jahrtausendwende tatsächlich versagt
   (failed) hätten.

E Ich hätte viel mehr machen sollen. Diskutieren Sie mit einer Partnerin/einem Partner über das letzte Jahr oder das letzte Semester: Was hätte sie/er mehr machen sollen? nicht so oft machen sollen? Was hätte diese Zeit besser/interessanter/produktiver/schöner gemacht? Da die Zeit ja schon vorbei ist, müssen Sie darüber im Vergangenheitskonjunktiv sprechen!

Schriftliche Themen

Tipps zum Schreiben	**Using the Subjunctive**
	If you are presenting facts, you will use the indicative. If you are conjecturing, you *must* use the subjunctive. In your writing, strive for a stylistic balance between subjunctive forms and the alternate construction with **würde** + infinitive (see 20.2.G). As a rule, avoid the subjunctive of weak verbs and less commonly used strong verbs (for example, **hülfe, schöbe, löge,** etc.). Avoid as well too many **hätte**'s and **wäre**'s; they add little to a composition. Finally, once you have initiated conjecture with a **wenn**-clause, there is no need to keep repeating this condition; continued use of the subjunctive signals continuing conjecture: **Wenn ich eine Uhr *wäre*, dann *würde* ich gern an einer Wand im Bahnhof *hängen*.** **Ich *dürfte*** (*instead of* **würde**) **nie *schlafen*, denn ich *müsste*** (*instead of* **würde**) **die Zeit *messen* und den Menschen *zeigen*, wie spät es ist.**

A **Wenn ich [X] wäre.** Ihre Professorin/Ihr Professor wird Ihnen sagen, was in Ihrem Fall das X sein soll.

B **Mal was anderes.** Erzählen Sie, wie es wäre, wenn Sie einmal aus der Routine Ihres täglichen Alltags ausbrechen könnten. Was würden/könnten Sie anders machen? Wo? Mit wem? Warum?

C **Ein Wunsch.** In was für einer Welt würden Sie gern leben?

BEISPIEL   Ich würde gern in einer Welt leben, in der alle Menschen in Frieden leben und arbeiten dürften. Alle wären glücklich, und niemand müsste sterben, weil er nicht genug zu essen bekäme. In einer solchen Welt gäbe es auch keine Rechtsanwälte *(lawyers)*, denn niemand würde gegen andere Menschen einen Prozess führen und ein weiser Richter *(judge)* würde alle Streitfälle *(disputes)* schlichten *(settle)* ... usw.

D **Ein Bittbrief.** Schreiben Sie einen kurzen aber höflichen Brief (Beispiel auf S. 300), in dem Sie eine Person, eine Firma, ein Fremdenverkehrsamt *(tourist bureau)* usw. um Auskunft über etwas bitten.

BEISPIEL

Messner-Verlag GmbH
Bismarckstraße 4
D-73765 Neuhausen

Ann Arbor, 1. März 2004

Sehr geehrte Damen und Herren,

ich möchte Sie um Auskunft über ein Praktikum *(internship)* in Ihrer Firma bitten. Vor allem hätte ich gern nähere Informationen über die Tätigkeiten *(activities)*, die damit verbunden sind. Ich wäre Ihnen dankbar, wenn Sie mir ... usw.

Mit freundlichen Grüßen

Ihre/Ihr

Zusammenfassung

Rules to Remember

1 The subjunctive expresses unreal, hypothetical, or contrary-to-fact conditional statements, as well as polite requests and wishes.

2 Subjunctive II has only two tenses: present (to refer to present and future time) and past (to refer to all past-time situations; no distinction is made between past and past perfect). **Würde** + infinitive expresses unreal or hypothetical situations only in the present or future.

3 Present subjunctive II forms are derived from the second principal part of the verb—the simple past stem: **kommen** $\longrightarrow$ **kam** $\longrightarrow$ **käme.**

4 **Würde** + infinitive is used more often than subjunctive II, though subjunctive II forms are preferred for the most commonly used verbs, such as **sein, haben, werden, wissen,** and the modal verbs. Subjunctive II forms are also used with frequently occurring strong verbs such as **gehen, kommen,** and **tun.** Weak verbs are most often expressed in the subjunctive with **würde** + infinitive, unless the context makes it clear that the form is subjunctive rather than indicative.

5 The past subjunctive II is formed with an auxiliary (**hätte** or **wäre**) and a past participle.

6 Modal verbs in past subjunctive use a very distinct form: **hätte ... machen sollen** *(should have . . .)*/**hätte ... machen können** *(could have . . .)*. A modal verb infinitive stands as the second element in a double infinitive structure; the double infinitive itself always stands at the end of a clause, main or subordinate.

At a Glance

würde + infinitive
Main clause
_____ würde *(middle field)* ⟨infinitive⟩
Subordinate clause
_____, dass _____ ⟨infinitive⟩ würde

Subjunctive II: Present

	haben	sein	werden	lernen	wissen	kommen	können	sollen
ich	hätte	wäre	würde	lernte	wüsste	käme	könnte	sollte
du	hättest	wärest	würdest	lerntest	wüsstest	kämest	könntest	solltest
er/sie/es	hätte	wäre	würde	lernte	wüsste	käme	könnte	sollte
wir	hätten	wären	würden	lernten	wüssten	kämen	könnten	sollten
ihr	hättet	wäret	würdet	lerntet	wüsstet	kämet	könntet	solltet
sie/Sie	hätten	wären	würden	lernten	wüssten	kämen	könnte	sollten

Subjunctive II: Past

hätte
wäre } + past participle

Subjunctive II: Past-tense modals

hätte + ⟨infinitive⟩ ⟨modal infinitive⟩

Past subjunctive: *would/could/should have . . .*

I would have helped.	→	Ich **hätte geholfen.**
I could have helped.	→	Ich **hätte helfen können.**
I should have helped.	→	Ich **hätte helfen sollen.**

21
Adjective Nouns · Participial Modifiers

Die Verwandlung

Als Gregor Samsa eines Morgens aus unruhigen Träumen erwachte, fand er sich in seinem Bett zu einem ungeheuren° Ungeziefer° verwandelt. Er lag auf seinem panzerartig° harten Rücken und sah, wenn er den Kopf ein wenig hob, seinen gewölbten°, braunen, von bogenförmigen° Versteifungen geteilten Bauch, auf dessen Höhe sich die Bettdecke, zum gänzlichen Niedergleiten° bereit, kaum noch erhalten konnte. Seine vielen, im Vergleich zu seinem sonstigen Umfang° kläglich° dünnen Beine flimmerten° ihm hilflos vor den Augen.

monstrous / vermin
armor-like
arched / bow-shaped
to slide down
girth
pitifully / flickered

„Was ist mit mir geschehen?" dachte er. Es war kein Traum. Sein Zimmer, ein richtiges, nur etwas zu kleines Menschenzimmer, lag ruhig zwischen den vier wohlbekannten Wänden. Über dem Tisch, auf dem eine auseinandergepackte° Musterkollektion° von Tuchwaren ausgebreitet war – Samsa war Reisender° –, hing das Bild, das er vor kurzem aus einer illustrierten Zeitschrift ausgeschnitten und in einem hübschen, vergoldeten Rahmen° untergebracht hatte. Es stellte eine Dame dar, die, mit einem Pelzhut° und einer Pelzboa versehen, aufrecht dasaß und einen schweren Pelzmuff, in dem ihr ganzer Unterarm verschwunden war, dem Beschauer° entgegenhob°.

unpacked
samples / traveling
  salesman
picture frame
fur hat

observer / lifted toward

Gregors Blick richtete sich dann zum Fenster, und das trübe° Wetter – man hörte Regentropfen auf das Fensterblech aufschlagen – machte ihn ganz melancholisch. „Wie wäre es, wenn ich noch ein wenig weiterschliefe und alle Narrheiten° vergäße", dachte er ...

dreary

silliness

Franz Kafka, „Die Verwandlung".

Grammatik

ADJECTIVE NOUNS

A. Masculine and feminine adjective nouns

1. Masculine and feminine nouns designating persons are sometimes formed from adjectives or from participles used as adjectives. Such nouns are capitalized and require the same weak or strong endings that they would have as adjectives (see 13.2).

	Masc.	**Fem.**	**Pl.** *(preceded/unpreceded)*
Nom.	der Fremde (ein Fremder)	die Fremde (eine Fremde)	die Fremden / Fremde (keine Fremden)
Acc.	den Fremden	die Fremde	die Fremden / Fremde
Dat.	dem Fremden	der Fremden	den Fremden / Fremden
Gen.	des Fremden	der Fremden	der Fremden / Fremder

Wie wäre es, **ein Fremder** in der eigenen Familie zu sein?

What would it be like to be a stranger in one's own family?

Oder sind die anderen in Gregors Familie **die Fremden?**

Or are the others in Gregor's family the strangers?

2. While many adjectives and participles can be used in this construction, some have become the preferred means for specific references.

Adjectives

alt *(old)*   → **der/die Alte** *(old person)*
blind *(blind)*   → **der/die Blinde** *(blind person)*
deutsch *(German)* → **der/die Deutsche** *(German person)*
fremd *(strange, foreign)* → **der/die Fremde** *(foreigner, stranger)*
krank *(sick)*   → **der/die Kranke** *(sick person)*
tot *(dead)*   → **der/die Tote** *(dead person)*

Participles (past and present; see 21.2)

angestellt *(employed)* → **der/die Angestellte** *(employee)*
bekannt *(well-known)* → **der/die Bekannte** *(acquaintance)*
erwachsen *(grown)* → **der/die Erwachsene** *(grown-up, adult)*

Participles (past and present; see 21.2)

reisend- *(traveling)*	$\longrightarrow$	**der/die Reisende** *(traveler; in* Verwandlung: *traveling salesperson)*
verlobt *(engaged)*	$\longrightarrow$	**der Verlobte** *(fiancé),* **die Verlobte** *(fiancée)*
verwandt *(related)*	$\longrightarrow$	**der/die Verwandte** *(relative)*
vorgesetzt *(placed over)*	$\longrightarrow$	**der/die Vorgesetzte** *(supervisor, superior)*

3. In the case of **der Beamte** *(a tenured civil servant),* which derives from the participial form **beamtet** *(given permanent civil service status),* only the masculine form functions as an adjective noun. The feminine form (**die Beamtin**) is fixed, with no endings.

B. Neuter adjective nouns

1. Neuter nouns derived from adjectives and participles take either weak or strong neuter adjective endings. Such nouns refer only to ideas, collective concepts, or abstractions.

	Neut.		
Nom.	das Gute	ein Gutes	Gutes
Acc.	das Gute	ein Gutes	Gutes
Dat.	dem Guten	einem Guten	Gutem
Gen.	des Guten	eines Guten	——

Gregor wollte für seine Familie **Gutes** tun.	*Gregor wanted to do good (things) for his family.*

MORE EXAMPLES:

Dem Prokuristen muss er natürlich **das Richtige** sagen.	*Of course, he has to say the right thing to the office manager.*
Er versteht **das Ganze** überhaupt nicht.	*He doesn't understand the whole situation at all.*

2. Sometimes neuter nouns are formed using comparative or superlative forms of adjectives (see 14.1).

Gregor tut **sein Bestes,** den Prokuristen von seiner Aufrichtigkeit zu überzeugen.	*Gregor does his best to convince the manager of his honest intentions.*
Hat seine Familie **Größeres** von ihm erwartet?	*Did his family expect bigger things from him?*
Oder hat er sich **Schöneres** vom Leben erhofft?	*Or did he hope for something better in life?*

3. Adjectives following the pronouns **etwas, nichts, viel,** or **wenig** become neuter nouns with endings.

Nom.	etwas Nett**es**
Acc.	etwas Nett**es**
Dat.	etwas Nett**em**
Gen.	——

Zuerst ist das Kriechen um das Zimmer **etwas Aufregendes.**

At first, crawling around the room is something exciting.

Aber **viel Interessantes** gibt es in seinem Zimmer wirklich nicht.

But there really isn't very much of interest in his room.

Für seine Schwester ist die Helferrolle **etwas Neues.**

For his sister, the role of helper is something new.

4. The adjective **ander-** *(other)* is often used as a neuter adjective noun, but it is usually not capitalized.

Am Anfang bringt sie ihm das Essen und putzt das Zimmer, aber bald geht es nur ums Essen und **das andere** vernachlässigt sie.

In the beginning, she brings him food and cleans the room, but soon only the food is important, and she neglects the other.

It can also be used with **etwas** in the sense of *something else.*

Er versucht das Essen, das ihm früher schmeckte, aber jetzt will er **etwas anderes.**

He tries the food that he used to like, but now he wants something else.

„Wir müssen einfach **etwas anderes** machen", sagt die Schwester.

"We'll simply have to do something else," says the sister.

5. After the declinable pronoun **alles** *(everything)*, adjective nouns take strong neuter endings.

Nom.	alles Mögliche
Acc.	alles Mögliche
Dat.	allem Möglich**en**
Gen.	alles Möglich**en**

Der Vater versucht **alles Mögliche,** um Gregor zurück in sein Zimmer zu zwingen.

The father tries everything possible to force Gregor back into his room.

21.2 › PARTICIPLES AS MODIFIERS

A. Present participle modifiers

The present participle (**das Partizip Präsens**) is formed by adding **-d** to the infinitive; the -(e)nd ending corresponds to English *-ing*. A present participle can stand alone to describe actions taking place at the same time as the main verb, or it can function as an attributive adjective (with appropriate endings), or as an adverb.

Schweigend und langsam rückwärts **gehend,** verließ der Prokurist die Wohnung.	*Not saying a word and moving slowly backwards, the manager left the apartment.*
Sich unter dem Canapé **versteckend,** wartete Gregor jeden Tag auf seine Schwester.	*Hiding under the sofa, Gregor waited every day for his sister.*
Die Schwester trug die **dampfenden** Kartoffeln ins Esszimmer.	*The sister carried the steaming potatoes into the dining room.*
Es fiel Gregor **überraschend** schwer, die zappelnden Beinchen in den Griff zu bekommen.	*It was surprisingly difficult for Gregor to gain control over his twitching legs.*

B. Past participle modifiers

1. Past participles (**das Partizip Perfekt**) (see 3.1) describe a *completed action* and occur often as predicate adjectives.

Der Tisch war zum Abendessen **gedeckt.**	*The table was set for supper.*
Die neue Uniform des Vaters war schon **zerknittert.**	*The father's new uniform was already wrinkled.*

2. Past participles can also be used attributively to modify nouns.

der **gedeckte** Tisch	*the set table*
das **zerknitterte** Hemd	*the wrinkled shirt*
das **gerahmte** Bild	*the framed picture*
der **geworfene** Apfel	*the apple that was thrown*
unberührte Speisen	*untouched food*

21.3 › EXTENDED MODIFIERS

A. Extended participial modifiers

1. An extended modifier (**die erweiterte Partizipialkonstruktion**) is a phrase consisting of any combination of adjectives, adverbs, and prepositional phrases that adds

information to a participle modifying a noun. The unusual feature of this construction, for English speakers, is its position: Where English usually requires modifying phrases such as these to come after the noun, German—at least formal, written German—allows all of these elements to be placed in front of the noun like any other modifier.

COMPARE:

der Vater	*the father*
der **dösende** Vater	*the dozing father*
der **im Stuhl dösende** Vater	*the in-the-chair-dozing father (the father dozing in the chair)*
der **seit dem Abendessen im Stuhl dösende** Vater	*the since-dinner-in-the-chair-dozing father (the father dozing in the chair since dinner)*

2. Extended modifiers are not necessarily long; it is the position of sentence elements such as prepositional phrases and time adverbials in front of the noun that makes them distinctive.

eine **in Pelz gekleidete** Frau	*a woman dressed in fur*
die **vor kurzem angestellte** Dienerin	*the recently hired maid*
der **heute Morgen verpasste** Zug	*the train missed this morning*

3. Within an extended modifier, adverbial phrases follow the Time–Manner–Place rule (see 1.1.C).

TIME PLACE

der **seit Gregors Schulzeit in seinem Zimmer stehende** Schreibtisch

(lit., *the since-Gregor's-schooldays-standing-in-his-room writing desk*)
the writing desk that had been standing in his room since Gregor's schooldays

MANNER PLACE

die **von seiner Mutter und Schwester aus dem Zimmer getragenen** Möbelstücke

(lit., *the by-his-mother-and-sister-carried-out-of-the-room pieces of furniture*)
the pieces of furniture that were carried out of the room by his mother and sister

4. Extended modifiers are also possible without participles.

Nur die Schwester hatte den **zum Eintreten in Gregors Zimmer nötigen** Mut.

(lit., *Only the sister had the for-entering-into-Gregor's-room-necessary courage.*)
Only the sister had the courage necessary for entering Gregor's room.

5. Extended modifiers can appear with no preceding article.

    Ständig von Stadt zu Stadt reisende Verkäufer haben ein einsames Leben.

    (lit., *Always-traveling-from-city-to-city salespeople have a lonely life.*)
    Salespeople who are always traveling from city to city have a lonely life.

6. The use of extended modifiers is generally restricted to formal or official writing, including some journalistic prose, academic writing, legal documents, as well as spoken language in newscasts: the longer the modifier, the more elevated the register. Compare the effect of extended modifiers with more informal, spoken registers on the utterance of similar information:

    ### Informal letter:

    Monatelang war unser lieber Gregor vermisst, und jetzt erfahren wir das Schlimmste: er ist tot.

    ### Formal letter:

    Schweren Herzens muss ich Ihnen den Tod unseres Sohnes, der schon seit Monaten als vermisst gilt, mitteilen ...

    ### Newspaper obituary:

    Der Tod des seit etlichen Monaten vermissten Sohnes der Familie Samsa ...

B. Extended modifiers with *zu* + present participle

In formal contexts, one finds extended modifiers that make use of the **sein** + **zu** + infinitive structure (see 28.3.D), which translates into an English passive. As part of an extended modifier, the infinitive following **zu** becomes a present participle with appropriate adjective endings, and **sein** disappears.

COMPARE:

sein + *zu:*

Die Reaktion der drei Männer auf Gregor **war zu erwarten.**	*The reaction of the three men to Gregor was to be expected.*

As an extended modifier:

Jahrelang hatte sich Gregor Sorgen um das **noch zu verdienende** Geld gemacht.	*For years, Gregor had worried about the money that was still to be earned.*

Wortschatz
Neues entdecken!

lernen	entdecken
erfahren	feststellen
herausfinden	

1. **Lernen** (see also **Wortschatz,** Chapter 2) means *to acquire knowledge or ability* through study or experience.

Gregor hatte in der Schule fleißig **gelernt.**	*Gregor had studied hard in school.*
Nach und nach **lernt** die Schwester, welche Speisen Gregor schmecken.	*Gradually, the sister learns which foods taste good to Gregor.*

2. **Erfahren** means *to learn* or *find out* without any study or searching necessarily implied.

Der Prokurist hatte wohl vom Chef **erfahren,** dass Gregor nicht rechtzeitig am Bahnhof gewesen war.	*The office manager had probably heard from the boss that Gregor hadn't been at the train station on time.*
Mit der Zeit **erfährt** Gregor genau, was er seiner Familie bedeutet.	*As time passes, Gregor learns exactly what he means to his family.*

3. **Herausfinden** means *to learn, find out,* or *discover* through effort or inquiry.

Zu seinem Erstaunen **findet** Gregor **heraus,** dass die Familie doch genügend Geld hat.	*To his surprise, Gregor finds out that the family does indeed have enough money.*
Irgendwie hatten die drei Herren **herausgefunden,** dass ein Zimmer bei der Familie zu vermieten war.	*Somehow the three gentlemen had learned that there was a room for rent in the family's home.*

4. **Entdecken** means *to discover.*

Was sie aber dort **entdecken,** steht bestimmt nicht in der Beschreibung des Zimmers.	*What they discover there, however, is assuredly not in the room description.*

5. **Feststellen** has several meanings related to *finding out* and *understanding*. When information is acquired through directed effort or inquiry, **feststellen** takes the relatively formal meaning of *to ascertain* or *determine*. But it can also be used to express the more informal *to realize*, in the sense of becoming aware of something by means of insight.

Was für eine Krankheit hätte ein Arzt in Gregors Fall **festgestellt?**	*What kind of sickness would a doctor have determined in Gregor's case?*
Die Familie **stellt** am Ende **fest,** dass ihre Aussichten trotz allem recht vielversprechend sind.	*The family ascertains at the end that despite everything, their prospects are quite promising.*
In der Stadtbahn **stellen** Mutter und Vater zum ersten Mal **fest,** dass ihre Tochter heiratsfähig ist.	*In the tram, the mother and father realize for the first time that their daughter is ready to be married.*

Übungen

A **Adjektiv → Substantiv.**   Ergänzen Sie die Sätze durch passende Adjektivsubstantive. Achten Sie dabei auf die Adjektivendungen!

> **BEISPIEL**   In unseren Großstädten gibt es viele ____.
> *In unseren Großstädten gibt es viele **Arme.***

> angestellt   arm   beamt-   blind   erwachsen   reich   tot   verliebt *(in love)*
> verlobt   verwandt

1. Kennen Sie den Kultfilm „Nacht der lebenden *(living)* ____"?
2. Er hat kürzlich erfahren, dass ein paar seiner ____ aus Deutschland sind.
3. Ein Tourist bewundert *(admired)* das große Rathaus und fragt einen Passanten *(passerby):* „Sagen Sie mal, wie viele ____ arbeiten dort?" Da antwortet der Passant zynisch *(cynically):* „Ungefähr die Hälfte von ihnen."
4. Robin Hood nahm Geld von den ____ und gab es den ____.
5. Will sie wirklich das Geld von der Bank____ stehlen?
6. Sie gingen ins Restaurant als ____ und kamen als ____ heraus.
7. Dem ____ half jemand die Straße überqueren.
8. Solche Bücher gefallen sowohl ____ als auch Kindern.

B **Anders ausdrücken.**   Verwenden Sie Adjektive als Substantive im Neutrum.

> **BEISPIEL**   Er hat etwas gesagt, was sehr gut war.
> *Er hat etwas sehr Gutes gesagt.*

1. Wir wünschen, dass euch nur gute Dinge passieren.
2. Auf unserer Reise durch die Schweiz haben wir viele interessante Dinge gesehen.

3. Alles, was wichtig ist, wird dir der Chef erklären.
4. Der Politiker spricht von nichts, was neu ist.
5. Die Tagesschau *(evening TV news)* brachte wenige neue Nachrichten.
6. Was machst du jetzt? —Nichts, was besonders wäre.
7. Für sie ist etwas nur schön, wenn es teuer ist.
8. Hoffentlich habe ich mich richtig verhalten.

C **Das passende Verb.** Welche Verben aus dem **Wortschatz** könnte man mit den folgenden Wörtern oder Ausdrücken verwenden?

> BEISPIEL   ein neues Computergeschäft
> *ein neues Computergeschäft entdecken*

1. etwas Neues über Computer
2. einen Fehler im Softwareprogramm
3. woher der Fehler im Softwareprogramm kommt
4. wo man Computer am günstigsten reparieren lässt
5. dass es meistens zu viel kostet, einen älteren Computer reparieren zu lassen
6. wie man einen Computer selbst repariert

D **Was passt am besten?** Ergänzen Sie die Substantive durch passende Partizipien des Präsens.

> BEISPIEL   die Sonne
> *die **aufgehende** Sonne*

1. die Temperatur
2. ein Wald
3. viele Kinder
4. alle Zuschauer
5. das Schiff
6. Blumen

E **Länger und noch länger machen.** Erweitern Sie die Ausdrücke in Übung D zuerst durch einen adverbialen Ausdruck, dann durch mehrere Wörter.

> BEISPIEL   die aufgehende Sonne
> *die **am Morgen aufgehende** Sonne*
> *die **ganz früh am Morgen im Osten aufgehende** Sonne*

F **Partizip Präsens → Partizip Perfekt.** Nehmen Sie die folgenden Wortverbindungen mit dem Partizip Präsens und bilden Sie Wortverbindungen im Partizip Perfekt.

> BEISPIEL   die abfallenden Blätter
> *die **abgefallenen** Blätter*

1. ein abbrechender Ast *(branch)*
2. wachsende Städte
3. aussterbende Kulturen
4. die aufgehende Sonne
5. ein inspirierender Mensch
6. eine motivierende Lehrerin

G **Länger machen.** Erweitern Sie die Wortverbindungen aus Übung F durch ein weiteres Element.

> BEISPIELE   die abfallenden Blätter
> *die **schnell** abfallenden Blätter*
>
> *die abgefallenen Blätter*
> *die **während des Sturms** abgefallenen Blätter*

H **Partizipialkonstruktionen.** Drücken Sie die Relativkonstruktionen durch Partizipialkonstruktionen (entweder Partizip Präsens oder Partizip Perfekt) anders aus.

> BEISPIELE   der Zug, der schnell abfährt
> *der schnell abfahrende Zug*
>
> ein Bus, der schon abgefahren ist
> *ein schon abgefahrener Bus*

1. die Theorie, die von Einstein aufgestellt wurde
2. die Steuern *(taxes)*, die dauernd steigen
3. der Preis, der rasch gesunken war
4. der Brief von einer Mutter, die in Dresden wohnt
5. in einem Auto, das gerade repariert wurde
6. eine Autorin, die von Millionen gelesen wird

I **Erweiterte Partizipialkonstruktionen.** Analysieren Sie die folgenden Sätze: Wo stehen die Partizipialkonstruktionen? Aus welchen Elementen bestehen sie? Versuchen Sie einige von den Konstruktionen mit Relativsätzen umzuschreiben.

> BEISPIEL   Die in Rostock geborene Langstreckenschwimmerin *(long distance swimmer)* nimmt den Wettkampf bereits zum fünften Mal in Angriff, Lampenfieber *(jitters)* vor den bis zu neuneinhalb Stunden langen Rennen *(races)* in den Flüssen hat sie deshalb nicht. [Aus: *Der Spiegel*]
> *Partizipialkonstruktionen:* Die ... Langstreckenschwimmerin / vor den ... Rennen
> *Elemente:* in Rostock geborene / bis zu neuneinhalb Stunden lang
> *Relativsätze:* Die Langstreckenschwimmerin, die in Rostock geboren ist / vor den Rennen, die bis zu neuneinhalb Stunden lang sind

1. Endlich rief das seit Jahren brutal unterdrückte *(suppressed)* Volk zur Revolution auf.
2. Der wegen mehrerer Schneelawinen *(avalanches)* vorübergehend *(temporarily)* geschlossene Sankt-Gotthard-Pass soll heute Abend gegen 18 Uhr für den Verkehr wieder freigegeben werden.
3. „[Gregor] sah, wenn er den Kopf ein wenig hob, seinen gewölbten, braunen, von bogenförmigen Versteifungen geteilten Bauch ...“
4. „Seine vielen, im Vergleich zu seinem sonstigen Umfang kläglich dünnen Beine flimmerten ihm hilflos vor den Augen.“
5. Achtung, Achtung, eine Durchsage! Der Intercity-Zug 511 wird wegen in der Nähe von Prag noch nicht abgeschlossener Gleisreparaturen *(track repairs)* mit zwanzigminütiger Verspätung auf Gleis 7 ankommen.

6. Am Ende seiner Vorlesung *(lecture)* fasste der Professor die wichtigsten, dennoch von mehreren Forschern *(researchers)* in Frage gestellten Ergebnisse *(results)* seiner Untersuchungen zusammen und wies auf einige noch durchzuführende *(to be carried out)* Experimente hin.

Anwendung

 A **Sind Sie neugierig *(curious)*?** Was möchten Sie über Ihre Schule oder Uni herausfinden? Wählen Sie fünf Punkte aus und bilden Sie damit Sätze. Die anderen in der Gruppe lesen dann ihre Sätze vor. Vielleicht weiß jemand, was Sie wissen wollen!

> BEISPIEL Ich möchte herausfinden, wie viel Geld die Präsidentin/der Präsident dieser Uni verdient. Ich möchte auch gerne wissen, wie alt unsere Deutschprofessorin/unser Deutschprofessor ist.

B **Eigene Erfahrungen.** Was haben Sie in diesem Semester erfahren, herausgefunden, entdeckt oder festgestellt? Machen Sie eine Aussage mit jedem Verb.

> BEISPIEL *Ich habe **festgestellt,** dass Deutsch nicht immer leicht ist.*

C **Partizipialkonstruktionen im Gebrauch.** Suchen Sie aus Zeitungen, Zeitschriften oder anderen Quellen *(sources)* drei bis fünf erweiterte Partizipialkonstruktionen heraus. Stellen Sie diese Konstruktionen im Kurs vor.

Schriftliche Themen

| Tipps zum Schreiben | **Using Extended Modifiers** |

Using Extended Modifiers

Lengthy extended modifiers are rarely a sign of good style. Shorter extended modifiers, however, can be used to good effect to avoid short relative clauses that might interrupt the flow of a sentence. From a German point of view, the phrase **der von Gleis fünf abfahrende Intercity-Zug** is simply more to the point than the relative clause construction **der Intercity-Zug, der von Gleis fünf abfährt,** particularly when additional information is still to come. Perhaps this is why extended modifiers occur frequently in official announcements, both written and spoken.

A **Eine Mitteilung** *(notification)*. Sie arbeiten für ein Studentenreisebüro und schreiben eine Mitteilung auf Amtsdeutsch *(officialese)* über eine geplante Reise an die Adria *(Adriatic Sea)*, die aus verschiedenen Gründen nicht mehr stattfinden kann.

DIE INFORMATIONEN

Eine Ferienreise an die Adria war geplant.
Diese Reise kann nicht mehr stattfinden.
Man konnte nicht alle Hotelzimmer buchen, die nötig waren.
Hinzu *(in addition)* kamen auch einige Schwierigkeiten bei der Buchung des Fluges.
Diese Schwierigkeiten waren unerwartet.
Deswegen hat Ihr Reisebüro die Reise abgesagt *(cancelled)*.
Für die Reise nach Kreta (Griechenland) sind noch einige Plätze frei.
Diese Reise findet auch zu Ostern statt.

B **Eine Meldung** *(announcement)*. Schreiben Sie auf Amtsdeutsch eine Meldung über Ihren Deutschkurs oder über Ihre Schule/Universität. Benutzen Sie dabei ruhig ein bisschen Humor.

BEISPIEL   Unser von allen Studenten bewunderter und geliebter Deutschprofessor wird in Zukunft seinen mit Arbeit überlasteten *(overburdened)* Studenten keine schweren Prüfungen mehr geben. Er hat außerdem mitgeteilt, dass ... usw.

Zusammenfassung

Rules to Remember

1 Many adjectives and participles can be capitalized and made into nouns.

2 Masculine adjective nouns always refer to male persons, female adjective nouns to female persons, and neuter adjective nouns to abstractions: **der Reisende** (*traveler, male*); **die Reisende** (*traveler, female*); **das Seltsame** (*the strange thing, that which is strange*).

3 Adjective nouns take the same weak or strong endings they would as adjectives.

4 Present and past participles can function as adjectives: **die weinende Mutter, der unausgesprochene Wunsch.**

5 Most extended modifiers contain either a present participle or a past participle.

6 The modifiers within an extended modifier construction follow normal word order rules for the middle field, with the participle (functioning as predicate adjective) in final position before the noun: **der von der Dienerin hinausgetragene Müll** *(garbage);* **der in Wut** *(rage)* **geratene Vater.**

At a Glance

Adjective nouns: Masculine and feminine			
	Masc.	**Fem.**	**Pl.**
Nom.	der Fremde (ein Fremder)	die Fremde (eine Fremde)	die Fremden / Fremde
Acc.	den Fremden	die Fremde	die Fremden / Fremde
Dat.	dem Fremden	der Fremden	den Fremden / Fremden
Gen.	des Fremden	der Fremden	der Fremden / Fremder

Adjective nouns: Neuter			
Nom.	das Gute	ein Gutes	Gutes
Acc.	das Gute	ein Gutes	Gutes
Dat.	dem Guten	einem Guten	Gutem
Gen.	des Guten	eines Guten	——

etwas, nichts, viel, wenig + adjective	
Nom.	etwas Schreckliches
Acc.	etwas Schreckliches
Dat.	etwas Schrecklichem
Gen.	——

alles + adjective	
Nom.	alles Denkbare
Acc.	alles Denkbare
Dat.	allem Denkbaren
Gen.	alles Denkbaren

Present participle: Form
⌷infinitive⌷ + **d** (+ ending)

22 Numerals and Measurements

Grammatik

CARDINAL NUMBERS

A. Forms

German words for cardinal numbers (**die Grundzahl, -en**) are always single words, no matter how long the number, with the exception of numbers over a million. Notice the highlighted irregular forms.

0	null				
1	eins	11	elf	21	**ein**undzwanzig
2	zwei	12	zwölf	22	zweiundzwanzig
3	drei	13	dreizehn	30	**dreißig**
4	vier	14	vierzehn	40	vierzig
5	fünf	15	fünfzehn	50	fünfzig
6	sechs	16	**sech**zehn	60	**sech**zig
7	sieben[1]	17	**sieb**zehn	70	**sieb**zig
8	acht	18	achtzehn	80	achtzig
9	neun	19	neunzehn	90	neunzig
10	zehn	20	zwanzig	99	neunundneunzig

---

[1] In German-speaking countries the numeral 7 is usually handwritten with a slash through the middle (7) to distinguish it from the numeral 1, which is usually written using two strokes rather than just one (1).

100	(ein)hundert
101	hunderteins
102	hundertzwei
200	zweihundert
999	neunhundertneunundneunzig
1.000	(ein)tausend
2.000	zweitausend
9.999	neuntausendneunhundertneunundneunzig
100.000 (OR 100 000)	hunderttausend
1.000.000 (OR 1 000 000)	eine Million
2.000.000	zwei Million**en**
1.000.000.000	eine Milliarde *(billion)*
2.000.000.000	zwei Milliard**en**
1.000.000.000.000	eine Billion *(trillion)*
2.000.000.000.000	zwei Billion**en**

B. Use

1. The word **eins** is used in counting and mathematics. Before a noun, **ein-** takes article endings. To distinguish **ein-** meaning *one* from **ein-** meaning *a*, German speakers stress the word when speaking. In written texts, this stress can be indicated by italics, underlining, or spacing.

Ich habe den Aufsatz in *einer* Stunde fertig geschrieben.	*I finished the essay in* **one** *hour.*
Und ich habe alles in e i n e m Buch gefunden.	*And I found everything in* **one** *book.*

2. **Ein** has no ending in the expression *one or two* and *one to two*, etc.

Wir fahren in **ein bis zwei Jahren** nach Deutschland.	*We are traveling to Germany in one to two years.*

3. **Ein** is optional before **hundert** and **tausend**. If used, the number is still one word.

125	(ein)hundertfünfundzwanzig
1.500	(ein)tausendfünfhundert

4. Either a period or a space is inserted to separate thousands.

   37.655 or 37 655 = *English 37,655*

5. When **hundert** and **tausend** are joined directly to a following noun, they do not take the plural form.

Seine Privatbibliothek umfasst mehr als **4.000 Bücher**. (*spoken*: viertausend)	*His private library contains more than 4,000 books.*

But when numbers are used to express the idea *hundreds of . . . / thousands of . . .*, they are capitalized in their plural form. This is true whether the following noun appears (as the object of **von**) or is only understood.

Ihre Bibliothek umfasst **Hunderte von** wertvollen Manuskripten.	*Her library contains hundreds of valuable manuscripts.*
Als 1906 das große Erdbeben kam, sind **Tausende** ums Leben gekommen.	*When the big earthquake hit in 1906, thousands (of people) lost their lives.*

6. **Million, Milliarde,** and **Billion** take endings in the plural: **Millionen, Milliarden,** and **Billionen.** Notice that English *billion* is expressed by German **Milliarde,** and that **Billion** in German means a *trillion (a million million).*

Deutschland hat ungefähr 80 **Millionen** Einwohner.	*Germany has about 80 million inhabitants.*
Die Firma wurde für mehrere **Milliarden** verkauft.	*The company was sold for several billion.*

7. In percents or decimals, German uses commas where English uses periods.

4,5 (*spoken:* vier Komma fünf)	*four point five (= 4.5)*
8,9% (*spoken:* acht Komma neun Prozent)	*eight point nine percent (= 8.9%)*

8. Whole numbers plus one-half have no endings and are written as follows:

anderthalb/eineinhalb   *one and a half*
zweieinhalb, dreieinhalb usw.   *two and a half, three and a half, etc.*

Der Film hat **anderthalb** Stunden gedauert.	*The film lasted one and a half hours.*

C. Approximations

Numbers and amounts are approximated with words such as **etwa, rund, zirka,** or **ungefähr,** which all mean *roughly, around, about,* or *approximately.*

Es sind **etwa/rund/zirka/ungefähr** 800 Kilometer von München nach Hamburg.	*It is about/around/approximately 800 kilometers from Munich to Hamburg.*

D. Adjective suffixes with numbers

1. The suffix **-mal** means *times* and is often added to numbers to create adverbs. Its adjective form **-malig** takes endings.

einmal	*one time, once*	zigmal	*umpteen times*
fünfmal	*five times*	einmalig	*one-time, unique*
hundertmal	*a hundred times*	mehrmalig	*repeated*

Das ist ein **einmaliges** Angebot!	*That's a one-time offer!*
Erst nach **mehrmaligem** Lesen konnte ich den Text verstehen.	*Only after repeated reading(s) was I able to understand the text.*

2. The suffix **-erlei** indicates *kinds of* and is often used with numbers. This suffix takes no adjective ending.

zweierlei Bücher   *two kinds of books*
zehnerlei Bäume   *ten kinds of trees*
allerlei Probleme   *all kinds of problems*

3. The suffix **-fach** corresponds to English *-fold*. Words formed with it take endings when used as attributive adjectives. It can also be used to form neuter adjective nouns, which are capitalized.

eine **zweifache** Summe   *a twofold sum*
ein **zehnfacher** Gewinn   *a tenfold profit*
um **das Dreifache** vermehrt   *increased threefold*

22.2 ▶ ORDINAL NUMBERS

A. Forms

An ordinal number (**die Ordnungszahl, -en**) indicates relative position, e.g., *first, second,* and *twenty-fifth* instead of *one, two,* and *twenty-five. First* is expressed in German with its own unique form, **erst-;** the ordinal numbers *second* through *nineteenth* are formed with the cardinal number followed by **-t-;** and from 20 on, ordinals are formed with the cardinal plus **-st-.** All ordinal numbers require an adjective ending following the final **-t-** or **-st-,** since they function as attributive adjectives. Several are slightly irregular and are highlighted in the following chart.

1.	(der, die, das)	**erste**
2.	(der, die, das)	zweite
3.	(der, die, das)	**dritte**
4.	etc.	vierte
5.		fünfte
6.		sechste
7.		**siebte** (*less common:* **siebente**)
8.		**achte** (*no second* **t** *added*)
9.		neunte
10.		zehnte
11.		elfte
12.		zwölfte
19.		neunzehnte
20.		zwanzigste
21.		einundzwanzigste
30.		dreißigste
100.		hundertste
1.000.		tausendste

B. Use

1. Ordinal numbers always take either weak or strong adjective endings (see 13.2).

    das **erste** Mal   *the first time*
    ihr **zweites** Buch   *her second book*

2. A period after a cardinal numeral indicates -t/-st plus adjective ending.

    Heute ist der **1.** Mai (*spoken:* der
    erste Mai).

    Today is May 1st/the first of May.

    Wir begehen heute seinen **100.** Todestag
    (*spoken:* seinen **hundertsten** Todestag).

    *Today we are commemorating the 100th
    anniversary of his death.*

3. To enumerate points, German speakers use the adverbial forms **erstens** (*first of all*),
    zweitens (*in the second place/secondly*), **drittens** (*in the third place/thirdly*), etc.

    Er kann uns nicht helfen. **Erstens**
    ist er nicht hier, **zweitens** hätte er
    keine Lust dazu und **drittens**
    wüsste er nicht, was er tun sollte.

    *He can't help us. First of all, he isn't
    here; secondly, he wouldn't want to;
    and thirdly, he wouldn't know what
    to do.*

4. Ordinal numbers can be used as nouns, in which case they are capitalized according to
    the rules covered in 14.2.C.

    Sie war **die Erste,** die es versucht hat.

    She was the first (person) who tried it.

    Wir haben die Miete **am Zwanzigsten**
    bezahlt.

    We paid the rent on the twentieth.

    Jeder Fünfte musste aus dem Zimmer
    gehen.

    Every fifth person had to leave the room.

    Sie erreichte das Endziel als **Erste.**

    She came in first.

5. Ordinal number stems can be affixed to adjectives (often superlative; see 14.1), form-
    ing one word where English uses two or more.

    Sebastian ist der **zweitjüngste** Sänger
    in der Gruppe.

    *Sebastian is the second youngest singer
    in the group.*

    Was ist die **drittgrößte** Stadt
    Deutschlands?

    What is Germany's third largest city?

    Er kam als **Zweitletzter** ins Klassenzimmer.

    He came into the classroom next to last.

C. Fractional amounts

1. Fractions are nouns and are therefore capitalized. With the exception of **die Hälfte,**
    they are all neuter, with no change in the plural, and can be formed by adding -el to
    the ordinal stem: ein **Viertel,** zwei **Drittel,** fünf **Achtel.** (The formation is actually
    based on the addition of **Teil** [*part*] to the ordinal number: **Teil** morphs into **tel** and is
    added to the ordinal stem, from which the extra **t** from the -t/-st ending is dropped:
    viert- + **Teil** ⟶ **ein Viertel; zwanzigst-** + **Teil** ⟶ **ein Zwanzigstel.**)

2. *Half a(n)* is expressed in German by **ein- halb-.**

   Sie bestellten **ein halbes** Huhn.　　　　　*They ordered half a chicken.*

3. *Half (of) the* is most often expressed by **die Hälfte** plus the genitive or by **die Hälfte von** with the dative, particularly in reference to more than one item.

   Er verkaufte **die Hälfte** der　　　　　*He sold half (of) the oranges.*
   Orangen/**von** den Orangen.

4. German sometimes uses **d- halb-** *(half the)* instead of **die Hälfte** when referring to a single entity.

   Ich habe schon **den halben** Roman　　　　*I have already read half of the novel.*
   (OR: **die Hälfte** des Romans/**von** dem
   Roman) gelesen.

22.3　UNITS OF MEASUREMENT

A. Currencies, denominations, and decades

1. On January 1, 1999, the *euro* (**der Euro, -**) became the official monetary unit of Germany and Austria for all electronic banking transactions, with euro currency replacing all bills and coins in January of 2002. Swiss currency remains the franc (**der Schweizer Franken, -**). **Der Euro** ($1/_{100}$ = **der Cent, -s**), **der Franken,** and **der Dollar** (like the former **Deutsche Mark** and **Schilling**) all remain singular when used with numbers.

€ 10,75	zehn Euro fünfundsiebzig
€ –,82	zweiundachtzig Cent
DM 4,80	vier Mark achtzig
sFr 6,50	sechs Franken fünfzig
$7.99	sieben Dollar neunundneunzig

2. To indicate denominations of bills, coins, and stamps, German uses numbers with an **-er** suffix.

   Bitte, drei **Sechziger** (Briefmarken)　　　*Three sixties and an eighty, please.*
   und **eine**[2] **Achtziger.**

   Ich brauche hundert Euro: **einen**[3]　　　*I need one hundred euros: a fifty, two*
   Fünfziger, zwei Zwanziger und　　　　*twenties, and a ten.*
   einen Zehner.

3. Decades are also indicated with an **-er** suffix.

   John F. Kennedy wurde in den **sechziger**　*John F. Kennedy became President of the*
   (**60er**) Jahren Präsident der USA.　　　　*U.S. in the sixties.*

---

[2] **Achtziger** is feminine because **die Briefmarke** is understood.
[3] **Fünfziger** is masculine because **der Schein** (*bill*) is understood.

B. Distances, weights, quantities, and temperatures

1. The metric system is used in Europe and elsewhere throughout the world as the International System of Units. It provides a logical and interconnected framework for all measurements in science, industry, and commerce.

   The following metric units of measurement are very common.

   ### Distance

   der/das Kilometer[4] (km)   *(= 0.62 mile)*
   der/das Meter (m)   *(= 39.37 inches)*
   der/das Zentimeter (cm)   *(= 0.39 inch)*
   der/das Millimeter (mm)   *(= 0.039 inch)*
   der/das Quadratmeter (m²)   *(= 10.76 square feet)*

   ### Weight

   das Gramm (g)   *(= 0.035 ounce)*
   das Kilogramm (kg)   *(= 2.2 pounds)*
   der Zentner   *(= 50 kilograms) (a hundredweight)*

   ### Liquid measure

   der/das Liter   *(= 1.057 quarts)*

2. The following English units of measurement are sometimes used in German as industrial measures.

   das Pfund   *(= 500 grams)*[5]
   der Zoll   *(= 2.54 centimeters or 1 inch)*
   die Meile, -n   *(= 1.6 kilometers)*
   die Gallone, -n   *(= 3.79 liters)*

3. In German, masculine and neuter nouns of measurement used after numerals take no ending in the plural, while feminine nouns ending in **-e** do.

   > der/das Kilometer ⟶ zwei Kilometer   *two kilometers*
   > das Gramm ⟶ drei Gramm   *three grams*

   BUT: die Meile ⟶ vier Meile**n**   *four miles*

4. Unlike English, German does *not* use the word *of* in expressions of measurement.

   > vier Flaschen Wein   *four bottles of wine*
   > drei Glas Bier   *three glasses of beer (measure of quantity)*

   BUT: drei **Gläser**   *three glasses (not a measure of quantity)*

---

[4] With **Meter** and its compounds and with **Liter,** the masculine gender is normally used, although some dictionaries still list neuter as the preferred gender (see 12.1.E).
[5] An English troy pound is 450 grams; a German **Pfund** is 500 grams.

5. Countries on the metric system use Celsius/Centigrade (°C) to measure temperatures. Thirty-two degrees Fahrenheit (°F) equals 0 degrees Celsius. To convert Fahrenheit to Centigrade, subtract 32 and multiply by ⅝. To convert Centigrade to Fahrenheit, multiply by ⅝ and add 32.

Wortschatz
Wie viel ist … ?

addieren	multiplizieren	hoch
subtrahieren	dividieren	

The basic mathematical operations are expressed as follows:

1. **addieren**   *to add*

   vier **plus** acht ist/gleich zwölf
   4 + 8 = 12

2. **subtrahieren**   *to subtract*

   sechzehn **minus/weniger** drei ist/gleich dreizehn
   16 − 3 = 13

3. **multiplizieren (mit)**   *to multiply (by)*

   acht **mal** neun ist/gleich zweiundsiebzig
   $8 \times 9 = 72$

4. **dividieren (durch)**   *to divide (by)*

   vierzig (geteilt) **durch** acht ist/gleich fünf
   $40 \div 8 = 5$

5. **hoch**   *raised to the [nth] power*

   vier **hoch** drei ist/gleich 64
   $4^3 = 64$

Übungen

A **Grundzahlen üben.**   Schreiben Sie fünf sechsstellige Zahlen auf. Lesen Sie jemandem im Kurs Ihre Zahlen vor. Sie/Er schreibt die Zahlen auf. Hat sie/er die richtigen Zahlen geschrieben?

B **Mathematik.**   Lösen Sie die Aufgaben und schreiben Sie die Antwort als Wort. Wie spricht man das aus?

1. $11 \times 11 = ?$
2. $10^5 = ?$
3. $2^6 = ?$
4. $253 - 147{,}88 = ?$
5. $1 + 2 + 3 + 4$ [bis 15] $= ?$
6. $75 \div 15 = ?$
7. $264 \div 11 = ?$
8. $1{,}5 \times 1{,}5 = ?$

Stellen Sie weitere Aufgaben dieser Art mündlich an andere Personen im Kurs.

BEISPIEL   A: Wie viel ist zwölf mal vierzig?
             B: Zwölf mal vierzig ist vierhundertachtzig.

C **Vom ersten bis zum ... ?**   Sagen Sie das mündlich! Vergessen Sie die Adjektivendungen nicht.

1. der 1. Mensch
2. der 2. Weltkrieg
3. beim 3. Mal
4. am 4. Juli
5. das 5. Rad am Wagen
6. mit meinem 6. Sinn *(sense)*
7. das 7. Siegel *(seal)*
8. ein 8. Weltwunder
9. Beethovens 9. Sinfonie
10. im 19. Bond-Film
11. die 20. Olympiade
12. am Ende seines 33. Lebensjahrs
13. jede 100. Person
14. das 254. Buch von Isaac Asimov

D **Fakten.** Schreiben Sie sieben historische oder kulturelle Tatsachen (*facts*) mit Ordnungszahlen auf. Lesen Sie Ihre Sätze im Kurs vor.

> BEISPIELE *Harry Truman war der 33. Präsident der USA.*
> *Den internationalen Tag der Arbeit feiert man am 1. Mai.*

E **Kombinationen.** Welche Kombinationen von Euroscheinen ergeben ...

1. hundert Euro?
2. fünfundsiebzig Euro?
3. zweihundertzwanzig Euro?

> BEISPIEL *Zwei Fünfziger machen hundert Euro.*

F **Schlagzeilen (*headlines*).** In welchem Jahrzehnt **aus dem 20. Jahrhundert** war das?

> BEISPIEL DER ERSTE MENSCH AUF DEM MOND!
> *Das war in den sechziger Jahren.*

20er- 30er- 40er- 50er- 70er- 80er-

1. LUFTANGRIFF AUF PEARL HARBOR!
2. PANIK AN DER WALL STREET! MILLIARDEN VERLOREN!
3. HAWAII WIRD FÜNFZIGSTER BUNDESSTAAT!
4. DIE BERLINER MAUER IST WEG!
5. DISKO IST KÖNIG!
6. VIERTE GOLDMEDAILLE FÜR JESSE OWENS!

Erfinden Sie weitere Schlagzeilen. Die anderen sollen erraten, in welchem Jahrzehnt diese Ereignisse (*events*) stattgefunden haben.

G **Anders ausdrücken.** Lesen Sie die erste Hälfte jeder Zeile und überlegen Sie dann, wie man die Bedeutung davon mit Vokabeln aus diesem Kapitel in der zweiten Hälfte der Zeile anders ausdrücken kann.

1. 150 Minuten $\longrightarrow$ _____ Stunden
2. nicht genau 50% $\longrightarrow$ _____ 50%
3. so oft, dass ich nicht mehr zählen kann $\longrightarrow$ _____ mal
4. 10^{12} $\longrightarrow$ _____
5. 30 Minuten $\longrightarrow$ _____ Stunde
6. 66.6% der Studenten $\longrightarrow$ _____ aller Studenten
7. viele verschiedene Leute $\longrightarrow$ _____ Leute
8. Diese Mannschaft hat erst im Finale verloren. $\longrightarrow$ Es ist die _____ Mannschaft.

H **Fragen.** Beantworten Sie die Fragen mit metrischen Maßeinheiten.

1. Wie groß (*tall*) sind Sie?
2. Wie weit ist es von Ihrer Universität zu Ihrer Heimatstadt?
3. Wie viel wiegen (*weigh*) Sie?

4. Wie viele Quadratmeter hat Ihr Schlafzimmer? Ihre Wohnung? Ihr Haus?
5. Wie viele Kilometer hat Ihr Auto schon?
6. Wie viel Flüssigkeit trinken Sie durchschnittlich *(on the average)* pro Tag?
7. Wie viel Benzin fasst *(holds)* der Benzintank Ihres Autos?
8. Welche Größe hat ein normales Blatt Papier?
9. Wie hoch fliegt ein Flugzeug?
10. Was ist die kälteste/heißeste Temperatur, die Sie je erlebt haben? Wo und wann war das?
11. Was ist die beste Zimmertemperatur zum Schlafen?
12. Was ist die normale Körpertemperatur eines Menschen?

I   Tatsachen aus der Welt.   Fragen Sie zehn interessante Fakten in metrischen Maßeinheiten zusammen.

> **VORSCHLÄGE**
>
> die Höhe eines Berges
> die Höhenlage einer Stadt
> die Tiefe eines Sees
> die Länge eines Flusses
> das Gewicht *(weight)* eines Tieres usw.

Anwendung

A   Zahlen und Statistiken.   In einem Almanach oder in einem Atlas stehen viele Zahlen und Fakten. Es gibt auch viele Bücher mit vielen nützlichen (und nutzlosen) Statistiken. Wer kann die interessantesten Fakten und Statistiken finden? Berichten Sie im Kurs.

BEISPIELE   *In Luxemburg wohnen rund 440.000 Menschen.*
Ein Glas Rotwein enthält 156 Kalorien.
Bei einem einzigen Kuss werden rund 20.000.000 Bazillen übertragen
(transferred).

B   Fakten über mich.   Als Hausaufgabe schreiben Sie Fakten über sich selbst, die irgendwie mit Zahlen verbunden sind: Ihr Alter, Ihre Schuhgröße, die Anzahl Ihrer Geschwister, Ihre Telefonnummer, Ihre Adresse, vielleicht sogar Ihr Gewicht oder Ihre SAT-Ergebnisse! Lesen Sie diese Fakten einer Partnerin/einem Partner vor. Dann sprechen Sie mit jemand anders, der solche Fakten über einen Dritten erfahren hat. Sagen Sie dieser neuen Partnerin/diesem neuen Partner, was Sie von Ihrem ersten Partner erfahren haben!

C   Alles über Sport.   Wer hat bei der letzten Fußballweltmeisterschaft den Weltcup gewonnen? Wer hat den zweiten Platz belegt? Welche Mannschaft ist die zweitbeste Baseballmannschaft (in den USA/in Japan/in Puerto Rico)? Welche ist die drittbeste? Wer hat den letzten Stanley-Cup gewonnen? Wo ist das größte Fußballstadion der Welt? Wählen Sie verschiedene Sportarten aus und sagen Sie, wer Ihrer Meinung nach die beste Sportlerin/der beste Sportler in diesem Sport ist. Diskutieren Sie darüber mit anderen im Kurs.

Schriftliche Themen

Tipps zum Schreiben	**Conveying Statistical Information**
	Some repetition of the verbs **sein** and **haben** is unavoidable in texts containing statistical information. Before using **sein,** always consider whether the same idea can be expressed by describing the action rather than telling what "is." Numbers and statistics are easier to comprehend in shorter sentences; complex sentences with subordinate clauses and relative clauses should be kept to a minimum. Lists, charts, and graphs are also useful tools for illustrating or interpreting numbers or statistics.

Bericht mit Zahlen und Statistiken.   Schreiben Sie einen Bericht, in dem Sie so viele Zahlen und Statistiken wie möglich verwenden.

BEISPIEL   Mit einer Fläche von 83.858 km^2 (Quadratkilometern) ist Österreich nicht viel größer als die Schweiz. Österreich besteht aus 9 Bundesländern und hat eine Bevölkerung von rund 8,1 Millionen Einwohnern. Zwei Drittel des Landes liegen in den Alpen. Nur ein Viertel ist Hügelland *(hilly country)* und Flachland. Mit etwa 90 Einwohnern pro km^2 hat das Land eine relativ niedrige Bevölkerungsdichte *(population density)*. Acht Nachbarstaaten grenzen an Österreich. Der höchste Berg ist der Großglockner mit 3.797 m, und mit seinen 14 km zählt der Arlberg-Straßentunnel zu den längsten Tunneln in den Alpen. Jährlich kommen mehr als 5 Millionen Besucher nach Österreich.

THEMENVORSCHLÄGE

Städte, Länder oder Bundesstaaten der USA
Firmen und Geschäfte
Schulen oder Universitäten
Sport
Verkehrsmittel (Auto, Flugzeug, Schiff, Zug usw.)
Bauten (Kirchen, Hochhäuser, Pyramiden usw.)

Zusammenfassung

Rules to Remember

1 In German, periods or spaces separate thousands, and commas are used to express decimals: 4,5% (*spoken:* **vier Komma fünf Prozent**).

2 Ordinal numbers from *second* to *nineteenth* are formed by adding a **-t** suffix + an adjective ending to the cardinal number (**der fünfte Mann**), with several exceptions (see below).

3 The ordinal numbers *twentieth* and higher are formed by adding an **-st** suffix + an adjective ending to the cardinal number (**die siebenundvierzigste Frau**).

4 A period after a numeral replaces the **-t/-st** + adjective ending, but the suffix and ending are included when saying the number thus represented: *(written)* **mit ihrem 7. Mann** = *(spoken)* **mit ihrem siebten Mann.**

5 Masculine and neuter nouns take no ending in measurements (**zwei Kilogramm**), but feminine nouns do (**zwei Meilen**).

At a Glance

Cardinal numbers: Irregular forms	
16	**sech**zehn
17	**sieb**zehn
21	**ein**undzwanzig
30	**drei**ßig
60	**sech**zig
70	**sieb**zig

Ordinal numbers: Irregular forms		
1.	(der, die, das)	**erste**
3.	etc.	**dritte**
7.		**siebte**
8.		**achte**

Cardinal numbers: Suffixes		
-mal (*times*)	→	**dreimal**
-erlei (*kinds of*)	→	**zweierlei** Probleme
-fach (*-fold*)	→	ein **vierfacher** Gewinn

Ordinal numbers: Fractions	
die	**Häl**fte
das	**Drit**tel
	Viertel
	Fünftel
	Sechstel
	Siebtel
	Achtel
	(*etc.*)

Seasons, Dates, and Time Expressions

23

Grammatik

A. Seasons and Months

Seasons		Months	
der Frühling[1]	*spring*	der Januar	der Juli
der Sommer	*summer*	der Februar	der August
der Herbst	*fall, autumn*	der März	der September
der Winter	*winter*	der April	der Oktober
		der Mai	der November
		der Juni	der Dezember

1. The names of the seasons and months are all masculine, and require the definite article in several instances where English does not: as the subject or direct object of a sentence, and with the prepositions **in** and **bis zu** (in contracted form with dative).

Der Herbst war dieses Jahr besonders mild.	*Fall was particularly mild this year.*
Ich kann **den** Februar hier nicht ausstehen.	*I can't stand February here.*
Hast du **im** April oder **im** Mai Geburtstag?	*Is your birthday in April or May?*
Wir bleiben **bis zum** Juli in der Schweiz.	*We're staying in Switzerland until July.*

2. With other prepositions, after **sein** and **werden,** and following modifiers such as **Anfang, Mitte,** and **Ende,** no definite article is used.

---

[1] **Das Frühjahr** can also be used for spring.

Für August habe ich noch nichts geplant.	*I haven't planned anything yet for August.*
Von Januar **bis** März sieht man hier keine Sonne.	*You don't see any sun around here from January until March.*
Es **ist** endlich Juni!	*It's finally June!*
Anfang September fängt unser Semester an.	*Our semester starts at the beginning of September.*

B. Days of the week and parts of the day

1. Names of the days of the week and parts of the day are masculine, with the exception of **die Nacht/Mitternacht.** They take the dative contraction **am (an dem)** in time expressions (exceptions: **in der Nacht, zu Mittag, um Mitternacht**). With days only, **am** may be omitted.

(am) Sonntag	*on Sunday*	am Morgen	*in the morning*
(am) Montag	*on Monday*	am Vormittag	*between morning and noon*
(am) Dienstag	*on Tuesday*	zu Mittag	*at noon*
(am) Mittwoch	*on Wednesday*	am Nachmittag	*in the afternoon*
(am) Donnerstag	*on Thursday*	am Abend	*in the evening (until bedtime)*
(am) Freitag	*on Friday*	in der Nacht	*at night (after bedtime)*
(am) Samstag	*on Saturday*	um Mitternacht	*at midnight*

Das Spiel findet **(am) Samstag** statt.	*The game is taking place (on) Saturday.*
Sie hat einen Termin **am Vormittag.**	*She has a mid-morning appointment.*

2. To express parts of the day in conjunction with a day of the week, German combines the two to form one word:

Dienstagabend   *Tuesday evening*
Sonntagmorgen   *Sunday morning*
Donnerstagnachmittag   *Thursday afternoon*

Here as well, the contraction **am** is used to express *on* ____, but may be omitted.

(Am) Montagmorgen muss ich früh zur Arbeit.	*I've got to go to work early (on) Monday morning.*

3. The phrase **in der Nacht,** listed above, requires further discussion. Notice that German distinguishes between **Abend** (the time between supper and bedtime) and **Nacht** (the time between bedtime and getting up). This means that a phrase such as *Friday night* (as in *Friday night we went to the movies*) translates properly to **Freitagabend,** while the distinctly nocturnal activities of *Saturday Night Fever* are appropriately reflected in the German film title ***Nur Samstagnacht.***

    The phrase **heute Nacht** depends on context for its meaning: spoken in the morning, it refers to the previous night; spoken later in the day, it denotes the night to come.

    English uses two prepositions in conjunction with *night: on* when there is intervening information, such as *on Tuesday night, on a windy night;* and *at* for general reference: *at night*. German uses **in** for both contexts. When used with **in, Nacht** stands alone or is followed by specific time references to avoid the ambiguity referred to above: **in der Nacht; in der Nacht von Freitag auf Samstag.** It can, however, combine with a day (as in **Samstagnacht**), but takes no preposition.

In der Nacht hörte jemand einen Schrei.	*Someone heard a scream at night.*
In der Nacht von Freitag auf Samstag ereignete sich ein Unfall.	*There was an accident (on) Friday night (i.e., during the night, not the evening).*
Wegen der Nachbarn konnte ich **Samstagnacht** gar nicht schlafen.	*Because of the neighbors, I couldn't sleep at all Saturday night.*

4. Adding an **-s** to the uncapitalized forms of days and parts of the day creates adverbs denoting repeated or habitual occurrences.

Diese Geschäfte sind **sonntags** zu.	*These stores are closed on Sunday(s).*
Sie arbeitet nur **nachmittags.**	*She only works afternoons.*

5. **Heute** *(today)*, **gestern** *(yesterday)*, **morgen** *(tomorrow)*, and occasionally **vorgestern** *(the day before yesterday)* and **übermorgen** *(the day after tomorrow)* can be combined with parts of the day, as can the adverb **früh.** Notice that in combinations such as *this morning*, German uses **heute** rather than *this*. The parts of the days are still considered nouns in these phrases and therefore remain capitalized.

heute

heute Morgen	*this morning*
heute Vormittag	*today, between morning and noon*
heute Mittag	*noon today*
heute Nachmittag	*this afternoon*
heute Abend	*this evening, tonight*
heute Nacht	*tonight (after bedtime)*

gestern

gestern Morgen	*yesterday morning*
gestern Vormittag	*yesterday, between morning and noon*
gestern Mittag	*yesterday at noon*
gestern Nachmittag	*yesterday afternoon*
gestern Abend	*yesterday evening, last night*
gestern Nacht	*last night (after bedtime)*

morgen[2]

morgen früh	*tomorrow morning*
morgen Vormittag	*tomorrow, between morning and noon*
morgen Mittag	*tomorrow at noon*
morgen Nachmittag	*tomorrow afternoon*
morgen Abend	*tomorrow evening, tomorrow night*
morgen Nacht	*tomorrow night (after bedtime)*

vorgestern Abend	*the day before yesterday, in the evening*
übermorgen früh	*the day after tomorrow, in the morning*

---

[2] The adverb **morgen** by itself or *before* another time expression means *tomorrow* (as in **morgen früh**). Following other time expressions as a noun, it means *morning* (as in **heute Morgen**).

C. Duration of time and specific time (accusative case)

1. Duration of time is normally expressed using the accusative case with an article. The adjective **ganz** *(all, whole, entire)* can be included, but it must be preceded by an article.

Ich will **ein Jahr** in Berlin studieren.	*I want to study in Berlin for a year.*
Sie blieb **den ganzen Tag** in der Bibliothek.	*She stayed all day/the whole day in the library.*
Es hat **den ganzen Sommer** geregnet.	*It rained (for) the whole summer/all summer.*

In the examples above, the duration of time refers to the activity denoted by the verb; in contexts where this is not the case, the preposition **für** can be used to show the distinction (see 10.1.E).

COMPARE:

Wir fahren **eine Woche** auf dem Schiff. (**eine Woche** *refers to the time spent traveling on the ship*)	*We're traveling for a week on the ship.*
Wir fahren mit dem Schiff **für eine Woche** auf Korsika.	*We're traveling by ship for a week in Corsica.*

2. Specific time is also often expressed in the accusative case instead of with **an** or **in** (see Sections A and B). Such expressions often include the adjectives **jed-** *(every)*, **letzt-** *(last)*, **nächst-** *(next)*, and **vorig-** *(previous)*.

Jeden Tag muss ich eine Menge Hausaufgaben machen.	*Every day I have to do a huge amount of homework.*
Nächste Woche schreibe ich drei Arbeiten.	*Next week I have three in-class tests.*
Und **letzten Freitag** waren zwei Aufsätze fällig!	*And last Friday two essays were due!*

D. Indefinite time expressions (genitive case)

The genitive case is used with the word **Tag (eines Tages)** and parts of the day (**eines Morgens, eines Nachmittags, eines Nachts**)[3] to express indefinite time. This structure is common in narratives.

„Als Gregor Samsa **eines Morgens** aus unruhigen Träumen erwachte ...“	*"As Gregor Samsa awoke **one morning** from restless dreams . . ."*
Eines Tages werde ich einen Marathon laufen.	*Someday I'm going to run a marathon.*

---

[3] Although **Nacht** is feminine, **eines Nachts** is formed by analogy to **eines Tages.** This construction occurs only in this phrase.

E. Units of time

1. The most common measurements of time are as follows:

   die Sekunde, -n   *second*   die Woche, -n   *week*
   die Minute, -n   *minute*   das Wochenende, -n   *weekend*
   die Stunde, -n   *hour*   der Monat, -e   *month*
   der Tag, -e   *day*   die Jahreszeit, -en   *season*
   das Jahr, -e   *year*
   das Jahrzehnt, -e   *decade*
   das Jahrhundert, -e   *century*
   das Jahrtausend, -e   *millennium*

2. To express *for days, for years,* etc., German adds the suffix **-lang** to the plural of units of time. As adverbs, such words are not capitalized.

   Wir haben **stundenlang/tagelang/**   *We waited for hours/for days/for*
      monatelang gewartet.   *months.*

3. To indicate *how long ago* something happened, German <u>precedes</u> the time reference with the preposition **vor** (with the dative; see 10.3.J), where English places *ago* <u>following</u> the time reference.

   Sie hat ihr Studium **vor einem Jahr**   *She completed her studies a*
      abgeschlossen.   *year ago.*

   Sie war **vor wenigen Stunden** da.   *She was here (just) a few hours ago.*

4. The following expressions with units of time are quite common:

   tagsüber   *during the day*
   während/unter der Woche   *during the week*
   an Wochentagen   *on weekdays*
   am Wochenende   *on the weekend*
   im Laufe des Jahres   *during the year*
   alle zwei Tage/Wochen/Jahre   *every other day/week/year*
   alle drei Tage/Wochen/Jahre   *every three days/weeks/years*

F. Adjectives of time

1. Appended to a noun, the suffix **-lich** creates an adjective indicating *how often* something occurs. The stem vowel of the noun has an umlaut in most instances.

   ein **jährliches** Einkommen   *a yearly income*
   ein **monatliches** Treffen (*no umlaut*)   *a monthly meeting*
   eine **wöchentliche** Zeitung   *a weekly newspaper*
   ein **stündlicher** Glockenschlag   *an hourly chime, stroke of the hour*
   ein **zweimonatiger** Kurs (*no umlaut*)   *a two-month course*

2. With units of time, the suffix **-ig** creates adjectives expressing *how old* someone or something is or *how long* something occurs. The stem vowel of the noun has an umlaut in most cases.

    ein **zweijähriges** Kind   *a two-year-old child*
    eine **einstündige** Prüfung   *a one-hour exam*
    eine **sechstägige** Reise   *a six-day trip*
    ein **zehnminütiges / -minutiges** Schläfchen   *a ten-minute nap*

3. A number of adverbs of time form adjectives by adding the suffix **-ig.**

    heute: die **heutige** Deutschstunde   *today's German class*
    gestern: die **gestrige** Zeitung   *yesterday's newspaper*
    damals: die **damalige** Zeit   *(the) time back then*
    jetzt: die **jetzigen** Schwierigkeiten   *the present difficulties*
    ehemals: die **ehemalige** DDR   *the former GDR*
    vor: am **vorigen** Abend   *(on) the previous evening*

G. Dates and years

1. One asks for and gives dates in either of two ways in German.

    Der Wievielte ist heute?
    —Heute ist der 4. Juli
    (*spoken:* der vierte Juli).

    Den Wievielten haben wir heute?
    —Heute haben wir den 4. Juli
    (*spoken:* den vierten Juli).

    What is the date today?
    —*Today is the 4th of July.*

2. Dates after a day of the week preceded by **am** can be in either the dative or accusative case.

    Das Bach-Konzert findet **am** Sonntag-
    abend, **dem** 20. Dezember, statt.

    The Bach concert is taking place on Sunday evening, the 20th of December.

    Und das Prinzen-Konzert findet **am**
    Freitag, **den** 1. Januar, statt.

    And the "Princes" concert is going to take place on Friday, January 1.

3. Dates on forms and in letters are given in the order *day, month,* and *year.* If an article is used, it is in the accusative case.

    Geboren: 3.6.1982 (*spoken:* den dritten Juni, ...)

    Frankfurt, den 12. März 2004 (*spoken:* den zwölften März, ...)

4. Years are indicated by either **im Jahre** followed by the year or by the year alone—but never with the preposition *in* followed by the year, as in English.

    Der Erste Weltkrieg brach **1914/im**
    Jahre 1914 aus.

    The First World War broke out in 1914.

23.2 TELLING TIME

A. Colloquial time

1. In colloquial language, the following expressions are used to tell time. Everything *before* the hour is **vor,** everything *after* the hour **nach.** A period separates hours and minutes.

Written	Spoken
8.00 Uhr	acht Uhr
8.10 Uhr	zehn (Minuten) nach acht
8.15 Uhr	(ein) Viertel nach acht
	OR: (ein) Viertel neun (i.e., *a quarter of the way to nine*)
8.20 Uhr	zwanzig (Minuten) nach acht
	OR: acht Uhr zwanzig
8.25 Uhr	fünf vor halb neun
8.30 Uhr	halb neun (i.e., *halfway to nine*)
8.35 Uhr	fünf nach halb neun
8.40 Uhr	zwanzig (Minuten) vor neun
8.45 Uhr	(ein) Viertel vor neun
	OR: drei Viertel neun (i.e., *three quarters of the way to nine*)
8.50 Uhr	zehn (Minuten) vor neun
8.55 Uhr	fünf (Minuten) vor neun

2. The preposition **um** means *at* in time expressions.

    Wir essen heute Abend **um** acht.   *We are eating this evening at eight.*

3. Approximate time is indicated by either **gegen** *(toward)* or **um ... herum** *(around).*

    Der Film endete **gegen** Mitternacht.   *The film ended toward midnight.*

    Sie rief **um** neun **herum** an.   *She phoned around nine.*

4. To distinguish A.M. and P.M. in informal time expressions, German uses temporal adverbs referring to morning and evening (see 23.1.B), which in this context do not necessarily denote repeated occurrences.

    Er kommt **um acht Uhr morgens/**   *He's coming at eight o'clock in the*
    abends.   *morning/evening.*

5. To refer to the endpoint of a duration, German uses **in** with the dative case.

    In einer Stunde ist Ihr Auto fertig.   *Your car will be ready in an hour.*

B. Official time

Official time (transportation schedules, performances, TV and radio times, official announcements, hours of business, etc.) is given according to a 24-hour clock without **Viertel, halb, vor,** or **nach.**

9.15 Uhr	neun Uhr fünfzehn / neun Uhr und fünfzehn Minuten
11.24 Uhr	elf Uhr vierundzwanzig / elf Uhr und vierundzwanzig Minuten
18.30 Uhr	achtzehn Uhr dreißig (= 6:30 P.M.)
22.45 Uhr	zweiundzwanzig Uhr fünfundvierzig / zweiundzwanzig Uhr und fünfundvierzig Minuten (= 10:45 P.M.)
0.15 Uhr	null Uhr fünfzehn / null Uhr und fünfzehn Minuten (= 12:15 A.M.)

English A.M. = 0.00 Uhr bis 12.00 Uhr
English P.M. = 12.00 Uhr bis 24.00 Uhr

Wortschatz

Wieder mal keine Zeit!

1. The suffix **-mal** (see 22.1.D) is used adverbially to express the *number of times* something happens. It occurs in the following common expressions:

   einmal, zweimal, dreimal, ...   once, twice, three times, . . .
   diesmal   this time
   ein paarmal   a few times
   manchmal   sometimes

2. The noun **das Mal** refers to a *singled-out occurrence.*

   das erste/zweite/dritte/letzte Mal   the first/second/third/last time

   zum ersten/zweiten/dritten/letzten Mal   for the first/second/third/last time

   jedes Mal   every (each) time

   ein anderes Mal   another (i.e., different) time

3. The word **die Zeit** refers to *specific time* or *duration of time*. It occurs in a large number of time expressions including the following:

in unserer Zeit in our time (now)	**nach kurzer Zeit** after a brief time
in früheren Zeiten in earlier times	**nach langer Zeit** after a long time
in kurzer Zeit in a short time	**von Zeit zu Zeit** from time to time
in letzter Zeit lately, as of late	**vor der Zeit** prematurely
in der nächsten Zeit in the near future	**vor einiger Zeit** some time ago
nach einiger Zeit after some time	**vor kurzer Zeit** a short time ago
	vor langer Zeit a long time ago

zur Zeit   at the present time, now
zu der (*or:* **jener**) **Zeit**   at that time,
back then (also: **damals**)
zu meiner/deiner/ihrer Zeit   in my/
your/her day

zu jeder Zeit (jederzeit)   (at) anytime
zu gewissen/bestimmten Zeiten   at
certain times
zu gleicher Zeit   at the same time
zu rechter Zeit   at the right moment

Übungen

A   Zeiten.   Stellen Sie sich vor, heute ist *Montag, der 1. März*. Lesen Sie die folgenden Zeitangaben und geben Sie für jede einen anderen Zeitausdruck mit Bezug (*reference*) zum 1. März. Es gibt manchmal mehr als eine Antwort!

> **BEISPIELE**   2. März, um 16.00 Uhr
> *morgen Nachmittag/Dienstagnachmittag*
>
> 8. März
> *nächsten Montag/nächste Woche/in einer Woche*

1. 1. März, um 21.00 Uhr
2. 25. Februar
3. 1. April
4. 2. März, um 20.00 Uhr
5. 1. März, 2. März, 3. März, 4. März, 5. März, 6. März, 7. März
6. 1. März, 8. März, 15. März, 22. März, 29. März
7. 4. März, um 8.00 Uhr
8. 22. Februar
9. 26. Februar–28. Februar
10. 1. März: von 0.01 bis 23.59 Uhr

B   Das machen wir.   Schreiben Sie mindestens sechs Sätze darüber, was Sie und andere Leute zu gewissen Zeiten machen. Verwenden Sie dabei Zeitausdrücke mit **vorig-, letzt-, nächst-, jed-** und **d__ ganz-.**

> **BEISPIELE**   *Ich gehe fast **jeden Abend** in die Bibliothek.*
> ***Letzte Woche** besuchte meine Freundin ihre Oma.*

C   Wie ist es bei Ihnen?   Sehen Sie sich die folgenden Zeitausdrücke und Stichworte an und machen Sie Aussagen über sich.

> **BEISPIEL**   jeden Tag
> *Ich stehe **jeden Tag** um halb neun morgens auf. / Ich esse **jeden Tag** Frühstück.*

1. wann: mit Freunden ausgehen
2. Tageszeit: frisch und fit? besonders müde und schlapp?
3. Geburtstag

4. zum ersten Mal
5. samstagabends
6. vor langer Zeit
7. eines Tages
8. in letzter Zeit
9. jedes Mal
10. diese Woche

D   **Anders ausdrücken: -ig oder -lich?**   Drücken Sie die Sätze anders aus, indem Sie die kursiv gedruckten Wörter als Adjektive verwenden.

> BEISPIEL   Herr Schmidt ist *jetzt* Besitzer des Hauses.
> *Herr Schmidt ist der **jetzige** Besitzer des Hauses.*

1. Wo liegt die Zeitung *von gestern*?
2. Ich muss *jeden Tag* mein Brot verdienen.
3. Was ist sein Einkommen *im Jahr*?
4. Hast du die Nachrichten *heute* im Fernsehen gesehen?
5. Der Angestellte bekommt seinen Arbeitslohn *(wage) jede Woche*.
6. Ich hatte eine Vorlesung, *die zwei Stunden dauerte*.
7. Die Glocke läutet *jede Stunde*.

E   **Geregeltes Leben.**   Erzählen Sie in fünf bis sieben Sätzen, was Sie regelmäßig tun oder tun müssen. Wie regelmäßig tun Sie das?

> BEISPIELE   *Ich muss **täglich** zur Deutschstunde.*
> *Ich zahle meine Miete **monatlich.***

F   **Damals und jetzt.**   Machen Sie vier Aussagen über die Vergangenheit und drei Aussagen über die Gegenwart. Verwenden Sie verschiedene Ausdrücke mit dem Wort **Zeit.**

> BEISPIELE   ***Vor kurzer Zeit** habe ich einen interessanten Film über Katzen gesehen.*
> (Vergangenheit)
> *Ich bin **jederzeit** bereit anderen Menschen zu helfen.* (Gegenwart)

G   **Wichtige Daten.**   Was sind für Sie die drei wichtigsten Tage im Jahr? Was machen Sie an diesen Tagen?

> BEISPIEL   Der 4. Juli.
> ***Am 4. Juli** fahre ich immer mit Freunden ans Meer.*

H   **Historische Ereignisse.**   Haben Sie im Geschichtsunterricht gut aufgepasst? In welchem Jahr haben die folgenden Ereignisse stattgefunden?

> BEISPIEL   Die ersten Menschen landen auf dem Mond.
> *Das war im Jahre 1969.*

1. Die Normannen erobern England.
2. Die Schweiz beginnt als eine Konföderation von drei Kantonen.
3. Kolumbus glaubt, er hat Indien erreicht.
4. Die Vereinigten Staaten von Amerika erklären ihre Unabhängigkeit *(independence)*.
5. Die Französische Revolution bricht aus.
6. Die Nord- und Südstaaten in den USA beginnen gegen einander zu kämpfen.
7. Die Russen stürzen *(overthrow)* den Zaren Nikolaus II.
8. Elvis stirbt (vielleicht).

I **Wie lange dauert das?**   Denken Sie darüber nach, wie viel Zeit Sie für jede dieser Aktivitäten brauchen. Antworten Sie mit Zeitangaben im Akkusativ, und wenn Sie die genaue Zeit nicht wissen, verwenden Sie passende Adverbien, so wie **etwa, ungefähr, vielleicht,** usw.

> BEISPIELE   mein Zimmer gründlich *(thoroughly)* putzen
> *Das dauert den ganzen Tag!*
>
> 100.000 Euro finden und einem Freund in Berlin bringen
> *Das dauert ungefähr 20 Minuten.*

1. sich die Zähne putzen
2. sich auf eine Deutschprüfung vorbereiten
3. sich mit drei Freunden im Videogeschäft auf ein Video einigen *(to agree on)*
4. ein Auto waschen
5. sich vom Wochenende erholen *(recover)*
6. sich an eine neue Zimmerkollegin/einen neuen Zimmerkollegen gewöhnen *(get used to)*
7. eine E-Mail an die Familie schreiben
8. diese Aufgabe erledigen

J **Wie viel Uhr ist es?**   In Mitteleuropa ist es sechs Stunden später als an der Ostküste der USA. Sagen Sie *informell* und *formell*, wie viel Uhr es jetzt in Luxemburg ist, wenn New York City die folgenden Uhrzeiten hat.

> BEISPIEL   12:15 P.M.
> INFORMELL: *In Luxemburg ist es jetzt Viertel nach sechs/Viertel sieben abends.*
> FORMELL: *In Luxemburg ist es jetzt achtzehn Uhr fünfzehn.*

A.M.	2:30	4:15	6:39	8:45	11:35	11:59
P.M.	1:45	3:25	5:19	8:45	10:01	11:57

K **Stundenplan.**   Wie sieht Ihr Stundenplan für morgen aus? Welche Kurse haben Sie? Haben Sie auch noch andere Termine? Verwenden Sie verschiedene präpositionale Zeitausdrücke in Ihren Antworten.

> BEISPIEL   *Ich habe **um** halb neun meine erste Vorlesung. **Von** zehn Uhr **bis** Viertel nach elf bin ich im Biologie-Labor. **Gegen** halb eins esse ich ... usw.*

Anwendung

A **Zeit zum Leben?** Wir laufen heutzutage oft von einem Termin zum anderen und haben manchmal nur noch wenig Zeit für uns selber. Wie ist es bei Ihnen persönlich? Erzählen Sie davon.

REDEMITTEL

Bei mir ist es so:
Morgens muss ich immer ...
Am Wochenende gibt's (gibt es) dann ...
Abends habe ich selten Zeit für/zum ...
Gestern Abend zum Beispiel ...
Eines Tages musste ich sogar ...
Alle paar Tage muss ich ...

B **Vom Aufstehen bis zum Schlafengehen.** Erzählen Sie, was Sie gestern alles gemacht haben. Verwenden Sie möglichst viele verschiedene Zeitausdrücke.

REDEMITTEL

Zwischen acht und neun bin/habe ich ...
Um neun bin/habe ich ...
Am Vormittag musste ich ...
Zu Mittag war ich ...
Gegen eins bin/habe ich wieder ...
Am Nachmittag war/habe ich eine Stunde ...
Abends bin/habe ich ...
In der Nacht bin/habe ich dann ...

C **Fernsehsendungen.** Fragen Sie eine Partnerin/einen Partner, welche Fernsehsendungen sie/er besonders gern sieht. An welchen Tagen kommen die Sendungen? Um wie viel Uhr? Machen Sie Ihre Aussagen mit *formellen* und *informellen* Zeitangaben.

BEISPIELE Welche Sendungen siehst du gern / jede Woche / manchmal?

Was für Sendungen interessieren dich?
—*Meine Lieblingssendung kommt sonntagabends um 8 Uhr / 20 Uhr.*
—*Um halb zehn / 21.30 Uhr heute Abend kommt eine Sendung, die ich jede Woche sehe.*

Schriftliche Themen

Tipps zum Schreiben	**Beginning Sentences with Time Expressions** For the sake of stylistic variety, time expressions are frequently the first element in a sentence. Remember, however, that in German a first element is not separated from the rest of the sentence by a comma unless this first element is a clause.

A **Keine Zeit zum Briefeschreiben.** Sie schreiben einer/einem Bekannten in Deutschland und erzählen im ersten Abschnitt *(paragraph)*, warum Sie jeden Tag so beschäftigt sind, dass Sie erst jetzt (nach mehreren Wochen) auf ihren/seinen Brief antworten.

> BEISPIEL   Liebe Katrin,
>
> sei herzlich gegrüßt! Schon vor Wochen wollte ich auf deinen netten Brief vom Sommer antworten, aber ich hatte einfach keine Zeit dazu. Morgens muss ich schon um sieben aus dem Bett 'raus, denn meine erste Vorlesung beginnt schon um halb neun Uhr. Tagsüber bin ich ... usw.

B **In die Zukunft schauen.** Unser Leben verläuft bekanntlich in Phasen. Nach den Kinderjahren kommt die Schule und danach beginnt das Studium an einer Universität. Nach dem Studium beginnen für viele Leute die Jahre der eigenen Familie und der beruflichen Tätigkeit und am Ende kommen die Pensionsjahre. Stellen Sie sich den Tages- und Jahresverlauf in einer der Phasen vor, die Sie noch nicht erlebt haben. Verwenden Sie das Futur (siehe 8.1) und verschiedene Zeitausdrücke.

> BEISPIEL   Nach dem Studium beginnt für mich die Zeit der Arbeit und der Familiengründung. Morgens werde ich zur Arbeit ins Büro fahren. Zu Mittag werde ich ... und am Abend ... Manchmal werde ich am Wochenende ... Wenn die Ferien kommen, werden meine Kinder ... usw.

Zusammenfassung

Rules to Remember

1 Prepositional combinations with names of seasons and months are generally formed with **im: im Januar, im Frühling,** etc. Days of the week and parts of the day are preceded by **am: am Sonntag, am Morgen,** etc. (*but:* **in der Nacht**).

2 Duration of time and specific time are in the accusative case if there is no preposition (**diesen Monat, den ganzen Tag**). German usually avoids **für** in time expressions.

3 Years stand alone or are preceded by **im Jahre,** never simply **in.**

4 Dates on forms and letters are always written in the order *day, month,* and *year:* If the article is used, it is in the accusative case. **3.11.1940** or **den 3. Nov. 1940.**

At a Glance

Time: Units + names

die Sekunde, -n	der Sonntag	der Morgen
die Minute, -n	der Montag	der Vormittag
die Stunde, -n	der Dienstag	der Mittag
der Tag, -e	der Mittwoch	der Nachmittag
die Woche, -n	der Donnerstag	der Abend
das Wochenende, -n	der Freitag	die Nacht
der Monat, -e	der Samstag	

der Januar
der Februar
der März
der April
der Mai
der Juni
der Juli
der August
der September
der Oktober
der November
der Dezember

die Jahreszeit, -en
das Jahr, -e
das Jahrzehnt, -e
das Jahrhundert, -e
das Jahrtausend, -e

der Frühling
der Sommer
der Herbst
der Winter

Cases used with time expressions	
Specific time / Duration of time	article (accusative) [+ **ganz**] + time unit: **einen Tag** **den ganzen Monat**
Indefinite time	article (genitive) + time unit: **eines Tages**

Time: Modifiers		
How often	**How long**	**When**
jährlich monatlich wöchentlich täglich stündlich	-jährig- -monatig- -wöchig- -tägig- -stündig-	heutig- gestrig- damalig- jetzig- ehemalig- vorig-

24 Adverbs

zum Beispiel

Grammatik

Adverbs convey information about verbs, adjectives, and other adverbs—how or where an activity takes place, for example, or the particular intensity of a modifier—and can take the form of a single word or a phrase, including a prepositional phrase (see 10.1).

24.1 DESCRIPTIVE ADVERBS

1. A descriptive adverb (**das Adverb, -ien**) looks like a descriptive adjective without an ending. When such an adverb modifies a verb, it often indicates *how, in which manner,* or *to what degree* an activity is done.

   Sie tanzen **fröhlich** auf der Mauer.

   They're dancing happily on top of the wall.

   Hupende Trabis fahren **langsam** in den Westteil der Stadt.

   Honking Trabis (the tiny, trademark car of the GDR) drive slowly into the western part of the city.

2. Descriptive adverbs can modify adjectives.

   COMPARE:

   Überall gibt es **spontane** Gespräche über die Ereignisse der letzten Tage. *(an adjective—with ending—modifies the noun)*

   There are spontaneous conversations everywhere about the events of recent days.

   Und überall sieht man **spontan** organisierte Treffen mit Freunden, Familien, sogar Fremden. *(an adverb—with no ending—modifies the adjective)*

   And everywhere one sees spontaneously organized meetings with friends, families, even strangers.

3. Adverbs can also modify other adverbs.

   Man hatte die Demonstrationen in Leipzig davor **besonders ängstlich** angeschaut.

   One had watched the demonstrations in Leipzig before that with particular worry.

   Aber der Mauerfall selbst ist **erstaunlich friedlich** verlaufen.

   But the falling of the wall itself proceeded astonishingly peacefully.

4. Some adverbs of *manner* have no adjective equivalents.

   Jetzt spricht man und schreibt man **gern** darüber.

   Now, people like to talk and write about it.

   Aber zu der Zeit haben viele **kaum** gewusst, was sie machen oder denken sollten.

   But at the time, many hardly knew what they should do or think.

5. A few descriptive adverbs conveying attitude or reaction are formed by adding the suffix **-erweise** to descriptive adjectives.

bedauerlicherweise   *regrettably*
dummerweise   *stupidly*
erstaunlicherweise   *amazingly*
glücklicherweise   *fortunately*
möglicherweise   *possibly*
überraschenderweise   *surprisingly*

Überraschenderweise hörte man von ganz wenigen Störungen oder Problemen in den ersten Tagen nach dem Mauerfall.	*Surprisingly, one heard of very few complications or problems during the first days following the fall of the wall.*

Descriptive adverbs can also occasionally be formed by adding the suffix **-weise** to nouns.

fallweise   *case by case*
paarweise   *in pairs*
stückweise   *piece by piece*
teilweise   *partially*

Die Mauer wurde **stückweise** an Millionen verkauft.	*The wall was sold to millions of people piece by piece.*
Man hat sie an ein paar Stellen **teilweise** stehen lassen, um als Erinnerung zu dienen.	*It was left partially standing in a few places, in order to serve as a reminder.*

24.2   ADVERBS OF TIME

1. Some adverbs of time tell *when* or *how often* an activity occurs. Some examples are:

ab und zu	*now and then*	nie	*never*
bald	*soon*	oft	*often*
immer	*always*	schon	*already*
manchmal	*sometimes*	wieder	*again*

2. Some adverbs of time indicate *when an activity begins* and are particularly useful for introducing narratives.

anfangs	*in the beginning*	einst	*once (past); some day (future)*
damals	*(back) then*	einmal	*one time*
eines Morgens	*one morning* (see 23.1.D)	neulich/vor kurzem	*recently*
eines Tages	*one day*	zuerst/zunächst	*(at) first*
eines Abends	*one evening*		

3. Some adverbs of time help establish *sequences within narratives.*

auf einmal/plötzlich   *suddenly*
bis dahin   *up until then; by then*
bald darauf   *soon (thereafter)*
kurz darauf   *shortly thereafter*
da/dann   *then*
danach   *after that*

immer noch   *still*
inzwischen/mittlerweile/unterdessen
   meanwhile
vorher   *first, beforehand*
nachher   *afterwards*
später   *later*

Ich erfuhr davon im Fernsehen, und
   kurz darauf rief ich einen Freund in
   Deutschland an. **Bis dahin,** sagte er,
   hatte er nur davon geträumt. Und
   dann **plötzlich** ist es zur Wirklichkeit
   geworden.

*I heard about it on TV, and shortly
   afterwards I called up a friend of
   mine in Germany. Up until then, he
   said, he had only dreamed about it.
   And then suddenly it became a
   reality.*

4. Some adverbs of time indicate the *conclusion of an activity or narrative.*[1]

seitdem/seither   *(ever) since then,*
   (ever) since that time
am Ende/zum Schluss   *finally, in*
   the end, in conclusion

schließlich   *finally; in the final analysis*
endlich   *finally, at long last*
zuletzt   *at last, finally; last*

Seitdem denkt er gern an diese Tage
   zurück, auch wenn die Wiedervereinigung
   viele Probleme mit sich gebracht hat.

*Ever since then, he likes to think back on
   those days, even though reunification has
   brought with it many problems of its
   own.*

24.3   ADVERBS OF PLACE

1. Adverbs of place tell *where.* Some common examples are:

anderswo   *somewhere else*
da   *there*
(da) drüben   *over there*
hier/dort   *here/there*
innen/außen   *(on the) inside/(on the) outside*
links/rechts   *(on the) left/(on the) right*
nirgendwo   *nowhere*
oben/unten   *above/below*
überall   *everywhere*
vorn/hinten   *in front/behind*

„**Drüben**" hatte eine ganz bestimmte
   Bedeutung, solange die Mauer
   gestanden hat.

*"Over there" had a very particular
   meaning as long as the wall was
   standing.*

---

[1] See **Wortschatz** for further explanation.

2. Some adverbs of place combine with the prefixes **hin-** and **her-** (see 29.1.C) to indicate direction to or from: **anderswohin** *(to someplace else),* **überallher** *(from everywhere).*

3. Some adverbs of place are used with the prepositions **nach** and **von** to indicate *to or from where:*

nach links/rechts	*to the left/right*	von oben	*from above*
von links/rechts	*from the left/right*	von unten	*from below/beneath*
nach oben	*upward, (to go) upstairs*	nach/von vorn(e)	*to/from the front*
nach unten	*downward, (to go) downstairs*		

24.4 ▸ POSITION OF ADVERBS AND ADVERBIAL PHRASES

1. When adverbial expressions answer the questions *how, when,* or *where,* they follow a word order sequence of Time–Manner–Place (see also 1.1.C). Even when one of these elements is missing, the sequence remains the same.

Am 9. November 1989 tanzten viele **stundenlang** [TIME] **oben auf der Mauer.** [PLACE]
On November 9, 1989, many (people) danced for hours up on top of the wall.

Pablo Casals hat **spontan und ganz allein** [MANNER] **an der Mauer** [PLACE] Cello gespielt.
Pablo Casals spontaneously played the cello all alone at the wall.

2. General time precedes specific time.

Erst **an dem Abend** [GEN. TIME] **um 20 Uhr** [SPEC. TIME] konnte ich's im Fernsehen anschauen.
Not until that night at 8 P.M. was I able to see it on TV.

3. German adverbs and adverbial phrases often appear at the beginning of a sentence; they are not set off by a comma.

Bedauerlicherweise konnte ich nicht dabei sein.

Regrettably, I wasn't able to be there.

Seither wünschte ich mir, ich hätte es persönlich erleben können.

Ever since then, I've wished I could have experienced it personally.

24.5 ▸ ADVERBIAL CONJUNCTIONS

German has a number of adverbs that link sentences or clauses by signaling additional information, explanation, or contrast. They do not affect word order, as do coordinating or subordinating conjunctions (see 11.1 and 11.3); rather, they normally appear as the first element in a main clause, or take their place in the middle field.

außerdem   *moreover, furthermore (additional information)*
daher
darum
deshalb   } *therefore, thus, for this/that reason (explanation)*
deswegen
aus diesem Grunde
dennoch   *nevertheless, yet (contrast)*
stattdessen   *instead (contrast)*
trotzdem   *in spite of this/that*

Mit der geöffneten Grenze zwischen Ungarn und Österreich konnten DDR-Bürger auch so in den Westen, und **darum/deshalb** musste etwas geschehen.	*With the border between Hungary and Austria opened, GDR citizens could get into the West that way as well, and therefore something had to happen.*
Dennoch war es bis zum 9. November 1989 nicht klar, dass die DDR den Mauerfall friedlich anerkennen würde.	*Nevertheless, it was not clear until November 9, 1989 that the GDR would recognize the fall of the wall peacefully.*

Wortschatz

Ende gut, alles gut!

---

am Ende	schließlich
zum Schluss	endlich
zuletzt	

---

1. **Am Ende** and **zum Schluss** express the idea of conclusion in general terms and are synonymous in most instances.

Erich Honegger war bis dahin der wichtigste Mann der DDR gewesen, aber **am Ende/zum Schluss** verließen ihn auch seine früheren Freunde.	*Up until then, Erich Honegger had been the most important man in the GDR, but in the end, even his former friends left him.*

2. **Zuletzt** usually introduces the final event in a series.

In Leipzig fanden kleine Demonstrationen in den Häusern statt, dann in vielen Kirchen, und **zuletzt** auf dem großen Marktplatz.	*In Leipzig, small demonstrations took place in people's homes, then in many churches, and finally in the large open-air square.*

3. **Schließlich** and **endlich** can both express the idea that after a considerable period of time or series of events, something *finally* happens.

Nach den vielen Jahren konnten Familien **endlich** wieder zusammenkommen, und **schließlich** durfte man reisen, wohin man wollte.	*After all those years, families were finally able to get back together again, and people could finally travel wherever they wanted to go.*

4. **Schließlich** (like **zuletzt**) can mean *finally* when introducing the last element in a discourse such as a speech, sermon, or argument; this meaning derives from **schließen** *(to close)*. **Schließlich** can also mean *in the final analysis* or *after all*.

„Und **schließlich** möchte ich Ihnen noch sagen, Herr Gorbachev: Lassen Sie die Mauer fallen!" hatte Reagan noch 1988 an der Mauer gesagt.	*"And finally I'd like to say to you, Mr. Gorbachev: Let the wall come down!" Reagan had said at the wall back in 1988.*
Dabei haben viele Zuhörer und Zuschauer gespottet. **Schließlich** glaubte kein Mensch, dass die Russen es je zulassen würden.	*Many listeners and viewers scoffed at that. After all, no one believed the Russians would ever permit it.*

5. **Endlich,** when stressed, is stronger than **schließlich** and conveys the idea that something has *finally* or *at (long) last* happened.

Aber im November 1989 war es für die Deutschen **endlich** so weit.	*But in November 1989, the time had finally come for the Germans.*

Übungen

A   **Zeitadverbien.**   Erzählen Sie etwas über sich und verwenden Sie dabei die folgenden Adverbien.

> **BEISPIEL**   neulich
> *Neulich habe ich einen guten Film gesehen.*

1. ab und zu
2. bisher *(up until now)*
3. stets *(continually, always)*
4. niemals *(never)*
5. endlich
6. kürzlich/vor kurzem *(recently)*

B **Wie geht es weiter?** Vervollständigen Sie die Sätze. Verwenden Sie adverbiale Ausdrücke aus dem **Wortschatz.**

> BEISPIEL Wir arbeiteten den ganzen Tag, doch ...
> *Wir arbeiteten den ganzen Tag, doch **am Ende** war unser Projekt immer noch nicht fertig.*

1. Wir warten schon seit Stunden, aber jetzt möchte ich ...
2. Die Party wird bis Mitternacht gehen, und ...
3. Wir sollten uns nicht über ihn ärgern. Er hat uns ...
4. Ich habe heute einiges vor. Zuerst muss ich arbeiten, dann muss ich einkaufen, danach muss ich zur Uni, und ...
5. Sie dachte, sie würde das Geld nie auftreiben *(come up with)* können, aber ...

C **Meinungen.** Bilden Sie Aussagen mit den folgenden Adverbien.

> BEISPIEL vergebens *(in vain)*
> *Ich finde, die meisten Menschen suchen **vergebens** nach Glück.*

1. auswendig *(by heart)*
2. sicherlich *(certainly, for sure)*
3. hoffentlich *(hopefully)*
4. glücklicherweise *(fortunately)*
5. leider *(unfortunately)*
6. zufällig *(by chance)*

D **Wortstellung der Adverbien.** Schreiben Sie fünf Sätze, die adverbiale Ausdrücke der Zeit, des Ortes und der Beschreibung enthalten. Schreiben Sie die Sätze noch einmal, indem Sie *einen* adverbialen Ausdruck an eine andere Stelle setzen.

> BEISPIEL *Wir gehen oft mit Freunden im Park spazieren.*
> ***Mit Freunden** gehen wir oft im Park spazieren.*

E **Adverbiale Konjunktionen.** Machen Sie fünf Aussagen über Aktivitäten, Situationen oder Gedanken und die Folgen *(results)* davon. Verwenden Sie die angegebenen adverbialen Konjunktionen.

> BEISPIELE *Ich habe für meine Deutschprüfung intensiv gelernt, und **deswegen** werde ich eine gute Note bekommen.*
> *Sie hatten sich aus großer Not gerettet, aber **trotzdem** starben die Seeleute am Ende.*

deswegen/daher   stattdessen   aus diesem Grunde   trotzdem   dennoch

Anwendung

A **Wann? Wo? Wie?**   Sie und eine Partnerin/ein Partner stellen jeweils drei Listen mit je fünf Adverbien (Wörter und Wortverbindungen) zusammen. Machen Sie erst eine Liste für Zeitadverbien (**wann**), dann eine für adverbiale Ausdrücke des Ortes (**wo/wohin**) und eine für adverbiale Ausdrücke der Beschreibung (**wie**). Tauschen Sie dann Ihre Listen miteinander aus und bilden Sie einige Sätze mit Elementen aus allen drei Listen. Achten Sie auf die richtige Wortstellung und seien Sie so kreativ wie möglich!

B **Es kam aber ganz anders.**   Erzählen Sie von einem Ereignis oder Unternehmen *(undertaking)* aus Ihrem Leben, das anders verlief als geplant. Verwenden Sie Zeitadverbien und Adverbien, die Ihre Reaktionen zum Ausdruck bringen.

Einmal wollte ich ...
Ich habe zuerst gedacht ...
Leider war es so, dass ...
Wir konnten aber trotzdem ...

Da kam zufällig ...
Glücklicherweise hat niemand gemerkt ...
Wir mussten dann schließlich ...

C **Das mache ich so.**   Beschreiben Sie, in welcher zeitlichen Folge Sie etwas machen oder sich auf etwas vorbereiten *(prepare)*.

eine schwere Prüfung
eine schriftliche Arbeit für einen Kurs
ein Auto suchen und kaufen

eine Wohnung suchen
eine Ferienreise planen

BEISPIEL   eine schwere Prüfung
Zuerst frage ich die Professorin, was ich für die Prüfung lernen muss. Dann lese ich das alles noch einmal durch. Danach wiederhole ich die Kapitel, die ich für besonders wichtig halte, und zum Schluss überlege ich mir Fragen, die man in der Prüfung stellen könnte, und versuche diese Fragen zu beantworten.

D **Wie komme ich ... ?**   Beschreiben Sie für eine Partnerin/einen Partner, wie man von Punkt A nach Punkt B kommt. Ein paar Vorschläge: Von Ihrem Zimmer im Studentenheim zur Mensa; von dem Eingang Ihres Hauses zu Ihrem Schlafzimmer; von dem Zimmer, wo Sie jetzt sind, zu der nächsten Toilette. Verwenden Sie dabei so viele Adverbien wie möglich, z. B.,

nach links / nach oben / geradeaus / nach draußen *(outside)* / da drüben / durch eine Tür / um ein Gebäude / durch ein Zimmer / vorsichtig *(carefully)* / dann / nachher.

Schriftliche Themen

Tipps zum Schreiben

Establishing a Sequence of Events

To establish a chronology of events from one sentence or clause to another, you should use adverbs of time. Remember that time expressions normally precede expressions of manner and place and can also begin a sentence. You can also use adverbial conjunctions to establish logical links of explanation or contrast between sentences and clauses.

A **Der Verlauf eines wichtigen Ereignisses *(event)*.**   Berichten Sie über ein wichtiges historisches Ereignis (z. B. eine politische Wende, eine Katastrophe, einen Unfall, die Karriere eines berühmten Menschen). Verwenden Sie dabei einige Adverbien, die den chronologischen Verlauf dieses Ereignisses verdeutlichen und die Folgen davon klar zum Ausdruck bringen.

BEISPIEL   Im Jahre 1906 ereignete sich in San Francisco ein schreckliches Erdbeben. Anfangs spürte man nur leichte Erschütterungen *(tremors)*, aber kurz darauf kam die große Katastrophe, die vieles zerstörte und auch viele Menschen das Leben kostete. Besonders schlimm war es dann, als ... Dennoch konnten viele Leute ...

B **Aus meinem Leben.**   Erzählen Sie von einem merkwürdigen Erlebnis *(experience)* aus Ihrem Leben. Wie sind Sie zu diesem Erlebnis gekommen? Wie verlief es? Was waren die Folgen davon?

Zusammenfassung

Rules to Remember

1 A descriptive adverb looks like an adjective without an ending (**schnell, fleißig**).

2 In addition to descriptive adverbs, the most common adverbs are of time (**heute, oft**) or place (**hier, überall**).

3 A series of adverbs usually follows the word order rule of Time–Manner–Place.

4 A few adverbs (**deshalb, trotzdem,** etc.) function like conjunctions and link thoughts in two separate clauses or sentences.

At a Glance

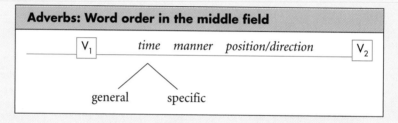

Adverbs: Word order in the middle field

| | V₁ | *time* | *manner* | *position/direction* | V₂ |

general   specific

Adverbial conjunctions: Word order with clauses

| V₁ | V₂ , und außerdem | V₁ (subj.) | V₂ |
daher
darum

25 Particles

Grammatik

PARTICLES

Speakers of a language convey not only statements, questions, and commands; they wrap them in varying degrees of impatience, reassurance, outrage, and delight. Every language has unique ways of expressing these facets of communication, and German does so by coupling intonation with certain words used expressly for this emotive function, often called "flavoring particles" (**die Abtönungspartikel, -n** or **die Modalpartikel, -n**). English speakers also make use of particles to add emotional color to their utterances, to be sure; but German has a much larger palette of such words. Particles are notoriously difficult to translate. Some of them have a literal meaning quite apart from their "flavoring" capacity; some have multiple "flavoring" meanings, depending on context and intonation; all should be used with care, following the (admittedly limited) explanations given here and the practical suggestions for usage provided by your instructor.

25.2 **USES OF VARIOUS PARTICLES**

A. *Aber*

Besides the literal sense of **aber** as the coordinating conjunction *but* (see 11.1), it serves as an intensifier in statements. (In these and the following examples, take note of the intonational emphasis used for certain meanings and indicated here by underlining.)

Das ist **aber** <u>nett</u> von dir.	*That's really nice of you.*
Hast du etwas dagegen?	*Do you have a problem with that?*
—**Aber** <u>nein</u>!	*—Of course not!*

B. *Also*

Also should not be confused with *also* (German: **auch**). It can mean *so* when introducing a consequence *(She said this, so I said that)*, but is used as well to connote reassurance or re-inforcement of an idea expressed, to signal a reaction to something just said, or to introduce a summing up.

Ich konnte nicht mehr lernen, **also** ging ich ins Bett.	*I couldn't study any more, so I went to bed.*
Du wirst uns **also** <u>helfen</u>?	*So you'll help us?*
Also, <u>gut</u> – wenn du willst.	*Well, all right—if you want to.*
<u>Also</u>, was willst du jetzt machen?	*So, (or: Well,) what do you want to do now?*

C. *Auch*

1. Besides its literal meaning of *also*, **auch** has a wide range of flavoring uses, many of which convey a sense of (or desire for) confirmation.

So schlecht war der Film (ja) <u>**auch**</u> nicht.	*The film wasn't really so bad.*
Bist du **auch** <u>sicher</u>, dass du es kannst?	*Are you really sure you can do it?*

2. **Auch** is sometimes used in the sense of *even*. With this meaning it is interchangeable with **sogar.**

Auch/Sogar in den <u>Alpen</u> fiel letztes Jahr weniger Schnee.	*Even in the Alps less snow fell last year.*

D. *Denn*

Denn as a particle occurs only in questions; it adds a tone of either mild or strong impatience, surprise, or interest, depending on intonation. It also makes questions sound less abrupt.

Kommst du **denn** nicht <u>mit</u>?	*Well, aren't you going to come along?*
Was habt ihr **denn** die ganze Zeit gemacht?	*So, what did you do the whole time?*
Was ist **denn** hier <u>los</u>?	*What in the world is going on here?*

E. *Doch*

Doch is used:

1. to stress validity (often in cases where the context assumes a dissenting voice).

Das ist **doch** <u>Wahnsinn</u>!	*But that's crazy (no matter what anyone says)!*
Das <u>weißt</u> du **doch**!	*Come on, you know that!*

2. to convey surprise (in the face of previous expectations).

Sie hat **doch** Recht. *So she's right after all.*

3. to stress disbelief (used in negative statements).

Das kann **doch** nicht dein <u>Ernst</u> sein! *You can't really be serious!*

4. to intensify a sense of impatience or urgency in imperatives (assuming a negative reaction on the part of the person addressed), often with **mal** (see 6.2).

Hören Sie **doch** mal <u>zu</u>! *Come on, listen!*

5. to respond positively to a statement or question with negative implications (see 15.1).

Du willst wohl nicht mitkommen, oder? *You don't want to come along, do you?*
—**Doch!** *—Oh yes, I do!*

F. *Eben*

1. As an adverb, **eben** means *just (now)/(then)*. It is synonymous with **gerade.**

Wo sind denn die anderen Gäste? *Where are the other guests?*
—Die sind **eben** weggegangen. *—They just left.*

2. As an intensifier, **eben** indicates resigned acceptance of a fact.

Wenn du wirklich keine Lust hast, *If you really don't want to, we just won't*
   dann gehen wir heute **eben** <u>nicht</u> *go to a movie today.*
   ins Kino.

Es <u>ist</u> **eben** so. / So <u>ist</u> es **eben.** *That's just the way it is.*

3. **Eben** can also imply agreement, the idea that a statement is *precisely* or *exactly* the point.

Das ist aber ein langes Kapitel. *This is really a long chapter.*
—**Eben!** *—Precisely!/Exactly!*

4. **Halt** is synonymous with **eben** in the sense of resigned acceptance. It is very colloquial.

Wir müssen **halt** warten, bis der Regen *We'll just have to wait until the rain*
   vorbei ist. *is over.*

G. *Eigentlich*

1. **Eigentlich** as an adverb means *actually*, but it can be used in statements and questions to soften and modify the tone, to imply that a question has not yet been fully answered, and as a discourse marker to change the topic of conversation.

Weißt du **eigentlich,** wie sie heißt? *Do you happen to know her name?*
Ich weiß **eigentlich** nicht, was ich will. *I don't really know what I want.*
Wo <u>wohnen</u> Sie denn **eigentlich?** *So tell me, just where do you live?*

2. **Eigentlich** is not nearly as strong as the adverb **wirklich,** which implies that something *really* is the case.

   COMPARE:

Das ist **wirklich** sein Auto.	*It really is his car.*
Eigentlich ist das <u>sein</u> Auto.	*Actually, it is his car.*

H. *Ja*

Ja can be used as a particle:

1. to express the obviousness of a fact, with a hint of impatience; it is similar in this meaning to **doch.**

Sie <u>wissen</u> **ja,** was ich meine.	*Come on, you know what I mean.*
Das <u>tue</u> ich **ja** schon!	*But I'm (obviously) already doing that!*

2. to add a sense of urgency to imperatives; in this meaning it is often preceded by **nur.**

Komm (**nur**) <u>**ja**</u> nicht zu spät nach Hause!	*Don't you dare come home too late!*

3. to convey surprise, much like **doch.**

Da <u>ist</u> sie **ja!**	*Well, there she is!*
Das ist **ja** kaum zu <u>glauben</u>!	*That is really hard to believe! / I can hardly believe that!*

I. *Mal*

Mal softens a statement or command by adding a sense of casualness similar to English *hey* or *just*, which renders commands and suggestions less blunt. Almost any element in the sentence *except* **mal** can carry intonational stress, depending on the meaning one wishes to convey.

Das werde ich mir **mal** ansehen.	*I'll just take a look at that.*
Ich muss dir **mal** was erzählen.	*I've just got to tell you something.*
Komm **mal** her!	*(Hey,) come here!*
Sieh dir das **mal** an!	*(Hey,) check this out!*

J. *Nun*

Nun (often combined with [ein]mal) implies resigned acceptance of a situation. With this meaning it is virtually synonymous with **eben** and **halt.**

Da konnte man **nun mal** nichts (weiter) machen.	*Well, there wasn't anything (else) to be done.*
So sieht es im Moment **nun (ein)mal** aus.	*This just is the way things look at the moment.*

K. *Nur*

1. **Nur** lends a sense of urgency and emotion to questions.

Wie konntest du das **nur** <u>machen</u>?	*How could you <u>do</u> that?*
Wo <u>ist</u> sie **nur?**	*Where on earth <u>is</u> she?*

2. In commands, **nur** is roughly equivalent to *just*: threatening in some contexts, reassuring in others.

Denke **<u>nur</u>** nicht, dass ich das bald vergessen werde!	*Just don't think that I'll soon forget this!*
Rufen Sie mich **<u>nur</u>** nicht nach 10 Uhr an!	*Don't you dare/Just don't call me after 10!*
<u>Warten</u> Sie **nur!**	*Just wait! Just you wait! (positive or negative, depending on intonation and context)*
Reden Sie **nur** <u>weiter</u>!	*Go on—keep talking! (i.e., you're doing fine!)*

3. Colloquially, **bloß** is often used instead of **nur,** and carries the same shades of meaning.

Sei **bloß/nur** nicht so schüchtern!	*Just don't be so shy!*
Warum hat sie das **bloß/nur** gemacht?	*Why on earth did she do that?*
Geh da **bloß/nur** nicht hin!	*Whatever you do, don't go there!*

L. *Schon*

1. As an adverb, **schon** means *already*.

Wir haben es **schon** gemacht.	*We have already done it.*

2. In adverbial usage, **schon** is often used with **mal** to mean *ever before*.

Waren Sie **schon mal** Gast in diesem Hotel?	*Have you ever been a guest in this hotel before?*

3. As a particle, **schon** expresses confidence or reassurance.

Ist alles fertig? —Ich glaube **schon.**	*Is everything ready?* —*Oh, I think so.*
Ich werde es **schon** machen.	*Don't worry, I'll do it.*

4. The particle **schon** can also convey a somewhat reserved concession, the idea that although a statement is undoubtedly true, there is also another consideration.

Du hast ja eine schöne Wohnung. —Das **schon,** aber noch keine Möbel.	*You have a nice apartment, you know.* —*Well, yes, but no furniture yet.*
Das ist **schon** richtig, was du sagst, aber ...	*What you say is true, but . . .*

5. **Schon** gives a sense of impatient encouragement to requests.

    Setz dich **schon** hin!   *Come on now, sit down!*

6. **Schon** can also be used to add a sense of resignation to questions.

    Was kann man in so einem Fall   *What can you possibly say in such a case?*
        schon sagen?

    Wer möchte **schon** allein auf einer   *Who would ever want to live alone on a*
        Südseeinsel leben?   *   South Sea island?*

M. Überhaupt

1. In statements, **überhaupt** expresses generality regarding one or more of the sentence elements.

    Er sollte **überhaupt** mit seinen   *He should really (i.e., as an overarching*
        Behauptungen vorsichtiger sein!   *   rule) be more careful about his*
                                                       *   assertions!*

    Sie interessiert sich für Programmier-   *She's interested in programming*
        sprachen, ja, für Informatik   *   languages, in fact, in computer*
        überhaupt.   *   science in general.*

2. In questions, **überhaupt** can convey the idea of *at all,* in an absolute sense.

    Verstehst du mich **überhaupt?**   *Do you understand me at all?*

    Hast du **überhaupt** eine Ahnung, was   *Do you have any idea at all what he*
        er will?   *   wants?*

3. Used with negatives, **überhaupt (nicht)** means *not/nothing/anything at all.* It is synonymous in this usage with **gar (nicht)** (see **Wortschatz** 6).

    Sie wissen <u>**überhaupt**/**gar**</u> nichts.   *They don't know <u>anything at all</u>.*

N. Vielleicht

1. **Vielleicht** takes the literal meaning of *perhaps* or *maybe.*

    Vielleicht mache ich mit, vielleicht nicht.   *Maybe I'll join in, maybe not.*

    In this usage, it can also translate the English modal verb *might:*

    Vielleicht klappt es dieses Mal.   *It might work this time.*

2. Used as a particle, **vielleicht** serves to underscore a sense of astonishment or an intense reaction—the sort of sentiment that calls for an exclamation point—as expressed with the English phrases *Let me tell you, . . . !* or *Boy, . . . !* In this usage it appears in the middle field, never as the first element.

    <u>Das</u> war **vielleicht** ein komischer Typ!   *Boy, that guy was weird!*

    Da hatte ich **vielleicht** <u>Angst</u>, du!   *I'll tell you, I was scared!*

O. *Wohl*

1. The particle **wohl** suggests probability (see also 8.1.B). Its English equivalents are *no doubt, quite likely,* or *probably.*

Das wird **wohl** lange dauern.	*That will no doubt take a long time.*
Wenn sie es sagt, wird es **wohl** stimmen.	*If she says so, then it's probably true.*

2. In some expressions, **wohl** conveys a sense of certainty.

Das kann man **wohl** sagen!	*You can say that again!*
Du bist **wohl** nicht bei Sinnen!	*You must be out of your mind!*

P. *Zwar*

1. **Zwar** means *to be sure* or *of course* and is usually balanced by an **aber** *(however)* in the following clause.

Es gab **zwar** noch genug zu essen, aber niemand hatte mehr Hunger.	*There was, to be sure, still enough to eat, but no one was hungry anymore.*

2. **Zwar** cannot be used as an affirmative response to a question. Instead, German uses **allerdings** *(oh yes; by all means).*

COMPARE:

Haben Sie verstanden?	*Did you understand?*
—**Allerdings.**	*—Oh, yes!* (i.e., *I know what you are getting at*)

Wortschatz *Na also!*

Flavoring particles are particularly common in colloquial responses to things people say or do.

das ist aber wahr! that sure is true!	**was <u>ist</u> denn?** what's the matter?
aber <u>nein</u>! oh no!, but of course not!	**was ist denn hier <u>los</u>?** what's going on here?
also <u>gut</u>/also <u>schön</u> well, OK (I'll do it)	**das darf doch nicht <u>wahr</u> sein!** that can't be (true)!
na <u>also</u>! what did I tell you!	**das ist doch/ja <u>lächerlich</u>!** that's ridiculous!
also <u>doch</u>! it's true what I said after all!	**das <u>ist</u> es ja (eben)!** that's just it, that's just what I mean
na (nun) ja oh well, OK	**so <u>ist</u> es eben** that's just how it is
ich denke/glaube schon I should think so	

ja, was ich sagen wollte, ... by the way, what I wanted to say . . .

mal <u>sehen</u> we'll just have to (wait and) see

das wird schon stimmen I'm (pretty) sure that's right

es wird schon gehen/werden I'm (pretty) sure it'll work out

das habe ich mir (auch) schon gedacht that's just what I figured (too)

Übungen

A **Partikeln im Gebrauch.** Lesen Sie den folgenden Text einmal ohne die kursiv gedruckten Abtönungspartikeln und einmal mit diesen Partikeln. Erklären Sie dann auf Englisch, wie die Partikeln den Text ändern und was sie zum Ausdruck bringen.

> Deutsche Vereinigung: Herr Stratmann hat die Vereinigung mit gemischten Gefühlen erlebt. Wenn er ganz ehrlich sein soll, dann ist er *ja nun mal* Deutscher. Er weiß *zwar* nicht, ob er einen besonderen Nationalstolz hat, aber er ist *doch* ein bisschen geschichtsbewusst *(historically aware),* und als er im Fernsehen die Demonstrationen in Leipzig und die Leute auf der Mauer gesehen hat, war das *schon* ein erhebendes *(uplifting)* Gefühl, muss er ganz ehrlich sagen, da lief es ihm *doch* den Rücken runter *(chills ran down his spine).* (Aus: *Die Zeit*)

B **Viele haben es gemacht.** Lesen Sie die Sätze mit richtiger Betonung vor. Erklären Sie die Unterschiede zwischen den Sätzen. Drücken Sie die verschiedenen Nuancen auf Englisch aus.

1. Sie hat es doch gemacht.
2. Er hat es nun einmal gemacht.
3. Du hast es also gemacht.
4. Du hast es also doch gemacht.
5. Habt ihr es überhaupt gemacht?
6. Sie haben es wohl gemacht.
7. Haben Sie es denn gemacht?
8. Das hat sie vielleicht schnell gemacht!
9. Wir haben es halt gemacht.
10. Haben Sie es schon einmal gemacht?
11. Er hat es eben gemacht.
12. Warum habt ihr das bloß gemacht?

C **Besonders betonen.** Bringen Sie die folgenden Aussagen durch den Gebrauch von Abtönungspartikeln stärker zum Ausdruck. Erklären Sie die Nuancen auf Englisch. Bei einigen Sätzen gibt es mehrere Möglichkeiten.

aber	denn	halt	nur
also	doch	ja	schon
auch	eben	mal	überhaupt
bloß	eigentlich	nun	wohl

1. Das verstehe ich nicht! Wie hast du das gemacht?
2. Kommen Sie mit! Sie werden etwas Interessantes erleben.
3. Aha, du bist es!
4. Das Leben im Ausland ist manchmal problematisch.
5. Hören Sie zu!
6. Du wolltest jetzt arbeiten gehen, nicht wahr?
7. Waren Sie einmal in Südtirol?
8. Diesen Zug haben wir verpasst. Wir müssen auf den nächsten warten.
9. Mensch, du hast einen schönen Wagen!
10. Ihr wollt nicht mit uns mitkommen?
11. Sehen Sie, was die Leute hier alles zerstört haben.
12. Verstehen Sie, was er meint?
13. Er hat dich nicht verstanden.
14. Das hat sie gesagt.

D **Reaktionen.** Was sagen Sie in diesen Situationen? Verwenden Sie Ausdrücke mit Abtönungspartikeln.

> BEISPIEL   Ein Freund sagt etwas, was Sie sich auch schon gedacht haben.
> *Das finde ich aber auch!*
> OR: *Das kann man wohl sagen!*

1. Jemand bringt in einer Diskussion ein Argument vor, das Sie für ziemlich überzeugend *(convincing)* halten.
2. Jemand macht eine Behauptung *(assertion),* von der Sie meinen, dass man noch abwarten muss, ob sie stimmt oder nicht.
3. Jemand berichtet Ihnen etwas Unglaubliches. Sie sind sehr überrascht.
4. Jemand fragt Sie, ob es eine gute Idee wäre, noch eine Fremdsprache zu lernen.
5. Jemand bittet Sie, an einem Spiel teilzunehmen. Anfangs wollen Sie nicht, aber nachdem man Sie mehrmals bittet, können/wollen Sie nicht mehr nein sagen.
6. Jemand macht eine Behauptung *(assertion),* die Sie für völligen Blödsinn *(nonsense, rubbish)* halten.

Anwendung

Argumentation. Die Klasse einigt sich über eine These oder Behauptung, zu der es sicher viele Argumente pro und kontra gibt. Alle im Kurs sollen ihre Meinung sagen. Versuchen Sie Ihre Argumente und Meinungen durch den Gebrauch von Adverbien (siehe *Kapitel 24*) und Abtönungspartikeln zu verstärken. Versuchen Sie bei der Diskussion auch passende Wendungen aus dem *Wortschatz* zu verwenden.

Man soll lieber nicht heiraten.
Die Politik der Regierung eines Landes können einzelne Bürger nicht ändern.
In unserem Land haben nicht alle Menschen die gleichen Chancen.
Mit Geld kann man alles kaufen.
Gleicher Lohn *(wage)* für gleiche Arbeit.

Es stimmt doch überhaupt nicht, dass …
Ihr müsst aber zugeben, dass …
Wir müssen endlich mal …
Eigentlich stimmt es ja auch, dass …
Das ist ja Unsinn *(nonsense)!*
Was soll das denn heißen?
Das sehe ich aber ganz anders!
Das ist doch überhaupt kein Argument!
Das stimmt zwar, aber …
Das wird schon stimmen, aber …
Also doch!
Das ist ja lächerlich *(ridiculous)!*
Das kann doch nicht Ihr Ernst sein!

Schriftliche Themen

Tipps zum Schreiben

Deciding When to Use Flavoring Particles

The choices you make about which particles or adverbs to use when writing will vary with your intentions and with the types of readers you have in mind. Most particles are clearly for colloquial usage and would not be appropriate in a critical essay. In less formal writing, for example, in letters to friends or local newspapers or in speeches, particles can lend emotion to your opinions and strengthen the rhetorical persuasiveness of your arguments.

A **Stilebenen *(levels of style)*.** Suchen Sie ein aktuelles Thema aus der Presse (Zeitung oder Zeitschrift). Schreiben Sie zuerst einen Aufsatz, in dem Sie sich in einem sachlichen *(objective, unbiased)* Stil zu diesem Thema äußern. Schreiben Sie dann einen Leserbrief, in dem Sie sich nicht mehr so sachlich äußern. In Ihrem Brief können Sie Gefühle und Meinungen durch Abtönungspartikeln, Adverbien und rhetorische Fragen stärker zum Ausdruck bringen.

BEISPIELE **Aufsatz**

Das Verhalten vieler junger Leute wird heutzutage oft kritisiert, und in vielen Fällen ist das auch begründet. Man sagt, dass die Erziehung *(up-bringing)* zu Hause anfangen soll, aber das ist nicht immer der Fall. Manche Eltern kümmern sich *(concern themselves)* zu wenig um ihre Kinder. Auch in der Schule fehlt oft die nötige Disziplin. Unter solchen Umständen *(circumstances)* ist es für junge Menschen oft schwierig ...

Leserbrief
An die Redaktion *(editorial staff)*

Ich finde, es ist *schon* eine Schande *(disgrace)*, wie sich viele junge Leute heutzutage benehmen. *Zwar* sagt man, dass die Erziehung zu Hause an-fangen soll, aber das ist leider *doch* nicht immer der Fall. Manche Eltern kümmern sich wenig oder *überhaupt* nicht um ihre Kinder. Auch in der Schule fehlt *ja* oft die nötige Disziplin. Wie sollen *denn* junge Menschen unter solchen Umständen ... ? usw.

B **Bewertung *(evaluation)* des Unterrichts.** Schreiben Sie eine informelle Bewertung Ihres Deutschkurses. Weisen Sie auf *(point out)* gute und weniger gute Aspekte dieses Kurses hin. Haben Sie einige Vorschläge, wie man den Kurs vielleicht auch anders gestalten *(structure)* könnte?

Zusammenfassung

Rules to Remember

1 Particles "flavor" colloquial German by conveying various feelings and reactions of the speaker.

2 Particles often derive their nuances from the tone of voice in which they are spoken.

3 Particles frequently do not have English equivalents.

At a Glance

Particle	Examples
aber	Das ist **aber** <u>schön</u>!
also	Du <u>kommst</u> **also?** **Also,** was machen wir nun?
auch	So viel kostet das ja **auch** nicht. Bist du **auch** <u>sicher</u>?
denn	Was <u>machst</u> du **denn?**
doch	Das <u>weißt</u> du **doch!** Das ist <u>**doch**</u> nicht so schlecht. Kommst du nicht? —**Doch!**
eben	So <u>ist</u> es **eben.** Man muss **eben** <u>warten</u>.
eigentlich	Weißt du **eigentlich,** wann der Film beginnt?
ja	Das denke ich **ja** <u>auch</u>. Das <u>ist</u> **ja** das Problem.
mal	<u>Versuchen</u> Sie es doch **mal!**
nun	So <u>ist</u> es **nun** mal.
nur/bloß	Wo <u>warst</u> du **nur?** Mach das **nur/bloß** nicht!
schon	Ja, **schon,** aber ... <u>Setz</u> dich **schon!**
überhaupt	Ich verstehe dich **überhaupt** nicht! Man soll **überhaupt** mehr zuhören.
vielleicht	<u>Das</u> war **vielleicht** dumm!
wohl	Das kann man **wohl** sagen.
zwar	Es ist **zwar** ziemlich alt, aber noch ganz gut.

Grammatik

26.1 RELATIVE CLAUSES

Relative clauses (**der Relativsatz, ⸚e**), like adjectives and prepositional phrases, are modifiers. What distinguishes them from other modifiers is the inclusion of a conjugated verb; and while it is true that a relative clause can provide more descriptive information than adjectives and adverbial phrases because of its potential length, it is primarily the verb itself that makes a relative clause necessary for certain information.

COMPARE:

die Frau
die **junge** Frau *(the new information is expressed with an adjective)*
die Frau **mit zwei Kindern** *(the new information is a noun, hence a phrase is necessary)*
die Frau, **die bei DaimlerChrysler arbeitet** *(the new information revolves around a
    verb, and thus requires a clause)*

26.2 RELATIVE PRONOUNS

A. Forms

A relative clause in German is introduced by a pronoun (**das Relativpronomen, -**) that shows number, gender, and case. With the exception of the dative plural and the four genitives, the relative pronouns are identical to the definite articles.[1]

---

[1] German sometimes makes use of the declined forms of **welch-** as relative pronouns to avoid repetition: **Ich meine die, welche** (instead of another **die**) **noch nichts gesagt haben.** But this usage is relatively rare, especially in current spoken German.

	Masc.	**Fem.**	**Neut.**	**Pl.**
Nom.	der	die	das	die
Acc.	den	die	das	die
Dat.	dem	der	dem	**denen**
Gen.	**dessen**	**deren**	**dessen**	**deren**

B. Use

1. Relative clauses provide information about the preceding clause and usually about a specific noun or pronoun in that clause, called the *antecedent*.

That's the man **who** works with me.	(**who** *refers to the antecedent* "*man*")
Where are the books **that** were on the table?	(**that** *refers to the antecedent* "*books*")

In German, the bond between relative pronoun and antecedent consists of *number* and *gender,* i.e., the relative pronoun must show whether the antecedent is plural or singular, and, if singular, whether it is masculine, feminine, or neuter.

Das ist der Mann, **der** mit mir arbeitet.	(**der** *reflects the masculine singular* Mann)
Wo sind die Bücher, **die** auf dem Tisch waren?	(**die** *reflects the plural* Bücher)

If there are multiple antecedents separated by **oder,** the relative pronoun takes the number and gender of the final antecedent.

War das *der Mann* oder *die Frau,* **die** gesprochen hat?	*Was that the man or the woman who spoke?*

2. But *number* and *gender* provide only part of the information needed to choose a relative pronoun. The third factor is *case,* and here it is the relative clause itself, rather than the antecedent, that is decisive: *the case of the relative pronoun depends on its grammatical function within its own clause, not on the case of the antecedent.* The relative pronoun may be the subject (as in all the examples above), or a direct or indirect object, or the object of a preposition, or a genitive, and its case must indicate that function. German relative pronouns are very precise, and one must take care to avoid the common mistake of defaulting to **das**—a handy translation of English *that*—as an all-purpose connector.

3. The following examples show how antecedent and grammatical function determine which relative pronoun is correct in a given context. The "function" column makes use of demonstrative pronouns (which are identical to relative pronouns—see 16.3) to show how each pronoun would appear in a main clause to serve that particular function.

Antecedent	Relative clause	Function of relative pronoun
ein Mann, ...	**der** mich gut kennt. **den** ich nicht kenne. **dem** ich oft geholfen habe. **dessen** Auto vor meinem Haus steht.	*subject:* **Der** kennt mich gut. *direct object:* Ich kenne **den** nicht. *dative object of* **helfen:** Ich habe **dem** oft geholfen. **Auto** is the subject, with **dessen** indicating possession *(whose):* **Sein** Auto steht ...
eine Frau, ...	**die** sehr gern liest. **die** ich manchmal auf der Uni sehe. **der** ich gestern eine E-Mail geschickt habe. mit **deren** Bruder ich telefonierte.	*subject:* **Die** liest sehr gern. *direct object:* Ich sehe **die** auf der Uni. *indirect object:* Ich habe **der** eine E-Mail geschickt. *genitive:* Ich telefonierte mit **deren** *(her)* Bruder.
ein Problem, ...	**das** schwer zu lösen *(solve)* ist. **das** man immer wieder sieht. von **dem** ich oft spreche. **dessen** Ursache *(cause)* unklar ist.	*subject:* **Das** ist schwer zu lösen. *direct object:* Man sieht **das** immer wieder. *dative object of* **von:** Ich spreche oft von **dem.** *genitive:* **Seine** *(its)* Ursache ...
viele Leute, ...	**die** in der Schweiz leben. **die** man jeden Tag trifft. mit **denen** man spricht. **deren** Kinder zu viel fernsehen.	*subject:* **Die** leben in der Schweiz. *direct object of* **treffen:** Man trifft **die** jeden Tag. *dative object of* **mit:** Man spricht mit **denen.** *genitive:* **Deren** *(their)* Kinder ...

4. Two structural features of relative clauses should be obvious by now: first, the conjugated verb (V_1) moves to the end of the clause, as in all subordinate clauses; and second, relative clauses are set off from other clauses by commas. Notice, too, that relative clauses are placed as close as possible to their antecedents; in most cases, the only intervening elements are V_2 structures (modal infinitives, past participles) and separated verb prefixes that would sound awkward if left dangling by themselves.

Hast du die **Sendung** gesehen, von **der** ich dir erzählte?	*Did you see the TV show I told you about?*
Ich fange mit einem **Kurs** an, **den** ich schon immer machen wollte.	*I'm beginning a course I always wanted to take.*

5. Relative pronoun or no relative pronoun? The difference between the German and the English in the two examples above points to a recurrent problem for English speakers. Because of the rule in English that allows the relative pronoun in a clause to be dropped in colloquial speech if it functions as an object, English speakers sometimes forget to include relative pronouns in German. In other words, English speakers who might say *the TV show about which I told you* or (more likely) *the TV show that I told*

you about can just as well say *the TV show I told you about,* and hardly notice that the relative pronoun has evaporated into thin air. In German, however, relative pronouns *must* be included, be they subject or object.

... die Sendung, **die** nachmittags kommt	*the TV show that comes in the afternoon*
... die Sendung, **die** ich gestern sah	*the TV show (that) I saw yesterday*
... die Sendung, von **der** ich dir erzählte	*the TV show (that) I told you about*

To take another example, in a sentence such as *Here is the present I bought you,* the clause *I bought you* does not consist of Subject–Verb–Direct Object, obviously, but rather Subject–Verb–Indirect Object, with a dropped direct-object pronoun. In order to render this sentence into German, that pronoun must be restored: Hier ist das Geschenk, **das** ich dir gekauft habe.

6.   When a preposition is used in conjunction with a relative pronoun (... die Sendung, **von der** ich dir erzählte), the preposition must precede the pronoun and take its place as the first element in the relative clause. This poses a problem for some English speakers, to whom *the essay that I'm working on* sounds more acceptable (or at least less stilted) than *the essay on which I'm working,* and who are therefore tempted to place **an** in final position in German. But German allows no variation here either: In a relative clause, the preposition *must* precede the relative pronoun, which in turn cannot be dropped, as discussed above.

der Aufsatz, **an dem** ich arbeite
$\begin{cases} \textit{the essay \textbf{on} which I'm working} \\ \textit{the essay that I'm working \textbf{on}} \\ \textit{the essay I'm working \textbf{on}} \end{cases}$

7.   When a preposition is used with a genitive relative pronoun, the preposition only determines the case of the following *noun* (and any associated adjectives), not the relative pronoun. The relative pronoun will be **deren** or **dessen,** depending on the number and gender of the antecedent, and will remain a fixed form in the relative clause, regardless of the case surrounding it or the gender of the noun following it.

Kennst du *den Jungen,* mit **dessen** Schwester ich gerade getanzt habe?	*Do you know the guy whose sister I was just dancing with?*
Da ist *die Frau,* von **deren** schrecklich**em** Unfall du uns erzählt hast.	*There is the woman whose terrible accident you were telling us about.*

26.3   WAS AND WO-COMPOUNDS AS RELATIVE PRONOUNS

A. Was

1.   **Was** is used as a relative pronoun to refer to the indefinite antecedents **etwas, nichts, alles, viel(es), wenig(es), manches, einiges,** and the demonstratives **das** and **dasselbe.**

Es gibt fast nichts, **was** ihn überrascht.	*There is almost nothing that surprises him.*
Er tut dasselbe, **was** sie tut.	*He does the same thing (that) she does.*

2. **Was** is used to refer to neuter adjective nouns (see 21.1.B), usually in the superlative, and to neuter ordinal numbers.

Das ist das Beste, **was** er je geschrieben hat.	*That is the best thing (that) he has ever written.*
Das Erste, **was** wir tun müssen, ist Folgendes: ...	*The first thing (that) we must do is the following: . . .*

3. **Was** is used to refer to an antecedent that is an entire clause or activity.

COMPARE:

Im Tiergarten haben wir einen Eisbären gesehen, **der** sehr interessant war.	*At the zoo we saw a polar bear **that** was very interesting. (i.e., the polar bear itself was interesting)*
Im Tiergarten haben wir einen Eisbären gesehen, **was** sehr interessant war.	*At the zoo we saw a polar bear, **which** was very interesting. (i.e., the experience of seeing a polar bear was interesting)*

Ihre Gesundheit ist das Beste, was Sie haben.

B. Wo-compounds

1. Prepositions are not normally used with the relative pronoun **was**; **wo**-combinations (**worauf, wodurch, womit,** etc.) are used instead.

Er hat den ersten Preis gewonnen, **worauf** er sehr stolz ist.	*He won first prize, of which he is very proud. (i.e., he is proud of the fact that he won first place)*
Das Erste, **woran** sie dachte, war das Geld ihres Vaters.	*The first thing (that) she thought of was her father's money.*

2. A **wo**-compound may also be used to refer to a specific antecedent that is *not a person.* However, the preposition + relative pronoun (**der, die, das,** etc.) is generally preferred.

Acceptable:	**Preferable:**
Hier ist die Flasche, **woraus** er getrunken hat.	Hier ist die Flasche, **aus der** er getrunken hat.

3. Neither **da**-compounds (see 19.1) nor **wo**-compounds (see 15.2) can be used when the antecedent is a person.

26.4   THE INDEFINITE RELATIVE PRONOUNS *WER* AND *WAS*

A. *Wer* and *was* (who/what)

1. The indefinite relative pronoun **wer** (**wen, wem, wessen**) meaning *who (whom, whose)* is used when there is no antecedent referring to a specific person.

Die Frauen können nicht entscheiden, **wer** bei dem Jüngling bleiben soll. *(nominative)*	*The women can't decide who should stay with the youth.*
Ich weiß nicht, **wen** sie heiratet. *(accusative)*	*I don't know who(m) she's going to marry.*
Sag uns, **mit wem** du gesprochen hast. *(dative)*	*Tell us who(m) you were talking to.*
Die Polizei konnte nicht feststellen, **wessen** Hund das Kind gebissen hatte. *(genitive)*	*The police were not able to determine whose dog had bitten the child.*

2. **Was** functions like **wer** but refers to things or concepts.

Er hat nie gesagt, **was** er wirklich gedacht hat.	*He never said what he was really thinking.*

B. *Wer* and *was* (whoever/whatever)

1. **Wer** and **was** can also be used to mean *whoever (he/she who)* and *whatever* respectively. In this usage, the first clause begins with **wer** or **was,** and the second clause generally begins with an optional demonstrative pronoun (see 16.3).

Wer ihm hilft, **(der)** bekommt ein freies Essen.	*Whoever helps him gets a free meal.*

2. The demonstrative pronoun must be used if it is not in the same case as **wer.**

Wer mich um Hilfe bittet, **dem** werde ich helfen.	*Whoever asks me for help, I will help.*

3. Both **wer** and **was** occur frequently in proverbs and sayings.

Was ich nicht weiß, **(das)** macht mich nicht heiß.	*What I don't know won't hurt me./ Ignorance is bliss.*

26.5   OTHER FORMS OF RELATIVIZATION

1. When the antecedent is a place, **in** _____ (formal) or **wo** (less formal) can begin the subsequent relative clause. But in either case, some form of connection is required, even where English allows such connectors to disappear.

Das Dorf, **in dem** er sein ganzes Leben verbrachte, ...	*The village in which he spent his whole life . . .*
Das Dorf, **wo** er sein ganzes Leben verbrachte, ...	*The village he spent his whole life in . . .*
	The village where he spent his whole life . . .

2. When the antecedent involves a time reference, written German often uses prepositions with relative pronouns, and **als** or **wenn** (depending on tense) as more colloquial alternatives.

Sie wollte den Tag nie vergessen, **an dem/als** sie ihn zum ersten Mal sah.	*She never wanted to forget the day (when) she saw him for the first time.*

Wo can be used similarly, but is considered very colloquial.

Und der Tag, **wo** sie sich kennen lernten, war noch schöner.	*And the day (when) they got acquainted was even more wonderful.*

3. To express relativization of manner, as in English *the way (in which) this happened*, German uses **die Art + wie**.

Die Art, wie er mich anschnauzte, war furchtbar.	*The way (that) he yelled at me was horrible.*

Wortschatz
Kategorien

The following words designate general categories of nouns. They are useful when classifying or defining items.

der Apparat, -e/das Gerät, -e apparatus, tool, device, piece of equipment

die Einrichtung, -en layout, setup, contrivance; furnishings

das Fahrzeug, -e vehicle

das Gebäude, - building

der Gegenstand, ⁼e object, thing, item

das Instrument, -e instrument

die Krankheit, -en illness

die Maschine, -n machine

das Medikament, -e medicine, drug

das Mittel, - means, medium

das Möbel, - *(piece of)* furniture

das Spiel, -e game

 das Brettspiel, -e board game

 das Kartenspiel, -e card game

das Spielzeug, -e toy

der Stoff, -e material, cloth, fabric

das Transportmittel, - means of transportation

das Werkzeug, -e tool, implement

Übungen

A **Am Rhein.** Verbinden Sie die beiden Sätze durch Relativpronomen.

> BEISPIEL Der Rhein ist ein Fluss. Er fließt durch mehrere Länder.
> *Der Rhein ist ein Fluss, der durch mehrere Länder fließt.*

1. Am Rhein stehen viele alte Burgen (*castles*). Sie stammen aus dem frühen Mittelalter.
2. Hoch oben auf einem Rheinfels (*cliff*) sitzt die Lorelei. Sie singt ein altes Lied.
3. Auf beiden Seiten des Rheins wächst der Wein. Den trinken die Rheinländer so gern.
4. Der Rhein fließt durch einige große Städte. In ihnen gibt es jetzt viel Industrie und auch viel Umweltverschmutzung (*environmental pollution*).
5. Die Mosel mündet (*empties*) bei der Stadt Koblenz in den Rhein. Sie ist über zweitausend Jahre alt.
6. Touristen können mit Schiffen auf dem Rhein fahren. Sie wollen die Romantik dieses Flusses erleben.

B **Eine gute Wanderausrüstung.** Sie und ein paar Freunde wollen eine Woche in den Bergen wandern. Sie sprechen mit dem Verkäufer im Sportgeschäft.

> BEISPIEL Wir brauchen Anoraks (*parkas*), _____ wasserdicht sind.
> *Wir brauchen Anoraks, die wasserdicht sind.*

1. Wir brauchen Bergschuhe, _____ aus Leder sind.
2. Wir suchen Rucksäcke, _____ leicht sind und in _____ man viel tragen kann.
3. Gibt es Medikamente, _____ bei Höhenkrankheit (*altitude sickness*) helfen?
4. Wir möchten eine Wanderkarte, auf _____ auch schwierige Touren eingezeichnet (*marked*) sind.
5. Es wäre auch eine gute Idee, ein paar Kartenspiele mitzunehmen, mit _____ wir uns abends die Zeit vertreiben (*pass the time*) können.
6. Ein Kompass (*m.*), _____ man auch im Dunkeln lesen kann, wäre auch ganz gut.
7. Es gibt bestimmt ein paar Werkzeuge, _____ wir noch brauchen.
8. Haben Sie ein Zelt, in _____ drei Personen schlafen können?
9. Wir müssen auch alle eine Brille tragen, _____ unsere Augen vor der Höhensonne schützt (*protects*).

C **Personenbeschreibung.** Was erfahren wir über Anita und Daniel? Verwenden Sie Relativpronomen.

> BEISPIEL Sie kann mehrere Sprachen.
> *Sie ist eine Frau, die mehrere Sprachen kann.*
> OR: *Sie ist eine Person, die mehrere Sprachen kann.*

Anita

1. Alle Leute mögen sie.
2. Sie spricht gern über Politik.
3. Sie treibt viel Sport.
4. Zu ihr kann man kommen, wenn man Probleme hat.
5. Daniel könnte ohne sie nicht glücklich sein.
6. Ihr Lachen ist ansteckend *(contagious).*

> BEISPIEL   Er arbeitet sehr fleißig.
> *Er ist ein Mann, der sehr fleißig arbeitet.*
> OR: *Er ist jemand, der sehr fleißig arbeitet.*

Daniel

1. Alle Leute mögen ihn.
2. Mit ihm kann man sich gut unterhalten *(converse).*
3. Er kocht sehr gern.
4. Man hört über ihn nur Positives.
5. Man kann ihm trauen.
6. Sein Englisch ist recht gut.

Beschreiben Sie jetzt jemanden, den Sie kennen. Schreiben Sie fünf bis sechs Sätze mit verschiedenen Relativpronomen.

D   **Gerümpel *(junk)* oder Schätze *(treasures)*?**   In Ihrer Garage gibt es noch viel altes Gerümpel, das Sie gern loswerden möchten. Versuchen Sie andere Leute zum Kauf dieser Dinge zu überreden *(persuade).*

> BEISPIELE   *Hier ist ein Fahrrad, **das** noch gut fährt.*
> *Hier sind ein paar alte Hobby-Zeitschriften, **in denen** interessante Artikel stehen.*

1. ein Kinderwagen mit nur drei Rädern
2. Plakate *(posters)*
3. ein leeres Aquarium
4. verrostete Werkzeuge
5. Autoreifen *(tires)*
6. ein altes Spielzeug aus Holz
7. ein künstlicher *(artificial)* Weihnachtsbaum
8. ein kleines U-Boot aus Kunststoff *(plastic)*

Und was für andere unwiderstehliche *(irresistible)* Dinge haben Sie denn noch so in Ihrer Garage?

E   **Tolle Dinge erfinden.**   Welche fünf Dinge möchten Sie erfinden? Je toller (oder verrückter), desto besser!

> BEISPIELE   *Ich möchte einen Hut erfinden, **der** sich automatisch vom Kopf hebt, wenn sein Besitzer „Guten Tag" sagt.*
> *Ich möchte eine Brille erfinden, **die** Scheibenwischer hat.*

F **Was ist das?**   Schreiben Sie Definitionen. Verwenden Sie Relativsätze oder substantivierte Infinitive (siehe 18.5) mit Vokabeln aus dem **Wortschatz.**

> BEISPIELE   das Klavier
> *Ein Klavier ist ein (Musik)instrument, das 88 Tasten (keys) hat.*
>
> die Schere *(scissors)*
> *Eine Schere ist ein Werkzeug zum Schneiden.*

1. die Kirche
2. das Penizillin
3. (das) Poker
4. die Uhr
5. der Hammer
6. (die) Baumwolle *(cotton)*
7. die Schlaftablette
8. der Krebs *(cancer)*

Schreiben Sie fünf weitere Definitionen für Gegenstände aus fünf verschiedenen Kategorien.

G **Tipps für Europabesucher.**   Machen Sie aus zwei Sätzen einen Satz mit Relativpronomen im Genitiv.

> BEISPIEL   Auf dem Land gibt es viele Pensionen. Ihre Zimmer sind nicht so teuer.
> *Auf dem Land gibt es viele Pensionen, **deren** Zimmer nicht so teuer sind.*

1. Im Herbst fahren viele Touristen in den Kaiserstuhl (Weingebiet in Südbaden). Seine Weine genießen einen besonders guten Ruf.
2. Man muss unbedingt auf den Dachstein (im Land Salzburg) hinauffahren. Von seinem Gipfel *(summit)* aus hat man einen herrlichen Panoramablick auf die umliegende Alpenwelt.
3. Im Sommer pilgern viele Touristen zum Kitzsteinhorn (Berg in Österreich). Auf seinen Gletschern *(glaciers)* kann man auch im Sommer Ski laufen.
4. Zu den großen Natursehenswürdigkeiten *(natural attractions)* Europas gehört die Adelsberger Grotte (in Slowenien). Ihre Tropfsteine *(stalactites)* bewundern Tausende von Besuchern jedes Jahr.
5. Besonders beliebt sind die Kurorte *(health resorts)* im Alpengebiet. Ihre Bergluft ist besonders gesund.

Gibt es denn auch in Ihrem Land oder in anderen Ländern, die Sie kennen, Sehenswürdigkeiten, die man unbedingt besuchen sollte? Schreiben Sie bitte drei Sätze mit **dessen** oder **deren.**

H ***Der, die, das, was oder wo?***   Beenden Sie die Sätze mit passenden Relativsätzen.

> BEISPIELE   Ich habe eine Arbeit, ...
> *Ich habe eine Arbeit, **die** mir Spaß macht.*
>
> Ich mache alles, ...
> *Ich mache alles, **was** ich will.*

1. Ich möchte das machen, ...
2. Ameisen *(ants)* sind Insekten, ...
3. Ich kenne Menschen, ...

4. Deutsch ist eine Sprache, ...
5. Liechtenstein ist ein Land, ...
6. Es gibt viele Dinge, ...
7. Ich weiß viel, ...
8. Eine schwere Krankheit wäre das Schlimmste, ...
9. Ein Mercedes ist ein Auto, ...
10. Ich möchte an einen Ort reisen, ...

I **Was ich alles möchte.** Ergänzen Sie die Sätze. Verwenden Sie entweder Präpositionen aus dem Kasten mit Relativpronomen oder **wo-** plus Präposition.

BEISPIELE Ich möchte einen Freund haben, ...
*Ich möchte einen Freund haben, **mit dem** ich über alles sprechen kann.*

Ich möchte nichts tun, ...
*Ich möchte nichts tun, **wofür** ich mich später schämen müsste.*

an für über bei in von durch mit zu

1. Ich möchte Professoren haben, ...
2. Ich möchte etwas studieren, ...
3. Ich würde gern einen Beruf erlernen, ...
4. Ich möchte später viel(es) sehen, ...
5. Ich möchte später in einer Stadt wohnen, ...

J **Was die Eltern nicht wissen.** Es gibt gewiss einiges, was Ihre Eltern über Sie nicht wissen. Erzählen Sie in etwa fünf Sätzen davon. Verwenden Sie **was** und Formen von **wer.**

BEISPIEL Meine Eltern wissen nicht, ...
*Meine Eltern wissen nicht, **wer** meine feste Freundin/mein fester Freund ist.*
***mit wem** ich jeden Tag zu Mittag esse.*
***was** ich abends mache, wenn ich keine Hausaufgaben habe.*

K **Sprüche und Antisprüche.** Was bedeuten diese bekannten Sprüche? Erfinden Sie eigene Varianten (Antisprüche!) dazu. Je lustiger, desto besser!

BEISPIEL Wer im Glashaus sitzt, soll nicht mit Steinen werfen.
*Wer im Glashaus sitzt, **(der)** soll keinen Krach (noise, racket) machen.*
***(den)** sieht jeder.*
***(der)** braucht gute Vorhänge (curtains).*

1. Wer *a* sagt, muss auch *b* sagen.
2. Wer den Pfennig nicht ehrt *(respects)*, ist des Talers *(old form of currency)* nicht wert.
3. Wer nichts wagt *(dares)*, gewinnt nichts.
4. Wer zuletzt lacht, lacht am besten.
5. Was ich nicht weiß, macht mich nicht heiß.
6. Was man nicht im Kopf hat, muss man in den Beinen haben.

Erfinden Sie ein paar „weise" Sprüche dieser Art!

Anwendung

A **Fotos.** Bringen Sie ein paar Fotos oder Dias *(slides)* von einer Reise oder einer Episode aus Ihrem Leben zur Unterrichtsstunde mit. Erklären Sie die Orte und Menschen auf Ihren Bildern. Sie sollen dabei selbstverständlich Relativpronomen verwenden.

REDEMITTEL

> Hier seht ihr ... , die ...
> Die Leute auf diesem Bild ...
> Links/Rechts im Bild sind die ... , die wir ...
> Das war in einem [Hotel], in dem/wo ...

B **Gut und nicht so gut.** Was für Dinge (Menschen, Gegenstände, Ideen usw.) finden Sie gut oder nicht so gut? Diskutieren Sie mit anderen Studenten darüber. Verwenden Sie Relativpronomen.

REDEMITTEL

> Gut finde ich die [Kurse], die/in denen ...
> Nicht so gut finde ich das, was ...
> Ich halte viel/nichts von [Menschen], die ...
> Ich mag [Städte] (nicht), wo/in denen ...

C **Zukunftswünsche.** Diskutieren Sie mit anderen Studenten über ihre Wünsche für die Zukunft.

REDEMITTEL

> Ich suche vor allem einen Beruf, ...
> Natürlich möchte ich Kollegen haben, ...
> Vielleicht kann ich in einer Stadt/in einer Gegend wohnen, wo ...
> Hoffentlich lerne ich eine Frau/einen Mann kennen, ...
> Ich möchte selbstverständlich auch noch eine Familie haben, ...
> Ich möchte übrigens auch nichts/etwas erleben, was ...

D **Eindrücke und Meinungen.**   Fragen Sie andere in Ihrem Kurs, was sie von bestimmten bekannten oder berühmten Persönlichkeiten halten. Diskutieren Sie darüber.

Was denkst du (denken Sie)/hältst du (halten Sie) von ... ?
Was ist dein/Ihr Eindruck von ... ?
Ich halte sie/ihn für eine Person, die/der/deren ...
Nun, (ich finde,) das ist ein Mensch, der/den/dem/dessen ...
Sie/Er kommt mir wie jemand vor, die/der ...
Meiner Meinung nach hat sie/er etwas gemacht, was ...
Nun, wer so etwas macht, der/den/dem ...

Schriftliche Themen

Tipps zum Schreiben

Using and Avoiding Relative Clauses

Relative clauses work well in analytical writing; they enrich your prose by providing additional information about the persons and things you wish to discuss. Since relative clauses tend to interrupt the flow of a sentence, you should use them sparingly, particularly in fast-paced narratives or in compositions where the emphasis is on action(s) rather than explanation. Often a descriptive prepositional phrase can convey the same information (see **Tipps zum Schreiben,** Chapter 10). For example, **die Familie, die in der nächsten Straße wohnt,** is expressed more succinctly by **die Familie in der nächsten Straße.** A relative clause with **haben** (for example, **die Studentin, die das Buch hatte**) can invariably be replaced by a prepositional phrase (**die Studentin mit dem Buch**). Relative clauses with the verb **sein** (**die Preise, die sehr hoch waren**) are even less desirable, since an adjective construction (**die sehr hohen Preise**) usually supplies the same information. (See also **Tipps zum Schreiben** in Chapter 21.)

A **Charakterbeschreibung.**   Beschreiben Sie eine Person, die Sie kennen, oder einen unvergesslichen Charakter aus einem Buch oder einem Film.

> BEISPIEL   Oskar ist ein Mensch, der die Welt anders sieht als andere Menschen. Er redet auch dauernd von Dingen, die andere Menschen überhaupt nicht interessieren. Wenn er z. B. ...

B **Zurück in die Zukunft.**   Was für technische Erfindungen *(inventions)* des 20. oder 21. Jahrhunderts würde jemand aus einem früheren Jahrhundert gar nicht verstehen? Wie könnte man solche Erfindungen erklären? Verwenden Sie dabei die Kategorien aus dem **Wortschatz!**

VORSCHLÄGE

das Auto, -s
der Computer, -
das Faxgerät
der Fernseher, -
das Flugzeug, -e
das Handy, -s *(cell phone)*
das Penizillin
die Rolltreppe, -n *(escalator)*
der Satellit, -en *(weak noun, see 12.3)*
der Videorecorder, -
der DVD-Brenner

C **Der Mensch.**   Schreiben Sie einen Aufsatz mit diesem Titel. Vielleicht gibt Ihnen der folgende Textauszug *(excerpt)* ein paar Anregungen *(ideas)*.

> BEISPIEL   Man könnte den Menschen geradezu *(frankly)* als ein Wesen *(being)* definieren, das nie zuhört ... Jeder Mensch hat eine Leber, eine Milz *(spleen)*, eine Lunge und eine Fahne[2] ... Es soll Menschen ohne Leber, ohne Milz und mit halber Lunge geben; Menschen ohne Fahne gibt es nicht ... Menschen miteinander gibt es nicht. Es gibt nur Menschen, die herrschen *(rule)*, und solche, die beherrscht werden ... Im übrigen *(in other respects)* ist der Mensch ein Lebewesen, das klopft, schlechte Musik macht und seinen Hund bellen lässt ... Neben den Menschen gibt es noch Sachsen *(Saxons)* und Amerikaner, aber die haben wir noch nicht gehabt und bekommen Zoologie erst in der nächsten Klasse. [Kurt Tucholsky, 1890–1935]

---

[2] Fahne = *flag; but* Er hat eine Fahne = *You can smell alcohol on his breath.*

Zusammenfassung

Rules to Remember

1 The relative pronouns **der, die, das,** and **die** (plural) agree with the word(s) they refer to in gender and number, but the case of the relative pronoun depends on its function within its own clause.

2 A relative clause is a subordinate clause; the conjugated verb (V_1) occupies final position.

3 English relative clause usage often omits object pronouns and moves prepositions to final position. German relative clauses must have a relative pronoun or equivalent connector (such as **wo, wie,** or **wenn, als**), and any preposition related to the relative pronoun must precede it: *the film I'm thinking of* = **der Film, an den ich denke.**

4 The neuter relative pronoun **was** is used instead of the relative pronoun **das** to refer to concepts (as opposed to specific objects) and entire clauses (**das Beste, <u>was</u> ... ; Sie läuft Ski, <u>was</u> mir gefällt.**).

5 A **wo**-compound may be used instead of a preposition + relative pronoun to refer to inanimate things (**der Bleistift, <u>womit</u>** [*or* **mit dem**] **ich schreibe**), and always replaces prepositions + relative pronoun **was** (**alles, <u>woran</u> ich denke**).

At a Glance

Relative pronouns: Forms				
	Masc.	**Fem.**	**Neut.**	**Pl.**
Nom.	der	die	das	die
Acc.	den	die	das	die
Dat.	dem	der	dem	**denen**
Gen.	**dessen**	**deren**	**dessen**	**deren**

Antecedents taking *was* as relative pronoun		
etwas	manch(es)	das Beste
nichts	einiges	das Erste, Zweite, ...
alles	das	*[entire preceding clause]*
viel(es)	dasselbe	

Relative pronouns: Structure

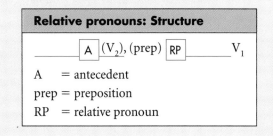

A = antecedent
prep = preposition
RP = relative pronoun

27
Indirect Discourse · Subjunctive I

Der Besuch der alten Dame

Aus Akt I

Nach dem Festessen im Gasthof zum Goldenen Apostel:

DER BUTLER: Es war im Jahre 1910. Ich war Oberrichter° in Güllen und
hatte eine Vaterschaftsklage° zu behandeln°. Claire Zachanassian, damals
Klara Wäscher, klagte° Sie, Herr Ill, an, der Vater ihres Kindes zu sein.

high court judge
paternity suit / deal with
charged

Ill schweigt.

DER BUTLER: Sie bestritten° damals die Vaterschaft, Herr Ill. Sie hatten zwei
Zeugen° mitgebracht.
ILL: Alte Geschichten. Ich war jung und unbesonnen°.

contested
witnesses
foolish

[...]

DER BUTLER: 1910 war ich der Richter und ihr die Zeugen. Was habt ihr
geschworen°, Ludwig Sparr und Jakob Hühnlein, vor dem Gericht° zu
Güllen?
DIE BEIDEN: Wir hätten mit Klara geschlafen, wir hätten mit Klara
geschlafen.
DER BUTLER: So habt ihr vor mir geschworen. Vor dem Gericht, vor Gott.
War dies die Wahrheit°?
DIE BEIDEN: Wir haben falsch geschworen, wir haben falsch geschworen.
DER BUTLER: Warum, Ludwig Sparr und Jakob Hühnlein?
DIE BEIDEN: Ill hat uns bestochen°, Ill hat uns bestochen.

schwören: *to swear under oath / court*

truth

bestechen: *to bribe*

[...]

DER BUTLER: Dies ist die Geschichte: Ein Richter, ein Angeklagter°, zwei falsche Zeugen, ein Fehlurteil° im Jahre 1910. Ist es nicht so, Klägerin°? *defendant* / *false judgment* / *plaintiff*

Claire Zachanassian steht auf.

ILL: *stampft auf den Boden°* Verjährt°, alles verjährt! Eine alte, verrückte Geschichte. *floor* / *past the statute of limitations*

DER BUTLER: Was geschah° mit dem Kind, Klägerin? *happened*

CLAIRE ZACHANASSIAN: *leise°* Es lebte ein Jahr. *softly*

DER BUTLER: Was geschah mit Ihnen?

CLAIRE ZACHANASSIAN: Ich wurde eine Dirne°. *prostitute*

DER BUTLER: Weshalb°? *for what reason*

CLAIRE ZACHANASSIAN: Das Urteil des Gerichts machte mich dazu.

DER BUTLER: Und nun wollen Sie Gerechtigkeit°, Claire Zachanassian? *justice*

CLAIRE ZACHANASSIAN: Ich kann sie mir leisten°. Eine Milliarde für Güllen, wenn jemand Alfred Ill tötet°. ***sich etwas leisten:*** *afford* / *kill*

Totenstille°. *dead silence*

Friedrich Dürrenmatt, *Der Besuch der alten Dame.*

Grammatik

27.1 INDIRECT DISCOURSE

1. Direct discourse is, quite simply, what someone says.

Der Butler sagte: „Es war im Jahre 1910. Ich war Oberrichter in Güllen und hatte eine Vaterschaftsklage zu behandeln."	*The butler said, "It was in 1910. I was the high court judge in Güllen and had a paternity suit to preside over."*

The sentence above consists of a frame (**Der Butler sagte: ...**) followed by a direct discourse statement (**„Es war im Jahre 1910 ..."**). Notice the colon at the end of the frame, rather than a comma.

2. Indirect discourse, on the other hand, takes direct discourse and weaves it into the perspective of the frame, while still retaining its message.

Der Butler sagte, **er** war Oberrichter in Güllen.	*The butler said he was high court judge in Güllen.*

3. In German, there are three ways to signal indirect discourse:

    a. a pronoun shift (mandatory in the case of first-person and second-person references in the direct discourse);

    b. the optional use of **dass** to introduce the message;

    c. the optional use of the subjunctive voice for the verb(s) in the discourse message.

4. In spoken language, choice (a) often suffices. Notice how pronouns can change the reference point:

    Kurz davor sagte der Butler: „Ich weiß nicht, ob Sie mich noch kennen.“

    Kurz davor sagte der Butler, **er** weiß nicht, ob **sie ihn** noch kennen.

    Kurz davor sagte der Butler, **er** weiß nicht, ob **wir ihn** noch kennen.

    Depending on the pronouns used, the perspective in the indirect version becomes either that of someone reporting on the proceedings from outside the group, with everyone mentioned in the third person *(he doesn't know if they still know him);* or that of someone who identifies with the group *(he doesn't know if we still know him).* In both cases, the direct discourse has been modified to indicate a new speaker, who relates the original utterance indirectly to the reader or listener.

5. As for (b), the indirect discourse can be introduced by the conjunction **dass,** but need not be. If **dass** is used, the indirect discourse becomes a subordinate clause, with V_2 in final position; if **dass** is not used, the word order remains that of a main clause.

    Der Butler sagte, **dass** er der Richter **war.**
    Der Butler sagte, er **war** der Richter.

6. German also uses the subjunctive to indicate indirect discourse. When mediating speakers have no need or desire to distance themselves from the message being conveyed, they often use the indicative mood of the verb, as in the examples above, which are typical of spoken language:

    Der Butler sagte, er **war** der Richter.

    By using the subjunctive, however, the message bearer can accentuate the indirect nature of the message, as if to say: "This is not my idea; this is what somebody else said." German in fact has a subjunctive form that is associated almost exclusively with indirect discourse, and which differs substantially from English subjunctive forms.

27.2 ▶ SUBJUNCTIVE I FORMS

A. Present subjunctive I

1. Subjunctive forms based on the first principal part of the verb (the infinitive) are known collectively as *subjunctive I.* Like subjunctive II (see 20.2) they use the subjunctive endings **-e, -est, -e; -en, -et, -en,** but for present subjunctive I verbs, these are attached to the infinitive stem.

Subjunctive I forms					
	haben	**werden**	**müssen**	**lernen**	**nehmen**
ich	habe	werde	müsse	lerne	nehme
du	habest	werdest	müssest	lernest	nehmest
er/sie/es	habe	werde	müsse	lerne	nehme
wir	haben	werden	müssen	lernen	nehmen
ihr	habet	werdet	müsset	lernet	nehmet
sie/Sie	haben	werden	müssen	lernen	nehmen

2. The present subjunctive I of **sein** is irregular in the first- and third-person singular.

sein		
ich sei	wir sei **en**	
du sei (e)st	ihr sei **et**	
er/sie/es sei	sie/Sie sei **en**	

3. Subjunctive I forms that are identical to the indicative are never used. Thus, aside from modal verbs and the verbs **wissen** and **sein,** only third-person-singular forms of subjunctive I occur with any regularity.[1]

Indicative		Subjunctive I	
ich	lerne	lerne	*(identical with the indicative)*
du	**lernst**	**lernest**	*(uncommon)*
er/sie/es	**lernt**	**lerne**	*(subjunctive I used)*
wir	lernen	lernen	*(identical with the indicative)*
ihr	**lernt**	**lernet**	*(uncommon)*
sie/Sie	lernen	lernen	*(identical with the indicative)*

---

[1] The second-person singular and plural subjunctive I forms, while often distinct from the indicative, sound stilted and are simply not used. Germans use subjunctive II instead.

Sie dachte, *du* **hättest** (*not:* **habest**) keine Zeit zum Schreiben.	*She thought you didn't have any time for writing.*

B. Review: Present subjunctive II

Present subjunctive II verbs are formed with the stem of the second principal part of the verb (the past tense), followed by the subjunctive endings (see 20.2 and Appendix 4). Strong verbs take an umlaut if the stem vowel is **a, o,** or **u.**

Subjunctive II forms						
	sein	**haben**	**werden**	**müssen**	**lernen**	**nehmen**
ich	wäre	hätte	würde	müsste	lernte	nähme
du	wärest	hättest	würdest	müsstest	lerntest	nähmest
er/sie/es	wäre	hätte	würde	müsste	lernte	nähme
wir	wären	hätten	würden	müssten	lernten	nähmen
ihr	wäret	hättet	würdet	müsstet	lerntet	nähmet
sie/Sie	wären	hätten	würden	müssten	lernten	nähmen

C. Past subjunctive I

To express past time, subjunctive I (like subjunctive II—see 20.4) has only one structure: an auxiliary (**haben** or **sein**) in subjunctive I + the past participle. The most commonly used forms are highlighted below.

For verbs that take *haben:*	For verbs that take *sein:*
Ich **habe** das nicht gemacht.	Ich **sei** gestern nicht da gewesen.
Du **habest** ... gemacht.	Du **sei(e)st** ... gewesen.
Er/Sie **habe** ... gemacht.	Er/Sie **sei** ... gewesen.
Wir **haben** ... gemacht.	Wir **seien** ... gewesen.
Ihr **habet** ... gemacht.	Ihr **seiet** ... gewesen.
Sie/sie **haben** ... gemacht.	Sie/sie **seien** ... gewesen.

27.3   USING THE SUBJUNCTIVE IN INDIRECT DISCOURSE

1. Subjunctive I is used almost exclusively for indirect discourse, but the other subjunctive forms (subjunctive II and **würde** + infinitive) can also take on this function. Whichever form one decides to use (see also page 387), *the tense of the subjunctive verb in the indirect discourse corresponds to the verb tense in the direct discourse version, regardless of the verb tense in the opening frame.* In other words:

a. If the original statement is in the present tense, the indirect-discourse version should use present subjunctive (I, II, or **würde** + infinitive).

b. If the original statement is in any past tense (simple past, perfect, or past perfect), then a past subjunctive is necessary (I or II).

c. If the original statement is in the future, a subjunctive form of **werden** (I or II) is used as the auxiliary (V_1) in the indirect version.

d. If the direct version contains a subjunctive II form, the indirect version must use subjunctive II or **würde** + infinitive.

Here is an example of each case:

Ill sagte: „Es ist eine verrückte, alte Geschichte!" *(present)*

→   Ill sagte, dass es eine verrückte, alte Geschichte **sei.**

Claire sagte leise: „Das Kind lebte ein Jahr." *(simple past)*

→   Claire sagte leise, das Kind **habe** nur ein Jahr **gelebt.**

Claire behauptete: „Ich werde mir Gerechtigkeit kaufen." *(future)*

→   Claire behauptete, sie **werde** sich Gerechtigkeit **kaufen.**

Die beiden gaben zu: „Wir haben falsch geschworen, wir haben falsch geschworen." *(perfect)*

→   Die beiden gaben zu, dass sie falsch **geschworen hätten.**

Ill hatte zuvor gesagt: „Klara, ich **wünschte,** wir **könnten** die Zeit aufheben *(draw back)*." *(hypothetical wish using subjunctive II)*

→   Ill hatte zuvor gesagt, er wünschte, sie könnten die Zeit aufheben.

Notice that the decision whether or not to use **dass** is unrelated to tense.

2. In the examples above, all but the last sentence are rendered with subjunctive I forms (rather than subjunctive II or **würde** + infinitive). There are many instances, however, in which the subjunctive I form is identical to the indicative and cannot function as a clear marker of reported speech. Subjunctive II forms can be substituted, but sometimes (as discussed in 20.2) these are archaic and obsolete. And very often, one hears German speakers using **würde**-constructions in indirect discourse where viable subjunctive I or II forms are available. To sort these options out, we will look first at the formal rules and then at current usage.

3. The formal rules for using the subjunctive in indirect discourse are quite simple: (a) Use subjunctive I whenever the form is distinct from the indicative; and (b) when subjunctive I is not distinct, use subjunctive II instead. This effectively restricts subjunctive I use to modal verbs, **wissen,** and **sein,** exceptional forms such as **habest** (considered stilted and outdated), and the third-person singular of all other verbs. Under these rules, subjunctive II must be used for all other cases.

Ill sagte nur: „Ich war jung und unbesonnen.“	Ill sagte nur, er **sei** jung und unbesonnen gewesen. (**sei** *is distinct from the indicative here, so it can be used*)
Die beiden gaben zu: „Wir haben für zwei Liter Schnaps falsch geschworen.“	Die beiden gaben zu, dass sie für zwei Liter Schnaps falsch geschworen **hätten.** (**haben** *is not distinct from the indicative, so subjunctive II is used instead*)

One could add an additional rule: (c) when subjunctive II forms are archaic or identical with the indicative, use **würde** + infinitive.

4. These rules are applied most consistently in print media and formal writing, where people are often quoted, where third-person verbs (the most distinctive subjunctive I form) are therefore plentiful, and where journalists must take pains (often for legal reasons) to dissociate themselves from what someone else says.

5. In spoken German, however, these rules rarely apply. Instead, one hears a mixture of very occasional subjunctive I forms, some common verbs (**sein, haben, kommen,** etc.) in subjunctive II, routine use of **würde** + infinitive, and, very frequently, the indicative. Speakers choose subjunctive and indicative forms depending on the distinctiveness of the subjunctive form available (Sie sagten, sie **haben** keine Zeit *vs.* sie **hätten** keine Zeit), and on the degree of formality, distance, or directness they wish to signal (Er sagte, er **habe** keine Zeit *vs.* er **hätte** keine Zeit *vs.* er **hat** keine Zeit).

27.4 ▸ OTHER CONTEXTS FOR INDIRECT DISCOURSE

A. Extended direct discourse

In both English and German, indirect discourse is usually introduced by a frame that includes a verb of speaking or thinking, such as **sagen** or **meinen** (see the **Wortschatz** on pp. 390–391 for more possibilities). In English, this frame must be repeated each time an indirect quote is given—"Mary remarked . . . , and then she said . . . , and finally she noted . . ."—in order to make it clear that it is Mary's speech which is being reported, not the opinions of the author. In German, a writer can simply state the identity of the source at the outset, and then proceed to use subjunctive I verb forms (or subjunctive II substitutes when necessary; see 27.3) throughout an extended passage with no further frames necessary.

In der langen Tischrede des Bürgermeisters beteuerte er, man **habe** sie nie vergessen. Schon damals **habe** jeder den Zauber ihrer Persönlichkeit gespürt. Unvergessen **sei** sie geblieben. Ihre Leistungen in der Schule **würden** noch jetzt von der Lehrerschaft als Vorbild hingestellt. Sie **sei** im wichtigsten Fach – Pflanzen- und Tierkunde – erstaunlich gewesen. Ihre Gerechtigkeitsliebe und ihr Sinn für Wohltätigkeit **habe** schon damals die Bewunderung weiter Kreise erregt.

In the mayor's long after-dinner speech, he stressed that people had never forgotten her. Even back then, [he said,] everyone sensed the magic of her personality. [He stressed again that] she had remained unforgotten. [He mentioned how] her achievements in school were still held up by the faculty as a model. [He noted that] she was astonishingly good in the most important subject—"plant and animal studies." [He said that] her love of justice and her sense of generosity had, even then, led to wide-spread admiration.

B. Indirect questions

1. Questions can be reported indirectly *(She wanted to know why he did it)*, and can likewise be expressed using the subjunctive. Once again, the question of which subjunctive to use (if any at all) changes according to context and intended level of formality. In journalistic prose, subjunctive I forms lend an aura of careful, objective reporting:

Der Butler fragte die Klägerin, was mit dem Kind geschehen **sei**.	*The butler asked the plaintiff what happened to the child.*

In colloquial speech, by contrast, one often hears the indicative, sometimes a **würde**-construction, and occasionally a subjunctive I or II, especially with modal verbs.

Damals hatte Ill die beiden gefragt: „Macht ihr was für mich?"

→ Damals hatte Ill die beiden gefragt, ob sie was für ihn **machen würden.**

Sie fragten ihn zurück: „Was willst du denn von uns?"

→ Sie hatten zurückgefragt, was er denn von ihnen **wollte.**

2. The structure of the indirect clause depends on the type of question posed directly. With information questions, the question word is repeated at the beginning of the indirect clause, while yes-no questions are expressed indirectly by using **ob** as a conjunction.

Der Butler fragte die beiden: „Was habt ihr vor dem Gericht geschworen?"

→ Der Butler fragte die beiden, **was** sie vor dem Gericht geschworen hätten.

Damals hatte er Ill gefragt: „Sind Sie der Vater des Kindes?"

→ Damals hatte er Ill gefragt, **ob** er der Vater des Kindes sei.

C. Indirect commands

Commands are reported indirectly by stating what should or must be done, using the modal verb **sollen,** or sometimes **müssen.** In formal contexts, the subjunctive I form of the modal can be used, with less formal renditions using either subjunctive II or the indicative.

Zuerst sagte der Butler: „Herr Ill, treten Sie vor *(step forward)!"*

→ Zuerst sagte der Butler, Herr Ill **solle/sollte** vortreten.

27.5   OTHER USES OF SUBJUNCTIVE I

1. Subjunctive I can be used instead of subjunctive II in **als ob/als wenn** clauses (see 20.3.E), though subjunctive II is generally preferred.

Ill tat, als ob das Ganze ihn nichts
   angehe/anginge.

Ill tat, als **gehe/ginge** ihn das Ganze
   nichts an.

Ill acted as if the whole thing didn't concern him at all.

2. Subjunctive I also functions as the so-called "exhortatory subjunctive," a very formal third-person imperative akin to English *Long live the queen!* (**Es lebe die Königin!**). It is found mostly in older literature and conveys an elevated style. Several well-known examples take on a certain poignancy in light of this chapter's literary text:

„Zwischen uns **sei** Wahrheit." (Goethe,
   Iphigenie auf Tauris)

"May there be truth between us."

„Dein Reich **komme,** dein Wille
   geschehe ... " [Matthäusevangelium]

"Thy kingdom come. Thy will be done . . . " [The Gospel of Matthew]

Wortschatz

„Sagen" anders sagen

The following verbs of speaking can introduce indirect discourse. Many of them take a dative (indirect) object with people and an accusative (direct) object or a prepositional phrase with things.

andeuten to indicate	**erläutern** to elucidate, elaborate
ankündigen to declare, announce	**erwähnen** to mention
antworten (auf)[2] to answer	**erwidern (auf)** to reply (to)
behaupten to assert, maintain	**erzählen (von)** to tell (about)
bekannt geben to announce	**fragen (nach)** to inquire, ask (about)
bemerken to remark, say	**informieren** to inform
beteuern to assure, swear	**leugnen** to deny
betonen to emphasize	**meinen** to say, offer one's opinion
etwas einwenden (gegen) to raise an objection (to)	**mitteilen** to inform
entgegnen (auf) to reply (to)	**raten** to advise
erklären to explain	**reden (über/von)** to talk (about)
	sagen (von) to say, tell (about)

---

[2] With verbs of speaking, the prepositions **auf** and **über** normally govern the accusative case.

verkünden	to announce, proclaim	**wissen wollen**	to want to know
versichern	to assure	**zugeben**	to admit, confess
versprechen	to promise	**zusammenfassen**	to summarize

Übungen

A **Indirekte Rede in den Medien.** Folgende Pressemeldungen zeigen typische Beispiele für Verwendung des Konjunktivs. Unterstreichen Sie zuerst *alle* Verben in den Texten: Welche sind im Indikativ? im Konjunktiv? I oder II? Warum? Welche einleitenden Verben aus dem **Wortschatz** werden hier verwendet?

Sie sei vor ein paar Jahren total fertig[a] gewesen, sagte die US-Schauspielerin Meg Ryan der Hamburger Frauenzeitschrift *Für Sie*. „Ich dachte, ich schaffe[b] das alles nicht mehr." Sie habe sich schließlich[c] neue Grenzen[d] gesetzt und sich auf Privatleben und Familie konzentriert. Von geschäftlicher Überforderung[e] könne man regelrecht[f] erschlagen[g] werden, so Ryan: „Man muss lernen, Nein zu sagen." Ryan war neun Jahre mit dem Schauspieler Dennis Quaid verheiratet. Ein Geheimnis[h] für eine glückliche Hollywood-Ehe kenne sie nicht. „Das Spannende[i] beginnt ja erst da, wo die romantischen Komödien enden: nämlich, wie man eine Beziehung aufrechterhält[j]."
[Focus Online]

Der italienische Modezar Giorgio Armani hat Gerhard Schröder zu mehr Zurückhaltung[k] geraten[l]. Der Bundeskanzler solle ruhig[m] teure Kleider tragen, er dürfe es nur nicht alle wissen lassen, meinte Armani am Freitag … Kritik am Outfit Schröders wollte Armani indes[n] nicht gelten lassen[o]: Der Mann habe einen gewissen Status – „warum sollte er sich da nicht entsprechend[p] kleiden?"
[Focus Online]

B **Von direkter Aussage zur indirekten Rede.** Geben Sie die Aussagen in indirekter Rede wieder.

BEISPIEL Man lebt heutzutage sehr ungesund.
Sie meinte, …
Sie meinte, man lebe heutzutage sehr ungesund.

---

[a] exhausted; burned out
[b] manage
[c] finally
[d] boundaries
[e] excessive demand(s)
[f] downright

[g] overwhelmed, worn out
[h] secret
[i] excitement
[j] maintain
[k] reserve
[l] advised

[m] (particle): go right ahead and …
[n] nonetheless
[o] validate; affirm
[p] correspondingly

1. Im vergangenen Jahr hatten die Gastronomiebetriebe *(eating establishments)* höhere Besucherzahlen.

   Das Fremdenverkehrsamt *(office of tourism)* gab bekannt, dass ...

2. Vermutlich *(presumably)* sind auch in diesem Sommer mehr Touristen zu erwarten.

   Gestern kündigte die Presse an, dass ...

3. Es wird nicht mehr lange dauern, bis das Wohnungsproblem gelöst ist.

   Politiker gaben der Hoffnung Ausdruck, es ...

4. Wenn man jetzt nichts dagegen tut, wird das Straßenverkehrssystem in der deutschen Bundesrepublik in wenigen Jahren zusammenbrechen.

   Experten behaupten, ...

5. Bleib fit, bleib gesund!

   Überall heißt es jetzt, man ...

6. Früher brachten die Zeitungen meist schlechte Nachrichten.

   Viele sind der Meinung, ...

7. Die besten Jahre sind jetzt.

   Manche denken, ...

8. Die besten Jahre waren schon.

   Andere fragen, ob ...

9. Wählervertrauen *(voter trust)* ist ein rohes Ei, man kann es nur einmal in die Pfanne hauen *(toss into the skillet)*.

   Der Redner betonte, ...

10. Weil in der alten DDR die nötige Finanzierung fehlte, konnte der Staat viele Wohnhäuser nicht renovieren.

    Die Sache ließ sich so erklären: ...

11. „Man soll den Tag nicht vor dem Abend loben *(praise)*." (Sprichwort)

    In einem Sprichwort heißt es, ...

12. „Arbeite nur, die Freude kommt von selbst."

    Der Dichter Goethe empfahl, ...

C **Jeder sagt es anders.** Drücken Sie den Inhalt der Sätze mit Verben aus dem **Wortschatz** anders und präziser aus.

> **BEISPIEL**   Als er den Vorschlag *(suggestion)* machte, sagte niemand etwas.
> *Auf seinen Vorschlag erwiderte niemand etwas.*

1. Er sagte genau, wie viel Geld er brauchte und wann.
2. Gegen diesen Plan kann ich nichts sagen.
3. Der Chef sagte den Angestellten, dass man 100 Arbeitskräfte würde entlassen müssen.
4. Von ihren Problemen sagte sie nichts.
5. Der Bürgermeister sagte seine Meinung über die städtischen Baupläne.
6. Nachdem sie so viel über die Talente des Kindes gesagt hatte, glaubten am Ende auch alle daran.
7. Der Polizist sagte, dass er mehr über den Unfall herausfinden wollte.

D **Und dann meinte sie, ...** Lesen Sie die direkten Aussagen unten und bilden Sie dann damit Sätze in der indirekten Rede (im Konjunktiv). Verwenden Sie dabei als Einleitung Verben aus dem **Wortschatz.** Achten Sie auf die Zeitform des Verbs in der direkten Rede.

BEISPIEL „Ich habe gar nichts getrunken!"
*Hannes hat uns **versichert**, er hätte gar nichts getrunken!*

1. „Diese Probleme haben wir wegen der Luftverschmutzung."
2. „Heute Abend um acht bin ich wieder zu Hause!"
3. „Man muss noch etwas Geduld haben."
4. „Als Bundeskanzler werde ich Ihr Vertrauen zurückgewinnen!"
5. „Ich habe *nie* mit ihr gesprochen!"
6. „Unsere zwei Länder müssen besser zusammenarbeiten."
7. „Der Film war einfach zu lang."
8. „Ich habe sie wirklich nur gefragt, ob der Stuhl neben ihr frei war."

Anwendung

A **Worte der Woche.** Geben Sie einige wichtige Zitate der letzten Woche zu politischen Ereignissen in der indirekten Rede wieder.

> **REDEMITTEL**
>
> Es steht/stand in der Zeitung, (dass) …
> Nach Angaben *(figures)* [des Pressesprechers] …
> Die [Regierung] gab bekannt, (dass) …
> Es heißt/hieß *(is/was said)* auch, (dass) …

B **Interview.** Interviewen Sie außerhalb des Kurses jemanden, die/der Deutsch spricht, und zwar über ihre/seine Meinung zu einem aktuellen politischen Ereignis *(event)* oder Thema. Stellen Sie etwa sieben Fragen. Berichten Sie über die Ergebnisse *(results)* Ihres Interviews im Kurs. Sagen Sie, welche Fragen Sie gestellt haben, und geben Sie die Meinung der befragten Person in der indirekten Rede wieder.

> **REDEMITTEL**
>
> **Fragen**
>
> Was halten Sie von … ?
> Wie sehen Sie die Sache … ?
> Darf ich Sie fragen, wie Sie zu den
>   neuesten Ereignissen stehen?
> Und wie beurteilen *(judge)* Sie … ?
> Finden Sie es richtig/gut, dass … ?
> Was für einen Eindruck hat … auf
>   Sie gemacht?
>
> **Berichten**
>
> Sie/Er ist der Ansicht/Meinung,
>   (dass) …
> Sie/Er sagte auch, (dass) …
> Bemerkt hat sie/er auch, (dass) …
> Allerdings gab sie/er zu, (dass) …
> Sie/Er gab der Hoffnung Ausdruck,
>   (dass) …

C   **Ratschläge** *(pieces of advice).*   Sprechen Sie mit einer Partnerin/einem Partner über die besten und die dümmsten Ratschläge, die Sie je bekommen oder gehört haben – von Ihren Eltern, von Freunden, Lehrern, Trainern, Filmstars usw.

> BEISPIEL   Einmal sagte mir eine Freundin, man müsse/müsste sich jeden Tag Zeit nehmen, um an den Blumen zu riechen. Aber in Boston, wo wir damals wohnten ...

Schriftliche Themen

Tipps zum Schreiben	**Quotations**
	Good journalistic prose usually contains a carefully balanced mixture of commentary and quotations (direct and indirect) from knowledgeable, interesting sources. Especially in written German, indirect quotations are routinely rendered with subjunctive forms—the more formal the tone, the more prevalent the use of subjunctive I, as long as those forms are distinctly subjunctive. Remember that subjunctive I can convey the idea of "quotedness" on its own, with no need to mention the quoted speaker in every instance (see 27.4.A). For the sake of style, one should vary the use of **dass** in indirect quotations and use precise words for *say* to introduce both direct and indirect quotes.

A   **So steht es geschrieben.**   Lesen Sie einige Leserbriefe aus einer Zeitung oder Zeitschrift, um zu erfahren, was die Leute so denken. Dann schreiben Sie einen Bericht über die Meinung dieser Leute, so wie man ihn in einer deutschen Zeitung finden könnte. Übrigens: Viele deutsche Zeitungen und Zeitschriften sind im Internet zu finden!

> BEISPIEL   Zum Thema „Philosophie als Hauptfach" meint Herr Bellenfant, ein Student im 7. Semester, dass man von den Studenten mehr fordern *(demand)* müsse, denn ... usw.

B   **Lebensansichten** *(views on life).*   Ihre Zimmerkollegin(nen)/Ihr(e) Zimmerkollege(n) hat/haben bestimmt ein paar Ansichten über das Leben – über Beziehungen und Liebe, Arbeit und Jobs, die Zukunft und Weltpolitik. Sprechen Sie mit ihr/ihm/ihnen (egal in welcher Sprache!) und dann schreiben Sie einen Bericht (auf Deutsch, natürlich!) über die Ansichten, die Sie erfahren haben, in der indirekten Rede im Konjunktiv.

BEISPIEL   Mein Zimmerkollege ist der Ansicht, das Leben sei zu kurz, um mit gewissen Leuten zu tanzen. Er wolle sich doch pausenlos amüsieren, erklärt er, und deswegen sei es wichtig, dass ... usw.

Zusammenfassung

Rules to Remember

1 Present subjunctive I is used almost exclusively in indirect discourse in formal, written settings.

2 Present subjunctive I is formed by attaching the subjunctive endings (**-e, -est, -e; -en, -et, -en**) to the unchanged stem of the infinitive; **sein** does not add **-e (ich sei; er/sie sei).**

3 Past subjunctive I is formed with the auxiliary **haben** or **sein** in subjunctive I + the past participle. Future tense subjunctive I is formed with subjunctive I forms of **werden** + the infinitive.

4 The tense of the subjunctive verb in the indirect discourse corresponds to the verb tense in the direct discourse version, regardless of the verb tense in the opening frame: direct discourse verbs in any past tense (simple past, perfect, or past perfect) become past subjunctive in the indirect discourse; direct discourse verbs in the present tense are rendered in present subjunctive; and future tense verbs in the direct discourse use a subjunctive form of **werden** + infinitive in indirect discourse.

5 The formal rules for choice of subjunctive in indirect discourse:

a. Use subjunctive I wherever possible, i.e., where subjunctive I forms are distinct from the indicative.

b. Where subjunctive I looks like the indicative, use subjunctive II forms.[3]

6 These rules apply in practice only to formal reporting situations and written prose. In colloquial German, indirect speech is often conveyed with the indicative or, to suggest distance between speaker and source, with **würde** + infinitive and subjunctive II for common verbs such as **kommen, tun, wissen,** etc. If subjunctive I forms are used in speaking, they can indicate an ironic or skeptical stance.

7 Subjunctive I can also be used in **als/als ob/als wenn** constructions and in very formal (and rare) "exhortatory" constructions such as **Es lebe die Königin!**

---

[3] An additional rule is used increasingly, even in formal contexts: Whenever these rules point to an archaic or obsolete verb form, use the **würde** + infinitive construction.

At a Glance

Subjunctive I: Forms						
	sein	**haben**	**werden**	**müssen**	**lernen**	**nehmen**
ich	sei	habe	werde	müsse	lerne	nehme
du	sei(e)st	habest	werdest	müssest	lernest	nehmest
er/sie/es	sei	habe	werde	müsse	lerne	nehme
wir	seien	haben	werden	müssen	lernen	nehmen
ihr	seiet	habet	werdet	müsset	lernet	nehmet
sie/Sie	seien	haben	werden	müssen	lernen	nehmen

Subjunctive I: Past time
haben
_____, er habe das gesagt
sein
_____, sie sei auch da gewesen

Subjunctive I: Tense agreement		
	Direct	**Indirect**
Present	„Ich singe gern."	Er sagte, { er singe gern. / dass er gern singe.
Past	„Ich bin eingeschlafen." „Ich schlief ein." „Ich war eingeschlafen."	Sie sagte, { sie sei eingeschlafen. / dass sie eingeschlafen sei.
Future	„Ich werde was machen."	Er sagte, { er werde das machen. / dass er das machen werde.

Grammatik

28.1   PASSIVE VOICE

A. Formation

1. German expresses the passive as a process, as something "becoming" done (**das Vorgangspassiv**). Thus the passive voice is formed with the verb **werden** *(to become)* + a past participle.

Present tense		
ich **werde ...**	geschickt	*I am sent/being sent*
du **wirst ...**	geschickt	*you are sent/being sent*
er/sie/es **wird ...**	geschickt	*he/she/it is sent/being sent*
wir **werden ...**	geschickt	*we are sent/being sent*
ihr **werdet ...**	geschickt	*you are sent/being sent*
sie/Sie **werden ...**	geschickt	*they/you are sent/being sent*
Simple past tense		
ich **wurde ...**	geschickt	*I was sent/was being sent*
du **wurdest ...**	geschickt	*you were sent/were being sent*
etc.		

Present perfect tense		
ich **bin ...**	geschickt **worden**[1]	*I was sent/have been sent*
du **bist ...**	geschickt **worden**	*you were sent/have been sent*
etc.		
Past perfect tense		
ich **war ...**	geschickt **worden**	*I had been sent*
du **warst ...**	geschickt **worden**	*you had been sent*
etc.		
Future tense		
ich **werde ...**	geschickt **werden**	*I will be sent*
du **wirst ...**	geschickt **werden**	*you will be sent*
etc.		

2. Notice in the chart above that while V_1 goes through considerable changes, reflecting the shifts in conjugation and tense of **werden** (e.g., **werde / wirst / wird / wurde**), the past participle of the verb remains constant.

   This is not to say, however, that V_2 as a whole is constant. As the preceding chart indicates, there are three different V_2 elements possible in a passive sentence, all of which involve the past participle:

   - *a past participle,* standing alone: $\rightarrow$ *sent*
   - *a passive participle,* formed with the past participle + **worden,** with **sein** as its auxiliary: $\rightarrow$ *been sent*
   - *a passive infinitive,* formed with the past participle + **werden** (see 28.1.D) $\rightarrow$ *be sent*

   Unlike V_1, however, these elements—like all participles and infinitives—are fixed forms.

3. In main clauses, V_1 stands, as usual, in second position and V_2 is positioned at the end of the clause. In subordinate clauses, V_1 follows V_2 as the final element.

... , dass er *geschickt* **wird**	*that he's being sent*
... , dass er *geschickt worden* **ist**	*that he has been sent*
... , dass er *geschickt werden* **wird**	*that he will be sent*

   ---

   [1] A shortened form of the past participle **geworden.**

4. Placing various sentence elements in first position (even V$_2$ itself, which is not possible in English) changes the emphasis in a passive sentence.

Nichts **wurde** von der Regierung über den Vorfall **gesagt.**	*Nothing was said by the government about the incident. (Element I: subject)*
Von der Regierung **wurde** über den Vorfall nichts **gesagt.**	*On the part of the government, nothing was said about the incident. (Element I: agent)*
Über den Vorfall **wurde** von der Regierung nichts **gesagt.**	*Regarding the incident, nothing was said by the government. (Element I: prepositional complement)*
Gesagt **wurde** von der Regierung über den Vorfall nichts.	*As far as something being said by the government about the incident— nothing. (Element I: V$_2$)*
Kaum zu glauben, dass von der Regierung über den Vorfall nichts **gesagt wurde.**	*Hard to believe that nothing was said by the government about the incident. (passive in a subordinate clause)*

B. Use

1. Using the passive voice allows a speaker or writer to refer to an action without identifying who or what performs it. This makes the passive particularly useful when the agent is unknown or irrelevant, or when the speaker or writer simply does not want to mention the agent.

Ihr Antrag wird bearbeitet.	*Your request is being processed.*
In diesem Job wird viel Einsatz erwartet.	*In this job a lot of dedication is expected.*
Dreißig Passagiere wurden heute Morgen bei einem Busunfall verletzt.	*Thirty passengers were injured this morning in a bus accident.*

2. Passive and active constructions are linked by means of subject and object. The (nominative) subjects in the passive sentences above are the (accusative) direct objects of equivalent sentences in the active voice:

X bearbeitet **Ihren Antrag.**
X erwartet **viel Einsatz** in diesem Job.
X verletzte **dreißig Passagiere** heute Morgen bei einem Busunfall.

In the first example, X stands for a machine (more precisely, an ATM), so that the agent is irrelevant, and in the second and third examples there is no particular "doer" or agent one can identify. It makes sense, therefore, to frame these sentences as passive constructions. The object of the action becomes the passive subject, making it structurally unnecessary to mention the agent. It follows that sentences like these can only be formed with verbs that take accusative objects (i.e., transitive verbs).[2]

3. In fact, the *only* permissible subject in a passive sentence is the element that would be the accusative object of an equivalent active sentence. This has important consequences when transferring meanings from English to German:

a. *in the case of indirect objects functioning as subjects in the passive.* English allows the indirect object in *Someone gave **her** roses yesterday* to become the subject of a passive sentence: ***She** was given roses yesterday.* But in German, since only an *accusative* object can become the subject of a passive sentence, the indirect object remains in the dative.

COMPARE:

active: Jemand schenkte **ihr** gestern *Rosen.*

passive: *Rosen* wurden **ihr** gestern geschenkt.

These elements can be repositioned to form other versions (see 28.1.A):

Gestern wurden **ihr** *Rosen* geschenkt.

Ihr wurden gestern *Rosen* geschenkt.

This last example may seem odd to an English speaker who thinks of **ihr** as *she* in this context and therefore expects a singular verb, as in *She was given roses.* But the verb agrees with the subject **(Rosen),** which is plural, independent of the dative object. An impersonal **es** can be used as a "place filler" to begin the sentence and move other elements into the middle field, but the verb remains plural, in agreement with the subject.

Es wurden **ihr** *Rosen* geschenkt.   *She was given roses.*

b. *in the case of German dative verbs.* English verbs such as *to help, to answer,* or *to congratulate* take objects and can easily be reconstructed as passives in English. However, their German equivalents (see 4.5.B) take *dative* objects (jemand half **dem Kind**/man gratulierte **den Leuten**), which cannot become passive subjects. As with the indirect objects in (a), the dative objects of such verbs remain in the dative. But here there are no accusative objects to become passive subjects, which means that *a passive sentence formed with a dative verb will have no grammatical subject.* In this

---

[2] While most transitive German verbs can be expressed in the passive, there are a few exceptions. Verbs such as **bekommen** (and its synonym **erhalten**), **besitzen** *(to own),* **haben,** and **wissen,** for example, do not form the passive, even though they take accusative objects and can be expressed by passive constructions in English. To translate English passive sentences with these verbs into German requires either the active voice or an altogether different expression:

*That **wasn't known** at the time.*	Man hat das damals nicht gewusst.
*A good time **was had** by all.*	Alle amüsierten sich.
*For years, the property **had been owned** by the family.*	Seit Jahren hatte das Grundstück der Familie gehört.

case, the verb defaults to the third-person singular, and the dative object routinely takes first position.

Dem Kind wurde geholfen.	*The child was helped.*
Den Leuten wurde gratuliert.	*The people were congratulated.*

If the first example does not seem awkward to an English speaker, the second most likely does, for the same reasons discussed in (a). **Dem Kind wurde geholfen** begins with a singular noun in what English speakers think of as the "subject" position, followed by a singular verb, so that there appears to be subject-verb agreement. But **den Leuten** is plural, followed by singular **wurde,** which seems to violate that rule. In fact, neither sentence has subject-verb agreement, since there is no subject. The verb in both examples is third-person singular by default, regardless of what precedes it. As in other passive constructions, an impersonal **es** can be used as a "place taker" in first position, moving the dative object into the middle field, but **es** is not the subject and has no influence on how the verb is conjugated.

Es wurde **dem Kind** geholfen.	*The child was helped.*
Es wurde **den Leuten** gratuliert.	*The people were congratulated.*

C. Agents with the passive

1. Though it is not necessary to do so, the agent of the action in a passive construction can be expressed by a prepositional phrase, usually introduced by **von** or **durch,** and sometimes **mit.**

2. **Von** *(by)* + dative is used to indicate the agent(s) or performer(s) of an action—most often a person, but sometimes an inanimate agent, carrying out an action.

Der Fehler in der Formel wurde **von einem Studenten** entdeckt.	*The mistake in the formula was discovered by a student.*
Die Dame ist **von zwei Gangstern** begleitet worden.	*The lady was accompanied by two gangsters.*
Ich bin **von einem Auto** überfahren worden.	*I was run over by a car.*

3. **Durch** *(by, by means of, through)* + accusative is used to indicate the *process* or *means by which* something happens; it often expresses an involuntary cause and is generally less personal or volitional than **von;** it is used with people only when they are acting as intermediaries.

Das U-Boot wurde **durch die Bombe** schwer beschädigt.	*The submarine was severely damaged by (means of) the bomb.*
Durch ständiges Fernsehen wird die Einbildungskraft beschädigt.	*The imagination is damaged by (means of) constant TV watching.*
Wir wurden vom Konsulat **durch einen Boten** über die Gefahr benachrichtigt.	*We were notified by the consulate of the danger through a messenger.*

4. **Mit** *(with)* + dative is used to indicate the *instrument* or *tool* with which an action is carried out; it involves an agent, which may or may not be specified.

Die Tür wurde **mit einem Stück Holz** aufgehalten.

The door was kept open with a piece of wood.

D. Passives with modal verbs

1. While modal verbs are rarely formed into passives themselves, they combine easily and frequently with passive structures, using the conventional format of modal auxiliary + infinitive.

Das **muss** heute noch *gemacht werden.*   *That must be done today.*

The important difference here is that the infinitive is no longer the familiar active infinitive, but rather a *passive infinitive*, formed by joining a past participle with **werden.** Passive infinitives always appear in this form, and the components cannot be changed or separated:

gespielt werden	*(to) be played*
erreicht werden	*(to) be reached*
aufgemacht werden	*(to) be opened*
benachrichtigt werden	*(to) be informed*

2. As in any modal verb construction, the modal verb serves as V_1, with the passive infinitive as V_2. And as always, it is the modal verb rather than the infinitive that undergoes changes to indicate variations in number, tense, and mood.

Das Chopin-Stück **darf** nicht so schnell **gespielt werden.** *(present indicative; sing.)*

The Chopin piece must not be played so fast.

Die Frau **konnte** nicht **erreicht werden.** *(simple past indicative; sing.)*

The woman could not be reached.

Könnten die Fenster **aufgemacht werden?** *(present subjunctive; plural)*

Could the windows be opened?

3. Notice that the future passive tense makes use of the same structure, with **werden** as V_1 and a passive infinitive as V_2:

Sie **werden** darüber **benachrichtigt werden.**

You will be informed about it.

4. When passive constructions with modal verbs occur in compound tenses, such as the perfect, past perfect, future, or past subjunctive, they follow the same rules as all compound modal structures: auxiliary + infinitive + modal (infinitive) (see 9.3–9.4; 20.4.C). In place of an active infinitive (such as **machen**), one uses a passive infinitive **(gemacht werden).**

COMPARE:

Active:

Er **hat** das schnell *machen* **müssen.**　　He had to do that quickly. (perfect)

Wir **werden** sie später *erreichen* **können.**　　We will be able to reach them later. (future)

Du **hättest** das gestern *abgeben* **sollen!**　　You should have turned that in yesterday. (past subjunctive)

Passive:

Das **hat** schnell *gemacht werden* **müssen.**　　That had to be done quickly. (perfect)

Sie **werden** später *erreicht werden* **können.**　　They will be able to be reached later. (future)

Das **hätte** gestern *abgegeben werden* **sollen!**　　That should have been turned in yesterday! (past subjunctive)

E. Passives with no subjects

German passive constructions do not require a grammatical subject, as indicated in the discussion of dative verbs in 28.1.B. In fact, there are several additional cases in which passives can be formed with no subject:

1. *with prepositional complements.* German verbs that take prepositional phrase complements, rather than direct objects, can form passives. The conjugated verb in such sentences defaults to third-person singular. In some cases, English translates these verbs with a direct object, which then becomes the passive subject in the English equivalent.

   Über die Einzelheiten muss noch diskutiert werden.　　*The details still have to be discussed.*

   Warum wurde nicht früher **daran** gedacht?　　*Why wasn't that thought of earlier?*

   Für die Garderobe wird nicht gehaftet.　　*No responsibility taken for belongings. (seen on restaurant coat racks)*

   Mit dem Busfahrer darf nicht gesprochen werden.　　*No talking with the bus driver.*

2. *with verbs, both transitive and intransitive, that denote an activity in general.* This construction capitalizes on the anonymity of a subjectless sentence to express an activity *per se*, with no reference to who or what performs it or "receives" the action. In this case, V_1 can be either **werden** or a modal verb, conjugated in the desired tense in the default third-person singular. Verbs used in this construction either take no object (i.e., they are intransitive, like **schlafen**), or can function without an object (i.e., transitive

verbs used intransitively, such as **rauchen**). There is no equivalent structure for this in English, though English has ways of conveying similar meanings.

Hier **wird** nicht **geraucht.**	*No smoking here.*
In der Deutschstunde **wird** nicht **geschlafen!**	*No sleeping in German class!*
Nebenan **wurde geplaudert,** während wir Karten spielten.	*The people next to us chatted while we played cards.*
Heute Abend **wird** im Club **getanzt.**	*There's dancing tonight at the club.*
Zuerst **soll gearbeitet** werden, und dann **gespielt.**	*First you're supposed to work, then play.*

28.2   TRUE PASSIVE VS. STATAL PASSIVE

Some constructions are similar to the passive, but in fact are different in meaning and structure.

COMPARE:

Mein Computer wird **repariert.**	*My computer is being repaired.*
Mein Computer ist **repariert.**	*My computer is repaired.*

The first example contains the verb **werden** and expresses the *process* of an action, in this case repair work. The second example uses **sein** instead of **werden** and is known as a statal passive (**das Zustandspassiv**). It indicates the *result* of an action with reference to the subject, and the participle functions here as an adjective. This distinction between *process* and *result* is clear enough in the present tense—in the true passive, the process is ongoing (and consequently I cannot use the computer); in the statal passive, the result implies that it is finished (so I can use it now)—but the boundary can begin to blur in past tense usage.

COMPARE:

Mein Computer war **repariert.**	*My computer was repaired.*
Mein Computer **wurde repariert.**	*My computer was (being) repaired.*

From the speaker's perspective, the repairs are over and done with in both sentences and the computer can (presumably) be used. But the first sentence, as a statal passive, focuses on the "finishedness" of the repair work: at a particular point in time, the computer could be described as "repaired," just as it might be described as "fast" or "obsolete." The second sentence, on the other hand, with its past-tense passive, denotes a set of actions performed over time, while still implying that the eventual result was a repaired computer.

28.3 ▸ SUBSTITUTES FOR THE PASSIVE VOICE

Since repeated use of the passive voice is considered poor style, one of several active-voice equivalents is often substituted.

A. *Man*

Man is a common alternative to the passive when no specific subject performs the action.

Hier raucht **man** nicht.	*There is no smoking here.*
(Hier wird nicht geraucht.)	
Wie macht **man** das?	*How is that done?/How does one do that?*
(Wie wird das gemacht?)	

B. Reflexive verbs

Reflexive constructions are used occasionally in place of the passive.

Das **lernt sich** leicht.	*That is easily learned.*
(Das wird leicht gelernt.)	
Wie **schreibt sich** das?	*How is that spelled?/How do you spell*
(Wie wird das geschrieben?)	*that?*

C. *Sich lassen*

The use of reflexive **sich lassen** with an infinitive expresses the idea that something can be done or that someone lets something *be done* (see **lassen**, 18.4).

Dieser Satz **lässt sich** nicht leicht **übersetzen.** (Dieser Satz kann nicht leicht übersetzt werden.)	*This sentence cannot be easily translated.* (lit., *it does not let itself be easily translated*)
Wir **lassen uns** nicht wieder **überlisten.**	*We are not letting ourselves be outwitted again.*

D. *Sein ... zu* + infinitive

Sein ... zu + an infinitive can replace the passive to express that something *can* or *must* be done.

Das Spiel **ist** vielleicht noch **zu gewinnen.**
(Das Spiel kann vielleicht noch gewonnen werden.)
The game can perhaps still be won. (lit., *it is perhaps still to be won*)

Diese DVDs **sind** bis morgen **zurückzubringen.**
(Diese DVDs müssen bis morgen zurückgebracht werden.)
These DVDs must be returned by tomorrow. (lit., *they are to be returned by tomorrow*)

Wortschatz
Endlich geschafft!

---

schaffen, schaffte, geschafft
schaffen, schuf, geschaffen

---

1. As a weak verb, **schaffen (schaffte, hat geschafft)** means *to manage to do* or *accomplish* a task, often with considerable effort.

Sie wollten die Arbeit bis sechs Uhr beenden und sie haben es **geschafft.**	*They wanted to finish the work by six o'clock, and they managed to do so.*
Wir haben es **geschafft!**	*We did it!*

   Schaffen can also mean *to work (hard).*

Er hat sein ganzes Leben lang (schwer) **geschafft.**	*He worked (hard) his whole life.*

   Schaffen sometimes means *to bring* or *get* an object to a particular place.

Der Gepäckträger hat die vielen Koffer in den Zug **geschafft.**	*The porter got the many suitcases into the train.*

2. When used as a strong verb, **schaffen (schuf, hat geschaffen)** means *to create, make,* or *bring about.*

Gott soll die Welt in sechs Tagen **geschaffen** haben.	*God is said to have created the world in six days.*
In sechs Tagen kann ich nicht einmal Ordnung im eigenen Zimmer **schaffen.**	*In six days I can't even create order in my own room.*

3. The strong participle **geschaffen** occurs often as an adjective meaning *made* or *cut out for* something.

Sie ist für diese Rolle wie **geschaffen.**	*She is made for this role. (i.e., it is the ideal role for her)*

Übungen

A **Das Passiv kann manipuliert werden!** Nehmen Sie den Mustersatz (*model sentence*) und bilden Sie damit Passivsätze mit den angegebenen Zeiten und neuen Elementen.

Mein Zimmer wird verwüstet.   *My room is being devastated.*

> **BEISPIEL** nächstes Semester (*Futur*)
> *Nächstes Semester wird mein Zimmer verwüstet werden.*

1. letztes Jahr (*Imperfekt*)
2. meine Zimmerkollegen machen das (*von wem*)
3. es könnte sein (*mit einem Modalverb im Konjunktiv*)
4. jemand hat es letztes Wochenende gemacht (*Perfekt*)
5. durch _____ (*wie*)
6. wie oft? warum?
7. mit einem Modalverb

B *Geschaffen* **oder** *geschafft*? Ergänzen Sie die Sätze durch das richtige Partizip.

1. Wir hatten für das Examen zwei Stunden Zeit. Hast du es ge-_____?
2. Haben die Kinder den Schnee vor der Haustür weg-_____?
3. Diese Diskussion hat eine gute Atmosphäre ge-_____.
4. Dieser Posten ist für ihn wie ge-_____.
5. Ludwig van Beethoven hat viele unsterbliche Werke ge-_____.

Was haben Sie *geschaffen* und *geschafft*? Machen Sie zwei Aussagen mit jedem Partizip.

> **BEISPIELE** *Ich habe mehr Ruhe in meinem Leben* **geschaffen.**
> *Ich habe es* **geschafft,** *alle meine Prüfungen zu bestehen* (pass).

C **Kleinanzeigen.** Erklären Sie die Kleinanzeigen (*short advertisements*) im Passiv Präsens.

> **BEISPIEL** Autoreparatur – billig!
> *Autos werden billig repariert.*

1. Suche DM 100.000 in 20 Minuten!
2. Alter VW Käfer (*Beetle*) zu verkaufen!
3. Ankauf (*purchase*) von Antiquitäten!
4. Fahrradverleih! (verleihen = *to rent*)
5. Mensa stellt Koch ein! (einstellen = *to hire*)
6. Studienprobleme? Wir beraten dich! (beraten = *to advise*)
7. Zimmervermittlung! (vermitteln = *to locate, find*)

D **Große Leistungen (accomplishments).** Was wurde von wem gemacht? Antworten Sie im Passiv. Verwenden Sie die Verben im Kasten.

> BEISPIEL   das Dynamit
> *Das Dynamit wurde im Jahre 1867 von Alfred Nobel erfunden.*

---

besiegen besteigen entdecken erfinden erreichen gründen komponieren verfassen

---

Was	Von wem
1. das *Kommunistische Manifest* (1848)	Henri Dunant
2. das *Weihnachts-Oratorium* (1734)	Johannes Gutenberg
3. die Buchdruckerkunst (1445)	Roald Amundsen
4. der Südpol (1911)	Karl Marx
5. das Rote Kreuz (1864)	J. S. Bach
6. der Mount Everest (1953)	Edmund Hillary und Tenzing Norgay
7. der Tuberkel-Bazillus (1882)	Robert Koch
8. die Römer im Teutoburger Wald (9 nach Chr.)	Hermann der Cherusker (Arminius)

E **Historisches.** Wählen Sie aus fünf verschiedenen Jahrhunderten jeweils ein Jahr, in dem ein historisches Ereignis stattfand. Erzählen Sie im Präteritum davon.

> BEISPIELE   1066: *England wurde im Jahre 1066 von den Normannen erobert* (conquered).
>
> 1914: *Der Erzherzog* (Archduke) *Franz Ferdinand von Österreich wurde 1914 in Sarajevo erschossen.*

F **Veränderungen.** Erzählen Sie im Perfekt von drei oder vier Veränderungen der letzten paar Jahre, die die Lebensqualität in Ihrer Heimatstadt oder an Ihrer Universität oder Schule verbessert oder verschlechtert haben.

> BEISPIELE   *Viele neue Häuser sind gebaut worden.*
> *Mein Studentenheim ist renoviert worden.*

Welche Veränderungen sind für die Zukunft geplant? Machen Sie bitte Aussagen im Futur oder mit Modalverben.

> BEISPIELE   *Ich glaube, dass bald ein neues Einkaufszentrum gebaut werden wird.*
> *Es soll auch ein neues Parkhaus eröffnet werden.*
> *Ich weiß nicht, was sonst noch gemacht werden wird.*

G **Was alles gemacht werden musste.** Einige Studenten fanden eine ziemlich heruntergekommene *(run down)* Wohnung. Was musste alles gemacht werden, bevor sie einziehen konnten? Verwenden Sie das Passiv der Vergangenheit mit oder ohne **es.**

BEISPIELE Fenster ersetzen
Zwei kaputte Fenster mussten ersetzt werden.

Vorhänge *(curtains)* aufhängen
Es mussten auch Vorhänge aufgehängt werden.

1. die Küche sauber machen
2. die Gardinen *(drapes)* reinigen
3. das Badezimmer putzen
4. eine Tür reparieren
5. den Keller aufräumen

H **Das müsste bald gemacht werden.** Wie sieht es in Ihrer Wohnung oder in Ihrem Haus aus? Was könnte oder müsste dort bald gemacht werden?

BEISPIEL *Die Wände müssten bald gestrichen werden.*

I **Was wird dort gemacht?** Beschreiben Sie, was gemacht wird. Bunutzen Sie das Passiv, mit oder ohne Subjekt.

BEISPIELE in einer Bibliothek
Dort werden Bücher ausgeliehen.
Dort wird gelesen.

1. an einem Kiosk *(newsstand)*
2. in einem Bett
3. in einer Autowerkstatt
4. in einem Kino
5. in einer Videothek
6. in einem Restaurant

J **Passiv mit dem Dativ.** Drücken Sie die Sätze mit dem Passiv anders aus.

BEISPIEL Man hat der alten Frau geholfen.
Der alten Frau ist geholfen worden.
OR: *Es ist der alten Frau geholfen worden.*

1. Man erzählte den Kindern nichts davon.
2. Man hat den Gastgebern *(hosts)* gedankt.
3. Uns empfiehlt man dieses Buch zu lesen.
4. Mir haben viele Leute zum Geburtstag gratuliert.
5. Man wird ihr wahrscheinlich raten nichts zu sagen.

K **Anders ausdrücken.** Drücken Sie die Sätze durch andere Konstruktionen aus.

BEISPIELE Das kann man nicht mit Sicherheit sagen.
Das lässt sich nicht mit Sicherheit sagen.
OR: *Das kann nicht mit Sicherheit gesagt werden.*
OR: *Man kann das nicht mit Sicherheit sagen.*

1. Wie schreibt man dieses Wort?
2. Auto fahren ist leicht zu lernen.

3. Es konnte festgestellt *(ascertained)* werden, dass ...
4. Solche Behauptungen *(assertions)* lassen sich nicht so einfach beweisen *(prove)*.
5. Änderungen an der chemischen Verbindung *(compound)* waren nicht zu erkennen *(recognize)*.
6. Das Wasser muss mindestens zwanzig Minuten gekocht werden.

Anwendung

Klischeevorstellungen. Über fast jedes Volk und jedes Land auf der Welt gibt es Klischees. In Japan z. B. soll angeblich *(supposedly)* immer gearbeitet werden, in Amerika wird Energie verschwendet *(wasted)*, in Deutschland wird viel Bier getrunken usw. An welche Klischees denken Sie? Welche Klischees halten Sie für richtig, welche für falsch? Diskutieren Sie mit anderen Personen darüber. Konzentrieren Sie sich dabei auf das Passiv und auch auf das Pronomen **man** als Ersatz für das Passiv.

REDEMITTEL

Es wird behauptet, dass in Amerika/Deutschland ... [gemacht] wird.
Manche meinen, es wird in Amerika/Deutschland ... [gemacht].
Es wird ja oft gesagt, dass ...
In Amerika/Deutschland soll angeblich *(supposedly)* viel ... [gemacht] werden.
Man kann nicht behaupten, dass ...

REAKTIONEN

Da kann ich nur zustimmen *(agree)*.
Das halte ich für nicht ganz richtig/falsch.
Das finde ich (nicht) richtig.
Das ist ja Unsinn!
Das lässt sich nicht einfach so behaupten.
Das kann man auch anders sehen.

Schriftliche Themen

> **Tipps zum Schreiben**
>
> **Practicing the Passive**
>
> The traditional wisdom that one should fundamentally avoid the passive is not always the best guide. When the agent of an action is not known or not important, or if the action is meant to be described in general rather than in a particular application, then passive can be preferable to active, in both English and German. In addition, German makes regular use of the passive to express ideas such as *There was dancing and singing* with **Es wurde getanzt und gesungen.**
>
> At this point in your writing, you should make use of the passive whenever you think it might fit, since English-speaking learners, faced with the complexities of German passive constructions, often shy away from employing them even when they would be the best choice. Practice forming them in various tenses, moods, and with modal verbs. But remember that German also has various alternatives to the passive (see 28.3) which provide good stylistic variation. In any case, pay attention to German writers and speakers to see how the passive is actually used.

A **Eine interessante Veranstaltung (*organized event*).** Erzählen Sie von einer Veranstaltung, bei der Sie einmal mitgemacht haben. Sie sollen nicht so sehr davon erzählen, *wer* was getan hat, sondern, *was* geschah oder gemacht wurde.

> BEISPIEL Einmal nahm ich an einer Protestaktion teil. Am Anfang organisierte man … Es wurden Transparente *(banners)* verteilt *(distributed)* … Es wurde viel geredet … Gegen Ende der Aktion marschierte man … Zum Schluss mussten alle Demonstranten … zurückgebracht werden.

B **Bessere Lebensqualität.** Was könnte oder müsste getan werden, um die Atmosphäre und die Lebensqualität an Ihrer Universität oder in Ihrer Stadt attraktiver zu machen?

> BEISPIEL Meiner Meinung nach könnte die Lebensqualität an dieser Universität durch renovierte Unterrichtsräume erheblich *(substantially)* verbessert werden. Man müsste auch mehr Räume einrichten *(set up)*, in denen man sich auch außerhalb der Unterrichtszeit treffen könnte. Vielleicht sollten auch mehr Parkplätze geschaffen werden, damit … Es ließe sich sicher noch viel mehr machen, um das Leben an dieser Universität angenehmer zu gestalten *(shape)*.

Zusammenfassung

Rules to Remember

1 The passive is used mainly to express occurrences and actions where no agent is to be specified.

2 The passive expresses a process (**Das Haus <u>wird</u> verkauft**); the so-called statal passive describes a condition (**Das Haus <u>ist</u> verkauft**).

3 The passive voice is formed with variations of **werden** + past participle.

4 Agents of a passive action are expressed with the preposition **von** + the agent (**von der Polizei**). The means or processes through which an action is accomplished are expressed with **durch** + noun (**durch einen Sturm**). The instrument used to accomplish an action is shown with **mit** + noun (**mit einem Messer**).

At a Glance

werden + past participle
V₁ + V₂

ich	werde	
du	wirst	
er/sie/es	wird	ausgebeutet *(exploited)*
wir	werden	
ihr	werdet	
Sie/sie	werden	

Passive: Tenses
Present
Wir werden schamlos manipuliert *(manipulated)!*
Simple past
Wir wurden manipuliert!
Present perfect
Wir sind manipuliert worden!
Past perfect
Wir waren manipuliert worden!
Future
Wir werden manipuliert werden!
Subjunctive: Present
Wir würden manipuliert (werden)!
Subjunctive: Past
Wir wären manipuliert worden!

Passive with modals
Present
Das Gebäude muss besetzt werden *(occupied)!*
Simple past
Das Gebäude musste besetzt werden!
Present perfect
Das Gebäude hat besetzt werden müssen!
Past perfect
Das Gebäude hatte besetzt werden müssen!
Future
Das Gebäude wird besetzt werden müssen!
Subjunctive: Present
Das Gebäude müsste besetzt werden!
Subjunctive: Past
Das Gebäude hätte besetzt werden müssen!

29

Verb Prefixes

Grammatik

German distinguishes between *separable* and *inseparable* prefixes. Separable prefixes attach to the front of the root verb in some situations, yet are detached in others. Inseparable prefixes, on the other hand, function as their name indicates and never separate from the root verb. A third category consists of prefixes that are inseparable with some verbs in specific meanings, and separable in other meanings. This chapter deals in turn with these three kinds of prefix/verb-combinations and the ways they function in various grammatical contexts.

29.1　SEPARABLE PREFIXES

A. Separable prefixes and their meanings

1. German creates many verbs by adding prefixes to root verbs. A great number of such prefixes are "separable," meaning that they separate from the verb and appear at the end of the clause. Separable prefixes have a voiced stress and are usually prepositions or adverbs with specific meanings in their own right that either modify or completely change the meanings of the root verbs. Here are examples of the most common separable prefixes. Note that those marked with an asterisk can also be used inseparably (see 29.3).

Prefix	Meaning	Example
ab-	*off, away, down*	abnehmen *to take off weight*
an-	*on, at, to(ward)*	ansehen *to look at*
auf-	*up, open, on*	aufmachen *to open up*
aus-	*out*	aussterben *to die out*
bei-	*by, with*	beistehen *to stand by someone, aid*
ein-	*into*	einsteigen *to get into, climb into*
***durch-**	*through*	durchsetzen *to carry or put through*
fort-	*away*	fortgehen *to go away*
her-	*(to) here*	herkommen *to come (to) here*
hin-	*(to) there*	hingehen *to go (to) there*
los-	*loose*	loslassen *to turn loose, let go*
mit-	*with, along*	mitsingen *to sing along*
nach-	*after*	nachblicken *to look or gaze after*
***über-**	*over; across*	überfließen *to flow over*
***um-**	*around, about, over*	umdrehen *to turn over*
***unter-**	*under*	untergehen *to go down, set*
vor-	*before, ahead*	vorarbeiten *to work ahead*
vorbei-	*by, past*	vorbeilaufen *to run by*
weg-	*away*	weggehen *to go away*
weiter-[1]	*keep on*	weiterlaufen *to keep running*
***wider-**	*against*	widerhallen *to echo*
***wieder-**[1]	*back*	wiedergeben *to give back*
zu-	*to, toward; to a shut position*	zumachen *to shut*
zurück-	*back*	zurückrufen *to call back*
zusammen-	*together*	zusammenstehen *to stand together*

---

[1] **Weiter** and **wieder** are separable prefixes only when they take these meanings. When used to mean *further* (comparative) and *again*, respectively, they become adverbs that function as verbal complements, and as such do not attach directly to the root verb (see also 29.1.B).

COMPARE:

Wir können leider nicht **weitermachen.**	*Unfortunately, we can't continue.*
Sie kann **weiter laufen** als ich.	*She can run further than I (can).*
Ich hoffe, dass du alles bald **wiederbringst.**	*I hope that you bring back everything soon.*
Er hofft, dass sie sich bald **wieder sehen.**	*He hopes that they see each other again soon.*

2. Some separable prefixes should be learned as pairs, since they form antonyms when combined with the same verb.

andrehen	*to turn on*	einatmen	*to breathe in*
abdrehen	*to turn off*	ausatmen	*to breathe out*
anziehen	*to put on (clothes)*	vorgehen	*to go ahead, precede*
ausziehen	*to take off (clothes)*	nachgehen	*to go after, follow*
aufmachen	*to open*	zunehmen	*to increase, gain*
zumachen	*to close*	abnehmen	*to decrease, lose*
aufsteigen	*to climb up*		
absteigen	*to climb down*		

B. Use

1. When a separable-prefix verb is V_1, the prefix becomes a verbal complement and moves to the end of the middle field (see 1.1.C).

anfangen: Das Konzert **fängt** um acht Uhr **an.**   *The concert begins at eight o'clock.*

weggehen: Nach der Pause **ging** er schnell **weg.**   *After the intermission he left quickly.*

2. A separable prefix also splits apart from the root verb in yes-no questions and imperatives, where the root verb is in first position.

mitkommen: Kommst du heute Abend **mit?**   *Are you coming along tonight?*

ausatmen: Atmen Sie langsam **aus!**   *Breathe out slowly!*

aufhören: Hören Sie mit diesem Unsinn **auf!**   *Stop this nonsense!*

3. In a subordinate clause, the root verb moves to the end of the clause, and attaches directly to the prefix at the end of the middle field.

Weißt du, wann das Konzert **anfängt?**   *Do you know when the concert begins?*

Ich verstehe nicht, warum er so schnell **wegging.**   *I don't understand why he left so quickly.*

Du kannst entscheiden, ob du **mitkommst** oder nicht.   *You can decide if you're coming along or not.*

4. When separable-prefix verbs are used with modal verbs and in tenses that require an auxiliary verb as V_1, the root verb moves to V_2 position and attaches directly to its prefix. In conjunction with modal verbs or in the future tense, the root verb remains an infinitive (**zurückkommen/vorbeimarschieren**). In the perfect and past perfect tenses,

the separable prefix attaches to the past participle of the root verb (**zurückgekommen/vorbeimarschiert**). Note that in past participles formed with **ge-**, this element stands between the separable prefix and the root verb.

Ich **will** mir morgen das Museum **ansehen.**	*I want to take a look at the museum tomorrow.*
Dieses Restaurant **wird** bestimmt **zumachen.**	*This restaurant is certainly going to close.*
Nach langer Diskussion **haben** wir unseren Plan **durchgesetzt.**	*After a long discussion, we got our plan through.*

5. In infinitive clauses (see 18.1), the prefix and root verb remain together, with **zu** inserted between them to form one word.

Ich hatte keine Lust mit Physik noch einmal von vorne **anzufangen.**	*I didn't have any desire to start over again with physics.*
Also entschied ich mich mit Deutsch **weiterzumachen.**	*So I decided to continue with German.*

6. The word order rules pertaining to separable-prefix verbs can also be applied to various verbal complements (see 1.1.C), including infinitive complements (**kennen lernen**), adverb complements (**auswendig lernen**), and object noun complements (**Deutsch lernen**), with the important distinction that these complements never attach directly to the root verb. Notice the similarity between the following sentences and separable-prefix verb structures:

Sie **lernt** schon seit drei Semestern **Deutsch.**	*She's been learning German for three semesters now.*
Sie **wollte** schon immer **Deutsch lernen.**	*She always wanted to learn German.*
Möchten Sie meine Eltern **kennen lernen?**	*Would you like to meet my parents?*
Wir haben uns schon **kennen gelernt.**	*We've already met.*
Lernen Sie diese Vokabeln bitte **auswendig.**	*Please learn these vocabulary words by heart.*
Ich habe keine Lust alle diese Wörter **auswendig zu lernen.**	*I have no desire to memorize all these words.*

C. *Hin- and her-*

1. The separable prefixes **hin-** and **her-** are used mainly in combination with other separable prefixes to indicate specific direction *away from* (**hin-**) or *toward* (**her-**) the observer.

Common **hin-** and **her-**combinations			
hin(gehen)	*(to go) to*	**hinauf/hinab**(gehen)	*(to go) up/down*
her(kommen)	*(to come) from*	**herauf/herab**(kommen)	*(to come) up/down*
dorthin(gehen)	*(to go) to there*	**hinüber**(gehen)	*(to go) over to*
hierher(kommen)	*(to come) to here*	**herüber**(kommen)	*(to come) over to*
hinein/hinaus(gehen)	*(to go) in/out*	**hinunter**(gehen)	*(to go) down to*
herein/heraus(kommen)	*(to come) in/out*	**herunter**(kommen)	*(to come) down to*

2. Since they indicate direction, **hin-** and **her-** in combination with other prefixes usually make an action more specific than it would otherwise be.

Er geht **aus**. *(general action)*	*He is going out.*
Sie geht **hinaus**. *(away from the observer)*	*She goes out (of a room, house, etc.).*
Sie stieg aus dem Zug (**aus**). *(general action)*	*She got off the train.*
Sie stieg aus dem Zug **heraus**. *(toward the observer)*	*She got out of the train.*

3. In colloquial usage, **her** is often used to refer to motion away from (as well as toward) the observer. It frequently contracts to **'r,** which is then connected to the root verb.

Die Luft hier ist mir viel zu dick. Ich geh' mal **'raus.**	*It's too stuffy in here for me. I'm going outside.*
Heraus/'Raus aus diesem Haus!	*Get out of this house!*
Dieses Restaurant sieht nicht schlecht aus. Gehen wir mal **'rein?**	*This restaurant doesn't look bad. Shall we go in?*

4. Verbs of motion used with **hin-** and **her-** prefix combinations occasionally have an accusative noun that appears to be a direct object, but is really part of the adverbial expression.

Das Kind läuft **die Treppe hinunter/ 'runter.**	*The child runs down the stairs.*

29.2   INSEPARABLE PREFIXES

The prefixes **be-, emp-, ent-, er-, ge-, hinter-, miss-, ver-,** and **zer-** are inseparable. Verbs with these prefixes do not have a **ge-** in the past participle: **hat besucht; haben verkauft.** These prefixes have no meanings by themselves, but several of them transform the meanings of root verbs in very specific ways.

A. *Be-*

1. A **be-** prefix verb is transitive, regardless of whether the root verb is transitive or intransitive.

antworten (auf)	*to answer*	**be**antworten	*to answer*
kämpfen (gegen)	*to fight against*	**be**kämpfen	*to fight against*
sprechen (über)	*to talk about*	**be**sprechen	*to discuss*

Wir **sprechen über** diese Probleme.	*We talk about these problems.*
Wir **besprechen** diese Probleme.	*We discuss these problems.*

2. The meaning of the verb may change considerably when a **be-** prefix is added.

kommen	*to come*	**be**kommen	*to receive*
sitzen	*to sit*	**be**sitzen	*to possess*
suchen	*to search*	**be**suchen	*to visit*

3. The prefix **be-** also creates transitive verbs from some nouns and adjectives.

der Freund	*friend*	**be**freunden	*to befriend*
die Frucht	*fruit*	**be**fruchten	*to fertilize, impregnate*
richtig	*correct*	**be**richtigen	*to correct*
ruhig	*calm*	**be**ruhigen	*to calm*

B. *Ent-*

When added to nouns, adjectives, or verbs, the prefix **ent-** expresses the idea of separation or removal. It is often equivalent to the English *de-* (<u>de</u>tach), *dis-* (<u>dis</u>connect), or *un-* (<u>un</u>do).

das Fett	*fat, grease*	**ent**fetten	*to remove the fat*
die Kraft	*strength*	**ent**kräften	*to weaken*
fern	*far*	**ent**fernen	*to remove*
heilig	*sacred*	**ent**heiligen	*to desecrate*
decken	*to cover*	**ent**decken	*to discover*
falten	*to fold*	**ent**falten	*to unfold*
kommen	*to come*	**ent**kommen	*to escape, get away*

C. *Er-*

1. The prefix **er-** converts certain adjectives into verbs reflecting the quality expressed by the adjective.

hell	*bright*	**er**hellen	*to brighten*
hoch	*high*	**er**höhen	*to heighten*
möglich	*possible*	**er**möglichen	*to make possible*

2. The prefix **er-** also changes the meaning of certain root verbs to imply successful completion of an activity.

arbeiten *to work*	**er**arbeiten *to obtain through work*
finden *to find*	**er**finden *to invent*
raten *to (take a) guess*	**er**raten *to guess correctly*

With certain verbs, the "completion" of the action is death:

schießen *to shoot*	**er**schießen *to shoot fatally*
schlagen *to hit*	**er**schlagen *to slay*
stechen *to stab*	**er**stechen *to stab to death*
trinken *to drink*	**er**trinken *to drown*

D. *Hinter-*

1. The prefix **hinter-** can emphasize the idea of *behind* (as in *to leave behind*) in a root verb that already implies this.

Der Reiche hat seinen eigenen Kindern erstaunlich wenig **hinterlassen.**	*The wealthy man left his own children surprisingly little.* (i.e., *when he died*)
Sie wollte eine Nachricht für dich **hinterlassen.**	*She wanted to leave a message for you.* (i.e., *before she departed*)
Als Kaution musste er eine Monatsmiete **hinterlegen.**	*He had to put down* (i.e., *leave*) *a month's rent as a security deposit.*

2. **Hinter-** can also convey a more abstract meaning of *behind*, as in the sense of getting behind a facade by way of investigation; or going behind someone's back, i.e., deceiving them.

Ihre Behauptung, sie hätte das Geld einfach auf der Straße gefunden, musste **hinterfragt** werden.	*Her claim that she simply found the money on the street had to be called into question (and/or investigated).*
Jahrelang hat der junge Mann die Polizei mit seinen falschen Schecks **hintergangen.**	*For years, the young man deceived the police with his fraudulent checks.*

E. *Miss-*

1. The prefix **miss-** indicates that something is done falsely or incorrectly. It often corresponds to the English *mis-* or *dis-* and is only used with about fifteen verbs in German.

deuten *to interpret*	**miss**deuten *to misinterpret*
gefallen *to be pleasing*	**miss**fallen *to displease*
handeln *to act (upon)*	**miss**handeln *to mistreat*
trauen *to trust*	**miss**trauen *to distrust*

2. When used with verbs that are already inseparable, the prefix **miss-** becomes stressed.

Er **miss**versteht die Frage. *He misunderstands the question.*

F. *Ver-*

1. The prefix **ver-** sometimes implies that the action of a root verb is done incorrectly.

fahren	*to drive*	sich **ver**fahren	*to take the wrong road*
führen	*to lead*	**ver**führen	*to seduce, lead astray*
laufen	*to walk, run*	sich **ver**laufen	*to get lost (on foot)*
legen	*to lay*	**ver**legen	*to mislay, misplace*
rechnen	*to calculate*	sich **ver**rechnen	*to miscalculate*
sprechen	*to speak*	sich **ver**sprechen	*to misspeak*

2. **Ver-** can also indicate that an action continues until something is used up or destroyed.

brauchen	*to use*	**ver**brauchen	*to use up*
brennen	*to burn*	**ver**brennen	*to burn up*
fallen	*to fall*	**ver**fallen	*to fall into ruin*
gehen	*to go*	**ver**gehen	*to pass or fade away*
schwinden	*to dwindle*	**ver**schwinden	*to disappear*
spielen	*to play*	**ver**spielen	*to gamble away*

3. In some instances, **ver-** conveys the sense of *away*.

jagen	*to chase*	**ver**jagen	*to chase away*
reisen	*to travel*	**ver**reisen	*to go away on a trip*
schenken	*to give as a gift*	**ver**schenken	*to give away*
treiben	*to drive*	**ver**treiben	*to drive (someone) away*

4. Sometimes the prefix **ver-** simply intensifies, refines, or alters the action expressed by the root verb.

bergen	*to hide, cover*	**ver**bergen	*to hide, conceal*
gleichen	*to resemble*	**ver**gleichen	*to compare*
urteilen	*to judge*	**ver**urteilen	*to condemn*
zweifeln	*to doubt*	**ver**zweifeln	*to despair*

5. Finally, **ver-** converts many adjectives (often in the comparative form), a few adverbs, and an occasional noun into verbs.

anders	*different*	**ver**ändern	*to change*
besser	*better*	**ver**bessern	*to improve*
größer	*larger*	**ver**größern	*to enlarge*
länger	*longer*	**ver**längern	*to lengthen*
mehr	*more*	**ver**mehren	*to increase*
nicht	*not*	**ver**nichten	*to annihilate*
die Ursache	*cause*	**ver**ursachen	*to cause*

G. *Zer-*

The prefix **zer-** indicates destruction or dissolution through the action denoted by the verb.

brechen	*to break*	**zer**brechen	*to break into pieces, shatter*
fallen	*to fall*	**zer**fallen	*to fall into pieces*
gehen	*to go*	**zer**gehen	*to dissolve (in a liquid)*
legen	*to lay*	**zer**legen	*to take apart, disassemble*
reißen	*to tear*	**zer**reißen	*to tear to pieces*
stören	*to disturb*	**zer**stören	*to destroy*

29.3 TWO-WAY PREFIXES

A. Separable vs. inseparable

1. The prefixes **durch-** *(through)*, **über-** *(over, across)*, **um-** *(around, over)*, **unter-** *(under)*, **wider-** *(against)*, and **wieder-** *(again)* are used separably with some verbs and inseparably with others. In some instances, these prefixes may also be used either separably or inseparably with the same verb, depending upon the meaning implied. Used separably, prefix verbs tend to have a fairly literal meaning corresponding to the basic meaning of the verb + prefix. Used inseparably, the prefix often gives the verb a more abstract or figurative meaning.

Der Fährmann **setzte** die Reisenden einen nach dem anderen **über.**	*The ferryman carried the travelers across one by one.*
Die Studentin **übersetzte** den Aufsatz aus dem Französischen ins Deutsche.	*The student translated the essay from French into German.*

2. In general, prefixes are stressed when used separably and unstressed when used inseparably.

Die Schule wurde während des Sommers **<u>um</u>gebaut.**	*The school was remodeled during the summer.*
Er hat seine Freundin **um<u>armt</u>.**	*He hugged his girlfriend.*

3. When prefix verbs are used inseparably, they generally make an intransitive verb transitive. In such instances, the auxiliary in the perfect tenses is **haben,** even when the verb without a prefix or with a separable prefix would take **sein.**

COMPARE:

Er **ist** durch den Park **gelaufen.**	*He ran through the park.*
Er **hat** den Park **durchlaufen.**	*He ran through the park from one end to the other.*
Wir **sind** auf die andere Seite **(hin)übergesprungen.**	*We jumped over onto the other side.*
Wir **haben** ein paar Kapitel im Buch **übersprungen.**	*We skipped a few chapters in the book.*

B. Use of the two-way prefixes

1. Most (but not all) verbs with **durch-** are separable.

Sie **macht** eine schlimme Zeit **durch.**	*She is going through a bad time.*

BUT:

Er **durchschaute** den Plan seines Feindes.	*He saw through the plan of his enemy.*

2. Most (but not all) verbs with **über-** are inseparable.

Er hat einen Hund **überfahren.**	*He ran over a dog.*
Wir **überlassen** Ihnen die Entscheidung.	*We leave the decision (up) to you.*

BUT:

Der Topf ist **übergelaufen.**	*The pot boiled over.*

3. Some verbs with **um-** are separable, others are inseparable. Some verbs with **um-** can be either separable or inseparable, depending upon the meaning.

Sie versucht den Satz **umzuschreiben.**	*She's trying to rewrite/revise the sentence.*
Er versucht den Satz zu **umschreiben.**	*He's trying to paraphrase the sentence.*

4. The same is true of verbs with **unter-** as a prefix: some are separable, some are inseparable, and some can be either, depending on the meaning.

Der Junge wurde in einem Kinderheim **untergebracht.**	*The boy was lodged in a children's home.*
Die schwere Arbeit hat seine Gesundheit **untergraben.**	*The difficult work undermined his health.*

5. All verbs with **wider-** are inseparable except for two.

Seine Aussage **widerspricht** den Tatsachen.	*His statement contradicts the facts.*
Niemand konnte sein Argument **widerlegen.**	*No one was able to refute his argument.*

EXCEPTIONS:

Das Wasser **spiegelt** die Lichter **wider.**	*The water reflects the lights.*
Der Glockenton **hallte wider.**	*The sound of the bells echoed.*

6. **Wieder** can function three ways: (a) as an inseparable prefix in **wiederholen** *(to repeat)*; (b) as a separable prefix, when combined with verbs to mean *back* (as in **wiederbringen**); and (c) as an adverb meaning *again* (as in **wieder sehen**). See p. 424 for examples.

COMPARE:

Ständig **wiederholte** er das Wort „Rosebud".	*He kept repeating the word "Rosebud."*
Sie **bringt** uns morgen alles **wieder**.	*She'll bring everything back to us tomorrow.*
Du brauchst gar nicht **wiederzukommen**!	*Don't even bother coming back!*
Hoffentlich kannst du deine Schlüssel **wieder finden**.	*I hope you can find your keys again.*

Wortschatz

Verstehst du das?

Adding the prefixes **be-**, **er-**, and **ver-** to the verbs below changes their meaning as follows. (These definitions are not comprehensive; they cover only the most basic meanings of these verbs.)

1. **arbeiten**   to work
    bearbeiten   to cultivate, work on; to treat
    erarbeiten   to acquire through work
    verarbeiten   to manufacture, process a *(raw)* material

2. **fahren**   to go, travel
    befahren   to travel, to drive on or through something
    erfahren   to find out, hear, discover, learn; to experience
    sich verfahren   to take the wrong route, get lost

3. **greifen**   to seize, grasp, grab
    begreifen   to comprehend, understand
    ergreifen   to seize, take hold of; to touch deeply

4. **halten**   to hold (*see also* **Wortschatz 15**)
    behalten   to keep, retain
    erhalten   to receive (*see* **Wortschatz 10**)
    sich verhalten   to (re)act, behave (*see* **Wortschatz 20**)

5. **kennen**   to know, be familiar with
    bekennen   to confess, acknowledge, avow
    erkennen   to recognize, make out, identify
    verkennen   to mistake, fail to recognize correctly

6. **kommen**   to come
    bekommen   to receive, get (*see* **Wortschatz 10**)
    verkommen   to decay, go to ruin

7. **raten** to advise, counsel; to take a guess
   beraten to advise, give advice to a person
   erraten to guess correctly, solve *(a riddle)*
   verraten to betray; to divulge

8. **schreiben** to write
   beschreiben to describe
   verschreiben to prescribe *(medicine)*
   sich verschreiben to miswrite *(a word)*

9. **setzen** to set
   besetzen to occupy
   ersetzen to replace
   versetzen to transfer *(someone)*, transplant *(plants)*

10. **sprechen** to speak
    besprechen to discuss
    versprechen to promise
    sich versprechen to misspeak, use the wrong word

11. **stehen** to stand
    bestehen to pass *(an examination)*, survive an encounter
    erstehen to buy, acquire *(at an auction)*
    verstehen to understand

12. **treten** to step
    betreten to set foot in/on, enter
    vertreten to represent, act on behalf of; to advocate an intellectual position

Übungen

A **Anders ausdrücken.** Setzen Sie das passende Verb aus dem **Wortschatz** ein.

 BEISPIEL Sie hat ihm _____, dass sie ihm bei den Hausaufgaben hilft.
Ich muss noch mit dir _____, wie wir das am besten machen.
*Sie hat ihm **versprochen,** dass sie ihm bei den Hausaufgaben hilft.*
*Ich muss noch mit dir **besprechen,** wie wir das am besten machen.*

1. Sie hat das Examen mit großem Erfolg _____.
   Ich habe diese alte Lampe auf einer Auktion _____.
2. Ich _____ den Standpunkt, dass es keine Todesstrafe *(capital punishment)* geben sollte.
   Den Rasen bitte nicht _____!
3. Ich _____ nicht, wie man so etwas tun kann.
   Als das Feuer ausbrach, wurden viele Leute von Panik _____.

4. Benedict Arnold hat sein Land _____.
Dreimal darfst du _____, was ich dir zum Geburtstag schenke.

5. Wir haben seine gute Absicht *(intention)* leider _____.
Nach dem Unfall war Juliane so verändert, dass man sie kaum noch _____ konnte.

6. Meine Schwester wurde in eine andere Abteilung *(department)* in der Firma _____.
Heutzutage kann man eine kranke Niere *(kidney)* durch eine gesunde Niere _____.

7. Durch Fleiß hat mein Bruder sich eine bessere Stelle _____.
In dieser Fabrik wird Leder zu Handtaschen _____.
Wenn man einen neuen Garten anlegt *(put in)*, muss man vorher den Boden gut _____.

B **Welches Verb passt?** Ergänzen Sie die Sätze durch passende Präfixverben.

> BEISPIEL Ich möchte mir diese CD _____. (hören)
> *Ich möchte mir diese CD **anhören**.*

1. Kinder, ich möchte jetzt schlafen. _____ das Licht bitte _____. (machen)
2. Was er sagt, ist sehr wichtig. Ihr sollt gut _____. (hören)
3. Du darfst mein Fahrrad benutzen, aber du musst es heute Abend _____. (bringen)
4. Es regnet hier draußen. Kannst du mich bitte _____? (lassen)
5. Wer hat das Fenster _____? (schlagen)
6. Endstation! Bitte alle _____! (steigen)
7. Man _____ das alte Haus in wenigen Tagen _____. (reißen: *tear*)

C **Das Gegenteil.** Drücken Sie das Gegenteil dieser Sätze aus.

> BEISPIEL Können Sie das Fenster bitte *zumachen?*
> *Können Sie das Fenster bitte **aufmachen?***

1. Ich muss den Koffer *packen.*
2. Kannst du bitte das Licht *anschalten?*
3. Habt ihr das Geld schon *ausgezahlt?*
4. Vergiss nicht das Gas *abzudrehen.*
5. Du sollst dir noch die Schuhe *anziehen.*
6. Meine Uhr *geht vor.*
7. Der Lärm *nimmt* jetzt *ab.*

D **Dauernd *(continually)* hin- oder her-.** Ergänzen Sie durch **hin-**, **her-** oder deren weitere Formen.

> BEISPIEL Die Nachbarn haben eine Party; gehen wir zu ihnen _____.
> *Die Nachbarn haben eine Party; gehen wir zu ihnen **hinüber**.*

1. Björn, ich brauche Hilfe. Komm doch bitte mal _____!
2. Seine Eltern wohnen auf dem Land. Fahren wir morgen zu ihnen _____?
3. Vorsicht bitte, damit niemand in dieses Loch _____fällt.
4. Sie sahen weder nach links noch nach rechts, sondern nur vor sich _____.
5. Wir fuhren ein paar Stunden in der Stadt _____.
6. Ihr könnt euch ruhig vor uns _____setzen.
7. Papa, kannst du meinen Drachen *(kite)* vom Baum _____holen?
8. Aus dem einsamen Tal *(valley)* tönte plötzlich Glockengeläute *(the chiming of bells)* zu den Bergwanderern _____.

E **Anders ausdrücken.** Drücken Sie die Sätze durch Verben mit dem Präfix **be-** anders aus. Denken Sie daran, dass Verben mit dem Präfix **be-** immer transitiv sind.

> BEISPIEL   Für seine Entscheidung hat er keinen *Grund gegeben.*
> *Er hat seine Entscheidung nicht **begründet.***

1. Ich muss mein Schreiben jetzt *zu Ende bringen.*
2. Wer *gibt* ihm einen *Lohn* für seine Arbeit?
3. Die Nachricht von seinen Plänen hat uns sehr *unruhig gemacht.*
4. Niemand *dachte an* die Folgen einer solchen Politik.
5. Wir wollen mit jemand anders *über* dieses Problem *sprechen.*
6. Truppen *schossen auf* die feindlichen Stellungen *(positions).*

F **Das richtige Verb.** Ergänzen Sie die Sätze durch passende Verben mit dem Präfix **ent-**.

1. Wenn ihnen die Blätter schmecken, können Raupen *(caterpillars)* einen Baum in wenigen Tagen ＿＿.
2. Geld hat einen bestimmten Wert, aber durch eine Inflation wird es ＿＿.
3. Wenn eine Firma zu viele Arbeiter hat, werden oft einige ＿＿.
4. Bevor man Meerwasser trinken kann, muss man es zuerst ＿＿.
5. Dem Tod kann man nicht auf immer *(forever)* ＿＿.

G **Persönliche Fragen.** Beantworten Sie die Fragen. Verwenden Sie dabei Verben mit dem Präfix **er-**.

1. Wer macht Ihnen das Studium möglich?
2. Was macht Sie besonders frisch?
3. Werden Sie rot, wenn Leute gut oder schlecht von Ihnen reden?
4. Was macht Sie besonders müde?

H **Mit oder ohne *er-*?** Ergänzen Sie die Sätze durch passende Verben aus den Verbpaaren.

> frieren / erfrieren
> leben / erleben
> raten / erraten
> reichen / erreichen
> schießen / erschießen

1. Dreimal darfst du ＿＿. —Ich habe es schon ＿＿.
2. Es ist sehr kalt draußen. Es ＿＿. Hoffentlich ＿＿ die Planzen nicht.
3. Sie ＿＿ mehrmals mit einer Pistole, aber glücklicherweise ＿＿ sie niemand.
4. Der Greis *(old man)* hatte lange ＿＿ und viel ＿＿.
5. Wir haben den Tunnel ＿＿. ＿＿ mir bitte deine Taschenlampe.

I **Verstehen Sie das?**   Erklären Sie auf Deutsch, was die folgenden Ausdrücke bedeuten.

1. ein Spiel verlängern
2. Flugblätter (*pamphlets*) verteilen
3. eine Frage verneinen
4. Pläne verwirklichen
5. sich zum Essen verspäten
6. eine Industrie verstaatlichen
7. etwas an einem Beispiel verdeutlichen

J **Alles mit *ver-*.**   Ergänzen Sie die Sätze durch passende Verben aus dem Kasten mit dem Präfix **ver-**.

brauchen   gehen   jagen   legen   sinken   spielen   urteilen

1. Ich kann meine Brille nicht finden. Ich muss sie irgendwo ＿＿ haben.
2. Dieser Wagen ＿＿ zu viel Benzin.
3. Zum Glück hat sie das Geld nicht im Casino ＿＿.
4. Die Jahre sind so schnell ＿＿.
5. Seit Wochen ＿＿ er in seiner Arbeit und kommt selten abends vor 10 Uhr nach Hause.
6. Der Richter hat den Verbrecher zu einer Gefängnisstrafe (*imprisonment*) von sieben Jahren ＿＿.
7. Unser Hund ＿＿ alle Katzen.

K **Alles in Stücke.**   Beantworten Sie die Fragen. Verwenden Sie die folgenden Verben aus dem Kasten mit dem Präfix **zer-**.

BEISPIEL   Was tut ein Elefant im Porzellanladen?
Er zerbricht das ganze Porzellan.

brechen   gehen   legen   reißen   trampeln

1. Was kann ein sehr starker Mann mit einem Telefonbuch machen?
2. Was geschah, als Humpty Dumpty das Gleichgewicht (*balance*) verlor?
3. Was geschieht mit einer Pille, wenn sie im Wasser ist?
4. Was geschieht, wenn Kühe durch ein Blumenbeet (*flower bed*) gehen?
5. Was passiert mit Fröschen (*frogs*) im Biologielabor?

L **Trennbar oder untrennbar?**   Bilden Sie kurze Sätze im Präsens mit den angegebenen Worten.

BEISPIELE   alle Zimmer im Haus durchsuchen (*to search*)
Die Polizei durchsucht alle Zimmer im Haus.

die Leine durchbeißen (*to bite through*)
Der Hund beißt die Leine durch.

1. finanzielle Schwierigkeiten durchmachen *(to get through)*
2. den Betrug *(deceit)* durchschauen *(to see through)*
3. über die Straße (hin)übergehen *(to go across)*
4. mehrere Seiten im Buch übergehen *(to skip, pass over)*
5. bei der Prüfung durchfallen *(to fail)*
6. Dokumente unterschreiben *(to sign)*
7. dem Druck *(pressure)* widerstehen *(to resist)*
8. das Blatt umdrehen *(to turn over)*
9. die bissigen Bemerkungen ihres Freundes überhören *(to ignore)*

M **Vom Präsens ins Perfekt.** Setzen Sie Ihre Sätze von Übung L ins Perfekt.

BEISPIELE Die Polizei durchsucht alle Zimmer im Haus
Die Polizei hat alle Zimmer im Haus durchsucht.

Der Hund beißt die Leine durch.
Der Hund hat die Leine durchgebissen.

N **Trennbar oder untrennbar?** Lesen Sie die Ausdrücke mit der richtigen Betonung vor. Erklären Sie, was die Ausdrücke bedeuten, indem Sie sie auf Deutsch anders ausdrücken.

BEISPIEL sich etwas über<u>le</u>gen (untrennbar)
bedeutet: über etwas nachdenken

1. ein paar Kapitel im Buch überspringen
2. seinen Willen durchsetzen
3. in eine andere politische Partei überwechseln
4. ein Gebot/Verbot übertreten
5. ein Buch/eine Zeitschrift durchblättern
6. ein Haus umbauen
7. einen Freund umarmen
8. den Fall *(case)* untersuchen
9. jemandem widersprechen

Anwendung

Verben im Kontext. Unterstreichen Sie in einem kurzen Zeitungs- oder Zeitschriftenartikel alle Wörter mit untrennbaren Präfixen. Was bedeuten die Stammwörter *(root words)*? Auf welche Weise ändern die Präfixe die Bedeutungen dieser Stammwörter?

Schriftliche Themen

Tipps zum Schreiben	**Writing with Inseparable-Prefix Verbs**
	Inseparable-prefix verbs are particularly useful for avoiding wordiness and for elevating your level of expression. For example, the sentence **Sie hat ihm das Studium möglich gemacht** is not incorrect, but it lacks the stylistic sophistication of **Sie hat ihm das Studium ermöglicht**.

Stilistisch besser: Thema frei.   Schreiben Sie zuerst einen kurzen Text von acht bis zehn Sätzen. Versuchen Sie dann diesen Text durch den Gebrauch von Präfixverben stilistisch zu verbessern.

Zusammenfassung

Rules to Remember

1   Separable prefixes separate from their verbs when these verbs are in first or second position in main clauses (**Sie geht am Abend aus**).

2   Separable prefixes attach to the root verb in V_2 position (**Sie ist am Abend ausgegangen**), and to V_1 in subordinate clauses (**... dass sie am Abend ausgeht**).

3   Inseparable prefixes do not separate from their verbs.

4   Verbs with inseparable prefixes have no **ge-** in the past participle (**hat bearbeitet; hat verstanden**).

5   The three most common inseparable prefixes are **be-, er-,** and **ver-**. Other inseparable prefixes include **emp-, ent-, ge-, hinter-, miss-,** and **zer-**.

6   The prefixes **durch-, über-, um-, unter-, wider-,** and **wieder-** can be used either separably or inseparably, depending upon the verb and the intended meaning.

At a Glance

Separable prefixes: Forms	
Infinitive:	zurück • geben
Past participle:	zurück<u>ge</u>geben
With *zu*:	zurück<u>zu</u>geben

$\boxed{V_1}$ $\boxed{P}$

Ich gebe dir dein Geld zurück.

$\boxed{V_1}$ $\boxed{P}$

Ich gab dir dein Geld zurück.

$\boxed{P}$ $\boxed{V_1}$

Du weißt ja, dass ich das Geld zurückgab.

Common separable prefixes	
ab-	*über
an-	*um
auf-	*unter
aus-	vor
bei-	vorbei
ein-	weg
*durch-	weiter
fort-	*wider
her-	*wieder
hin-	zu
los-	zurück
mit-	zusammen
nach-	

* Can also be used inseparably

Inseparable prefixes	
be-	hinter-
emp-	miss-
ent-	ver-
er-	zer-
ge-	

zum Beispiel

Grammatik

A. Prepositional phrases

1. German, like English, uses prepositional phrases in conjunction with certain verbs to create specific meanings. The very strength of these mental associations (*to be scared of, to believe in, to wait for,* for example) results in frequent mistakes among learners, since the combinations are often different in the two languages.

Tamino hat große Angst **vor** Schlangen.	*Tamino is very scared **of** snakes.*
Claire glaubt **an** Gerechtigkeit.	*Claire believes **in** justice.*
Manni wartet nervös **auf** das Geld.	*Manni is waiting nervously **for** the money.*

In some cases, German uses prepositions with a verb to make distinctions not found in English.

Der Mann stirbt **an** Hunger.	*The man is dying **of** hunger.* (literally)
Ich sterbe **vor** Hunger!	*I'm dying **of** hunger!* (figuratively)

In short, it is essential to learn the verb and preposition together for each desired meaning, and not assume a similarity between English and German combinations.

2. In some instances, verbs may have a direct or indirect object *and* a prepositional complement.

Man erkennt **die Prinzen** leicht **an ihrem Gesangsstil.**	*One can recognize the Princes easily by their style of singing.*
Die Möbel hindern **Gregor am Herumkriechen.**	*The furniture hinders Gregor from crawling around.*

B. Prepositional *da*-compounds

When the prepositional object is expressed as a subordinate clause or an infinitive clause, a prepositional **da**-compound is used to link the verb with this object clause (see 19.2).

Die junge Frau ärgert sich **darüber,** dass noch andere schöne Frauen im Café sitzen.	*The young woman is annoyed that there are other pretty women sitting in the café.*
Also beschäftigit sie sich **damit,** die Aufmerksamkeit der Männer zu lenken.	*So she busies herself with attracting the attention of the men.*

Almost all of the verbs in the next section can occur with **da**-compounds. Some occur more often with **da**-compounds than with nouns and pronouns.

30.2 | PREPOSITIONS WITH PARTICULAR VERBS

A. *An*

Depending upon the verb with which it is used, **an** can govern either the accusative or dative case. Common examples include:

Accusative

denken an   *to think of*
(jmdn.) erinnern an   *to remind (s.o.) of*
sich erinnern an[1]   *to remember*
sich gewöhnen an   *to get accustomed to*
glauben an   *to believe in*

grenzen an   *to border on*
sich richten an   *to direct (a comment
   or question) to*
sich wenden an   *to turn to, appeal to*

Den ganzen Vormittag **denkt** sie **an** die
   Mittagspause in *Rick's Café Americain.*

*All morning she thinks about the lunch
   break at* Rick's Café Americain.

Dative

arbeiten an   *to work on/at*
(jmdn.) erkennen an   *to recognize (s.o.) by*
sich freuen an   *to delight in*
(jmdn.) hindern an   *to hinder/prevent
   (s.o.) from (doing s.th.)*

leiden an   *to suffer from*
sterben an   *to die of/from*
zweifeln an[1]   *to doubt*

B. *Auf*

Auf occurs with a considerable number of verbs expressing the idea of physically or mentally looking or aiming at or toward something. In such usage, it almost always governs the accusative. Common examples include:

Accusative

achten auf   *to pay heed to*
antworten auf   *to answer, respond to*
aufpassen auf   *to keep an eye on,
   watch out for*
sich beschränken auf   *to limit
   oneself to*
sich beziehen auf   *to refer to*

blicken auf   *to glance at*
sich freuen auf   *to look forward to* (see
   also **über,** 30.2.H)
(jmdn.) hinweisen auf   *to refer (s.o.) to*
hoffen auf   *to hope for*
hören auf   *to listen to, heed*
sich konzentrieren auf   *to concentrate on*

---

[1] Notice that in these examples (and others to follow), a German verb + prepositional phrase is rendered in English with a verb + direct object:

Ich erinnere mich nicht **an solche
   Einzelheiten.**

*I don't remember **such details.***

Sie zweifelte **an seiner Aufrichtigkeit.**

*She doubted **his honesty.***

Accusative (cont.)

reagieren auf   *to react to*

schießen auf   *to shoot at*

sich verlassen auf   *to rely upon*

trinken auf   *to drink to*

vertrauen auf   *to trust in*

verzichten auf   *to forgo, renounce*

warten auf   *to wait for*

zeigen auf   *to point to/at*

Sie kann **sich** immer **darauf verlassen,** interessante Typen dort zu finden.

She can always depend on finding interesting guys there.

Dative

beruhen auf   *to be based upon*

bestehen auf   *to insist upon*

C. *Aus*

Aus is not nearly as common as **an** and **auf** in prepositional complements. It usually means *of* or *from,* and always governs the dative case. Common examples include:

Dative

bestehen aus   *to consist of*

folgern aus   *to deduce from*

werden aus   *to become of*

Zum Glück **besteht** ihr Alltag nicht nur **aus** Arbeit.

Fortunately her day does not consist only of work.

D. *Für*

Für occurs with a number of common verbs and always governs the accusative case. Some common examples include:

Accusative

(jmdm.) danken für   *to thank (s.o.) for*

jmdn./etwas halten für   *to regard s.o./s.th. as* (see **Wortschatz** 11)

sich entscheiden für   *to decide on* (see **Wortschatz** 17)

sich interessieren für   *to be interested in*

sorgen für   *to provide for, look after*

stimmen für   *to vote for*

Gestern hat sie **sich für** einen Reisenden **interessiert,** aber heute sieht sie Michael Schumacher in einer Ecke sitzen.

Yesterday she got interested in a traveling salesman, but today she sees Michael Schumacher sitting in a corner.

E. *In*

In occurs in the accusative with a few verbs expressing coming or getting into a situation or state. It also occurs occasionally in the dative with certain verbs. Common examples include:

Accusative

einwilligen in   *to agree to*
geraten in   *to get or fall into (danger, difficulty, etc.)*
sich verlieben in   *to fall in love with*
sich vertiefen in   *to delve into, become engrossed with*

Leider hat er **sich** gerade **in** ein Gespräch mit einer rothaarigen Frau **vertieft.** Schade.	*Unfortunately, he's just become engrossed in talking with a red-haired woman. Too bad.*

Dative

sich irren in   *to err, be mistaken in/about*
sich täuschen in   *to be mistaken about*

Oder hat sie **sich in** dem Mann **getäuscht?** Vielleicht war er der komische Typ von vorgestern – Tamino oder Timano oder so ähnlich.	*Or was she wrong about the man? Maybe he was that weird guy from two days ago—Tamino or Timano or something like that.*

F. *Mit*

Used with verbs, **mit** usually means *with*. It governs the dative. Common examples include:

Dative

aufhören mit *to stop doing, cease*	sich verabreden mit *to make an appointment with*
sich befassen mit *to deal with*	
sich beschäftigen mit *to occupy o.s. with*	verkehren mit *to associate with, mix with*
handeln mit *to trade or deal in*	
rechnen mit *to count on*	sich vertragen mit *to get along (well) with*
telefonieren mit *to speak on the phone with*	

Sie hätte **sich mit** dem Reisenden von gestern doch **verabreden** sollen.	*She should have made a date with the traveling salesman from yesterday after all.*

G. *Nach*

1. **Nach** tends to be used after verbs of longing, inquiry, or reaching for. It governs the dative. Some common examples include:

Dative

(be)urteilen nach *to judge by/according to how*	schicken nach *to send for*
	schreien nach *to scream for*
sich erkundigen nach *to inquire about/after*	sich sehnen nach *to long for*
	streben nach *to strive for*
(jmdn.) fragen nach *to ask (s.o.) about*	suchen nach *to search for*
forschen nach *to search for, investigate*	sich umsehen nach *to look around for*
greifen nach *to reach for*	

Sie **sieht sich nach** dem Reisenden um, aber er ist heute nirgends zu sehen.	*She looks around for the traveling salesman, but today he's nowhere to be seen.*
Verärgert **greift** sie **nach** ihrer Serviette, um eine Fliege vom Nebenstuhl wegzuscheuchen.	*Irritated, she reaches for her napkin in order to shoo away a fly on the chair nearby.*

2. **Nach** is also used after some verbs of looking, sounding, smelling, and tasting. In these cases it means what something looks, sounds, smells, or tastes *like* it might be.

aussehen nach *to look like (s.th. will happen)*	riechen nach *to smell like*
	schmecken nach *to taste like*
klingen nach *to sound like*	stinken nach *to stink of*

H. *Über*

Über occurs with several verbs of speaking and usually expresses the idea of *about*. **Über** always governs the accusative in these instances. Common examples include:

Accusative

sich ärgern über *to be annoyed about/at*	nachdenken über *to think about, ponder*
sich beklagen über *to complain about*	reden über (*or* von) *to speak about*
berichten über *to report about/on*	sich schämen über *to be ashamed of*
sich beschweren über *to complain about*	spotten über *to joke about, ridicule*
diskutieren über *to discuss, talk about*	sprechen über (*or* von) *to speak about*
sich einigen über *to agree upon*	staunen über *to be amazed at*
sich freuen über (*compare* sich freuen auf, an) *to be happy about* (see also **auf,** 30.2.B)	(sich) streiten über *to quarrel (with one another) about*
	sich unterhalten über *to converse about*
sich lustig machen über *to make fun of*	

Schon wieder muss sie **sich über** die Unzuverlässigkeit der Männer **beschweren.**	*Once again she has to complain about men's lack of dependability.*

I. *Um*

Um is used with a number of verbs, particularly with those describing activities where something is at stake or being requested. **Um** governs the accusative. Examples include:

Accusative

sich bemühen um   *to take pains with*
(jmdn.) beneiden um   *to envy (s.o.) for*
sich bewerben um   *to apply for*
(jmdn.) bitten um   *to ask (s.o.) for, request*
(jmdn.) bringen um   *to deprive or cause (s.o.) to lose*[2]
kämpfen um   *to fight for*
kommen um   *to lose, be deprived of*
sich kümmern um   *to look after, bother about*

sich sorgen um   *to be anxious/worried about*
spielen um   *to play for (stakes)*
wetten um   *to bet for (stakes)*
es geht um   *it is a matter of* (see **Wortschatz** 19)
es handelt sich um   *it is a matter of* (see **Wortschatz** 19)

Sie **sorgt sich um** die Zeit, denn sie muss ja bald zurück ins Büro.

She's anxious about the time, for soon she has to go back to the office.

J. *Von*

Von occurs with a wide range of verbs. It governs the dative. Examples include:

Dative

(jmdn.) abhalten von   *to keep, prevent (s.o.) from (doing s.th.)*
abhängen von   *to depend upon*
(jmdm.) abraten von   *to advise (s.o.) against*
berichten von (or über)   *to report on*
sich erholen von   *to recover from*
erzählen von (or über)   *to tell about*
etwas fordern von   *to demand s.th. of/from*
halten (viel) von   *to think highly of* (see **Wortschatz** 11)

handeln von   *to be about* (see **Wortschatz** 19)
leben von   *to live on*
reden von (or über)   *to speak about*
sprechen von   *to talk about*
sich unterscheiden von   *to differ from*
etwas verlangen von   *to demand s.th. from/of*
etwas verstehen von   *to understand s.th. about*
etwas wissen von   *to know s.th. about*

Aber nichts kann sie **davon abhalten,** mit den fünf jungen Männern in der anderen Ecke ein wenig zu flirten. Sie sehen ja aus wie Popstars!

But nothing can prevent her from flirting a little with the five men in the other corner. After all, they look like pop stars!

---

[2] This verb is not to be confused with the separable-prefix verb **umbringen,** *to take a person's life.*

K. *Vor*

Vor occurs primarily with verbs of fearing, respecting, and protecting. In such instances, **vor** always governs the dative. Common examples include:

Dative

Achtung/Respekt haben vor   *to have respect for*
Angst haben vor   *to have fear of*
erschrecken vor   *to shrink at, be frightened of*
fliehen vor   *to flee from*
sich fürchten vor   *to fear, be afraid of*
sich hüten vor   *to watch out for, be on guard against*
schreien vor   *to scream with/out of*
(jmdn.) schützen vor   *to protect (s.o.) from*
(sich) verstecken vor   *to hide (s.o.) from*
(jmdn.) warnen vor   *to warn (s.o.) of/against/about*
zittern vor   *to tremble with/from (fear, cold, etc.)*

Vor solchen Männern hat ihre Mutter sie schon öfter **gewarnt.**	*Her mother has warned her often about men like that.*

L. *Zu*

Zu is used with a wide variety of verbs. It usually means *to, to the point of doing,* or *for the purpose of.* **Zu** governs the dative. Common examples include:

Dative

(jmdn.) beglückwünschen zu   *to congratulate (s.o.) on*
(etwas) beitragen zu   *to contribute (s.th.) to*
(jmdn.) bringen zu   *to bring (s.o.) to the point of*
dienen zu   *to serve a purpose as*
sich entschließen zu   *to decide to* (see **Wortschatz** 17)
führen zu   *to lead to*

(jmdm.) gratulieren zu   *to congratulate (s.o.) on*
etwas meinen zu   *to have an opinion about s.th.*
neigen zu   *to tend to/toward*
passen zu   *to match, be suited to*
(jmdm.) raten zu   *to advise (s.o.) to*
(jmdn.) überreden zu   *to persuade (s.o.)*
werden zu   *to become, turn into*
zwingen zu   *to force, compel to*

Aber nach einigen Minuten haben die Männer sie **dazu überredet**, bei ihrer nächsten CD mitzuwirken. Sie wäre ja so gerne Millionärin ...	*But after a few minutes, the men have persuaded her to join them in making their next CD. After all, she would like so much to be a millionaire . . .*

Wortschatz
Es hat sich erwiesen …

es stellt sich heraus	es zeigt sich
sich herausstellen als	sich erweisen als

1. The expression **es stellt sich heraus** means that something *turns out to be, proves to be,* or *is seen to be.* The **es** anticipates the "something," which is expressed in a subsequent **dass**- or **ob**-clause. When the **es** comes after the conjugated verb, it is sometimes dropped.

   Während der Untersuchung **stellte (es) sich heraus, dass** zwei Zeugen falsch ausgesagt hatten.

   During the investigation it turned out that two witnesses had given false testimony.

2. The verb **sich herausstellen (als)** may also be used with a subject other than **es.**

   Seine Versuche **stellten sich als** vergebens **heraus.**

   His attempts proved to be in vain.

3. The expression **es zeigt sich** is close in meaning to **es stellt sich heraus,** but sounds less formal.

   Es wird **sich** noch **herausstellen** (*or* **zeigen**), ob er sich richtig entschieden hat.

   It is still to be seen whether he made the right decision.

   Es zeigte sich (stellte sich heraus), dass alles gelogen war.

   It became evident that everything was a lie.

4. The verb **sich erweisen als** conveys the same meaning as the expressions **sich herausstellen** and **sich zeigen,** but it usually does so with a specific subject rather than with an anticipatory **es** and a subsequent **dass**-clause.

   COMPARE:

   Das Gerücht **erweis sich als** falsch.

   The rumor turned out to be false.

   Es stellte sich heraus (*or* **zeigte sich**), dass das Gerücht falsch war.

   It turned out that the rumor was false.

   Alfred **erwies sich als** ein untreuer Mann.

   Alfred proved to be an unfaithful man.

Übungen

A Ähnliche Verben.   Welches Verb passt wegen der Präposition nicht in die Reihe?

1. beneiden   sich bemühen   berichten   bitten
2. sich verabreden   sich verstecken   sich vertragen   sich beschäftigen
3. suchen   schicken   spielen   streben
4. zeigen   blicken   reagieren   zwingen
5. sich freuen   sich ärgern   sich beklagen   sich erholen
6. staunen   warnen   fliehen   sich fürchten
7. sich erinnern   abhängen   glauben   denken
8. leben   leiden   sprechen   etwas verstehen
9. sich entschließen   sich entscheiden   beitragen   passen

B Welche Ausdrücke passen am besten?   Drücken Sie die Sätze mit passenden Verben oder Ausdrücken aus dem **Wortschatz** anders aus.

> **BEISPIEL**   Wir haben Karten gekauft und jetzt erfahren wir, dass man das Konzert abgesagt hat.
> *Wir haben Karten gekauft, aber jetzt stellt sich heraus, dass man das Konzert abgesagt hat.*

1. Wir werden noch sehen, ob er Recht hat oder nicht.
2. Zuerst hielt man die Rede der Politikerin für Unsinn, aber nachher wurde klar, dass sie sehr klug gesprochen hatte.
3. Gesine hat sich vor nur zwei Jahren einen Computer gekauft und schon jetzt ist er zu alt.
4. Wir haben für die Reise gespart und jetzt erfahren wir, dass sie nicht mehr stattfinden wird.
5. Herr Voigt benahm sich wie ein Hauptmann *(captain)*, aber später fand man heraus, dass er ein Betrüger *(imposter)* war.

C An, nach, von, vor oder zu?   Bilden Sie zehn Sätze.

> **BEISPIEL**   sich verstecken / Dieb / Polizei
> *Der Dieb versteckte sich vor der Polizei.*

1. streben / Schüler / bessere Noten
2. passen / Hemd / Anzug
3. neigen / Studenten / manchmal / Faulheit
4. schmecken / Wurst / Knoblauch *(garlic)*
5. sich erholen / der Spieler / Verletzungen
6. leiden / im Winter / viele Menschen / Grippe *(flu)*

7. sich hüten / man / im Winter / müssen / Erkältung *(cold)*
8. überreden / der Autohändler / Kunden / Kauf eines Autos
9. fragen / Sohn / das Befinden seiner Eltern
10. abhalten / Kinder / ihre Mutter / die Arbeit

D **Und Sie?**   Machen Sie Aussagen über sich selbst. Verwenden Sie die Präpositionen **an, nach, von, vor** oder **zu.**

> BEISPIEL   denken
> *Ich denke gern an meine Kindheit.*

1. streben
2. sich fürchten
3. glauben
4. sich erinnern

5. verstehen
6. halten
7. suchen
8. neigen

E *Auf, für, mit, über oder um?*   Bilden Sie Sätze.

> BEISPIEL   kämpfen / Soldaten / die Stadt
> *Die Soldaten kämpfen um die Stadt.*

1. sich einigen / die Politiker / das neue Staatsbudget
2. sorgen / Mütter / Kinder / müssen
3. nachdenken / wir / dein Vorschlag / werden
4. sich sorgen / Mutter / ihr krankes Kind
5. sich bewerben / der Kandidat / mehrere Stellen
6. sich freuen / alle / das Wochenende
7. trinken / Männer / die Gesundheit ihres Freundes
8. halten / ich / diese Frau / sehr kompetent
9. schicken / der verletzte Autofahrer / Arzt
10. sich unterhalten / ich / andere Studenten / unser Kurs

F **Und Sie?**   Machen Sie Aussagen über sich selbst oder andere Menschen. Verwenden Sie die Präpositionen **auf, für, mit, über** oder **um.**

> BEISPIEL   sich konzentrieren
> *Ich muss mich besser auf mein Studium konzentrieren.*

1. sich ärgern
2. sich verlassen
3. sich interessieren
4. sich beschäftigen
5. bitten
6. aufhören
7. halten
8. diskutieren

G **Was fehlt?** Ergänzen Sie die Sätze durch eine Konstruktion mit **da** + Präposition.

BEISPIEL   Er strebte stets _____, bessere Noten zu bekommen.
*Er strebte stets **danach**, bessere Noten zu bekommen.*

1. Sie neigt _____, bei großen Problemen zu schnell aufzugeben.
2. Ich zweifle _____, ob ich die Prüfung bestehen kann.
3. Wer hat ihn _____ gebracht, uns zu helfen?
4. Manche Studenten haben Angst _____, Prüfungen zu schreiben.
5. Darf ich Sie _____ bitten, diesen Platz frei zu halten?
6. Der Professor hat mir _____ abgeraten, seinen Kurs zu belegen.
7. Aber andere haben mir _____ geraten, den Kurs dieses Professors doch zu belegen.
8. Man sollte einen Menschen _____ beurteilen, wie er sich verhält.
9. Ich möchte dich _____ erinnern, dass wir morgen keine Deutschstunde haben.

H **Wie geht es weiter?** Ergänzen Sie fünf Sätze durch eine Präposition mit einem Substantiv und fünf Sätze durch **da**- mit Präposition und einem Nebensatz.

BEISPIEL   Ich gratuliere ...
Ich gratuliere Ihnen zum Geburtstag.
Ich gratuliere Ihnen dazu, dass Sie Ihr Studium jetzt beendet haben.

1. Der Wetterdienst warnt jetzt ...
2. Hüten muss man sich im Winter ...
3. Gute Studenten bemühen sich ...
4. Ich weise Sie ... hin, dass ...
5. Ob wir morgen wandern gehen, hängt ... ab
6. Manche Leute neigen ...
7. Hm, es riecht hier ...
8. Überreden möchte ich meine Freunde ...
9. Niemand hindert dich ...
10. Niemand zwingt dich ...

Anwendung

Verben im Kontext. Unterstreichen Sie in einem der eingeführten Texte (die Prinzen, *Deutschland;* Wondratschek, *Mittagspause;* Kafka, *Die Verwandlung*) alle Präpositionen, die Ihrer Meinung nach mit bestimmten Verben idiomatisch verwendet werden. Sie werden vielleicht auch Verben finden, die nicht in diesem Kapitel vorkommen. Machen Sie eine Liste mit den Verben. Stellen Sie Ihre neuen Verben im Kurs vor.

Schriftliche Themen

Categories of Writing

Various types of writing require varying styles. What to say and how to say it normally dictate stylistic elements such as vocabulary, sentence structure, the use of metaphor, and other rhetorical devices. In general, you should attempt to write in a style (formal, informal, objective, rhetorical, argumentative, casual, exciting, etc.) befitting the topic or writing task, be it an objective analysis, a narrative, or an informal letter home. In all types of writing, the judicious use of verbs with prepositions often suggests an advanced level of linguistic and stylistic sophistication on the part of the author. Plan on using some verbs of this type in the writing task below.

Kategorien des Schreibens.   Schreiben Sie über ein selbstgewähltes Thema, das in eine der folgenden Kategorien hineinpasst. Schreiben Sie mindestens zwanzig Sätze.

KATEGORIEN

analysieren	(ein Problem, einen Text usw.)
argumentieren	(für oder gegen einen Plan, ein Gesetz, eine Situation usw.)
berichten	(über ein Geschehen, einen Menschen usw.)
beschreiben	(einen Ort, einen Gegenstand, einen Menschen usw.)
erklären	(wie etwas gemacht wird, warum etwas geschehen ist usw.)
erzählen	(eine Geschichte, eine Anekdote, einen Traum, ein Ereignis aus dem Leben usw.)
überreden	(zu einer Handlung, einem Plan)
zusammenfassen	(ein literarisches Werk, einen Vortrag, einen Artikel in einer Zeitung oder einem Buch, eine Lebensphilosophie usw.)

Zusammenfassung

Rules to Remember

1 Many verbs must be followed by a specific preposition in idiomatic prepositional complements.

2 The motion/position rule determining case after two-way prepositions plays no role in idiomatic prepositional complements.

3 The prepositions **an** and **in** are followed by an accusative object after some verbs, a dative object after others.

4 The preposition **auf** almost always takes an accusative object in idiomatic prepositional complements.

5 The preposition **über** always takes an accusative object in idiomatic prepositional complements.

6 The preposition **vor** always takes a dative object in idiomatic prepositional complements.

At a Glance

Verbal complements: Word order
Main clause
____ V_1 ____ [verbal complement] V_2
Sie haben sich bestimmt auf dieses letzte Beispiel gefreut .
Subordinate clause
____, dass ____ [verbal complement] V_2 V_1
Wussten Sie, dass ich mich auch [auf dieses letzte Beispiel] gefreut habe ?

Reference Section

Appendix 1

SPELLING, CAPITALIZATION, AND PUNCTUATION: THE NEW RULES

The spelling reform of 1996 has been reflected in texts and textbooks for several years, but for users of *Handbuch* who may be unfamiliar with these changes, we provide a brief overview of the new rules. For a full listing of these rules, with examples and comparisons of old and new, you should consult the official ***Duden: Die deutsche Rechtschreibung*** (Dudenverlag, 2000; or go to www.duden.de and click on Neue Rechtschreibung). In the meantime, the following comments and examples will introduce you to the major categories of change and highlight some of the differences between the old and new sets of rules that you will encounter in this book.

A. Spelling

1. Probably the most noticeable change is the use of **ss** instead of **ß** in some contexts. The new rule is simple: Use **ss** following short vowels and **ß** following long vowels and diphthongs. (Previously, **ß** was used after some short vowels as well as long.)

OLD	NEW
Ich muß das lesen.	Ich **muss** das lesen.
Meinst du, daß es stimmt?	Meinst du, **dass** es stimmt?
Warum ißt du so wenig?	Warum **isst** du so wenig?

2. Where multiple consonants or clusters were sometimes dropped in compound words, the new rules stipulate that both words be written in their entirety. A hyphen may be used to make some compound nouns easier to read.

OLD	NEW
selbständig (selb**st** + **st**ändig)	selb**stst**ändig
Schiffahrt (Schiff + Fahrt)	Schiff**f**ahrt
Seelefant (See + Elefant)	Seeelefant/See-Elefant

3. Certain sounds in foreign words can be expressed with German spellings: the **ph** in syllables such as **phon, phot,** and **graph** can be replaced with **f**; **-tial** and **-tiell** can be replaced with **-zial** and **-ziell**; in some cases **gh, rh,** and **th** can be replaced with **g, r,** and **t.**

FOREIGN SPELLING	GERMAN SPELLING
Exposé	Exposee
Potential	Potenzial
Joghurt	Jogurt

B. Capitalization

1. The rule has always been that formal pronouns of address (including possessive pronouns) should be capitalized (**Sie/Ihnen/Ihr-**); but whereas informal pronouns used to be lowercase in some written contexts but capitalized in others (such as correspondence), the new rule makes informal pronouns uniformly lowercase.

OLD	NEW
Lieber Markus,	Lieber Markus,
wie geht es Dir? und Deinen Eltern?	wie geht es **dir?** und **deinen** Eltern?

2. Times of day following adverbs such as **gestern** or **heute** are now capitalized. In conjunction with days of the week, they now join with the day to form one word.

OLD	NEW
heute abend	heute **Abend**
gestern nachmittag	gestern **Nachmittag**
Dienstag morgen	**Dienstagmorgen**

3. Adjectives that take on the function of a noun are now uniformly capitalized.

OLD	NEW
Sie war die erste an Bord.	Sie war die **Erste** an Bord.
Ist das auf deutsch?	Ist das auf **Deutsch?**
interessant für jung und alt	interessant für **Jung** und **Alt**
Wir waren den ganzen Tag	Wir waren den ganzen Tag **im**
im freien (*outside*).	**Freien.**

The only exceptions to this rule are **viel, wenig, ein,** and **ander:**

Er hat nur **eine** gesehen, aber wir haben **viele** gefunden.
Ich habe noch **anderes** zu tun.

4. Some nouns that were once considered parts of other words (such as prefixes to verbs) are now treated as separate nouns and therefore capitalized.

OLD	NEW
radfahren (*to ride a bicycle*)	Rad fahren
eislaufen (*to iceskate*)	Eis laufen
recht haben (*to be right*)	Recht haben
Das tut mir leid. (*I'm sorry.*)	Das tut mir Leid.

C. Compound verbs

1. The new rules advocate splitting up some prefix + verb combinations to form separate adverb complements.

   OLD

   Ich kann das nicht auseinandernehmen.

   NEW

   Ich kann das nicht **auseinander nehmen.**

2. While the majority of adverbs and prepositions commonly used as prefixes remain so (such as **ab-, an-, aus-, hinauf-, mit-, nach-, zurück-,** etc.), all *verbs* formerly used as prefixes—infinitives as well as participles—are now separated.

   OLD

   Willst du mit uns spazierengehen?
   Wir haben uns schon kennengelernt.
   Du kannst natürlich sitzenbleiben.
   Sie wollen ihn gefangenhalten.

   NEW

   Willst du mit uns **spazieren gehen?**
   Wir haben uns schon **kennen gelernt.**
   Du kannst natürlich **sitzen bleiben.**
   Sie wollen ihn **gefangen halten.**

D. Use of the comma

1. In most respects, the rules for comma use have not changed. Commas are still used

   - to separate subordinate clauses from main clauses:

     Weil du dich verspätet hast, haben wir den Zug verpasst!

   - to set off clauses linked by the coordinating conjunctions **denn, aber,** and **sondern:**

     Katja wollte auf der Party bleiben, aber ich war wirklich zu müde dazu.

   - to set off appositions:

     Thomas Bernhard, ein bekannter Autor, hielt gestern Abend einen Vortrag.

   - in place of a decimal point:

     60,5 %

   Remember that commas are NOT used to set off adverbial sentence beginnings, as in English.

   Leider habe ich meinen Führerschein nicht mit.

   Unfortunately, I don't have my driver's license with me.

2. Commas were formerly required prior to clauses beginning with **und** and **oder,** but now they are optional, depending on readability.

   OLD

   Michele liest ein Buch, und Stephan sieht fern.

   NEW

   Michele liest ein Buch und Stephan sieht fern.
   BUT: Ich denke oft an dich, und die Kinder fragen oft nach dir.

3. Commas were previously used in all cases to separate main clauses from infinitive clauses containing anything more than **zu** + infinitive. The rules have been relaxed to make these commas optional in some cases, depending on readability. In practice, however, commas are still used to set off all infinitive clauses beginning with **um, ohne,** and **(an)statt,** regardless of readability.

<table>
<tr><td>OLD</td><td>NEW</td></tr>
<tr><td>Ich habe keine Lust, ins Kino zu gehen.</td><td>Ich habe keine Lust(,) ins Kino zu gehen.</td></tr>
<tr><td>Sie ist da, um uns zu helfen.</td><td>Sie ist da, um uns zu helfen.</td></tr>
<tr><td>Er hat vor, ein Auto zu kaufen.</td><td>Er hat vor, ein Auto zu kaufen.</td></tr>
<tr><td></td><td>(vor ein Auto could be misread as a prepositional phrase.)</td></tr>
</table>

A comma is still required when the main clause includes an element that anticipates the infinitive clause, such as a **da**-compound or **es** (see 19.2–3).

E. Other punctuation marks

Other punctuation rules remain the same:

1. A period (**der Punkt, -e**) is used with numerals to indicate an ordinal number + ending (see 22.2.B).

   den 5. Juli (spoken: den fünften Juli)   *the fifth of July*

2. An exclamation point (**das Ausrufezeichen, -**) is occasionally used after a salutation in a letter. It is also used after emphatic imperatives (see 6.2.B).

3. A question mark (**das Fragezeichen, -**) is used after questions, as in English.

4. Direct quotations (see 27.1) are preceded by a colon (**der Doppelpunkt, -e**) and enclosed by quotation marks (**die Anführungszeichen** *[pl.]*). In print and in handwriting, the initial quotation mark appears at the bottom of the line, while the final quotation mark is at the top of the line. The final quotation mark precedes a comma, but it follows a period.

   Sisyphus sagte: „Es ist hoffnungslos."   *Sisyphus said, "It is hopeless."*
   „Ich komme nicht", sagte sie.   *"I am not coming," she said.*

5. A hyphen (**der Bindestrich, -e**) is used to divide words at the end of a line. It is also used to indicate an omitted element common to two compound nouns in a pair.

   eine Nacht- und Nebelaktion (eine   *a covert operation. (lit. a night and fog*
     Nachtaktion und eine Nebelaktion)   *operation)*
   Stadt- und Landbewohner   *city and country dwellers*
     (Stadtbewohner und Landbewohner)

6. Semicolons (**das Semikolon**) are relatively rare, but can be used, as in English, to separate long elements in a series or to join main clauses.

Appendix 2
LETTER WRITING

A. Formal letters

In formal correspondence, the heading, salutation, and closing are more or less prescribed.

Andrea Möller
Ainmillerstraße 5
D-80801 München
13. November 2004

(An)
Frau/Herrn S. Markstädter
Süddeutsche Zeitung
Sendlinger Straße 80
D-80331 München

POSSIBLE SALUTATIONS:

Sehr geehrte Damen und Herren,
Sehr verehrte Frau (Dr.) Markstädter,
Sehr geehrter Herr (Dr.) Markstädter,

in der letzten Wochenendausgabe Ihrer Zeitung stand ein Artikel über ...

Mit freundlichen Grüßen

B. Informal letters

In informal letters, the place and date are given in more abbreviated form, and there are also various choices for the salutation and the concluding sign-off.

Berlin, (den) 15. Januar 2005
OR:
Berlin, 15.1.2005

COMMON SALUTATIONS:

Liebe Frau Schwarzenberger,
Lieber Markus,
Liebe Monika, lieber Frank,
Liebe Freunde,

OR MORE INFORMALLY:

Hallo Markus!

vielen Dank für deinen/euren Brief. Es freut mich, dass du/ihr
bald deinen/euren ...

SAMPLE CLOSINGS (FROM MORE FORMAL TO LESS FORMAL):

Mit freundlichen Grüßen

Herzliche Grüße
dein/euer

Herzlichst
deine/eure

C. Points to note *(See sample letters.)*

1. In German dates, the day is always given before the month.

2. In addresses, the house number follows the street name.

3. The title **Herrn** is an accusative object of the preposition **an**. The accusative form is retained in addresses even if **an** is omitted.

4. The **D** before the postal code stands for Germany. Austria is **A,** and Switzerland is **CH.**

5. Salutations are normally followed by a comma; the first sentence of the letter begins with a lowercase letter. Salutations can also be followed by an exclamation point instead of a comma; in such instances, the first sentence of the letter begins with a capital letter.

Liebe Freunde!
Es hat mich sehr gefreut ...

6. There is no comma after the closing.

7. There are no indentations until the closing.

D. E-mail etiquette

As in English, there are various levels of formality for e-mail messages in German, depending on the context (who you are writing to, what you are writing about, etc.), that affect which salutation and ending you use. E-mails are by nature somewhat less formal than letters, but the spectrum of register can still be relatively wide.

1. For a formal e-mail (say, to a professor whom you would like to contact), the formal titles and style are preserved from letters, while the date and place are of course already included in the e-mail address and therefore not repeated:

Sehr geehrter Herr Professor Dr. Schnickschnack!

...

Mit freundlichen Grüßen

2. Less formal e-mails, including messages to friends, often show the "informal" salutation of letters:

Liebe Franziska,
Lieber Hans,
Liebe Eltern,

...

Herzliche Grüße
dein(e) / euer / eure

3. Informal e-mails, particularly among teenagers, make use of **Hallo!** as an all-purpose salutation, and often borrow commonly used words such as **Hi** and **Sorry!** from English for an added dash of cosmopolitan chic:

Hallo!
Carsten!
Hi Anna!

The closing in this context is usually very simple:

Liebe Grüße
Gruß

Appendix 3
COGNATES

Both English and German belong to the Germanic branch of the Indo-European language family. Many words in both languages derive from a common root word and are called *cognates*. Sometimes such words have maintained a similar spelling and meaning in both languages and are quite obvious: **das Wort** *(word)*, **finden** *(to find)*. Frequently, however, the related meanings have diverged or become obscured over the centuries: **das Geld** *(money;* related cognate: *yield)*, **schmerzen** *(to hurt, to pain;* related cognate: *to smart)*.

One important linguistic development separating German from English is a shift in consonants known as the "second sound shift" (**die zweite Lautverschiebung**). Knowing the relationships between consonants in the two languages can help in identifying cognates and can make their meanings easier to remember.

Consonant relationships		
German	**English**	**Example**
t, tt	d	**Tür** door; **anstatt** instead
d	th	**drei** three; **Erde** earth
s, ss, ß	t	**das** that; **was** what
		essen eat; **lassen** let
		Fuß foot; **weiß** white
z, tz	t[1]	**zwanzig** twenty; **Herz** heart
		Katze cat; **sitzen** sit
b	v	**sieben** seven; **geben** give
ch	gh	**Licht** light; **lachen** laugh
ch	k	**brechen** break; **Woche** week

---

[1] In *st* combinations, the consonant *t* remains the same in both languages: **Sturm** *(storm)*.

German	English	Example
f, ff, pf	p(p)	**helfen** help; **hoffen** hope
		Apfel apple; **Pfeife** pipe
g	y	**sagen** say; **Weg** way
mm	mb	**Kammer** chamber; **Lamm** lamb
sch	sh	**Fleisch** flesh; **scharf** sharp
schl	sl	**schlafen** sleep
schm	sm	**Schmied** smith
schn	sn	**Schnee** snow
schw	sw	**schwimmen** swim

If you are trying to guess the meaning of a possible cognate, first try making one of the above consonant changes, retaining the German root vowels. Then pronounce the new word in German. Does it sound at all like an English word? Try substituting various similar vowels, and use your imagination.

Zeitung *(newspaper)* $\longrightarrow$ Teidung $\longrightarrow$ *tiding(s)*[2]

sterben *(to die)* $\longrightarrow$ sterven $\longrightarrow$ *to starve*[3]

Can you deduce the English meanings of the following words? The answers are at the bottom of page 458.

BEISPIEL Herd *hearth (stove)*

leicht (easy)

1. Seite
2. Pfund
3. Teufel
4. Heim(at)stadt
5. dachte
6. Zunge
7. grüßen
8. leicht
9. durch
10. Dieb
11. Auge
12. Feder
13. Witz
14. recht
15. Sicht
16. Harfe
17. anders
18. Kamm
19. gleiten
20. schmelzen

nicht so leicht

1. Wert *(value)*
2. Zug
3. treten *(step)*
4. Bude *(stall)*
5. Knabe *(youth)*
6. Knecht *(farmhand, servant)*
7. Zweig *(branch)*
8. Frachter *(type of boat)*
9. Flasche
10. kurz
11. heben *(lift, elevate)*
12. teuer *(expensive)*
13. eben
14. bieten
15. Zoll *(customs)*
16. Becher *(goblet)*
17. Griff *(handle)*
18. suchte
19. Tier
20. Macht *(power, strength)*

---

[2] The word **Zeitung** originally meant *news* in German. With the introduction of newspapers in the seventeenth century, the word took on its present-day meaning. The word *tiding* is preserved in English phrases such as *Christmas tidings* and *tidings of great joy*.

[3] In former times, starvation was one of the most common causes of death; to starve was to die.

recht schwierig

1. eitel (*vain*)
2. fahren
3. kühn (*bold*)
4. Zimmer
5. Schmutz (*dirt*)
6. Tal (*valley*)
7. Ziel (*goal*)
8. Herbst
9. riechen (*smell*)
10. laufen
11. teilen (*divide, distribute*)
12. wachsen
13. traurig
14. Mut (*courage*)
15. gleich
16. zwischen
17. Zaun (*fence*)
18. Dach (*roof*)
19. Baum
20. werfen (*throw*)

Appendix 4
STRONG AND IRREGULAR VERBS

The boldfaced verbs are fairly common and should be learned for active use at the intermediate level. The other verbs are less frequent, but not uncommon. Irregular third-person singular forms are indicated in parentheses after the infinitive. Verbs requiring the auxiliary **sein** rather than **haben** are indicated by the word **ist** before the past participle. Past participles preceded by **ist/hat** are normally intransitive, but they can be used transitively with the auxiliary **haben.**

Infinitive (3rd. pers. sing.)	Simple past	Past participle	Subjunctive II	Meaning
backen (bäckt)	buk/backte	gebacken	büke	*to bake*
befehlen (befiehlt)	befahl	befohlen	beföhle/ befähle	*to command*
beginnen	**begann**	**begonnen**	begänne/ begönne	*to begin*
beißen	**biss**	**gebissen**	bisse	*to bite*
bestechen (besticht)	bestach	bestochen	bestäche	*to bribe, corrupt*
bestreiten	bestritt	bestritten	bestritte	*to contest, challenge*
betrügen	betrog	betrogen	betröge	*to deceive, cheat*
beweisen	bewies	bewiesen	bewiese	*to prove*
biegen	**bog**	**gebogen**	böge	*to bend*
bieten	**bot**	**geboten**	böte	*to offer*
binden	**band**	**gebunden**	bände	*to bind, tie*
bitten	**bat**	**gebeten**	bäte	*to ask (for), request*
blasen (bläst)	blies	geblasen	bliese	*to blow*
bleiben	**blieb**	**ist geblieben**	bliebe	*to stay, remain*
braten (brät)	briet	gebraten	briete	*to roast, fry*
brechen (bricht)	**brach**	**gebrochen**	bräche	*to break*

Infinitive (3rd. pers. sing.)	Simple past	Past participle	Subjunctive II	Meaning
brennen	**brannte**	**gebrannt**	brennte	*to burn*
bringen	**brachte**	**gebracht**	brächte	*to bring*
denken	**dachte**	**gedacht**	dächte	*to think*
dringen	drang	ist gedrungen	dränge	*to penetrate, surge into*
empfangen (empfängt)	empfing	empfangen	empfinge	*to receive*
empfehlen (empfiehlt)	**empfahl**	**empfohlen**	empföhle/ empfähle	*to recommend*
empfinden	empfand	empfunden	empfände	*to feel*
erlöschen (erlischt)	erlosch	ist erloschen	erlösche	*to go out, become extinguished*
erschrecken (erschrickt)	erschrak	ist erschrocken	erschräke	*to be startled*
essen (isst)	**aß**	**gegessen**	äße	*to eat*
fahren (fährt)	**fuhr**	**ist/hat gefahren**	führe	*to travel; to drive*
fallen (fällt)	**fiel**	**ist gefallen**	fiele	*to fall*
fangen (fängt)	**fing**	**gefangen**	finge	*to catch*
finden	**fand**	**gefunden**	fände	*to find*
fliegen	**flog**	**ist/hat geflogen**	flöge	*to fly*
fliehen	**floh**	**ist geflohen**	flöhe	*to flee*
fließen	**floss**	**ist geflossen**	flösse	*to flow*
fressen (frisst)	**fraß**	**gefressen**	fräße	*to eat (of animals)*
frieren	**fror**	**gefroren**	fröre	*to freeze, be cold*
gebären (gebiert)	gebar	geboren	gebäre	*to give birth*
geben (gibt)	**gab**	**gegeben**	gäbe	*to give*
gehen	**ging**	**ist gegangen**	ginge	*to go, walk*
gelingen	**gelang**	**ist gelungen**	gelänge	*to succeed*
gelten (gilt)	galt	gegolten	gölte/gälte	*to be valid*
genießen	**genoss**	**genossen**	genösse	*to enjoy*
geraten (gerät)	geriet	geraten	geriete	*to fall into, get into*
geschehen (geschieht)	**geschah**	**ist geschehen**	geschähe	*to happen*
gewinnen	**gewann**	**gewonnen**	gewönne/ gewänne	*to win*
gießen	**goss**	**gegossen**	gösse	*to pour*

Infinitive (3rd. pers. sing.)	Simple past	Past participle	Subjunctive II	Meaning
gleichen	glich	geglichen	gliche	to resemble; to equal
gleiten	glitt	ist geglitten	glitte	to glide, slide
graben (gräbt)	**grub**	**gegraben**	grübe	to dig
greifen	**griff**	**gegriffen**	griffe	to grip, grab, seize
haben (hat)	**hatte**	**gehabt**	hätte	to have
halten (hält)	**hielt**	**gehalten**	hielte	to hold; to stop
hängen	**hing**	**gehangen**	hinge	to hang (intransitive)
hauen	hieb/ haute	gehauen	hiebe	to hew, cut; to spank
heben	hob	gehoben	höbe	to lift
heißen	**hieß**	**geheißen**	hieße	to be called; to bid (do)
helfen (hilft)	**half**	**geholfen**	hülfe	to help
kennen	**kannte**	**gekannt**	kennte	to know, be acquainted with
klingen	**klang**	**geklungen**	klänge	to sound
kneifen	kniff	gekniffen	kniffe	to pinch
kommen	**kam**	**ist gekommen**	käme	to come
kriechen	kroch	ist gekrochen	kröche	to crawl
laden (lädt)	**lud**	**geladen**	lüde	to load
lassen (lässt)	**ließ**	**gelassen**	ließe	to let, leave
laufen (läuft)	**lief**	**ist gelaufen**	liefe	to run, walk
leiden	**litt**	**gelitten**	litte	to suffer
leihen	**lieh**	**geliehen**	liehe	to lend
lesen (liest)	**las**	**gelesen**	läse	to read
liegen	**lag**	**gelegen**	läge	to lie, be situated
lügen	**log**	**gelogen**	löge	to (tell a) lie
meiden	mied	gemieden	miede	to avoid
messen (misst)	maß	gemessen	mäße	to measure
nehmen (nimmt)	**nahm**	**genommen**	nähme	to take
nennen	**nannte**	**genannt**	nennte	to name, call
pfeifen	**pfiff**	**gepfiffen**	pfiffe	to whistle
raten (rät)	riet	geraten	riete	to advise; to (take a) guess

Infinitive (3rd. pers. sing.)	Simple past	Past participle	Subjunctive II	Meaning
reiben	rieb	gerieben	riebe	to rub
reißen	**riss**	**ist gerissen**	risse	to tear
reiten	**ritt**	**ist/hat geritten**	ritte	to ride (on an animal)
rennen	**rannte**	**ist gerannt**	rennte	to run
riechen	**roch**	**gerochen**	röche	to smell
rinnen	rann	ist geronnen	rönne/ränne	to run, flow, trickle
rufen	**rief**	**gerufen**	riefe	to call
saufen (säuft)	soff	gesoffen	söffe	to drink (of animals)
saugen	sog/ saugte	gesogen/ gesaugt	söge	to suck
schaffen	schuf	geschaffen	schüfe	to create
	schaffte	geschafft	schaffte	to do, accomplish
scheiden	schied	geschieden	schiede	to separate
scheinen	schien	geschienen	schiene	to shine; to seem
schelten (schilt)	schalt	gescholten	schölte	to scold
schieben	**schob**	**geschoben**	schöbe	to shove, push
schießen	**schoss**	**geschossen**	schösse	to shoot
schlafen (schläft)	**schlief**	**geschlafen**	schliefe	to sleep
schlagen (schlägt)	**schlug**	**geschlagen**	schlüge	to strike, hit, beat
schleichen	schlich	ist geschlichen	schliche	to creep, sneak
schließen	**schloss**	**geschlossen**	schlösse	to close
schmeißen	schmiss	geschmissen	schmisse	to fling, hurl
schmelzen (schmilzt)	schmolz	ist/hat geschmolzen	schmölze	to melt
schneiden	**schnitt**	**geschnitten**	schnitte	to cut
schreiben	**schrieb**	**geschrieben**	schriebe	to write
schreien	**schrie**	**geschrien**	schriee	to shout, scream
schreiten	schritt	ist geschritten	schritte	to stride
schweigen	**schwieg**	**geschwiegen**	schwiege	to be silent
schwellen (schwillt)	schwoll	ist geschwollen	schwölle	to swell
schwimmen	**schwamm**	**hat/ist[1] geschwommen**	schwömme/ schwämme	to swim

---

[1] The use of **sein** as the auxiliary for **schwimmen** is characteristically southern German, Austrian, or Swiss.

Infinitive (3rd. pers. sing.)	Simple past	Past participle	Subjunctive II	Meaning
schwingen	schwang	geschwungen	schwänge	*to swing*
schwören	schwur/ schwor	geschworen	schwüre	*to swear, vow*
sehen (sieht)	**sah**	**gesehen**	sähe	*to see*
sein (ist)	**war**	**ist gewesen**	wäre	*to be*
senden	**sandte**	**gesandt**	sendete	*to send*
	sendete	**gesendet**		*to transmit*
singen	**sang**	**gesungen**	sänge	*to sing*
sinken	**sank**	**ist gesunken**	sänke	*to sink*
sinnen	sann	gesonnen	sänne/ sönne	*to think, reflect; to plot*
sitzen	**saß**	**gesessen**	säße	*to sit*
spinnen	spann	gesponnen	spönne/ spänne	*to spin; to be crazy*
sprechen (spricht)	**sprach**	**gesprochen**	spräche	*to speak, talk*
springen	**sprang**	**ist gesprungen**	spränge	*to jump*
stechen (sticht)	stach	gestochen	stäche	*to prick, sting*
stehen	**stand**	**hat/ist[2] gestanden**	stünde/ stände	*to stand*
stehlen (stiehlt)	**stahl**	**gestohlen**	stähle/ stöhle	*to steal*
steigen	**stieg**	**ist gestiegen**	stiege	*to climb, rise*
sterben (stirbt)	**starb**	**ist gestorben**	stürbe	*to die*
stinken	stank	gestunken	stänke	*to stink*
stoßen (stößt)	stieß	gestoßen	stieße	*to push*
streichen	strich	gestrichen	striche	*to stroke; to paint*
streiten	stritt	gestritten	stritte	*to quarrel*
tragen (trägt)	**trug**	**getragen**	trüge	*to carry; to wear*
treffen (trifft)	**traf**	**getroffen**	träfe	*to meet; to hit (the target)*
treiben	**trieb**	**getrieben**	triebe	*to drive (cattle); to pursue (an activity)*
treten (tritt)	**trat**	**ist/hat getreten**	träte	*to step, tread; to kick*

[2] The use of **sein** with **stehen** is common in southern Germany, Austria, and Switzerland.

Infinitive (3rd. pers. sing.)	Simple past	Past participle	Subjunctive II	Meaning
trinken	**trank**	**getrunken**	tränke	*to drink*
tun	**tat**	**getan**	täte	*to do*
verbergen	verbarg	verborgen	verbürge/ verbärge	*to hide, conceal*
verderben (verdirbt)	verdarb	verdorben	verdürbe	*to spoil*
vergessen (vergisst)	**vergaß**	**vergessen**	vergäße	*to forget*
verlieren	**verlor**	**verloren**	verlöre	*to lose*
verschlingen	verschlang	verschlungen	verschlänge	*to devour, gobble up*
verschwinden	**verschwand**	**ist verschwunden**	verschwände	*to disappear*
verzeihen	verzieh	verziehen	verziehe	*to forgive, pardon*
wachsen (wächst)	**wuchs**	**ist gewachsen**	wüchse	*to grow*
waschen (wäscht)	**wusch**	**gewaschen**	wüsche	*to wash*
weisen	wies	gewiesen	wiese	*to point*
wenden	**wandte**	**gewandt**	wendete	*to turn*
	wendete	**gewendet**		*to turn (inside out)*
werben (wirbt)	warb	geworben	würbe	*to recruit, solicit*
werden (wird)	**wurde**	**ist geworden**	würde	*to become*
werfen (wirft)	**warf**	**geworfen**	würfe	*to throw*
wiegen	wog	gewogen	wöge	*to weigh*
winden	wand	gewunden	wände	*to wind, twist*
wissen (weiß)	**wusste**	**gewusst**	wüsste	*to know*
ziehen	**zog**	**gezogen**	zöge	*to pull, draw*
		ist gezogen		*to go, move*
zwingen	**zwang**	**gezwungen**	zwänge	*to force*

German-English Vocabulary

This vocabulary contains all words from the exercises and activities in this text except for pronouns, possessive adjectives, and numbers. Also not included are obvious cognates and words for which the English translation is provided in the text.

- Nouns are listed with their plural endings: **die Auskunft, ¨e; das Messer, -.**
- The genitive of weak nouns is given in parentheses before the plural: **der Experte, (-n), -n.**
- Adjective nouns are indicated as follows: **der Verwandte (ein Verwandter).**
- Strong and irregular verbs are listed with their principal parts: **tragen (trägt), trug, getragen.** Strong verbs requiring the auxiliary **sein** are indicated by an **ist** before the participle: **kommen, kam, ist gekommen.** Weak verbs requiring the auxiliary **sein** are shown by **(ist)** after the infinitive: **passieren (ist).**
- Separable prefixes are indicated by a raised dot: **ab•drehen.**
- Vowel changes for comparative forms of adjectives are indicated in parentheses: **warm (ä).**
- The following abbreviations are used:

abbrev.	abbreviation	*o.s.*	oneself
acc.	accusative	*part.*	particle
adj.	adjective	*pl.*	plural
adv.	adverb	*prep.*	preposition
coll.	colloquial	*sing.*	singular
coord. conj.	coordinating conjunction	*s.o.*	someone
dat.	dative	*s.th.*	something
fem.	feminine	*sub. conj.*	subordinating conjunction
gen.	genitive		

A

ab und zu now and then
ab•brechen (bricht ab), brach ab, abgebrochen to break off
ab•brennen, brannte ab, ist/hat abgebrannt to burn down
ab•bringen, brachte ab, abgebracht (von + *dat.*) to divert from, dissuade from

ab•drehen to turn off
der Abend, -e evening; **abends** in the evening(s)
das Abendessen, - evening meal
das Abenteuer, - adventure
aber *(coord. conj.)* but; *(adv.)* however
ab•geben (gibt ab), gab ab, abgegeben to hand in
das Abitur graduation diploma from a German *Gymnasium*

ab•nehmen (nimmt ab), nahm ab, abgenommen to take off, lose weight
ab•reißen, riss ab, abgerissen to tear down
ab•sacken to sink
ab•sagen to cancel, call off; to decline *(an invitation)*
der Abschied, -e departure; **Abschied nehmen** to take one's leave
ab•schließen, schloss ab, abgeschlossen to lock up, shut; to conclude, complete

die **Absicht, -en** intention

ab•springen, sprang ab, ist abgesprungen to jump off

die **Abtönungspartikel, -n** modal ("flavoring") particle

sich **ab•trocknen** to dry o.s. off

ab•warten to wait (for something to happen)

das **Affenhirn, -e** monkey's brain

ähneln (dat.) to resemble

aktuell of current interest, relevant

all- all

allerdings to be sure, by all means

alliiert allied

allmählich gradual(ly)

der **Alltag** everyday life

alltäglich everyday

die **Alpen** (pl.) the Alps

als when, as; than; **als ob** as if

also thus, so, therefore

alt (ä) old

das **Alter** age

ältlich elderly

die **Altstadt, ̈e** old section of a city

amtieren to hold an office

sich **amüsieren** to have a good time, amuse o.s.

an (prep. with acc. or dat.) on (vertical surface), at, to

ander- other; **unter anderem** among other things

and(e)rerseits on the other hand

ändern to change (s.th.), modify; **sich ändern** to change

die **Änderung, -en** change

der **Anfang, ̈e** beginning; **am Anfang** in the beginning

an•fangen (fängt an), fing an, angefangen to begin, start

anfangs in/at the beginning

an•fassen to touch, take hold of

die **Angabe, -n** data, figure, statement

an•geben (gibt an), gab an, angegeben to indicate, give (facts); to brag

das **Angebot, -e** offer, bid

der **Angeklagte, -n (ein Angeklagter)** defendant; (fem.) die **Angeklagte, -n**

angeln to fish

angenehm pleasant, agreeable

der **Angestellte, -n (ein Angestellter)** employee; (fem.) die **Angestellte, -n**

an•greifen, griff an, angegriffen to attack

der **Angriff, -e** attack; **in Angriff nehmen** to tackle, take on

die **Angst, ̈e** fear

an•halten (hält an), hielt an, angehalten to stop, bring to a stop

an•hören to hear, listen to; **sich** (dat.) **etwas an•hören** to listen to s.th.

an•klagen to charge

an•kommen, kam an, ist angekommen to arrive; **an•kommen (auf + acc.)** to depend upon; **es kommt darauf an** it (all) depends

an•machen to turn on

die **Annonce, -n** ad, announcement

der **Anorak, -s** parka

an•probieren to try on

an•reden to address, speak to

an•regen to encourage, prompt

an•rufen, rief an, angerufen to call up, telephone

an•schalten to switch or turn on

an•sehen (sieht an), sah an, angesehen to see, look at; **sich** (dat.) **etwas an•sehen** to take a look at s.th.

die **Ansicht, -en** view, opinion

anstatt ... zu instead of (doing); **anstatt dass** instead of (doing)

anstrengend stressful, demanding

die **Antwort, -en** answer

antworten (auf + acc.) to answer

die **Anweisung, -en** instruction, direction

die **Anwendung, -en** application, use

an•ziehen, zog an, angezogen to dress; **sich an•ziehen** to get dressed

der **Apfel, ̈** apple

die **Arbeit, -en** work, job

arbeiten to work

der **Arbeiter, -** worker; (fem.) die **Arbeiterin, -nen**

arbeitsam diligent, hard-working

das **Arbeitsamt, ̈er** employment office

die **Arbeitskraft, ̈e** worker; manpower

der **Arbeitslohn, ̈e** wage

die **Arbeitsstelle, -n** working place, job

der **Arbeitstisch, -e** desk

die **Arbeitsweise, -n** method of working

die **Arche, -n** ark

ärgern to annoy; **sich ärgern (über + acc.)** to be angry or annoyed with/about

arm (ä) poor

die **Armut** poverty

die **Art, -en** type, kind

der **Arzt, ̈e** doctor, physician; (fem.) die **Ärztin, -nen**

das **Atomkraftwerk, -e** nuclear power plant

die **Atomwaffe, -n** atomic weapon

auch too, also; even; **auch wenn** even if

auf (prep. with acc. or dat.) on (horizontal surface), upon, at; **auf einmal** suddenly; **auf immer** forever, for good

auf•fordern to call upon; **zum Tanzen auf•fordern** to ask to dance

auf•fressen (frisst auf), fraß auf, aufgefressen to eat up (of beasts), devour

die **Aufgabe, -n** assignment, task

auf•gehen, ging auf, ist aufgegangen to rise

auf•halten (hält auf), hielt auf, aufgehalten to stop, halt; to detain, delay; **sich auf•halten** to stay, spend time

auf•hören to stop, cease

das **Aufkommen** rise

auf•legen to put or lay on

auf•machen to open

die **Aufmerksamkeit, -en** attention

auf•passen to watch out, pay attention

auf•räumen to clean or tidy up

auf•rufen, rief auf, aufgerufen to exhort, call upon, call up

der **Aufsatz, ̈e** composition

auf•schneiden, schnitt auf, aufgeschnitten to cut open

auf•schreiben, schrieb auf, aufgeschrieben to write or jot down

auf•stehen, stand auf, ist aufgestanden to get up, stand up

auf•stellen to put or set up

auf•wachen to wake up, awaken

auf•wachsen (wächst auf), wuchs auf, ist aufgewachsen to grow up

die **Aufzeichnung, -en** drawing

der **Augenblick, -e** moment

aus (prep. with dat.) out, out of, from

die **Ausarbeitung** completion, development

aus•brechen (bricht aus), brach aus, ist ausgebrochen to break out

der **Ausdruck, ̈e** expression; **zum Ausdruck bringen** to express

aus•drücken to express

der **Ausflug, ̈e** excursion; **einen Ausflug machen** to take an excursion

aus•führen to carry out

ausführlich in detail, detailed

aus•geben (gibt aus), gab aus, ausgegeben to spend (money)

aus•gehen, ging aus, ist ausgegangen to go out

die **Auskunft, ̈e** information

das **Ausland** abroad
der **Ausländer, -** foreigner; *(fem.)* **die Ausländerin, -nen**
aus•leihen, lieh aus, ausgeliehen to borrow; to lend out
aus•machen to turn off
aus•rechnen to calculate, figure out
die **Ausrede, -n** excuse
aus•reisen (ist) to leave *(a country)*
sich aus•ruhen to rest, take a rest
die **Ausrüstung, -en** outfit, equipment
die **Aussage, -n** statement
aus•schalten to switch *or* turn off
aus•sehen (sieht aus), sah aus, ausgesehen to look (like), appear
ausweichend evasive
der **Ausweis, -e** identification (ID)
außer *(prep. with dat.)* except for, besides
außerdem moreover, in addition
außerhalb *(prep. with gen.)* outside of
äußern to express; **sich äußern** to express oneself *or* one's opinion
äußerst extremely
aus•sprechen (spricht aus), sprach aus, ausgesprochen to express, enunciate
aus•steigen, stieg aus, ist ausgestiegen to climb out, get out
aus•tauschen to exchange
aus•üben to practice *(a trade, profession, or activity)*
der **Auswanderer, -** emigrant
auswendig by heart, by memory
aus•zeichnen to honor, award a prize to s.o.
die **Auszeichnung, -en** award, distinction
aus•ziehen, zog aus, ausgezogen to undress (s.o.); (with **sein**) to move out; **sich aus•ziehen** to get undressed
die **Autobahn, -en** expressway, superhighway
der **Autoreifen, -** automobile tire
die **Autowerkstatt, ̈en** automobile service shop

der **Bach, ̈e** brook, small stream
backen (bäckt), buk (backte), gebacken to bake
der **Backofen, ̈** oven
baden to bathe; **baden gehen** to go swimming

das **Baggerschiff, -e** dredging boat
die **Bahn, -en** track; railroad; **per Bahn** by rail
der **Bahnhof, ̈e** train station
bald (comparative: **eher**) soon
der **Band, ̈e** volume; das **Band, ̈er** tape, ribbon
die **Bank, -en** bank; die **Bank, ̈e** bench
das **Bankkonto, -konten** bank account
basteln to do handicrafts; to putter
der **Bau, -ten** building
bauen to build, construct
der **Bauer, (-n), -n** peasant, farmer; *(fem.)* die **Bäuerin, -nen** farmer's wife
der **Bauernhof, ̈e** farm
der **Baum, ̈e** tree
der **Bauplan, ̈e** construction plan
die **Baustelle, -n** construction site
bayerisch Bavarian
(das) Bayern Bavaria
die **Bazille, -n** germ
beantworten (+ *acc.*) to answer
sich bedanken (bei + *dat.*) to express one's thanks to
bedauern to regret
die **Bedeutung, -en** meaning, significance, importance
bedürfen, bedarf, bedurft (*gen.*) to need
sich beeilen to hurry
beenden to end, complete, conclude
befahren (befährt), befuhr, befahren to travel *or* drive on *or* along
der **Befehl, -e** command
sich befinden, befand, befunden to be, to be located
befreien to set free, rescue
befürchten to fear, suspect
begabt talented
begegnen (*dat.*) **(ist)** to meet, come across, encounter
die **Begegnung, -en** encounter
begeistert (von + *dat.*) enthusiastic about
begründen to provide a reason, substantiate
behandeln to deal with, to treat
behaupten to claim, maintain
die **Behauptung, -en** assertion, claim
die **Behörde, -n** authority
bei *(prep. with dat.)* by, near, at; while
bei•bringen, brachte bei, beigebracht (*dat.*) to teach, impart knowledge
beid- both
das **Bein, -e** leg
das **Beispiel, -e** example; **zum Beispiel** *(abbrev.* **z. B.***)* for example

beißen, biss, gebissen to bite
bei•tragen (trägt bei), trug bei, beigetragen (zu + *dat.*) to contribute to
bekannt familiar, known, well-known
der **Bekannte, -n (ein Bekannter)** acquaintance; *(fem.)* die **Bekannte, -n**
bekannt geben (gibt bekannt), gab bekannt, bekannt gegeben to announce, make public
bekennen, bekannte, bekannt to confess
bekommen, bekam, bekommen to get, receive
belegen (einen Kurs) to enroll *or* register *(for a course)*
beleuchtet illuminated
beliebt popular
bellen to bark
bemerken to observe, note
sich benehmen (benimmt), benahm, benommen to act, behave
die **Benotung** grading
benutzen to use
das **Benzin** gasoline
der *or* das **Bereich, -e** district, region; *(topic)* area
bereit (zu + *dat.*) ready for, prepared
bereuen to regret
der **Berg, -e** mountain
die **Bergbahn, -en** mountain cable car
das **Bergmassiv, -e** huge mountain
der **Bergschuh, -e** climbing boot
der **Bericht, -e** report
berichten to report
der **Beruf, -e** profession
beruflich occupational
sich beruhigen to calm down
berühmt famous, renowned
sich beschäftigen (mit + *dat.*) to occupy oneself with
beschäftigt occupied, busy
der **Beschauer, -** observer; *(fem.)* die **Beschauerin, -nen**
bescheiden modest
beschreiben, beschrieb, beschrieben to describe
die **Beschreibung, -en** description
sich beschweren (über + *acc.*) to complain about
beseitigen to remove, put an end to, clear away
besetzen to occupy
besichtigen to view, inspect
die **Besichtigung, -en** inspection; sightseeing
besiegen to conquer, overcome

besitzen, besaß, besessen to possess, own
der Besitzer, - owner
besonders especially
besser better
bestechen (besticht), bestach, bestochen to bribe
bestehen, bestand, bestanden to pass *(a course, test)*; **bestehen (aus** + *dat.)* to consist of
besteigen, bestieg, bestiegen to ascend, climb (up)
bestellen to order
bestimmt definite; **bestimmter Artikel** definite article
bestreiten, bestritt, bestritten to contest
der Besuch, -e visit
besuchen to visit
der Besucher, - visitor
betonen to emphasize, stress
der Betrag, ⸚e amount
betreiben, betrieb, betrieben to do, engage in
betreten (betritt), betrat, betreten to walk *or* step on *or* into
der Betrunkene (ein Betrunkener) drunk person; *(fem.)* **die Betrunkene**
sich betten to make a bed for oneself
die Bevölkerung, -en population
bewegen to move (s.o. or s.th.)*;* **sich bewegen** to move, stir
sich bewerben (bewirbt), bewarb, beworben (um +*acc.)* to apply for
die Bewertung, -en evaluation
der Bewohner, - dweller, inhabitant
bewundern to admire
bezahlen to pay for
bezweifeln to doubt
die Bibel, -n Bible
die Bibliothek, -en library
biegen, bog, gebogen to bend
die Biene, -n bee
der Bierdeckel, - beer coaster
bieten, bot, geboten to offer, bid
das Bild, -er picture
bilden to form, shape, construct; to constitute
die Bildgeschichte, -n picture story
billig cheap
bis *(prep. with acc.)* until; *(sub. conj.)* until
bisherig prior, previous
bisschen: ein bisschen a bit, a little bit
bissig biting
der Bittbrief, -e letter of request
bitte please; you're welcome *(in response to thanks)*

die Bitte, -n request
blass pale
das Blatt, ⸚er leaf; sheet *(of paper)*
blau blue; **blaues Auge** black eye
bleiben, blieb, ist geblieben to remain, stay
der Bleistift, -e pencil
die Blume, -n flower
die Bluse, -n blouse
die Blüte, -n blossom; blossoming
bluten bleed
der Bluthochdruck high blood pressure
der Boden, ⸚ ground, earth, soil; floor
der Bodensee Lake Constance *(in southern Germany)*
der Bogen, - *or* ⸚ bow, arch
das Boot, -e boat
borgen to borrow; to lend
die Börse, -n stock exchange; stock market
böse angry; evil; **böse (auf** + *acc.)* angry at
die Bowle, -n (punch) bowl; punch
der Brand, ⸚e fire
das Brandloch, ⸚er hole caused by something burning
brauchen to need; to use; **nicht zu tun brauchen** to not have to do
die Brauerei, -en brewery
braun brown
breit wide, broad
bremsen to brake
brennen, brannte, gebrannt to burn
das Brettspiel, -e board game
der Brief, -e letter
der Brieffreund, -e pen pal; *(fem.)* **die Brieffreundin, -nen**
die Briefmarke, -n stamp
die Brieftasche, -n pocketbook, wallet
der Briefträger, - letter carrier; *(fem.)* **die Briefträgerin, -nen**
die Brille, -n (eye)glasses, (pair of) glasses
die Brücke, -n bridge
der Brunnen, - fountain, well
das Buch, ⸚er book
die Buchdruckerkunst art of book printing
buchen to book
das Bücherregal, -e bookcase
die Buchhandlung, -en bookstore
der Buchstabe, -n letter *(of alphabet)*
buchstabieren to spell
die Buchung, -en booking
der Bundeskanzler Federal Chancellor of Germany

Bundesland, ⸚er federal state
Bundesstaat, -en federal state
der Bürger, - citizen; *(fem.)* **die Bürgerin, -nen**
der Bürgerkrieg, -e civil war
der Bürgermeister, - mayor; *(fem.)* **die Bürgermeisterin, -nen**
das Büro, -s office

der Chef, -s head, director, manager; *(fem.)* **die Chefin, -nen**
der Chorgesang choir *or* chorus singing
das Christentum Christianity

da *(adv.)* here, there; then; *(sub. conj.)* since
dabei while doing (it); at the same time
das Dach, ⸚er roof
dafür for it/that; in return
dagegen on the other hand; against it/that
daher therefore, for that reason
damalig of that time
damals then, in those days
damit *(adv.)* with that; *(sub. conj.)* so that
danach after it/that; afterward(s)
der Dank thanks
danken *(dat.)* to thank
daran on it/that
darauf thereafter, thereupon
darüber about it/that
das Dasein existence, being
dass *(sub. conj.)* that
das Datum, -ten date *(of time)*; *(pl.)* data, facts
dauern to last, endure
dauernd continual(ly)
davon from *or* about it/that
dazu to it/that, for it/that; in addition
die Decke, -n blanket, ceiling, cover
decken to cover; **den Tisch decken** to set the table
denkbar thinkable
denken, dachte, gedacht to think
die Denkweite expansive thought/thinking
denn for, because
dennoch nevertheless

dergleichen the like
derselb- the same
deshalb therefore, for that reason
deswegen therefore, for that reason
deuten to interpret, explain
deutlich clear, distinct
deutsch German; **auf Deutsch** in German
die Deutschstunde, -n German class
dick fat
der Dieb, -e thief
dienen to serve
der Dienst, -e service
dies- *(sing.)* this; *(pl.)* these
die Diktatur, -en dictatorship
das Ding, -e thing
die Dirne, -n prostitute
doch *(part.)* after all, really; oh, yes
das Dorf, ¨er village
dort there
der Drache, (-n), -n dragon
der Drachen, - kite
dringend urgent, pressing
dumm (ü) dumb
die Dummheit, -en stupidity, stupid thing
die Dunkelheit darkness
durch *(prep. with acc.)* through, by
durchaus nicht not at all, by no means
durchblättern *(sep. or insep.)* to page
    through
durch•führen to carry out
die Durchsage, -n broadcast
    announcement
durch•setzen (seinen Willen) to get one's
    way
dürfen (darf), durfte, gedurft to be
    permitted to, may
(sich) duschen to take a shower

E

eben *(adv. and part.)* just, precisely
ebenso ... wie just as . . . as
echt real, genuine
die Ecke, -n corner
egal regardless, doesn't matter
ehe *(sub. conj.)* before
die Ehe, -n marriage
ehemalig former, previous
der Ehemann, ¨er husband
ehrlich honest
das Ei, -er egg
eigen own
eigenartig peculiar, strange, queer

eigentlich actual(ly)
sich eignen to be suited
die Eile haste
ein paar a few
einander one another, each other
einäugig one-eyed
sich *(dat.)* **ein•bilden** to imagine, fancy o.s.
der Eindruck, ¨e impression
einfach simple
ein•führen to introduce, initiate
der Eingang, ¨e entrance
die Einheit, -en unity; unit
einig in agreement
einig- *(pl.)* some, a few; **einiges** some
    things
sich einigen (**über** + *acc.*) to agree on
der Einkauf, ¨e purchase
ein•kaufen to buy, purchase, shop for
die Einkaufstour, -en shopping trip
das Einkaufszentrum, -zentren shopping
    center
ein•laden (lädt ein), lud ein, eingeladen
    to invite
die Einladung, -en invitation
ein•leiten to begin, start
die Einleitung, -en introduction
einmal once; **noch einmal** once more
einmalig unique, one-time
sich *(dat.)* **ein•reiben (das Gesicht), rieb
    ein, eingerieben** to rub s.th. into one's
    face
die Einrichtung, -en layout, setup;
    furnishings
**ein•schlafen (schläft ein), schlief ein, ist
    eingeschlafen** to fall asleep
einst once, one day *(past or future time)*
der Einsturz, ¨e collapse
**ein•treten (tritt ein), trat ein, ist
    eingetreten** to step *or* walk in, enter
die Eintrittskarte, -n (admission) ticket
einverstanden in agreement
ein•wandern to immigrate
der Einwohner, - inhabitant; *(fem.)* **die
    Einwohnerin, -nen**
ein•zeichnen to mark *or* draw in
ein•ziehen, zog ein, ist eingezogen to
    move in
einzig only, sole, single
das Eis ice; ice cream
der Eisverkäufer, - ice cream vendor;
    (fem.) **die Eisverkäuferin, -nen**
die Eltern *(pl.)* parents
die E-Mail e-mail
**empfehlen (empfiehlt), empfahl,
    empfohlen** to recommend

das Ende, -n end; **zu Ende** at *or* to an
    end, over
endlich finally
die Endung, -en ending *(grammar)*
die Energiesparpolitik energy-saving
    policy
der Engländer, - Englishman; *(fem.)* **die
    Engländerin, -nen**
das Enkelkind, -er grandchild
die Enkeltochter, ¨ granddaughter
entblättern to defoliate
entdecken to discover
die Entdeckung, -en discovery
enthalten (enthält), enthielt, enthalten to
    contain
entkommen, entkam, ist entkommen to
    escape; to avoid
entlang *(prep. with acc. or dat.)* along
entlassen (entlässt), entließ, entlassen to
    dismiss, release
entsagen *(dat.)* to renounce, give up
entsalzen to desalinate
**(sich) entscheiden, entschied, ent-
    schieden** to decide *(between options)*,
    settle, make up one's mind
die Entscheidung, -en decision; **eine
    Entscheidung treffen** to come to *or*
    make a decision
**sich entschließen, entschloss, entschlossen
    (zu** + *dat.*) to decide *(to do)*
entschlossen resolved, determined
der Entschluss, ¨e decision, resolve; **einen
    Entschluss fassen** to make a decision
entschuldigen to excuse, pardon; **sich
    entschuldigen** to excuse o.s.
die Entschuldigung, -en apology, excuse
das Entsetzen fright, horror
sich entsinnen, entsann, entsonnen *(gen.)*
    to remember, recall
entsprechend accordingly
entstammen (ist) *(dat.)* to be descended
    from
enttäuscht disappointed
entweder ... oder either . . . or
entwerten to devalue
entwickeln to develop s.th.; **sich
    entwickeln** to develop
die Entwicklung, -en development
erben to inherit
erblicken to see, catch sight of
die Erbschaft, -en inheritance
das Erdbeben, - earthquake
die Erde earth
sich ereignen to happen, occur, come to
    pass

das Ereignis, -se event, occurrence
erfahren (erfährt), erfuhr, erfahren to find out, hear, learn; to experience
die Erfahrung, -en (practical) experience
erfinden, erfand, erfunden to invent
die Erfindung, -en invention
der Erfolg, -e success
sich erfreuen (gen.) to enjoy, be the beneficiary of
erfrieren, erfror, ist erfroren to freeze to death
erfunden imaginary, made-up
ergänzen to complete
das Ergebnis, -se result
erhalten (erhält), erhielt, erhalten to receive, get
erhören to hear, answer or grant (a request)
sich erinnern (an + acc.) to remember, recall
sich erkälten to catch a cold
die Erkältung, -en cold (illness)
erkennen, erkannte, erkannt to recognize, discern
erklären to explain
die Erklärung, -en explanation; declaration
die Erkrankung, -en illness, affliction, disease
sich erkundigen (nach + dat.) to inquire about
erlauben to allow, permit
die Erlaubnis, -se permission
erleben to experience
das Erlebnis, -se (personal) experience, event, occurrence
-erlei kinds of
erlernen to learn, acquire
erlogen false, untrue
der Ermittler, - investigator
ermöglichen to make possible
erobern to conquer
eröffnen to open up
erraten (errät), erriet, erraten to guess correctly
erreichen to reach, attain
erscheinen, erschien, ist erschienen to appear
erschießen, erschoss, erschossen to shoot (dead)
erschlagen (erschlägt), erschlug, erschlagen to slay
erschweren to make more difficult
ersetzen to replace
erst only (up to now); not until

erstaunlich amazing
der Erwachsene, -n (ein Erwachsener) adult; (fem.) **die Erwachsene, -n**
erwähnen to mention
erwarten to expect
erweitert expanded
erzählen to tell, narrate
die Erzählskizze, -n narrative outline
die Erzählung, -en narrative, story
die Erziehung, -en upbringing, education
essen (isst), aß, gegessen to eat
etwa approximately, about
etwas something; **etwas anderes** something else
eventuell possibly, perhaps
ewig eternal

F

fabelhaft fabulous, great
die Fabrik, -en factory
das Fach, ̈er field, subject, specialty
-fach -fold
fahren (fährt), fuhr, ist/hat gefahren to travel, ride; drive
der Fahrer, - driver; (fem.) **die Fahrerin, -nen**
das Fahrrad, ̈er bicycle
die Fahrt, -en ride, drive, trip
das Fahrzeug, -e vehicle
das Faktum, -ten fact
der Fall, ̈e case; **auf keinen Fall** by no means, in no case
fallen (fällt), fiel, ist gefallen to fall
fällen to fell (a tree)
falls in case, in the event
der Fallschirm, -e parachute
das Familienmitglied, -er family member
das Familienverhältnis, -se family relationship
der Fänger, - catcher
die Farbe, -n color
farbig in color, colorful
faul lazy, indolent; rotten
die Feder, -n feather; spring
fehlen to be missing, lacking
fehlend missing, lacking
der Fehler, - mistake, error
fehlerfrei error-free
feiern to celebrate
der Feiertag, -e holiday
die Ferien (pl.) vacation
das Feriendorf, ̈er vacation village

der Ferienort, -e vacation spot or village
die Ferienreise, -n vacation trip
die Ferienzeit vacation
das Ferienziel, -e vacation destination
fern•sehen (sieht fern), sah fern, ferngesehen to watch TV
das Fernsehen television
der Fernseher, - television set
die Fernsehsendung, -en television program
fertig finished; ready
fest firm; **ein fester Freund** steady or close friend
das Fest, -e celebration, festive occasion, party
die Festbeleuchtung festival lighting
fest•halten (hält fest), hielt fest, festgehalten to keep a firm grip on
der Fettdruck boldface type; **fett gedruckt** printed in boldface
das Fieber fever
die Filmrezension, -en film review
der Filmschauspieler, - movie actor; (fem.) **die Filmschauspielerin, -nen**
finden, fand, gefunden to find
die Firma, -men firm, company
die Fläche, -n surface (area)
das Flachland flat country
die Flasche, -n bottle
der Fleck, -en spot, stain
der Fleiß diligence, hard work
fleißig industrious, diligent
die Fliege, -n fly
fliegen, flog, ist/hat geflogen to fly
fliehen, floh, ist geflohen to flee
fließen, floss, ist geflossen to flow
flimmern to flicker
der Flug, ̈e (air) flight
der Flughafen, ̈ airport
das Flugzeug, -e airplane
die Flur, -en meadow, pasture; **der Flur, -e** hallway, corridor
der Fluss, ̈e river
die Flüssigkeit, -en fluid, liquid
die Folge, -n result
folgend following; **Folgendes** the following
die Fortbewegung (forward) motion
fort•fahren, fuhr fort, ist fortgefahren (zu machen) to continue (to do)
fort•setzen to continue (s.th.)
die Frage, -n question; **eine Frage stellen** to ask a question
fragen to ask
das Fragewort, ̈er question word

die Frau, -en woman
frei free; **im Freien** outdoors
frei·geben (gibt frei), gab frei, freigegeben to release, set free
die Freizeitbeschäftigung, -en leisure-time activity
fremd foreign, strange
der Fremde (ein Fremder) stranger, foreigner; *(fem.)* **die Fremde**
die Fremdsprache, -n foreign language
fressen (frisst), fraß, gefressen to eat *(animals)*
die Freude, -n joy, delight
freuen to make happy; **sich freuen (auf + acc.)** to look forward to; **sich freuen (über + acc.)** to rejoice, be happy about
der Freund, -e friend; *(fem.)* **die Freundin, -nen**
der Freundeskreis, -e circle of friends
die Freundschaft friendship; **Freundschaft schließen** to make friends
der Friede(n), (-ns) peace
friedlich peaceful
frieren, fror, ist gefroren to freeze
der Friseur, -e barber; *(fem.)* **die Friseurin** or **die Friseuse**
froh happy, glad
früher earlier, previous
der Frühling, -e spring
das Frühstück, -e breakfast
frühstücken to eat breakfast
fühlen to feel; **sich (wohl) fühlen** to feel (fine)
führen to lead
für *(prep. with acc.)* for
sich fürchten (vor + dat.) to be afraid of
der Fuß, ̈-e foot; **zu Fuß** on foot

ganz complete, whole, entire; quite
gar kein- not any at all; **gar nicht** not at all; **gar nichts** nothing at all
die Gärtnerlehre, -n gardening apprenticeship
die Gasse, -n street *(southern German)*
der Gast, ̈-e guest
der Gastgeber, - host; *(fem.)* **die Gastgeberin, -nen**
das Gasthaus, ̈-er inn
die Gattung, -en genre
das Gebäck pastry

gebären (gebiert), gebar, geboren to give birth, bear
das Gebäude, - building
geben (gibt), gab, gegeben to give; **es gibt** there is/are
das Gebiet, -e area, territory, region
der Gebrauch, ̈-e use, usage; custom
gebrauchen to use, make use of; **gebraucht** used
das Geburtsjahr, -e birth year
der Geburtstag, -e birthday
die Geburtstagsfeier, -n birthday celebration
gedenken *(gen.)*, **gedachte, gedacht** to remember, commemorate
das Gedicht, -e poem
geeignet suitable, appropriate
die Gefahr, -en danger
gefährlich dangerous
gefallen (gefällt), gefiel, gefallen *(dat.)* to be pleasing
das Gefühl, -e feeling
gegen *(prep. with acc.)* toward; against
die Gegend, -en area, region
der Gegenspieler, - opponent
der Gegenstand, ̈-e object, thing; subject matter, topic
gegenüber *(dat.)* across from, opposite
die Gegenwart present *(time)*
der Gehalt contents, ingredients; **das Gehalt, ̈-er** salary
gehen, ging, ist gegangen to go, walk; **es geht um** *(acc.)* it is about, it deals with, it is a matter of
gehorchen *(dat.)* to obey
gehören *(dat.)* to belong to
die Geige, -n fiddle, violin
das Geld, -er money
der Geldverdiener, - wage earner
die Gelegenheit, -en opportunity
gelingen, gelang, ist gelungen to succeed; **es gelingt mir** I succeed
gelten (gilt), galt, gegolten to be valid *or* worth; to be directed at; **gelten für** to be considered (to be)
das Gemüse, - vegetable(s)
gemütlich cozy, snug; congenial, jolly
genau exact(ly), precise(ly)
genauso just as
genießen, genoss, genossen to enjoy
genug enough
genügen *(dat.)* to be enough, suffice
das Genus, -nera gender
gerade *(adj.)* straight; upright, even *(numbers)*; *(adv.)* just, exactly

geradeaus straight ahead
geradezu downright
das Gerät, -e apparatus, device, piece of equipment
die Gerechtigkeit justice
das Gericht, -e court
die Germanistik German studies
gern gladly; **gern machen** to like to do; **gern haben** to like (s.o. or s.th.)
das Geschäft, -e business; store
geschehen (geschieht), geschah, ist geschehen to happen
das Geschenk, -e gift
die Geschichte, -n history, story
die Geschwister *(pl.)* brother(s) and sister(s), siblings
die Gesellschaft, -en society
das Gesicht, -er face
gestalten to shape, form, structure
gestern yesterday
gestrig yesterday's
gesund (comparative: **gesünder**) healthy
die Gesundheit health
das Gesundheitswesen health services
das Getränk, -e drink
die Getränkekarte, -n list of drinks
das Getreide grain
das Gewehr, -e rifle
das Gewicht, -e weight
gewinnen, gewann, gewonnen to win
gewiss *(gen.)* sure of
gewöhnlich usual(ly)
gewöhnt (an + acc.) accustomed to
gewölbt arched
gibt: es gibt there is/are
gießen, goss, gegossen to pour
der Gipfel, - peak, summit
glauben (an + acc.) to believe (in); **glauben (+ dat.)** to believe (a person)
gleich same, like
gleichzeitig at the same time
das Gleis, -e track
gleiten, glitt, ist geglitten to glide, slip
das Glockenspiel, -e carillon, chime(s)
das Glück happiness, good fortune; **zum Glück** fortunately
glücklich happy; fortunate, lucky
glücklicherweise fortunately
glühen to glow, be red hot
der Gott, ̈-er god
der Graben, ̈- ditch
gratulieren *(dat.)* to congratulate
die Grenze, -n border
grenzen (an + acc.) to border on
grob (ö) coarse, rough

groß (ö) big, large, great
die Größe, -n size
die Großeltern *(pl.)* grandparents
die Großmutter, ⸚ grandmother
die Großstadt, ⸚e major city *(more than 100,000 inhabitants)*
der Großvater, ⸚ grandfather
der Grund, ⸚e reason; **aus diesem Grunde** for this reason
gründen to found
die Grundlage, -n beginning, foundation, basis
die Grundzahl, -en cardinal number
die Gruppe, -n group
der Gruß, ⸚e greeting
grüßen to greet
günstig favorable
gut (comparative: **besser**) *(adj.)* good; *(adv.)* well

H

das Haar, -e hair
haben (hat), hatte, gehabt to have
der Hafen, ⸚ harbor
das Hafenviertel, - harbor district
der Häftling, -e prisoner
das Hallenbad, ⸚er indoor pool
halt *(part.)* just
halten (hält), hielt, gehalten to hold; stop; **halten (für + acc.)** to consider, regard as; **halten (von + dat.)** to have an opinion of/about
handeln to act, take action; **handeln (von + dat.)** to be about; **es handelt sich um** *(acc.)* it is about
die Handelsmetropole, -n trading metropolis
die Handlung, -n plot
die Handtasche, -n purse
hängen, hängte, gehängt to hang s.th. (up)
hängen, hing, gehangen to be hanging
hängen bleiben, blieb hängen, ist hängen geblieben to get stuck
die Harfe, -n harp
hart (ä) hard
hassen to hate
häufig frequent
der Hauptbahnhof, ⸚e main train station
das Hauptfach, ⸚er major field of study
die Hauptrolle, -n leading role

der Hauptsatz, ⸚e main clause
die Hauptstadt, ⸚e capital *(city)*
das Haus, ⸚er house; **zu Hause** at home; **nach Hause** *(to go)* home
die Hausaufgabe, -n homework (assignment)
der Hausbesitzer, - homeowner; *(fem.)* **die Hausbesitzerin**
der Haushalt, -e household
der Hausherr, (-n), -en landlord; head of the house(hold)
das Haustier, -e house pet
die Haustür, -en front door
heben, hob, gehoben to lift, elevate, raise
das Heft, -e notebook
heim home, homewards
die Heimat, -en home; native land
der Heimatort, -e hometown
heiraten to marry, get married
heiß hot
heißen, hieß, geheißen to be called *or* named; to mean, signify; bid, tell (s.o.) to; **sie heißt** her name is; **das heißt** that is (to say); **es heißt** it is said (that)
der Held, (-en), -en hero, *(fem.)* **die Heldin, -nen**
die Heldentat, -en heroic deed
helfen (hilft), half, geholfen *(dat.)* to help
das Hemd, -en shirt
herauf·holen to bring up, haul up
heraus·finden, fand heraus, herausgefunden to find out, discover
heraus·fischen to fish out
sich heraus·stellen to turn out to be
der Herbst, -e fall, autumn
der Herd, -e stove
herein in(to)
herein·kommen, kam herein, ist hereingekommen to come in
herein·lassen (lässt herein), ließ herein, hereingelassen to let in
herein·treten (tritt herein), trat herein, ist hereingetreten to step in, enter
der Herr, (-n), -en Mr., gentleman; *(fem.)* **die Herrin, -nen** lady, mistress
die Herrenboutique (-butike), -n men's clothing store
herrlich magnificent, splendid
herrschen to prevail; to rule
herum around
herum·kommen, kam herum, ist herumgekommen to get around
herum·sitzen, saß herum, herumgesessen to sit around
hevor·ragen to stand out

das Herz, (-ens), -en heart
herzlich cordial(ly)
heute today
heutig today's
heutzutage nowadays
die Hexe, -n witch
hier here
die Hilfe, -n help, assistance
die Himbeere, -n raspberry
der Himmel, - sky, heaven
das Himmelreich, -e heaven, heavenly kingdom
hinauf·fahren (fährt hinauf), fuhr hinauf, ist/hat hinaufgefahren to drive up
hinauf·kommen, kam hinauf, ist hinaufgekommen to come up
hinauf·steigen, stieg hinauf, ist hinaufgestiegen to climb up
hindurch through(out)
sich hin·setzen to sit down
hinter *(prep. with acc. or dat.)* behind
hinterlassen (hinterlässt), hinterließ, hinterlassen to leave behind
hinunter·schauen to look down
hin·weisen, wies hin, hingewiesen (auf + acc.) to indicate, point to
hinzu in addition, to this
hoch (höher) high; to the power of
das Hochhaus, ⸚er skyscraper
die Hochschule, -n university-level institution
höchst highly, very, extremely; **höchstens** at (the) most
höchstwahrscheinlich most likely
die Hochzeit, -en wedding
hoffen (auf + acc.) to hope for
hoffentlich hopefully
die Hoffnung, -en hope
höflich polite(ly)
die Höhe, -n height
die Höhenlage, -n elevation
die Höhensonne ultraviolet sunrays
holen to (go) fetch
das Holz wood
hören to hear
das Hörensagen hearsay
das Hörverständnis listening comprehension
die Hose, -n trousers
die Hosentasche, -n trouser pocket
hübsch pretty, lovely
der Hügel, - hill
der Hund, -e dog
der Hut, ⸚e hat

immer always; **immer noch** still
imponieren *(dat.)* to impress
in *(prep. with acc. or dat.)* in, into, inside
indem by [—]ing
indessen in the meantime
die Informatik computer science
der Ingenieur, -e engineer; *(fem.)* **die Ingenieurin, -nen**
der Inhalt, -e content(s)
innerhalb *(prep. with gen.)* inside of, within
der Intelligenzquotient IQ
das Interesse, -n interest
sich interessieren **(für** + *acc.)* to be interested in
interessiert **(an** + *dat.)* interested in
inzwischen meanwhile
irgend- some . . . or other; any . . . at all
irgendjemand someone or other
irgendwo(hin) (to) somewhere
der Irrtum, ̈er error, mistake

ja yes; *(part.)* you know, of course
die Jacke, -n jacket
das Jagdkleid, -er hunter's clothing
jagen to chase, hunt
das Jahr, -e year
der Jahresverlauf course of the year
die Jahreszeit, -en season of the year
das Jahrhundert, -e century
die Jahrtausendwende turn of the millennium
das Jahrzehnt, -e decade
je ever
je ... desto/umso the more . . . the more
jed- each, every
jedenfalls in any event
jedermann everyone, everybody
jederzeit (at) any time
jedesmal each time, every time
jemand someone; **jemand anders** someone else
jen- that
jenseits *(prep. with gen.)* on the other side of
jetzig present
jetzt now

jeweils in each case, respectively
der Jude, (-n), -n Jew; *(fem.)* **die Jüdin, -nen**
das Judentum Judaism
die Jugend youth
der Jugendliche (ein Jugendlicher) juvenile; *(fem.)* **die Jugendliche**
jung (ü) young
der Junge, (-n), -n boy, youth

K

der Kaffee coffee
der Käfig, -e cage
kalt (ä) cold
die Kälte cold(ness)
kämmen to comb
kämpfen to battle, struggle
das Kapitel, - chapter
kaputt broken, ruined, done for
die Karriere, -n career
die Karte, -n ticket; map
das Kartenspiel, -e card game; deck of cards
der Käse cheese
der Kassierer, - cashier; *(fem.)* **die Kassiererin, -nen**
die Katze, -n cat
der Kauf, ̈e purchase
kaufen to buy, purchase
das Kaufhaus, ̈er department store
kaum scarcely
keinesfalls by no means, not at all
der Keller, - cellar
der Kellner, - waiter; **die Kellnerin, -nen** waitress
kennen, kannte, gekannt to know, be acquainted with
kennen lernen, lernte kennen, kennen gelernt to get to know, become acquainted with
das Kind, -er children
der Kinderwagen, - baby carriage
die Kindheit, -en childhood
das Kino, -s cinema, movie theater, the movies
die Kirche, -n church
kitschig mawkish, trashy
der Kläger, - plaintiff; *(fem.)* **die Klägerin, -nen**
die Klammer, -n parenthesis
klar clear
das Klavier, -e piano

der Klavierbauer, - piano maker
die Kleiderabteilung, -en clothing department
die Kleidung clothes, clothing
das Kleidungsstück, -e piece of clothing
klein small, little; short *(in height)*
klettern **(ist)** to climb, scramble
klingen, klang, geklungen to sound
klug (ü) intelligent, clever, astute
die Klugheit intelligence, cleverness
das Knie, - knee
der Knochen, - bone
kochen to cook
der Koffer, - suitcase, trunk, bag
der Kognat, -e cognate
die Kokospalme, -n coconut palm (tree)
der Kollege, (-n), -n colleague; *(fem.)* **die Kollegin, -nen**
komisch queer, strange, peculiar, comic(al)
kommen, kam, ist gekommen to come
der Kommissar, -e police inspector
komponieren to compose
der Komponist, (-en), -en composer; *(fem.)* **die Komponistin, -nen**
der König, -e king; *(fem.)* **die Königin, -nen** queen
die Konjunktion, -en conjunction
können (kann), konnte, gekonnt to be able to, can
das Konzert, -e concert
der Kopf, ̈e head
der Korb, ̈e basket
der Körper, - body
krank (ä) sick, ill
das Krankenhaus, ̈er hospital
krankhaft pathological, abnormal
der Krebs cancer
kreisen to circle
(das) Kreta Crete
die Kreuzung, -en crossing, intersection
der Krieg, -e war; **Krieg führen** to wage war
kriegen *(slang)* to get
die Kritik, -en criticism
krumm (comparative: **krümmer/krummer**) crooked, bent
die Küche, -n kitchen
der Kuchen, - cake
das Küchengerät, -e kitchen utensil *or* small appliance
die Kuh, ̈e cow
der Kühlschrank, ̈e refrigerator
das Küken, - baby chicken

sich **kümmern** (**um** + *acc.*) to take care of, attend to

der **Kunde, -n** customer; *(fem.)* **die Kundin, -nen**

die **Kunde** news, notice, information

die **Kunst, ¨e** art; skill

künstlich artificial

der **Kurs, -e** course

kursiv (in) italics; **kursiv gedruckt** printed in italics

kurz (ü) short, brief

die **Kürze** brevity

kürzlich recently

die **Kusine, -n** female cousin

der **Kuss, ¨e** kiss

lachen to laugh

die **Lage, -n** situation, position

die **Lampe, -n** lamp

das **Land, ¨er** land, country

die **Landschaft, -en** landscape

lang (ä) long; **lange** *(adv.)* for a long time

die **Länge, -n** length

langsam slow(ly)

sich **langweilen** to be bored

der **Lärm** noise

lassen (lässt), ließ, gelassen to let, leave

der **Lauf, ¨e** course, progress

laufen (läuft), lief, ist gelaufen to run, walk

der **Läufer, -** runner

das **Laufwerk, -e** (computer) drive

läuten to ring

lauter *(adv.)* nothing but, purely

leben to live

das **Leben** life; **ums Leben kommen** to die, perish

der **Lebenslauf, ¨e** curriculum vitae

der **Lebensstil, -e** style of living

die **Lebensweise, -n** way of living

die **Leber, -n** liver

das **Lebewesen, -** creature

lecker tasty

der **Ledermantel, ¨** leather coat

legen to lay, put; **sich legen** to lie down

das **Lehrbuch, ¨er** textbook

die **Lehre, -n** instruction, lesson, moral

lehren to teach

der **Lehrer, -** teacher; *(fem.)* **die Lehrerin, -nen**

lehrreich instructive

leicht easy, light

Leid tun: es tut mir Leid I am sorry

das **Leiden, -** sorrow, suffering

leider unfortunately

leihen, lieh, geliehen to loan, borrow

die **Leine, -n** leash

die **Leistung, -en** accomplishment

die **Lektion, -en** lesson

die **Leseaufgabe, -n** reading assignment

lesen (liest), las, gelesen to read

der **Leserbrief, -e** letter to the editor

letzt- last

die **Leute** *(pl.)* people

lieb dear

die **Liebe** love

lieber preferably; **lieber tun** to prefer to do

der **Liebling, -e** darling, dear

die **Lieblingsspeise, -n** favorite dish

liebst: am liebsten most/best of all; **am liebsten tun** to like to do most/best of all

das **Lied, -er** song

liegen, lag, gelegen to be situated, lie

liegen lassen (lässt liegen), ließ liegen, liegen (ge)lassen to leave (lying about)

lila lilac *(color)*

links on the left; **nach links** to the left

das **Lob** praise

das **Loch, ¨er** hole

der **Lohn, ¨e** wage

los: was ist los? what is the matter? what is going on?

lösen to loosen; to solve

los•werden (wird los), wurde los, ist losgeworden to get rid of

der **Lottogewinn, -e** lottery winnings

der **Löwe, (-n), -n** lion

die **Luft, ¨e** air

die **Lüge, -n** lie

die **Lunge, -n** lung

der **Lungenkrebs** lung cancer

der **Lungenzug, ¨e: einen Lungenzug machen** to inhale deeply

die **Lust** desire, inclination; **(keine) Lust haben ... zu tun** to have (no) desire to do

lustig merry, jolly, funny; **sich lustig machen (über** + *acc.*) to make fun of

machen to make; to do

die **Macht, ¨e** power, might

das **Mädchen, -** girl

mal *(adv.)* times *(math)*; *(part.)* just

das **Mal, -e** time; **zum ersten Mal** for the first time

der **Maler, -** painter; *(fem.)* **die Malerin, -nen**

manch- *(sing.)* many a; *(pl.)* some

manchmal sometimes

der **Mann, ¨er** man

die **Mannschaft, -en** team

der **Mantel, ¨** coat

das **Märchen, -** fairy tale

die **Maßeinheit, -en** unit of measurement

die **Mauer, -n** *(masonry)* wall

das **Maul, ¨er** mouth *(of animals)*

das **Medikament, -e** medicine, drug

die **Medizin** *(science of)* medicine

das **Meer, -e** sea; ocean

der **Meer(es)blick, -e** view of the sea

mehr more

mehrere several

mehrmalig repeated

mehrmals several times

meinen to mean, think; to intend

die **Meinung, -en** opinion

die **Meinungsäußerung, -en** expression of opinion

meist- most; **meist** *or* **meistens** mostly

der **Meister, -** master; champion; *(fem.)* **die Meisterin, -nen**

melden to report

die **Meldung, -en** announcement

der **Mensch, (-en), -en** human, man *(species)*

die **Menschheit** mankind, humankind

menschlich human

merken to notice; **sich** *(dat.)* **merken** to take note

die **Messe, -n** convention, trade show

die **Metropole, -n** metropolis

die **Miete, -n** rent

mieten to rent

die **Milch** milk

die **Milliarde, -n** billion

mindestens at least *(with amounts)*

das **Missfallen** displeasure

mit *(prep. with dat.)* with

mit•bringen, brachte mit, mitgebracht to bring along

mit•kommen, kam mit, ist mitgekommen to come along

mit•machen to participate

mit•nehmen (nimmt mit), nahm mit, mitgenommen to take along

der **Mitspieler, -** fellow player, teammate

der Mittag, -e noon; **zu Mittag** at noon
mit•teilen to communicate, impart, tell
die Mitteilung, -en notification, communication, announcement
das Mittel, - means, medium
das Mittelalter Middle Ages
mittlerweile in the meantime
möchte(n) would like (to)
die Modalpartikel, -n modal particle
das Modegeschäft, -e fashion shop
das Modell, -e model
mögen (mag), mochte, gemocht to like; may
möglich possible
die Möglichkeit, -en possibility
möglichst as . . . as possible
der Monat, -e month
der Mond, -e moon
der Morgen morning; **heute Morgen** this morning
morgen tomorrow; **morgen früh** tomorrow morning
die Moschee, -n mosque
der Motor, -en motor
müde *(gen.)* tired of
der Mund, ∼er mouth
mündlich oral(ly)
die Münze, -n coin
das Museum, -seen museum
die Musik music
müssen (muss), musste, gemusst to have to, must
die Musterkollektion, -en sales samples
der Mut courage
die Mutter, ∼ mother; **Mutti, -s** mommy

nach *(prep. with dat.)* after; to(ward); according to
der Nachbar, (-s or -n), -n neighbor; *(fem.)* **die Nachbarin, -nen**
nachdem *(sub. conj.)* after
nacherzählen to retell
die Nacherzählung, -en adapted story
nachher afterward(s)
der Nachmittag, -e afternoon
die Nachricht, -en news, note, message, notice
nach•schlagen (schlägt nach), schlug nach, nachgeschlagen to look up *(in a book)*
nächst- next
die Nacht, ∼e night

die Nähe proximity; **in der Nähe** near, nearby
der Name, (-ns), -n name
nämlich namely, that is
die Nase, -n nose
nass (comparative: **nässer/nasser**) wet
natürlich of course, natural(ly)
neben *(prep. with acc. or dat.)* beside, next to
nebenan next door, in the next room, alongside
das Nebenfach, ∼er minor field of study
der Nebensatz, ∼e dependent clause
negieren to negate
nehmen (nimmt), nahm, genommen to take; **in Angriff nehmen** to tackle, take on
der Neinsager, - person who says no
nennen, nannte, genannt to name
nett nice
neu new
neugierig curious
die Neujahrsansprache New Year's address
neulich recently
neuzeitlich modern, up-to-date
nicht not; **nicht einmal** not even; **nicht wahr** isn't it?, don't they?, etc.
nichts nothing
nie never
nieder•gleiten, glitt nieder, ist niedergeglitten to slide down
niedrig low
niemand no one, nobody; **niemand anders** no one else
noch still; **noch einmal** once more; **noch kein-** not any yet; **noch nicht** not yet; **noch nie** not ever (before)
normalerweise normally
die Note, -n grade
nötig necessary
die Notiz, -en note; **Notizen machen** to take notes
nur *(adv.)* only; *(part.)* just
nutzen *or* **nützen** to be of use
nützlich *(dat.)* useful
nutzlos useless

oberhalb *(prep. with gen.)* above
der Oberrichter, - high court judge
der Oberschullehrer, - high school teacher; *(fem.)* **die Oberschullehrerin, -nen**

obgleich *(sub. conj.)* although
obig above
obwohl *(sub. conj.)* although
oder or
öffnen to open (s.th.)*;* **sich öffnen** to open
oft (ö) often
öfter often; more often
ohne *(prep. with acc.)* without
ohne ... zu without [—]ing
ohne dass without [—]ing
die Oma, -s granny
der Onkel, - uncle
der Opa, -s granddad, gramps
die Oper, -n opera
ordentlich neat, cleaned up
die Ordnung order, arrangement
die Ordnungszahl, -en ordinal number
der Ort, -e place
der Osten east
(das) Ostern Easter; **zu Ostern** at/for Easter
die Ostküste east coast
östlich eastern
die Ostsee Baltic Sea

paar: ein paar a few, several; **ein paar Mal** a few times
das Paar, -e pair, couple
packen to pack; to grasp, pounce on
das Paket, -e package
der Panoramablick, -e panoramic view
der Panzer, - tank, armor
der Papagei, (-s *or* -en), -en parrot
das Papier, -e paper
der Papst, ∼e Pope
die Partei, -en faction, party
das Partizip, -ien participle
die Party, -s party
passen *(dat.)* to fit, suit
passend suitable, proper, fitting
passieren (ist) to happen, occur
die Pause, -n pause, break
das Pech bad luck (*literally:* pitch)
peinlich embarrassing
die Pension, -en bed and breakfast, inexpensive lodging
das Perfekt present perfect tense
der Pfeil, -e arrow
das Pferd, -e horse
die Pflanze, -n plant

der Pflichtkurs, -e required course
der Pförtner, - doorman
das Pfund, -e pound
pilgern (ist) to go on a pilgrimage
der Plan, ˸e plan
das Pläsierchen little pleasure
der Platz, ˸e place, spot, site; room, space
plaudern to chat
plötzlich sudden(ly)
das Plusquamperfekt past perfect tense
die Politik politics; policy
der Politiker, - politician; *(fem.)* **die Politikerin, -nen**
die Polizei police
der Polizist, (-en), -en policeman; *(fem.)* **die Polizistin, -nen**
die Post mail; post office
das Postamt, ˸er post office
der Posten, - post, position
das Präfix, -e prefix
das Präsens present tense
das Präteritum simple past tense
predigen to preach
der Preis, -e price; prize, award
preiswert good value for the money
prima great
der Prominente, -n (ein Prominenter) prominent person; *(fem.)* **die Prominente, -n**
das Pronomen, - pronoun
der Prosaband, ˸e volume of prose
die Protestaktion, -en protest march
der Protestierende, -n (ein Protestierender) protester; *(fem.)* **die Protestierende, -n**
der Proviant provisions, rations
der Prozess, -e lawsuit
die Prüfung, -en examination
der Psychiater, - psychiatrist; *(fem.)* **die Psychiaterin, -nen**
das Publikum audience
der Pullover, - sweater
der Punkt, -e point; period
pünktlich punctually
putzen to clean, polish; **die Zähne putzen** to brush one's teeth

Q

quer (durch) straight through, straight across

R

der Rabe, (-n), -n raven
das Rad, ˸er wheel; bike
Rad fahren (fährt Rad), fuhr Rad, ist Rad gefahren to ride a bicycle
der Rand, ˸er edge, side
rasch swift, speedy, rapid
der Rasen lawn, grass; **den Rasen betreten** to walk on the grass
rasieren to shave (s.o.); **sich rasieren** to shave (o.s.)
der Rat advice
raten (rät), riet, geraten *(dat.)* to advise; to take a guess
das Rathaus, ˸er city hall
der Ratschlag, ˸e *(piece of)* advice, suggestion
das Rätsel, - riddle, puzzle
der Rattenfänger, - rat catcher
rauchen to smoke
räumlich spatial(ly)
rechnen (mit + *dat.*) to calculate, figure on
recht right; quite
das Recht, -e right, privilege; justice
Recht haben to be right
rechts on the right; **nach rechts** to the right
der Rechtsanwalt, ˸e lawyer
rechtzeitig on time
die Redaktion editorial staff
die Rede, -n speech
das Redemittel, - verbal strategy; useful verbal expression or structure
reden to talk
der Redner, - speaker
die Regel, -n rule; **in der Regel** as a rule
regelmäßig regular
der Regen rain
regieren to rule, govern
die Regierung, -en government
regnen to rain
reich rich
das Reich, -e empire
reichen to reach (for), hand
das Reichstagsgebäude main building of the German parliament in Berlin
die Reihe, -n row; series
die Reise, -n trip, journey
das Reisebüro, -s travel agency
reisen to travel
der Reisende (ein Reisender) traveler; *(fem.)* **die Reisende**
der Reiseverkehr tourist travel

reißen, riss, gerissen to tear, rip
reiten, ritt, ist/hat geritten to ride *(an animal)*
die Reklame, -n advertisement; advertising
rennen, rannte, ist gerannt to run
das Restaurant, -s restaurant
richten (an + *acc.*) to direct at
richtig correct, right
riechen, roch, gerochen to smell
das Rollenspiel, -e role-play
die Rolltreppe, -n escalator
der Roman, -e novel
rosten to rust
rot red
(das) Rotkäppchen Little Red Riding Hood
der Rücken, - back
der Rucksack, ˸e rucksack, knapsack
ruderlos without oars
der Ruf reputation
die Ruhe, -n peace, calm, rest
ruhig calm, quiet
das Ruhrgebiet Ruhr area *(industrial section of Germany)*
rund approximately, about, roughly; **rund um** around
der Rundbrief, -e a letter to be circulated
der Rundfunk radio

S

die Sache, -n thing, matter, subject
der Saft, ˸e juice
die Sage, -n legend, fable
sagen to say
sammeln to collect
die Sammlung, -en collection
der Satz, ˸e sentence
sauber clean, neat, tidy
sauer sour, mad, upset
das Schach chess
der Schäferhund, -e shepherd dog
schaffen, schaffte, geschafft to do, accomplish, manage to do
schaffen, schuf, geschaffen to create
die Schallplatte, -n record
der Schalter, - (ticket) window
sich schämen (über + *acc.*) to be ashamed of
die Schande disgrace
scharf (ä) sharp
schauen to look
der Scheibenwischer, - windshield wiper

sich scheiden lassen, ließ, gelassen to get a divorce

der Schein, -e bill, banknote

scheinen, schien, geschienen to shine; to seem, appear

schenken to give *(as a present)*

schicken to send

schießen, schoss, geschossen to shoot

das Schiff, -e ship

schildern to depict, portray

der Schirm, -e screen

die Schlacht, -en battle

das Schläfchen, - nap

schlafen (schläft), schlief, geschlafen to sleep

das Schlafzimmer, - bedroom

schlagen (schlägt), schlug, geschlagen to strike, beat

die Schlange, -n snake; serpent

schlapp worn out, tired out

schlecht bad(ly)

schleichen, schlich, ist geschlichen to creep, slink, sneak

schleppen to drag; **sich schleppen** to drag o.s.

schließen, schloss, geschlossen to close

schließlich in the final analysis, in the end

schlimm bad, evil; severe, grave

der Schluss, ̈e end; **zum Schluss** finally, in the end; **Schluss machen** to stop doing, put an end to

der Schlüssel, - key

schmal (comparative: **schmäler/schmaler**) narrow

schmecken (nach + dat.) to taste like

schmeicheln *(dat.)* to flatter

schmelzen (schmilzt), schmolz, ist/hat geschmolzen to melt

schmieren to smear

sich schminken to put on make-up

schmutzig dirty, filthy

der Schnee snow

schnell fast

schon *(adv.)* already

schrecklich terrible, frightful

schreiben, schrieb, geschrieben to write

der Schreiber, - clerk, copyist; *(fem.)* **die Schreiberin, -nen**

die Schreibmaschine, -n typewriter

schreien, schrie, geschrien to shout, scream

schriftlich written, in writing

schuften to labor, work hard

der Schuh, -e shoe

die Schule, -n school

der Schüler, - pupil; *(fem.)* **die Schülerin, -nen**

schützen to protect

schwach (ä) weak

die Schwäche, -n weakness

schwächlich weakly, feeble

schwarz (ä) black

schweigsam silent, taciturn

die Schweiz Switzerland

schwer heavy; difficult, hard

die Schwester, -n sister

schwierig difficult

die Schwierigkeit, -en difficulty; **in Schwierigkeiten geraten** to get into difficulty

schwimmen, schwamm, ist/hat geschwommen to swim

schwören, schwur/schwor, geschworen to swear under oath

sechsstellig six-digit

der See, -n lake; **die See, -n** sea

segeln to sail

sehen (sieht), sah, gesehen to see

sehenswert worth seeing

die Sehenswürdigkeit, -en attraction

sein (ist), war, ist gewesen to be

seit *(prep. with dat.)* since *or* for *(temporal sense only)*

seit(dem) *(sub. conj.)* since; **seitdem** *(adv.)* (ever) since then

die Seite -n page; side

seither (ever) since then

selber *(emphatic)* myself, yourself, themselves, etc.

selbst (one)self; even

die Selbstaussage, -n statement about oneself

selbstverständlich obvious(ly), self-evident; it goes without saying

selten seldom

die Seltenheit, -en rarity

senden, sandte, gesandt to send

senden, sendete, gesendet to transmit

senken to lower, sink

setzen to set, put; **sich setzen** to sit down

sicher for sure; safe

die Sicherheit certainty, security

die Sicht sight, view, visibility

der Sieg, -e victory

siegen to conquer, be victorious

die Sinfonie, -n symphony

singen, sang, gesungen to sing

das Singspiel, -e operetta, musical comedy

der Sinn, -e sense; **nicht bei Sinnen sein** to be out of one's mind

sinnvoll meaningful; sensible

die Sitte, -n custom; **Sitten und Gebräuche** manners and customs

der Sitz, -e seat

sitzen, saß, gesessen to sit

der Skat skat *(card game)*

sobald as soon as

sofort immediately

sogar even

solange as long as

solch- such; **ein solch-** such a

sollen (soll), sollte, gesollt to be supposed to, ought to; to be said to

sondern but (rather)

der Sonderpreis, -e special price

die Sonne, -n sun

der Sonnenbrand sunburn

sonst otherwise

sooft as often as

die Sorge, -n worry, care

sorgen (für + acc.) to care *or* provide for

sorgenlos without worries

sowieso anyway

sowohl ... als auch both . . . and; as well as

spannend exciting

der Spargel, - asparagus

das Sparkonto, -konten savings account

sparsam thrifty, frugal

der Spaß fun; **Spaß machen** to be fun

spät late

spazieren gehen, ging spazieren, ist spazieren gegangen to take a walk

der Spaziergang, ̈e walk; **einen Spaziergang machen** to take a walk

spendieren to treat someone to, pay for s.th. for s.o.

der Spiegel, - mirror

das Spiel, -e game

spielen to play

der Spielfilm, -e feature movie

der Spielplatz, ̈e playground, playing field

die Spielsache, -n toy

die Spitze, -n point, tip, top, front

Sport treiben to do sports

das Sportangebot, -e sports offerings

das Sportgeschäft, -e sports store

der Sportler, - athlete; *(fem.)* **die Sportlerin, -nen**

der Sportverein, -e sports club

die Sprachkürze terseness

die Spraydose, -n spray can

sprechen (spricht), sprach, gesprochen to speak

das Sprichwort, ̈er saying, proverb

springen, sprang, ist gesprungen to jump, leap

der Spruch, ¨e saying, proverb

spüren to feel, sense, perceive

der Staat, -en state

staatlich state, national

stabil rugged, sturdy

die Stadt, ¨e town, city

der Stadtplaner, - city planner; *(fem.)* **die Stadtplanerin, -nen**

der Stadtschreiber, - town clerk; *(fem.)* **die Stadtschreiberin, -nen**

der Stadtteil, -e section of a city

das Stadtzentrum, -zentren city center

der Standpunkt, -e view, position; **einen Standpunkt vertreten** to take a position/view

stark (ä) strong

die Stärke, -n strength

stattdessen instead (of that)

statt•finden, fand statt, stattgefunden to take place

stechen (sticht), stach, gestochen to prick; to sting, bite *(insect)*

stecken to stick, put

stehen, stand, gestanden to stand

stehlen (stiehlt), stahl, gestohlen to steal

die Steiermark Styria *(Austrian province)*

steigen, stieg, ist gestiegen to climb

der Stein, -e stone

die Stelle, -n position, spot, place; job

stellen to place; **eine Frage stellen** to ask a question

sterben (stirbt), starb, ist gestorben to die

die Steuern *(pl., fem.)* taxes

stimmen to be correct; to be true

die Stimmung, -en atmosphere

der Stock, ¨e stick, pole; story *or* floor of a building

stolz proud

stören to disturb

stracks straight (away); without delay

der Strand, ¨e beach

die Straße, -n street

der Straßenarbeiter, - road repair worker

der Straßenrand, ¨er side of the road

der Straßenverkehr (road) traffic

der Streit fight, argument

sich streiten (stritt), gestritten to fight, argue

der Strom, ¨e river, stream; electricity

das Stück, -e piece

das Studentenheim, -e student dorm

das Studentenlokal, -e student tavern

das Studium, -ien studies, course of studies

die Stunde, -n hour, class (hour); **stundenlang** for hours

der Stundenplan, ¨e schedule

der Sturm, ¨e storm

stürzen (ist) to fall, plunge; **(hat)** overthrow

die Styroporpackung, -en styrofoam packaging

das Substantiv, -e noun

suchen to seek, search

der Süden south

die Südseeinsel, -n South Sea island

der Tag, -e day; **eines Tages** one day

das Tagebuch, ¨er diary

die Tagesnachrichten *(pl.)* news of the day

die Tagesschau daily news program on German television

die Tageszeit, -en time of the day

täglich daily

tagsüber during the day

der Taler, - obsolete monetary unit

die Tankstelle, -n gas station

die Tante, -n aunt

der Tanz, ¨e dance

tanzen to dance

die Tapferkeit bravery

die Tasche, -n pocket

das Taschengeld spending money

die Taschenlampe, -n flashlight

der Taschenrechner, - pocket calculator

die Taschenuhr, -en pocket watch

die Tasse, -n cup

die Tätigkeit, -en activity

der Tatort, -e scene of the crime

die Tatsache, -n fact

tatsächlich in fact, actually

taub deaf

tausend thousand

die Technik technology

der Teil, -e part, section

teilen to divide

teil•nehmen (nimmt teil), nahm teil, teilgenommen (an + *dat.*) to take part in, participate

der Tennisschläger, - tennis racket

der Teppich, -e rug, carpet

der Termin, -e fixed date; appointment

teuer expensive

der Teufel, - devil

das Thema, -men topic, subject, theme

die These, -n thesis

tief deep(ly)

die Tiefe, -n depth

die Tiefenpsychologie psychology of the subconscious

das Tier, -e animal

der Tiergarten, ¨ zoo

der Tisch, -e table

der Titel, - title

die Tochter, ¨ daughter

der Tod, -e death; **zu Tode** to death

toll crazy, insane; terrific, great

der Topf, ¨e pot

das Tor, -e gate, portal; goal *(soccer)*

tot dead

der Tote (ein Toter) dead person; *(fem.)* **die Tote**

töten to kill

der Tourist, (-en), -en tourist; *(fem.)* **die Touristin, -nen**

der Touristenführer, - tourist guide *or* guidebook

tragen (trägt), trug, getragen to carry; to wear

trauen *(dat.)* to trust

träumen to dream

traumhaft dreamlike, wonderful

traurig sad

treffen (trifft), traf, getroffen to meet; to hit; to affect

treffend apt, appropriate

treiben, trieb, getrieben to drive; to pursue an activity; **treiben (ist)** to drift, float

die Treppe stair(s)

das Treppenhaus stairwell

trinken, trank, getrunken to drink

trotz *(prep. with gen.)* in spite of

trotzdem *(adv.)* in spite of it/this, nevertheless; *(sub. conj.)* in spite of the fact that

trüb dreary

tun (tut), tat, getan to do, act

die Tür, -en door

der Typ, -en type

über *(prep. with acc. or dat.)* over, across, above; about *(acc.)*

überall(hin) to everywhere

überein•stimmen to be in agreement

die Übergangsschwierigkeit, -en transitional difficulty

überhaupt in general, on the whole; **überhaupt nicht** not at all; **überhaupt nichts** nothing at all

überleben to survive

überlegen to ponder, consider; **sich etwas** *(dat.)* **überlegen** to think s.th. over

überqueren to cross over

überraschen to surprise

die Überraschung, -en surprise

überreden to persuade

übersehen (übersieht), übersah, übersehen to overlook, ignore

übersetzen to translate

der Übersetzer, - translator; *(fem.)* **die Übersetzerin, -nen**

überspringen, übersprang, übersprungen to skip (over)

übertreiben, übertrieb, übertrieben to exaggerate

über•wechseln to change, go over

überzeugen to convince; **überzeugt** convinced

übrigens incidentally; **im Übrigen** in other respects

die Übung, -en exercise

um *(prep. with acc.)* around; by *(with quantities);* **um sechs Uhr** at six o'clock

um ... zu in order to

um ... willen for . . . 's sake

umarmen to embrace, hug

um•bauen to remodel

um•fallen (fällt um), fiel um, ist umgefallen to fall over

der Umfang, ⸚e girth

umgeben (umgibt), umgab, umgeben to surround

umgekehrt vice versa

um•kippen to tip over

um•schreiben, schrieb um, umgeschrieben to rewrite, revise

sich um•sehen (sieht um), sah um, umgesehen to look around

der Umstand, ⸚e circumstance

die Umwelt environment

die Umweltverschmutzung environmental pollution

sich um•ziehen, zog um, umgezogen to change (clothes); **um•ziehen (ist)** to move, change one's residence

der Unabhängigkeitskrieg, -e war of independence

unbedingt absolutely

unbegrenzt without limitation

unbesonnen foolish

unbestimmter Artikel indefinite article

unerwartet unexpected

der Unfall, ⸚e accident

ungefähr approximately

das Ungeheuer, - monster

ungesund unhealthy

das Ungeziefer vermin

unglaublich unbelievable

die Universität, -en university *(coll.: die Uni, -s)*

der Unsinn nonsense

unsterblich immortal

unten *(adv.)* below

unter *(prep. with acc. or dat.)* under, below, beneath; among; **unter anderem** among other things

unterbrechen (unterbricht), unterbrach, unterbrochen to interrupt

unterdessen meanwhile

unterdrücken to suppress, repress

unter•gehen, ging unter, ist untergegangen to set, go down; to perish

unterhalb *(prep. with gen.)* beneath

sich unterhalten (unterhält), unterhielt, unterhalten (über + *acc.*) to converse; to amuse o.s.

die Unterhaltung, -en amusement

die Unterkunft, ⸚e lodging

unternehmen (unternimmt), unternahm, unternommen to undertake

der Unterricht instruction

unterrichten to instruct, teach

der Unterrichtsraum, ⸚e instructional room, classroom

unterschiedlich different, differing

unterstreichen, unterstrich, unterstrichen to underline

unterstützen to support

die Unterstützung support

untersuchen to investigate, examine

der Untersuchungsbericht, -e investigative report

unterwegs underway

unvergesslich unforgettable

unvergleichlich incomparable

unverständlich incomprehensible

unvorsichtig careless, not cautious

das Unwesen, - awful creature

unwiderstehlich irresistible

der Urlaub, -e vacation

der Urlaubsort, -e vacation spot

die Ursache, -n cause

das Urteil, -e judgment, verdict

urteilen to judge

usw. (und so weiter) etc.

der Vater, ⸚ father; **Vati, -s** papa

die Vaterschaftsklage, -n paternity suit

sich verabschieden to take one's leave, say good-bye

verändern to change s.th.; **sich verändern** to become changed

die Veränderung, -en change

verantwortlich responsible

das Verb, -en verb

verbessern to improve

verbieten, verbot, verboten to forbid

verbinden, verband, verbunden to connect, combine; to bandage

die Verbindung, -en connection

das Verbot, -e ban, prohibition

der Verbrecher, - criminal

verbrennen, verbrannte, verbrannt to burn (up), scorch

verbringen, verbrachte, verbracht to spend *or* pass *(time)*

der Verdacht suspicion

verdeutlichen to make clear, illustrate

verdienen to earn, merit

vereinigt united

die Vereinigung unification

verfassen to write, compose

verfließen, verfloss, ist verflossen elapse, pass *(of time)*

vergangen past

die Vergangenheit past

vergessen (vergisst), vergaß, vergessen to forget

der Vergleich, -e comparison

vergleichen, verglich, verglichen to compare

vergleichend comparative

verhaften arrest, apprehend

sich verhalten to act, behave, react

das Verhältnis, -se relationship

verheiratet married

verhindern to stop, prevent

verjährt past the statute of limitations

verkaufen to sell

der Verkäufer, - salesperson; *(fem.)* **die Verkäuferin, -nen**

der Verkehr traffic

die Verkehrsampel, -n traffic light

das Verkehrsmittel, - means of transportation

verkehrt mixed up, not as it should be

verkünden to proclaim, announce

der Verlag, -e publishing house

verlängern to extend, lengthen

verlassen (verlässt), verließ, verlassen *(with dir. obj.)* to leave, go away; **sich verlassen (auf** + *obj.*) to rely upon

der Verlauf, ⸚e course

verlaufen (verläuft), verlief, ist verlaufen to take its course, turn out; **sich verlaufen** to get lost, lose one's way

verletzen to injure, hurt; to insult, offend

die Verletzung, -en injury

sich verlieben (in + *acc.*) to fall in love with

verlieren, verlor, verloren to lose

der Verlobte (ein Verlobter) fiancé; *(fem.)* **die Verlobte** fiancée

der Verlust, -e loss

das Vermögen fortune

verneinen to answer in the negative

verpassen to miss *(a train; opportunity)*

verpflanzen to transplant

verrostet rusted

verrückt crazy; **verrückt (auf** + *acc.*) crazy about

versagen to fail

versäumen to miss, neglect to do

verschieden various, different

verschlechtern to make worse

verschwenden to waste, squander

verschwinden, verschwand, ist verschwunden to disappear, vanish

versichern to assure; to insure

die Versicherung, -en insurance, assurance

sich verspäten to be *or* arrive late

die Verspätung, -en delay

versprechen (verspricht), versprach, versprochen to promise

verstaatlichen to nationalize

das Verständnis understanding, comprehension

verstärken to strengthen

verstehen, verstand, verstanden to understand

versuchen to try, attempt

verteilen to distribute

das Vertrauen trust, confidence

vertreiben, vertrieb, vertrieben to drive away, scatter; **die Zeit vertreiben** to pass the time

vertreten (vertritt), vertrat, vertreten to represent, act on behalf of

der Verwandte (ein Verwandter) relative; *(fem.)* **die Verwandte**

verwandtschaftlich pertaining to relatives

verwenden to use, make use of

verwirklichen to make come true, realize *(a goal)*

die Videospieldiskette, -n video game disc

der Videospielfilm, -e video movie

viel *(sing.)* much; **viel-** *(pl.)* many

vielleicht perhaps

vielmals often, many times

der Vogel, ⸚ bird

die Vokabel, -n (vocabulary) word

das Volk, ⸚er people, nation, race

die Volkskrankheit, -en widespread illness

völlig total(ly), complete(ly)

die Vollpension lodging with all meals

von *(prep. with dat.)* from, of, by; about

vor *(prep. with dat. or acc.)* in front of, before; ago *(dat.)*; **vor allem** above all; **vor kurzem** recently

vorbei past; **an** *(dat.)* **... vorbei** (go) past

vor•bringen, brachte vor, vorgebracht to bring forward, bring up *(an argument)*

der Vorfahr, (-en), -en ancestor, forefather

vor•führen to demonstrate, display

vor•gehen, ging vor, ist vorgegangen to be fast *(of clocks)*

die Vorgeschichte, -n prior history

vor•haben to have in mind, intend

der Vorhang, ⸚e curtain

vorher *(adv.)* before, previously

vorig previous

vor•lesen (liest vor), las vor, vorgelesen to read aloud

die Vorlesung, -en lecture *(course)*

der Vorschlag, ⸚e suggestion

vor•schlagen (schlägt vor), schlug vor, vorgeschlagen to suggest

die Vorsicht caution, care

vorsichtig careful, cautious

vor•stellen to introduce; **sich** *(dat.)* **vor•stellen** to imagine

die Vorstellung, -en performance, show; conception

der Vortrag, ⸚e lecture, talk

vorüber past, over

vorwärts forward

vorzüglich excellent, exquisite

wach awake

wachen to keep watch

wachsen (wächst), wuchs, ist gewachsen to grow

der Wagen, - car; wagon

die Wahl, -en choice

wählen to choose, select, vote

der Wähler, - voter; *(fem.)* **die Wählerin, -nen**

der Wahnsinn insanity

wahr true, real, genuine

während *(prep. with gen.)* during; *(sub. conj.)* while

die Wahrheit, -en truth

wahrscheinlich probably

der Wald, ⸚er wood(s), forest

die Wanderausrüstung, -en hiking outfit

die Wanderkarte, -n trail map, hiking map

wandern to hike, wander, roam

die Wanderung, -en hike

wann *(interrog.)* when

die Ware, -n ware, product

warm (ä) warm

warten (auf + *acc.*) to wait for

warum why

was für what kind of

das Waschbecken, - wash basin, sink

waschen (wäscht), wusch, gewaschen to wash

das Waschpulver detergent

wasserdicht watertight, waterproof

der Wasserspiegel water surface

weder ... noch neither . . . nor

weg away

wegen *(prep. with gen.)* on account of

weg•gehen, ging weg, ist weggegangen to leave, go away

weg•stellen to put away, put down

weh! woe!

weh•tun to hurt, pain

weihen to devote

(das) Weihnachten *(or pl.)* Christmas; **zu Weihnachten** at/for Christmas

weil *(sub. conj.)* because

die Weile while, *(amount of)* time

der Wein, -e wine

weise wise

weiter additional, further

weiter•fahren (fährt weiter), fuhr weiter, ist weitergefahren) to drive on, continue driving

weiter fahren (fährt weiter), fuhr weiter, ist weiter gefahren to drive further (than . . .)

weiter•gehen, ging weiter, ist weitergegangen to go on; to keep going

weiter•kommen, kam weiter, ist weitergekommen to make progress, to come/get further along

weiter kommen, kam weiter, ist weiter gekommen to get/come further (than . . .)

weiter•machen to keep doing

welch- which

die Welt, -en world

der Weltkrieg, -e world war
die Weltmeisterschaft, -en world championship
der Weltraum outer space
die Weltstadt, ⸚e metropolis, major world city
die Wende turn, turning point
wenden, wandte, gewandt to turn
wenden, wendete, gewendet to turn (inside out)
wenig *(sing.)* little; **wenig-** *(pl.)* few
wenn *(sub. conj.)* when(ever), if; **wenn ... auch** even if, even though; **wenn ... kein/nicht** unless
die Werbeschrift, -en advertising brochure
die Werbung, -en advertisement, advertising
werden (wird), wurde, ist geworden to become, get
werfen (wirft), warf, geworfen to throw, toss
das Werk, -e book, work; works, factory
das Werkzeug, -e tool, implement
wert *(dat.)* worth, of value to; *(gen.)* worth, worthy of
das Wesen, - being, creature
der Westen west
das Wetter weather
der Wetterdienst weather service
der Wettkampf, ⸚e competition
wichtig important
wider *(prep. with acc.)* against
widersprechen (widerspricht), widersprach, widersprochen *(dat.)* to contradict
wie how; as
wieder again
wiederholen to repeat
die Wiedervereinigung, -en reunification
wie lange how long
wieso how is it that
wie viel how much; **wie viele** how many
der Wille, (-ns), -n will
wirken to have an effect, work
wirklich real(ly)
die Wirtschaft economy
der Wirtschaftsplaner, - economic planner; *(fem.)* **die Wirtschaftsplanerin, -nen**
die Wirtschaftspolitik economic policy
wissen (weiß), wusste, gewusst to know
die Wissenschaft, -en science
der Wissenschaftler, - scientist; *(fem.)* **die Wissenschaftlerin, -nen**
wissenschaftlich scientific
der Witz, -e joke; wit

woanders elsewhere
das Wochenende, -n weekend
der Wochentag, -e weekday
wohin to where
wohl probably
wohnen to live, dwell
der Wohnort, -e place of residence
der Wohnsitz, -e official residence
die Wohnung, -en apartment, dwelling
wollen (will), wollte, gewollt to want to, intend
das Wort, ⸚er individual word; **das Wort, -e** connected words
der Wortschatz, ⸚e vocabulary
die Wunde, -n wound
das Wunderkind, -er child prodigy
der Wunsch, ⸚e wish; **nach Wunsch** as desired
wünschen to wish
der Wurfspieß javelin
die Würze, -n spice
die Wüste, -n desert
wütend (auf) enraged at

Z

die Zahl, -en number
zahlen to pay
der Zahn, ⸚e tooth
der Zahnarzt, ⸚e dentist; *(fem.)* **die Zahnärztin, -nen**
der Zar, (-en), -en czar
die Zauberflöte magic flute
zauberhaft magical, enchanted
der Zaun, ⸚e fence
zeigen to show
die Zeile, -n line
die Zeit, -en time
die Zeitangabe, -n indication of time
der Zeitausdruck, ⸚e time expression
die Zeitform, -en verb tense
die Zeitschrift, -en magazine
die Zeitung, -en newspaper
das Zelt, -e tent
das Zentrum, Zentren center
zerbrechen (zerbricht), zerbrach, zerbrochen to break (into pieces), shatter
zerstören to destroy
die Zerstörung destruction
der Zettel, - scrap of paper; note
der Zeuge, -n witness; *(fem.)* **die Zeugin, -nen**
ziehen, zog, gezogen to pull; **ziehen (ist)** to move, go

ziemlich rather, fairly
das Zimmer, - room
der Zimmerschlüssel, - room key
der Zirkus, -se circus
das Zitat, -e quotation
zornig angry
zu *(prep. with dat.)* to, at; too
der Zucker sugar
zuerst (at) first
zufällig per chance, by accident
zufrieden satisfied
der Zug, ⸚e train
das Zugabteil, -e train compartment
die Zugverbindung, -en train connection
zu•hören *(dat.)* to listen to
der Zuhörer, - listener; *(fem.)* **die Zuhörerin**
die Zukunft future
der Zukunftsplan, ⸚e future plan
zuletzt at last, finally, in the end
zu•machen to close, shut
die Zunge, -n tongue
zurück•bringen, brachte zurück, zurückgebracht to bring back
zurück•führen (auf + acc.) to trace back to, explain by
die Zurückhaltung reserve
zurück•kehren (ist) to return
zurück•kommen, kam zurück, ist zurückgekommen to come back, return
zu•rufen, rief zu, zugerufen *(dat.)* to call to
zusammen together
der Zusammenbruch, ⸚e collapse
zusammen•fassen to summarize
zusammen•halten (hält zusammen), hielt zusammen, zusammengehalten to hold *or* keep together
zusammen•stellen to put together
zusammen•wachsen (wächst zusammen), wuchs zusammen, ist zusammengewachsen to grow together
der Zuschauer, - spectator, onlooker; *(fem.)* **die Zuschauerin, -nen**
das Zustandspassiv, -e statal passive
zu viel too much
zu wenig too little
zu•winken *(dat.)* to wave at/to
zwar to be sure; namely
zweifeln (an + dat.) to doubt, have doubts about
der Zwilling, -e twin
zwingen, zwang, gezwungen (zu + dat.) to force, compel
zwischen *(prep. with acc. or dat.)* between

Index

In the following grammatical index, the letter **n** after a page reference refers to material presented in footnotes.

Credits

Text

p. 1: "Deutschland," by Steve van Velvet/Die Prinzen. Copyright © 2001 Warner/Chappel/Boogie Songs. All rights reserved. Used by permission. WARNER BROS. PUBLICATIONS U.S. INC., Miami, FL. 33014.

p. 6: Poem by Uwe Timm: "Erziehung," from BUNDESDEUTSCH, LYRIK ZUR SACHE GRAMMATIK, ed. Rudolf Otto Wiemar. Reprinted by permission of Peter Hammer Verlag.

p. 7: Excerpted from "Was'n kleinkariertes Volk," by Dieter E. Zimmer, DIE ZEIT 18, April 26, 1991, by permission of DIE ZEIT and the author.

p. 14: Mittagspause, by Wolf Wondratscheck, from Früher begann der Tag mit einer Schußwunde. Reprinted by permission of Carl Hanser Verlag.

p. 21: Poem by Franz Kafka: "Die Verwandlung."

p. 27: From Friedrich Dürrenmatt, *Der Besuch der alten Dame.* Copyright © 1980, 1998 Diogenes Verlag AG Zürich.

Art

p. 11: Bach: Archivo Iconographico, S.A./Corbis.

p. 43: Lola: Sony Pictures Classics/The Kobal Collection/Bernd Spauke.

p. 78: Phone card: Realia design by Anna Velfort.

p. 88: Zauberflöte: Autrian Archives/Corbis.

p. 152: Das Boot: Bavaria/Radiant/The Kobal Collection.

p. 344: Berlin Wall: AP/Wide World.

p. 344: Berlin Wall: AP/Wide World.

p. 432: Collage: Illustration by Anna Velfort.